Operaciones administrativas de compraventa

Guillermo Lacalle García

EDITEX

ÍNDICE

→

CÓMO SE USA ESTE LIBRO

El libro de **Operaciones administrativas de compra-venta** consta de doce unidades de trabajo. Cada una de ellas arranca con un **caso práctico inicial,** que plantea una situación relacionada con el ejercicio profesional y que está vinculada con el contenido de la unidad. Es el **eje vertebrador de la exposición,** ya que se irá resolviendo a lo largo del tema y se irán incluyendo llamadas junto a aquellos contenidos que guarden relación con él.

El desarrollo de la unidad aparece ordenado en epígrafes y subepígrafes y se acompaña de múltiples **cuadros, tablas, esquemas, fotografías y dibujos,** que refuerzan la explicación.

En los márgenes aparecen textos complementarios con **ampliación** de información y **vocabulario** para profundizar en los conocimientos expuestos. Recuerda que también se incluyen llamadas sobre el **caso práctico inicial.** Además, se incorporan **ejemplos** y **actividades** que aclaran los conceptos tratados y facilitan su asimilación.

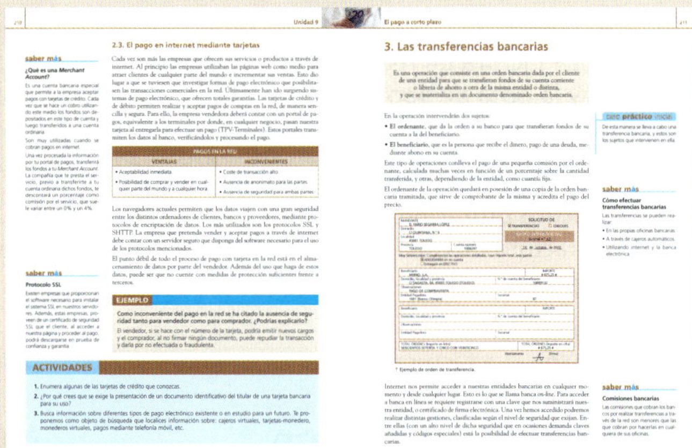

La doble página de **Actividades finales** te servirá para aplicar los conocimientos adquiridos y para repasar.

Las nuevas tecnologías de la información y la comunicación (TIC) es un área prioritaria en la formación profesional, por lo que, para resolver algunas de estas actividades, debes **entrar en internet** y trabajar con recursos ofrecidos por diferentes instituciones.

Es interesante que dediques un esfuerzo a estas búsquedas, ya que te conectan con la realidad de tu sector profesional y te permiten mantener actualizados tus conocimientos.

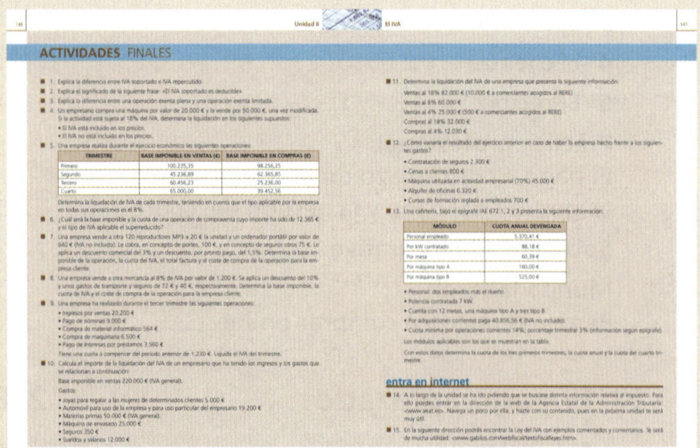

Operaciones administrativas de compraventa

En la sección **Práctica profesional,** se plantea un caso práctico elegido para que apliques lo que has aprendido. Debes realizarlo una vez asimilada y trabajada la unidad y, con ayuda del profesor y de tus compañeros, puedes extender la práctica a otras posibles situaciones.

Estas prácticas profesionales representan los **resultados de aprendizaje** que deberás alcanzar al terminar el módulo formativo.

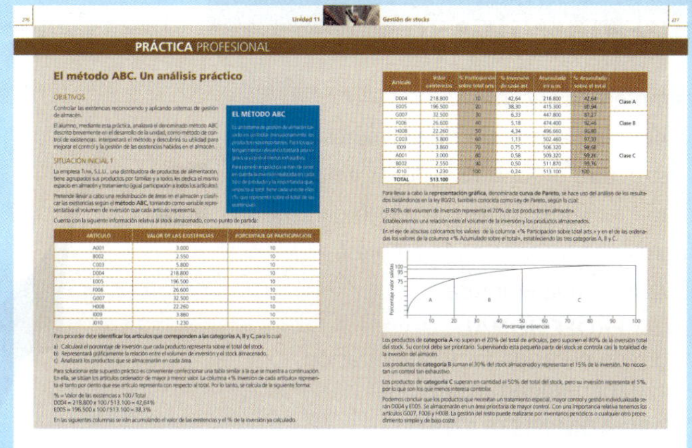

Software administrativo te pone en contacto con el día a día de la empresa a través del programa **FacturaPlus** que, de forma secuenciada, a través de prácticas guiadas, te enseña a aplicar los conocimientos adquiridos en uno de los entornos informáticos más utilizados en la práctica profesional.

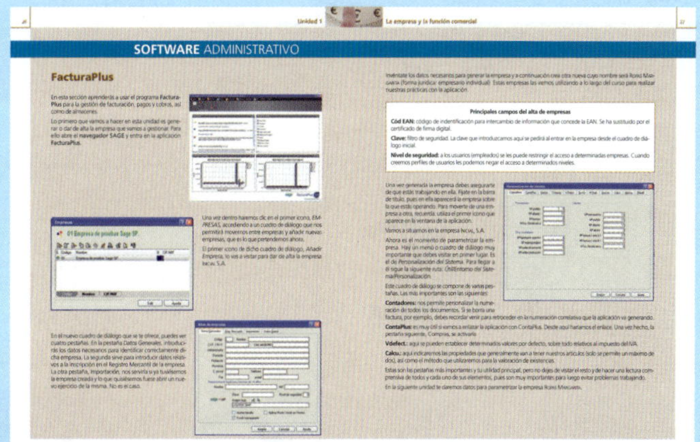

La sección de **Mundo laboral** te acerca a la realidad de la profesión mediante artículos de prensa que recogen cuestiones de actualidad relacionadas con los contenidos tratados en el tema.

El apartado **En resumen** presenta un mapa conceptual con los conceptos clave de la unidad de trabajo.

Para finalizar, **Evalúa tus conocimientos** consiste en una batería de preguntas tipo test que te permitirán comprobar el nivel de conocimientos adquiridos al término de la unidad.

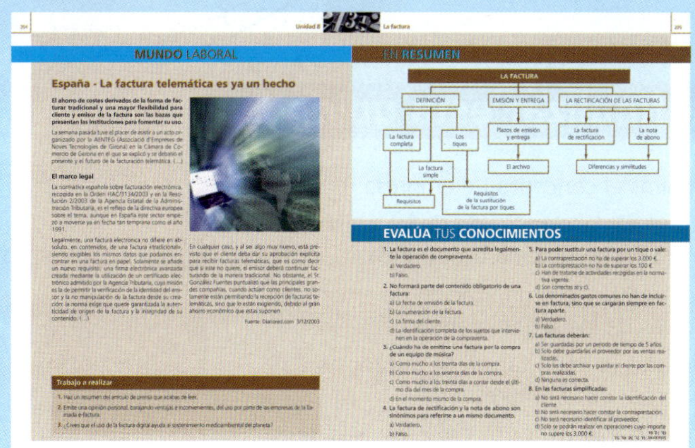

→

1 La empresa y la función comercial

vamos a conocer...

1. La empresa. Concepto
2. El ámbito de actuación de la empresa
3. La estructura organizativa de las empresas
4. El departamento comercial y su organización
5. El aprovisionamiento en la empresa
6. Las ventas en la empresa

PRÁCTICA **PROFESIONAL**
Estudio de necesidades y organización de un departamento comercial

SOFTWARE **ADMINISTRATIVO**
FacturaPlus

MUNDO **LABORAL**
La marca blanca se impone en la guerra del súper

y al finalizar esta unidad...

- Definirás el concepto de empresa.
- Entenderás el significado de las empresas dentro de un sistema económico.
- Interpretarás la organización de empresas a través de los organigramas.
- Valorarás la importancia de la función comercial de la empresa.
- Diferenciarás las formas más usuales de organización del departamento comercial.

CASO **PRÁCTICO** INICIAL

situación de partida

Trabajando en una empresa dedicada a la comercialización de componentes de ordenadores, te enteras de una vacante en el área de compras, departamento comercial. Actualmente trabajas como administrativo en el almacén y estás muy interesado en dicha vacante, pues supone mejorar, tanto económica, como profesionalmente. Analizando el organigrama de la empresa y la ubicación de la posible vacante, te das cuenta del aumento de responsabilidad y autoridad que supondría el traslado.

Conoces perfectamente el procedimiento que el manual de calidad de la empresa establece para compras, así como el proceso para llevar a cabo la evaluación de nuevos proveedores (que sería tu principal función). A tu cargo estarían cuatro auxiliares administrativos. A tres de ellos los conoces personalmente y te une a ellos una gran amistad. Por todo ello, crees ser el candidato perfecto para ocupar dicho puesto.

Así pues, te pones en contacto con el departamento de Recursos Humanos y te interesas por la vacante y el procedimiento que se va a seguir para cubrirla. RRHH te informa de que en breve se abrirá el correspondiente proceso de selección interno para escoger a la persona idónea para el puesto. Dicho proceso se publicitará convenientemente entre todo el personal de la empresa.

Estás convencido de que el puesto puede ser tuyo.

estudio del caso

Antes de pasar a estudiar y analizar el contenido de la unidad, trata de responder a estas cuestiones que se plantean. Si alguna te resulta especialmente complicada o no sabes qué responder, no te preocupes. Al finalizar la unidad seguro que lo tienes mucho más claro.

1. ¿Qué es una empresa desde un punto de vista comercial?
2. ¿Qué es un organigrama?
3. ¿En qué consiste la función comercial de la empresa?
4. ¿Qué áreas de trabajo comprende el área comercial de una empresa?
5. ¿Qué otras funciones, que se desarrollen en la empresa, conoces?
6. ¿Qué es la organización formal de la empresa? ¿Y la informal?
7. ¿A qué se llama *staff* en una empresa?

1. La empresa. Concepto

saber más

Factores productivos

Tierra. Conjunto de recursos naturales utilizados por la empresa.

Trabajo. Conjunto de recursos humanos empleados por la empresa.

Capital. Bienes producidos por el hombre, empleados en la producción de otros productos.

Que vives rodeado de empresas es algo que, estamos seguros, no te pasará desapercibido aunque nunca te hayas parado a pensarlo. Las empresas inciden en nuestro día a día e influyen en nuestras decisiones comerciales casi sin darnos cuenta.

Son muchas las disciplinas y muchos los enfoques y definiciones que se pueden dar y adoptar a la hora de estudiar eso que llamamos **empresa.** En nuestro caso, desde un punto de vista económico y comercial, vamos a definir el concepto de empresa de la siguiente manera:

> La empresa es un agente que organiza con eficiencia el empleo de los factores productivos (tierra, trabajo y capital) con el objetivo de producir los bienes y servicios necesarios demandados por el mercado.

caso **práctico** inicial

Desde un punto de vista comercial, esta sería una buena definición de empresa.

Un enfoque tradicional asimila la empresa a un ente capaz de transformar un conjunto de factores productivos en bienes y servicios con un único objetivo: venderlos, ofrecerlos al mercado a cambio de un precio, para obtener beneficios.

EJEMPLO

¿Quién toma las decisiones empresariales relativas a la cantidad de cada factor productivo a utilizar para producir bienes o servicios?

En principio se puede decir que el **empresario.** El empresario será el agente económico encargado de decidir la cantidad más convenientes de cada factor a utilizar para conseguir cubrir una determinada cantidad de necesidades humanas, produciendo bienes o servicios.

Tipos de empresa desde un punto de vista comercial

En el sector privado puedes distinguir, desde un punto de vista comercial, entre empresas industriales, empresas comerciales y empresas de servicios.

Las **empresas industriales** son aquellas que dedican su actividad a la fabricación o manipulación de bienes físicos. Generalmente compran materias primas, las procesan y las convierten en productos terminados que vuelven a ofrecer al mercado.

Las **empresas comerciales** son aquellas que dedican su actividad a la venta de productos sin alterar su forma básica. Un caso particular de estas son las **empresas de servicios,** que ponen a disposición de sus clientes un servicio en lugar de un bien.

ACTIVIDADES

1. ¿Cuál dirías que es la función principal de la empresa?

2. Señala cuál es el objetivo último de la empresa.

2. El ámbito de actuación de la empresa

La empresa ha de desarrollar su actividad en algún lugar y dirigir sus esfuerzos hacia un público determinado. Esto configurará su ámbito de actuación.

Si vuelves a leer el concepto de empresa propuesto observarás que el objetivo funcional de la misma es *producir bienes o servicios necesarios, demandados por el* ***mercado.*** Este, por lo tanto, será su ámbito de actuación. Será la respuesta a la pregunta de hacia quién dirige su actividad la empresa, con independencia de cualquier consideración geográfica.

El mercado

Pero todo esto te llevará a formularte una nueva pregunta. ¿Qué es el mercado? La respuesta no es fácil. El mercado es una institución compuesta por compradores y vendedores de un producto.

Definimos el mercado como el conjunto de consumidores y productores de un determinado producto, con capacidad para determinar su precio.

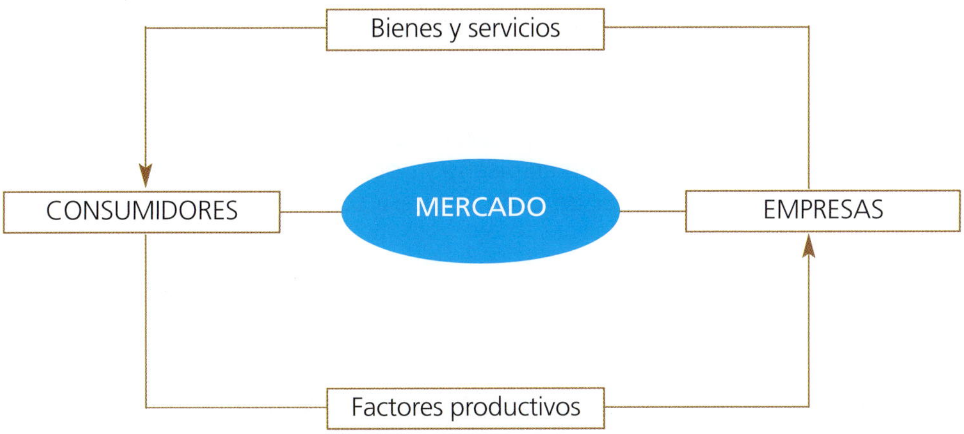

↑ El mercado pone en contacto empresas y consumidores.

Los mercados se pueden clasificar desde distintas perspectivas. La más interesante y extendida es la que los clasifica según la oferta y la demanda del producto en cuestión. Algunas empresas llevan a cabo su actividad en un entorno en el que muchas otras llevan a cabo la misma actividad o parecida. Otras llevan a cabo su actividad en entornos en los que no existen empresas que se dediquen al mismo producto o actividad. Aparece así, por tanto, el concepto de **competencia.**

Se entiende por competencia el conjunto de empresas que desarrollan una actividad similar o igual a la nuestra, proporcionando al mercado el mismo producto u otro de características similares y que cumplan una misma función.

saber más

El producto

Por producto se entiende todo bien o servicio que la empresa ofrece al mercado para satisfacer necesidades. Los productos los clasificaremos en:

- **Bienes:** tangibles y cuantificables.
- **Servicios:** no tangibles, físicamente no se pueden observar.

saber más

Definición de mercado

Todo mercado viene definido por cuatro elementos:

- El precio del producto.
- La cantidad de producto que se ofrece.
- La cantidad de producto demandada por los compradores.
- La cantidad de producto que se intercambia.

Desde la perspectiva de la competencia existente distinguimos la siguiente tipología de mercados:

↑ En un mercado, empresas que desarrollan la misma actividad y venden el mismo producto, son competencia.

FORMA DE MERCADO	PRODUCTO	VENDEDORES	INFLUENCIA PRECIO
Competencia perfecta	Homogéneo (no diferenciado por marcas ni modelos. El mismo producto).	Muchos vendedores	Sin influencia sobre el precio. El precio viene dado
Monopolio	Único	Una sola empresa	Influencia total
Oligopolio	Homogéneo	Pocas empresas	Se ponen de acuerdo o compiten encarnizadamente
Competencia monopolística	Igual (con diferencias de diseño, modelos)	Múltiples	Diferencias en calidad, no en precio. Poca influencia en precio

EJEMPLOS

Pon dos ejemplos de mercado: uno en competencia perfecta y otro en competencia monopolística.

El mercado de competencia perfecta es un modelo teórico, difícil de encontrar, que sirve más bien para tratar de explicar el resto. Se acercan mucho a este tipo de mercado, los de productos básicos, poco elaborados desde un punto de vista industrial, como las verduras, las patatas, etc.

Un buen ejemplo de mercado en competencia monopolística sería el de las zapatillas deportivas: ADIDAS, NIKE, REEBOK, PUMA... Productos muy homogéneos con diferencias sobre todo en diseño y poca influencia en el precio, pues son muy parecidos. El poder de cada empresa sobre el mercado es relativo y escaso.

ACTIVIDADES

3. Copia y completa la siguiente tabla indicando ante qué tipo de mercado estaremos en función del número de operantes que haya en el mismo:

OFERENTES / DEMANDANTES	UNO	POCOS	MUCHOS
UNO			
POCOS			
MUCHOS			

4. Por un ejemplo de mercado en oligopolio y explica su funcionamiento. Explica por qué es un oligopolio.

3. La estructura organizativa de las empresas

Las empresas llevan a cabo distintas actividades para lograr alcanzar sus fines y objetivos. Estas actividades deben estar perfectamente organizadas y coordinadas para evitar problemas de ineficacia empresarial. Piensa que cualquier problema o desajuste en cualquiera de sus funciones afectará, irremediablemente, a las otras.

3.1. Las áreas funcionales y la organización de las empresas

Las distintas actividades a las que hacíamos referencia se suelen agrupar por áreas funcionales dentro de la empresa, que configuran los denominados departamentos, y que posteriormente definiremos.

Las áreas funcionales de la empresa

El mayor o menor número de áreas funcionales que se desarrollen dentro de una empresa va a depender del tamaño de la misma y de su actividad, si bien, la tendencia actual es externalizar muchas de estas funciones acudiendo al ***outsourcing.***

caso práctico inicial

Ya puedes definir el contenido de las distintas funciones o áreas funcionales que se desarrollan en toda empresa. Presta especial atención a la función comercial y lo que comporta.

ÁREAS FUNCIONALES EN LA EMPRESA

FUNCIONES	DESCRIPCIÓN
Técnica o productiva	Lleva a cabo la producción de bienes o servicios a través de una serie de procesos o actividades.
Financiera	Proporciona recursos económicos y financieros a la empresa al menor coste posible, controla los flujos de capital que se producen en la empresa y lleva a cabo la búsqueda de recursos económicos y estudios de rentabilidades.
Comercial	En su doble vertiente de compras y ventas. Lleva a cabo las tareas necesarias para comprar las existencias con las que producir y desarrollar todas las actividades, y pone a disposición de los clientes la producción realizada.
Personal o Recursos Humanos	Gestiona y administra el factor productivo trabajo, teniendo presente el hecho de que está formado por personas con sus intereses y motivaciones.
Administrativa	Lleva a cabo la administración y control documental y telemático de todas las actividades de la empresa.

Tienes que tener presente que todas las empresas, independientemente del tipo o forma jurídica que tengan, llevarán a cabo todas estas funciones. Otra cosa será que lo hagan por sí mismas o acudiendo a algún tipo de asesoría o empresa externa.

EJEMPLO

Piensa en el bar de la esquina. ¿Lleva a cabo todas las funciones empresariales descritas?

Sin duda la respuesta ha de ser sí. La función productiva está clara, pues ofrece (produce) un servicio. La comercial también. El resto, de no llevarlas a cabo de manera personal, las habrá contratado con alguna gestoría o asesoría externa.

La organización empresarial

Tal cantidad de funciones y las correspondientes tareas que dentro de cada una se pueden desarrollar en la empresa, hacen necesaria una adecuada organización de las mismas para evitar los problemas de gestión a los que aludíamos antes.

La **organización** de las empresas es un elemento fundamental que supone una forma de estructurar las mismas, dividiendo el trabajo en unidades más pequeñas.

saber más

La división del trabajo

Consiste en definir tareas, actividades y funciones en la empresa y repartirlas entre sus trabajadores, bien individualmente o bien en grupo.

> La estructura organizativa de la empresa ha de ser entendida como la disposición o ubicación de las distintas unidades funcionales de la organización, así como las distintas tareas o actividades que se desarrollarán en ellas.

Toda estructura organizativa deberá tener presente la denominada organización formal, la organización informal y, por último, la cultura empresarial.

caso práctico inicial

Esta es la diferencia entre organización formal y organización informal.

ESTRUCTURA ORGANIZATIVA		
ORGANIZACIÓN FORMAL	ORGANIZACIÓN INFORMAL	CULTURA EMPRESARIAL
Viene determinada por la dirección de la empresa y recoge todas las relaciones existentes entre miembros de la organización, establecidas de forma consciente por la dirección (oficial y permanente).	Recoge las relaciones espontáneas y de carácter más personal que profesional, que surgen entre los empleados de la empresa. No están previstas por la dirección.	La conforma la manera de hacer y ser de las empresas. Se manifiesta en las formas de actuación ante los problemas y oportunidades de gestión y adaptación a los cambios. Se enseña a los nuevos miembros como una manera de pensar, vivir y actuar.

↑ Organización formal.

↑ Organización informal.

ACTIVIDADES

5. ¿Qué factores crees que influyen en la aparición de grupos informales en el seno de una empresa?

6. Describe la relación existente y las diferencias entre la organización formal e informal de la empresa. ¿Surge esta última de una forma premeditada? Razona la respuesta.

3.2. El organigrama de la empresa y los departamentos

El organigrama

> Un organigrama es una representación gráfica de la estructura organizativa de la empresa, de las diferentes áreas funcionales de la empresa y de sus funciones, de los niveles de autoridad y de los canales de transmisión de información.

caso práctico inicial

Aquí tienes una definición de organigrama. Ahora ya no tendrás problemas para explicar lo que es.

Los elementos que integran un organigrama son:

- Unidades o áreas funcionales dentro de un cuadro.
- Líneas continuas que unen las distintas áreas funcionales que se representan y que dan idea de la estructura formal y de las dependencias jerárquicas.
- Líneas discontinuas que indican las relaciones informales (en caso de que se quisieran indicar) establecidas entre las distintas unidades de la empresa.
- Leyenda que indica la unidad o unidades representadas.

vocabulario

Autoridad: poder que permite mandar, dar órdenes a otros para que actúen de cierta forma de cara a alcanzar un propósito u objetivo.

Es frecuente encontrar, en algunos organigramas, los *staff* representados. Son unidades de apoyo, desposeídas de autoridad, que tienen como cometido asesorar o apoyar técnicamente al órgano o unidad de gestión correspondiente.

caso práctico inicial

El *staff* se define como una unidad de apoyo, un asesor técnico.

saber más

División horizontal del trabajo

Establece la diferencia entre tareas y funciones. Frente a la división horizontal, está la **división vertical,** que supone la separación entre actividades de preparación y control y actividades de ejecución.

Los departamentos dentro de la empresa

El departamento es la consecuencia inmediata de la división horizontal del trabajo, y se puede definir de la siguiente manera:

> Es un área o división de la empresa donde se agrupan funciones y tareas a desarrollar por sus integrantes, y en el que una persona o grupo desempeña tareas de dirección ejerciendo su autoridad.

Como ves, un departamento no deja de ser una agrupación de puestos para desarrollar trabajos similares o que guardan relación.

Lo más habitual es que las empresas establezcan departamentos en función de las distintas áreas funcionales que, de manera directa, desarrollen. De esta manera, agrupan tareas dentro de dichas áreas funcionales. Esto es lo que se llama **departamentalización funcional o por funciones.**

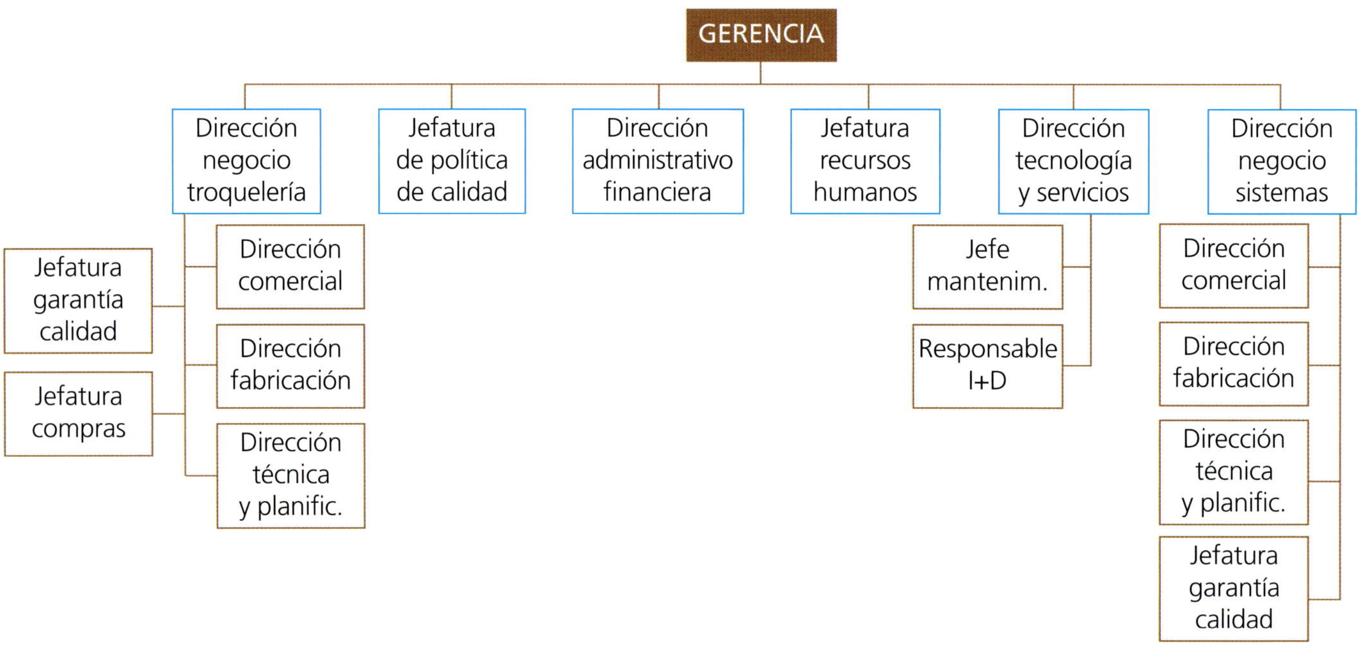

ACTIVIDADES

7. Con la ayuda de tu profesor, confecciona el organigrama de tu instituto.

8. Confecciona el organigrama de Azúcar Cañí a partir de la entrevista que se transcribe a continuación con el director gerente:

«—**Las principales instalaciones de Azúcar Cañí están en Tineo. ¿Podría comentarnos qué procesos se realizan en dicha localidad?**

—Desde aquí se dirige toda la programación de compras, almacenaje y distribución. Toda la producción y envasado de azúcar se desarrolla también en nuestras instalaciones de Tineo.

—Pero también posee instalaciones en Barcelona, Logroño y Huelva... ¿Algún motivo que explique esta diversidad de centros?

—Nuestras oficinas de compra se hallan situadas en Logroño. En Barcelona están ubicadas nuestra instalaciones de I+D, y en Huelva radican nuestras instalaciones administrativo-financieras.»

4. El departamento comercial y su organización

Como ya sabes, la función comercial de la empresa es aquella mediante la cual esta se relaciona con el exterior, realizando intercambios en el mercado en su doble vertiente: **aprovisionamiento (compras) y ventas.** Por lo tanto, ya puedes decir que dentro del departamento comercial vas a encontrar, como mínimo, dos áreas o secciones, la de aprovisionamiento y la de ventas.

Cada empresa tiene un departamento comercial adaptado a la misma. Así, no será igual el departamento comercial de una empresa como TELEFÓNICA, que el de una empresa del sector de la construcción.

Además, este departamento ha de estar en permanente contacto con el resto para llevar a cabo una gestión eficaz al menor coste posible. Volvemos, por tanto, a hablar de coordinación de departamentos y funciones.

vocabulario

Coordinación: ordenación armónica de las actividades de la organización, que permite alcanzar eficazmente los objetivos previstos.

EJEMPLO

¿Por qué crees que es necesaria la coordinación entre la función comercial y la función financiera de la empresa?

Entre otros motivos, porque el departamento financiero es el que elabora los presupuestos y, por lo tanto, el que debe ejercer el control presupuestario de la compra.

La organización del departamento comercial

Organizar adecuadamente un departamento comercial es fundamental para favorecer la posterior coordinación de todas las actividades que se realizan en él, así como con otras áreas funcionales (departamentos).

Para ello se suele utilizar alguno de los siguientes modelos de departamentalización.

caso práctico inicial

Ahora tendrás más claro cuáles son las áreas de trabajo que comprende el área comercial de una empresa.

Organización funcional

Como ya se explicó, consiste en organizar el departamento comercial en función de las distintas actividades o funciones que en él se llevan a cabo. Para ello se deben analizar escrupulosamente las distintas tareas (agrupables por áreas de trabajo o secciones).

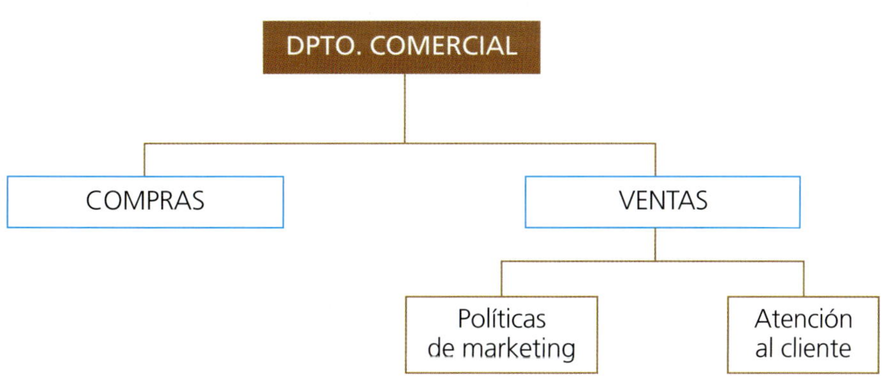

Organización por productos

Resulta muy apropiado para empresas con productos muy distintos, que necesiten de un control comercial individualizado para cada producto o gama de los mismos. Encontrarás, en este caso, un departamento comercial «dividido» en función de los distintos productos que comercializa y que precisan de instalaciones y de sistemas de venta y control especializados para cada línea.

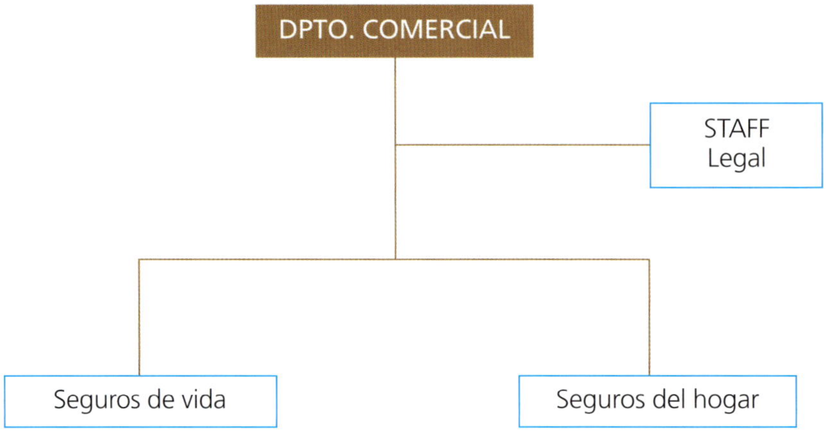

Organización por clientes

Consiste en hacer una departamentalización basada en grupos de clientes definidos por sus características comunes. El objetivo que se pretende es atender más y mejor las necesidades de cada grupo.

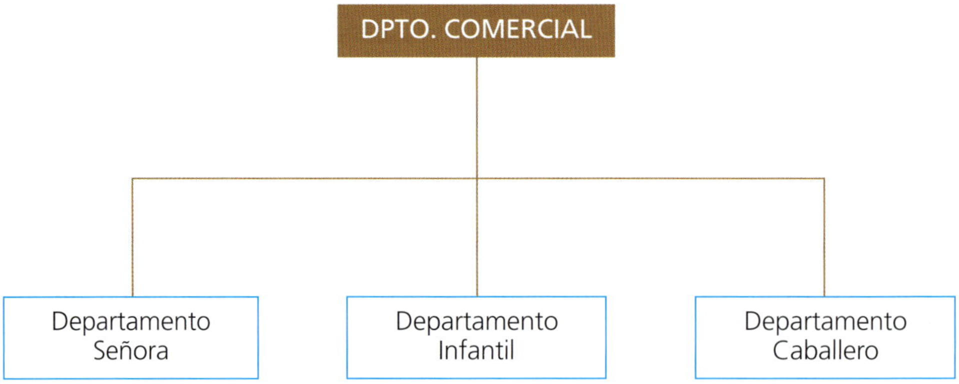

EJEMPLOS

¿Qué tipo de organización crees que tendrá un departamento comercial de unos grandes almacenes?

Parece lógico pensar que por clientes, debido a la gran variedad de los mismos.

¿Qué tipo de organización tendrá el departamento de Recursos Humanos de una empresa dedicada a la construcción y promoción de viviendas?

Lo más normal es que este departamento esté organizado funcionalmente.

Organización geográfica

Similar a la anterior pero llevando a cabo la organización del departamento comercial por la agrupación de las actividades realizadas en un determinado territorio geográfico (sucursal).

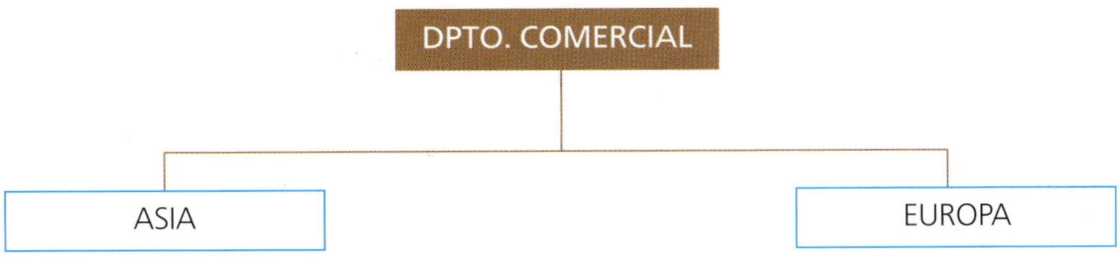

Organización mixta

Casi nos atreveríamos a asegurar que es la que se encuentra en la práctica totalidad de empresas que te rodean. Esto tiene su explicación. Se llama organización mixta a aquel tipo de organización departamental que combina cualquiera de los criterios vistos. Una vez realizada la departamentalización utilizando criterios geográficos, por clientes o por productos, lo normal es que la empresa acabe introduciendo, en cada nivel, el criterio funcional. Es por ello que casi todas las empresas acaban utilizando una organización mixta para su departamento comercial. Se utilice el criterio que se utilice, el funcional siempre acaba apareciendo.

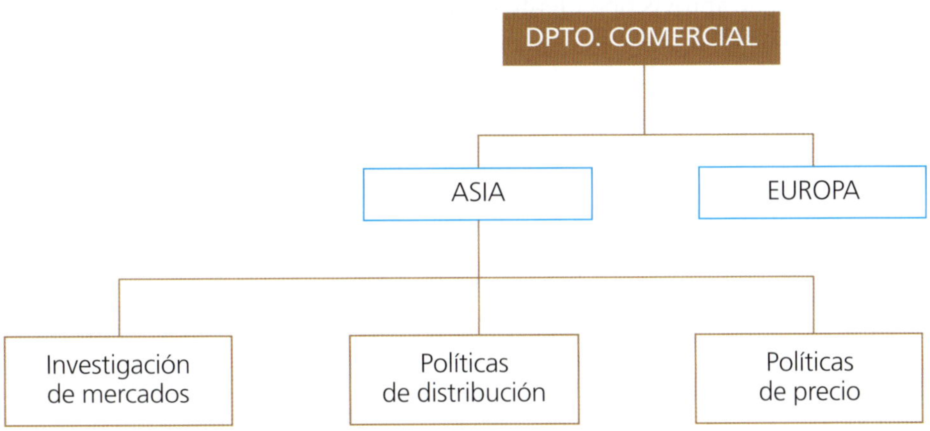

ACTIVIDADES

9. ¿Qué factores crees que influyen en el hecho de que una empresa tenga un tipo de departamento comercial, con una estructura organizativa determinada, u otro? ¿De qué va a depender?

10. ¿Por qué crees que es necesaria la coordinación entre la función comercial y la función técnica o de producción de la empresa?

11. Un mayorista dedicado a la venta de materiales de construcción posee una clientela formada por empresas constructoras, pequeños establecimientos de venta directa al público y venta directa a clientes. Te pide que organices su departamento comercial, pues va a pasar a vender, además de en Ciudad Real, en las provincias de Palencia y Zamora.

5. El aprovisionamiento en la empresa

La empresa se estructura en una serie de áreas funcionales, como ya sabes, donde todas tienen su importancia particular. Si te preguntásemos cuál es la función más importante, ¿con cuál te quedarías? Seguro que tu opción es la función de producción o la comercial en su vertiente de ventas. Pero si importante es producir o vender, no lo es menos la función comercial en su división de **aprovisionamiento,** a la que llamamos equivocadamente función de compras.

A través de las tareas que comportan la gestión de aprovisionamiento, la empresa se pone en contacto con el mercado, no para ofrecerle, sino para demandarle productos.

Pero, ¿por qué crees que surge la necesidad de contar con esta sección dentro del departamento comercial de una empresa? Evidentemente seguro que has respondido bien. Porque toda empresa necesita comprar, adquirir.

> La función o gestión de aprovisionamiento surge por la necesidad de adquirir para no interrumpir el proceso productivo o de ventas.

Pero la gestión de aprovisionamiento es algo muy complejo que abarca diferentes funciones o tareas:

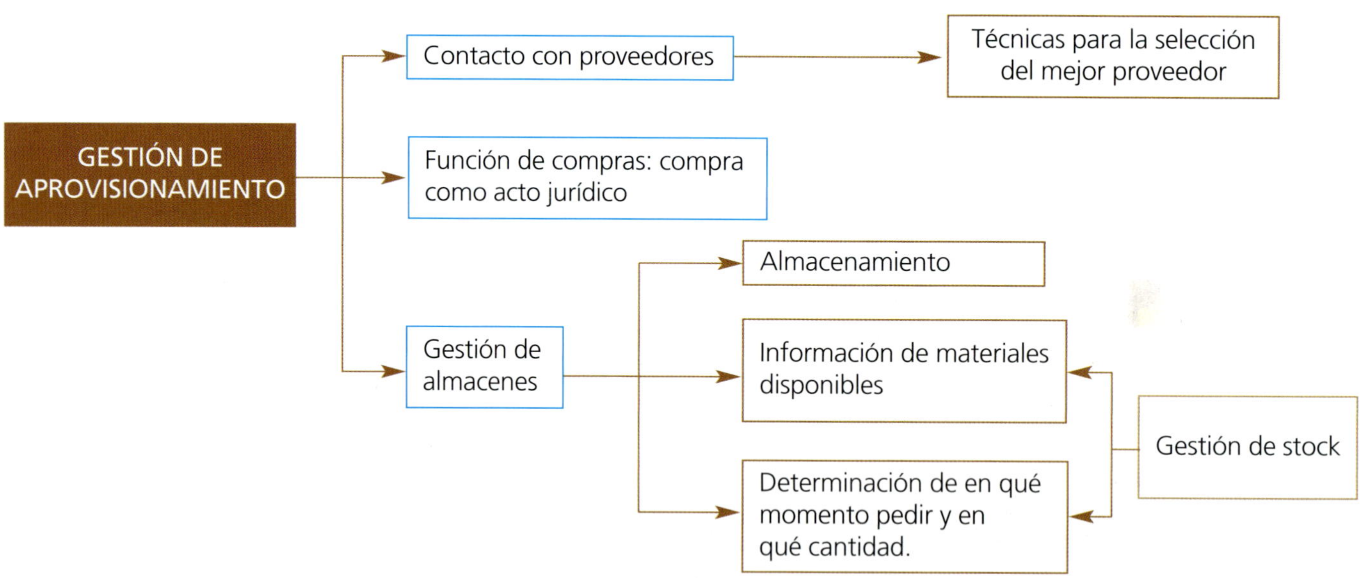

Pero, ¿qué es el aprovisionamiento? ¿Cómo lo definirías o explicarías a tenor de todo lo expuesto y de las labores que comprende?

> Es la función de la empresa que, dentro de la función comercial, se encarga de adquirir las existencias que esta precisa en las mejores condiciones posibles y con el menor coste.

Objetivo de la función de aprovisionamiento

Una cuestión que tiene que quedarte muy clara es que aprovisionamiento y compra no son sinónimos.

APROVISIONAMIENTO ≠ COMPRAS

El aprovisionamiento, en las empresas, supone mucho más que realizar una compra. En la unidad tercera estudiarás con mayor profundidad la acción de la compra o subfunción de compra, así como sus parámetros de decisión y objetivos.

Por ahora, quédate con los objetivos de la función de aprovisionamiento que, pese a ser muchos, se pueden englobar todos en uno de carácter general:

Mantener, al menor coste posible y minimizando el riesgo de ruptura de la actividad de la empresa, el nivel de existencias adecuado en el almacén.

Además, podemos mencionar otros objetivos de la función de aprovisionamiento:

- Minimizar pérdidas por daños y artículos perecederos.
- Adquirir a los mejores costes minimizando el valor de las inversiones en inventario.
- Conseguir el mejor transporte posible de las mercancías.
- Confeccionar planes de necesidades y compras.
- Propiciar información sobre inventarios a contabilidad y a cuantas áreas funcionales la precisen.
- Mantener actualizada la información concerniente a inventarios.

↑ El aprovisionamiento también supone una adecuada gestión de stocks y almacenes.

6. Las ventas en la empresa

> **saber más**
>
> **Empresas mayoristas y empresas minoristas**
>
> Ambas son empresas comerciales.
>
> Las empresas **mayoristas** son aquellas que efectúan ventas en gran escala a otras empresas. Suelen comprar al fabricante.
>
> Las empresas **minoristas o detallistas** son aquellas que venden los productos al consumidor final, o a otros minoristas.

La otra vertiente de la función comercial es la de ventas. Esta es otra función o subfunción que, dentro del departamento comercial, se desarrolla estableciendo relaciones o contactos entre la empresa y el mercado.

Evidentemente, no serán iguales las áreas o secciones de ventas de una empresa industrial y de una empresa comercial. Toda empresa ofrece algo al exterior, pero no todas lo hacen empleando los mismos esfuerzos ni los mismos medios.

Las **empresas industriales,** por ejemplo, aunque tengan como actividad principal fabricar, emplearán también esfuerzos importantes para colocar sus productos en el mercado y estudiar al consumidor. Las **empresas comerciales,** por definición, destinarán todos sus recursos y actividades a conseguir maximizar las ventas.

También la función de ventas va a comprender distintas tareas o actividades que encontrarás resumidas en el siguiente esquema:

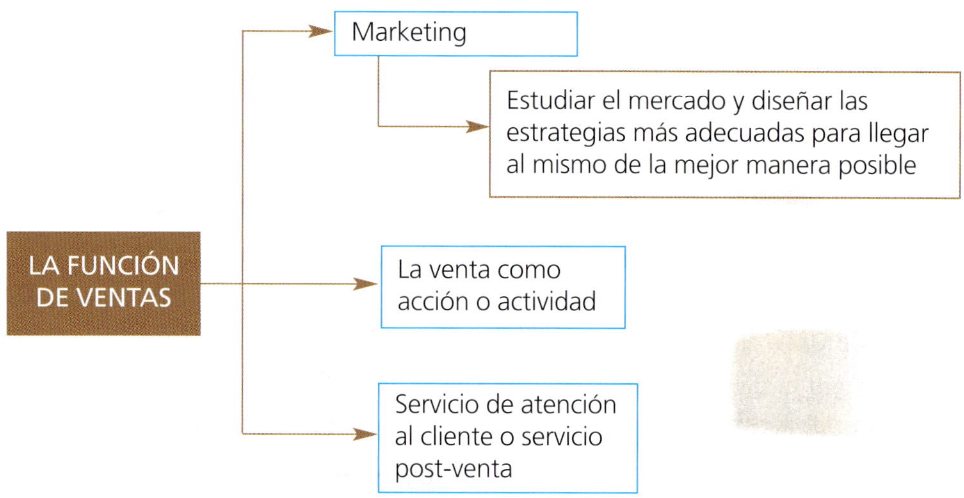

Como puedes observar, la función de ventas supone llevar a cabo muchas más actividades y tareas que la de vender sin más. Si aprovisionamiento y compras no eran sinónimos, la función de ventas no se puede identificar tan solo con la acción o actividad que los vendedores de la empresa llevan a cabo.

El personal de ventas

El personal de ventas o, como se le suele denominar, la **fuerza de ventas**, comprenderá a todo el personal que realiza o lleva a cabo las tareas estudiadas. Como mínimo estará compuesto de:

Cada uno de estos grupos puede contar, en función del tamaño y los esfuerzos dedicados a vender por parte de la empresa, con personal a sus órdenes. Dicho personal estará coordinado para, entre todos, alcanzar los objetivos previstos en el plan anual de ventas que la empresa elabora cada año.

EJEMPLO

¿Cuáles crees que son las funciones de un jefe de ventas?

Entre otras: buscar y formar a los vendedores que integran su equipo, motivarles y evaluar su rendimiento, auxiliar en la determinación de sus remuneraciones, establecer sus objetivos, asignar territorios o zonas de venta, así como las rutas a seguir (planificación de tareas), etc.

↑ Reunión de comerciales para planificar los objetivos de ventas.

ACTIVIDADES

12. A continuación se citan una serie de empresas. Determina en cuál de ellas tendrá más importancia la sección de aprovisionamiento que la de producción o técnica y por qué:

- Una fábrica de mazapán.
- Un restaurante.
- Un supermercado.
- Una agencia de viajes.

13. Ahora intenta determinar si en cada una de esas empresas el departamento de aprovisionamiento puede o debe tener más importancia que el de ventas.

14. ¿Qué características crees que ha de poseer un buen jefe de ventas?

15. ¿Qué características crees que ha de poseer un buen vendedor? Busca el significado de las palabras empatía y asertividad en un diccionario.

ACTIVIDADES FINALES

■ 1. Clasifica las siguientes empresas desde un punto de vista comercial:

- Fábrica de cemento, S.L.
- Concesionario Renault.
- Hotel Princesa.
- Agencia de Viajes El Norte.
- Conservas Reunidas Calvo, S.A.
- Transportes Pasos Lentos.
- Cooperativa Agraria Las Lomas.
- Autotaxis Mieres.
- Peluquería Álvaro.
- Restaurante El Cenador Azul.
- Constructora y Promotora, S.L.
- Academia Informática BT.

■ 2. Cita las funciones o áreas funcionales que debe desarrollar toda empresa. Explica cómo todas y cada una de ellas se llevarían a cabo en el Salón de Belleza La Pepa.

■ 3. ¿A qué áreas funcionales asignarías las siguientes tareas o actividades?

- Confección de nóminas y seguros sociales.
- Elaboración de un plan de ventas.
- Estudio de una línea de crédito.
- Elaboración del diario contable de la empresa.
- Elaboración de presupuestos.
- Confección de una carta de despido de un trabajador.
- Elaboración de cartas para solicitar presupuestos a nuevos proveedores.

■ 4. María Zambrano dirige la empresa Cerezal, S.A., un vivero de plantas donde, además de vender a muy buen precio, se dedica también al diseño y creación de zonas verdes y jardines. Eneko Pérez y Marta Kerekes dirigen dos secciones de la empresa: Diseño y creación, por un lado, y Ventas, por otro. El primero de ellos tiene a dos subordinados: un Ingeniero Técnico de Obra Pública y un Jefe de Diseño Paisajístico. Marta tiene a tres vendedores a su cargo.

Elabora el organigrama de la empresa con un *staff* legal y otro financiero que asesoren directamente a María Zambrano, y un *staff* técnico laboral para asesorar al Ingeniero.

■ 5. Indica cuáles de estas actividades son susceptibles de realizarse en el departamento comercial de una empresa: a) Estudios de mercado; b) Búsqueda de recursos económicos; c) Planes de formación de empleados; d) Estudio de sistemas de remuneración de empleados; d) Gestión de tesorería; e) Gestión de contabilidad; f) Facturación; g) Estudio de presupuestos de compra; h) Determinación de precios de venta; i) Estudio de envases del producto; j) Gestión de impagos de clientes; k) Distribución de productos; l) Elaboración de campañas publicitarias; m) Selección de proveedores; n) Investigación y desarrollo; o) Control de calidad; p) Contratación de personal.

■ 6. Confecciona el organigrama de una empresa que se dedica a la compraventa de coches de segunda mano y que desarrolla su actividad en Madrid, Burgos y Cáceres.

En Madrid tendrá sus oficinas centrales, desde donde se gestionan todas las actividades que se pueden englobar en el área administrativa. En Burgos tiene unas instalaciones de reducido tamaño para la compra y venta de vehículos. En Cáceres también dispone de estas instalaciones, pero especializadas en vehículos industriales.

■ 7. Una empresa que se dedica a la venta de seguros por toda España, ¿qué tipo de organización crees que implantará en su departamento comercial?

Razona tu respuesta diseñando un organigrama que dé soporte a tu explicación.

Dicho organigrama recogerá la estructura formal de la empresa. ¿A qué se denominaría estructura informal en dicha empresa?

■ 8. Determina la veracidad o falsedad de las siguientes afirmaciones razonando tu respuesta.

- Un mercado de competencia monopolística se caracteriza por la existencia de un solo vendedor y muchos compradores.
- En un oligopolio la política comercial adoptada por una de las empresas integrantes influye en las políticas del resto de empresas.
- En el monopolio el precio viene dado por el juego de la oferta y la demanda.

■ 9. Un empresario posee una empresa dedicada a la venta de productos ibéricos, en un centro comercial de Huesca. Este empresario piensa ampliar su actividad comercial con la venta de productos típicos de Andorra.

Diseña el organigrama del departamento comercial siguiendo el criterio de organización que te parezca más adecuado.

■ 10. El Hotel Glam es uno de los mejores hoteles de la ciudad y tiene un gran número de habitaciones. Situado en el corazón comercial y administrativo, lleva años siendo un referente en la hostelería en la ciudad. Su cultura de empresa está basada en alcanzar máximas calidades en cada uno de los departamentos. Las principales características de este hotel son:

- Conserjería: en este departamento se integran la conserjería y otros servicios como parking, caja fuerte, botones, equipajes…
- Hospedería: se integran limpieza y lencería.
- Lavandería: se limpia tanto la ropa del hotel, como la de los clientes que lo soliciten.
- Cocina: existe una central y dos auxiliares con salida al exterior. En la cocina hay un área de compras y otra de bodegas.
- Restaurante: comedor, restaurante, cafetería, sala de fiestas y sala de bodas y banquetes.
- Administración: área funcional típica de cualquier empresa.
- Comercial: comercializa las unidades productivas del hotel. Ventas, relaciones públicas y publicidad se integran en el departamento. Es responsable de las reservas.
- Mantenimiento: se ocupa de todas las instalaciones.

Analiza los componentes de la estructura organizativa y elabora el organigrama del hotel. Anota todo lo que te llame la atención respecto a su organización formal.

¿Puede ser que le falte algún elemento? Explica tu respuesta.

PRÁCTICA PROFESIONAL

Estudio de necesidades y organización de un departamento comercial

OBJETIVOS

Reconocer las funciones de un departamento comercial, así como tomar decisiones relativas a la organización del mismo.

SITUACIÓN INICIAL

Tres amigos deciden abrir una empresa en Tineo, Asturias, dedicada a la venta de chorizos y otros productos derivados del cerdo. Alberto se dedicará a dirigir las actividades comerciales, área de ventas. Emilia estará al frente del área de producción y Enol, por sus conocimientos y experiencia, se dedicará a seleccionar los mejores proveedores posibles.

Tienen intención de emplear a cuatro trabajadores en el área de compras, pues comprarán materia prima a ganaderos de todo el occidente asturiano.

El área de ventas tendrá a su disposición a ocho vendedores en plantilla que se encargarán de vender sus productos por toda Asturias y abrirse terreno por las provincias de León, Lugo y Orense.

Emilia estará al frente de todas las actividades productivas, así como del empaquetado al vacío de productos. Trabajan, directamente bajo sus órdenes, seis trabajadores.

Tienen intención de contar con personal de administración contratado para sus oficinas y contratar los servicios de la Asesoría La Tinetense para que gestione sus temas fiscales, nóminas y seguros sociales. Enol propone al mismo tiempo contratar con una empresa de servicios de marketing y estudios de mercado de Oviedo, un estudio y una campaña publicitaria en distintos medios de difusión.

Principalmente se va a vender a tres tipos de clientes: hipermercados, pequeños establecimientos y clientes particulares. Dividirán Asturias en tres zonas (oriental, occidental y zona centro).

Los hipermercados y los pequeños comercios se visitan dos veces al mes y cada visita suele durar de media una hora. Los clientes particulares compran directamente a la empresa. Cada cuatro visitas se obtiene, según cálculos previstos, un pedido, lo que hace que la visita dure un poco más, llegando a dos horas. Cada vendedor trabaja 40 horas a la semana y un tercio de dicho tiempo se dedica a desplazamientos y esperas. Los clientes potenciales por zona son:

ZONA	HIPERMERCADOS	PEQUEÑOS COMERCIOS
Oriental	23	450
Centro	68	587
Occidental	15	345
Lugo	18	132
Orense	12	187
León	11	150

147 1851

ACTIVIDADES

1. Elaborar el organigrama con la estructura funcional de la empresa. No olvides los servicios de los *staff*.
2. ¿Cuántos vendedores necesitará la empresa? ¿Puedes indicar cuántos vendedores se precisarán por provincia?
3. Si se pretendiese que los vendedores de la zona occidental cubriesen también la zona de Lugo y Orense, y los de la zona centro llevasen también la de León, ¿cómo quedaría la situación?

Paso 1. En la primera actividad debes representar, en un organigrama, la estructura de la empresa de forma que recoja, al menos, todo lo que se indica en el enunciado. Como mínimo, el organigrama debería contener:

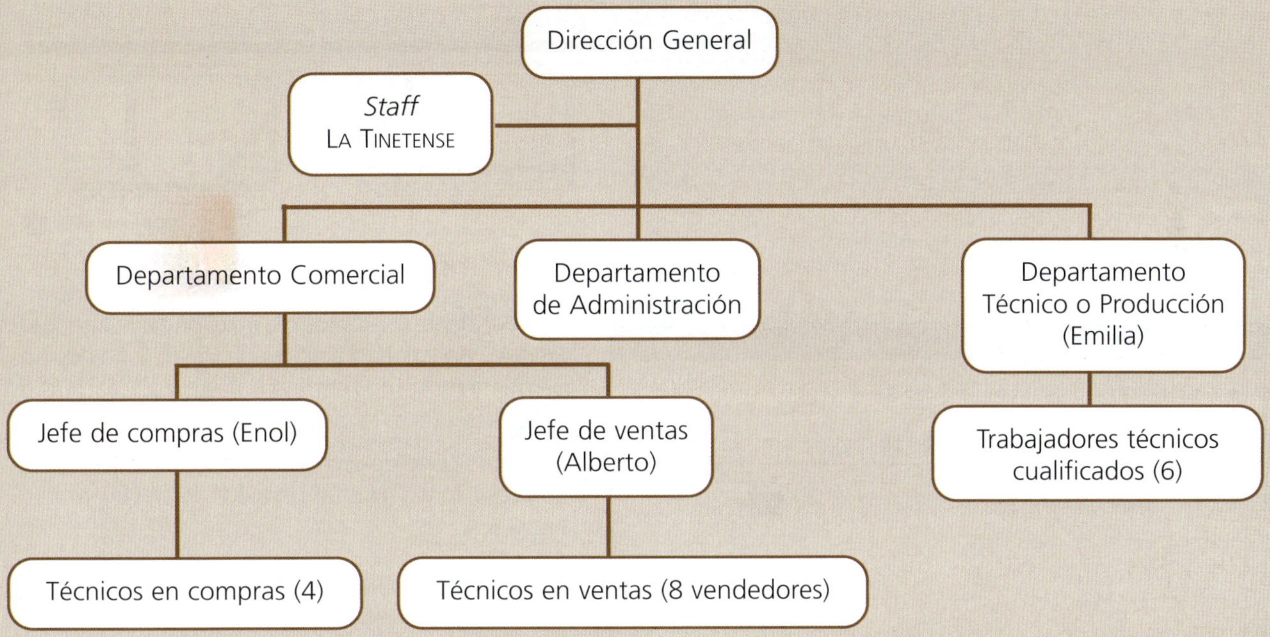

No aparece la empresa de servicios de marketing y estudios de mercado sita en Oviedo, pues es contratada para una actividad puntual. No llega a poder considerarse *staff* dentro de la estructura de la empresa.

Paso 2. En la segunda actividad deberás poner en práctica tus conocimientos matemáticos básicos y aplicar la lógica.

Existen un total de 1.998 clientes potenciales x 2 visitas/mes x 1 h. = 3.996 horas.

Las 3.996 visitas mensuales suponen 999 pedidos al mes (3.996/4). Por tanto, se duplica el tiempo de esas visitas: 999 horas más.

Todo esto nos da un total de horas empleadas en visitas de = **4.995 horas.** Los vendedores, una vez restado el tiempo dedicado a viajes y esperas, pueden dedicar 27 horas semanales de su jornada a atender al cliente. Suponiendo que el mes tiene cuatro semanas = 108 horas, si divides 4.995 horas al mes entre 108 horas que mensualmente un vendedor puede dedicar al mes a visitas, se necesitan un mínimo de **47 vendedores para cubrir todas esas horas.**

Esto lo deberían tener en cuenta Alberto, sobre todo, Emilia y Enol, pues piensan contar solo con 8 vendedores, lo cual es muy insuficiente. La empresa nacería abocada al fracaso si no amplía la plantilla de vendedores, pues no cubriría el mercado potencial.

Para determinar los vendedores por zona tendrías que trabajar exactamente igual, pero tomando los datos zona a zona y no el total (no partir de los 1.998 clientes potenciales).

Paso 3. En la última actividad tendrías que agrupar lo datos de la zona occidente, Lugo y Orense, por un lado, y los de la zona centro y León por otro. Por lo demás, la forma de proceder, matemáticamente, sería idéntica a la desarrollada.

SOFTWARE ADMINISTRATIVO

FacturaPlus

En esta sección aprenderás a usar el programa **FacturaPlus** para la gestión de facturación, pagos y cobros, así como de almacenes.

Lo primero que vamos a hacer en esta unidad es generar o dar de alta la empresa que vamos a gestionar. Para ello abre el **navegador SAGE** y entra en la aplicación **FacturaPlus.**

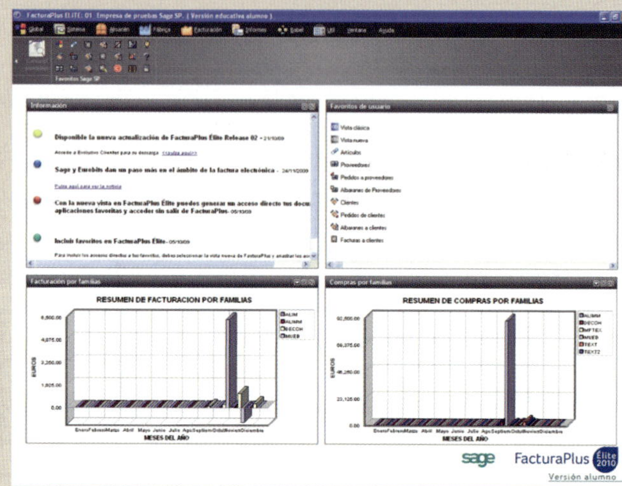

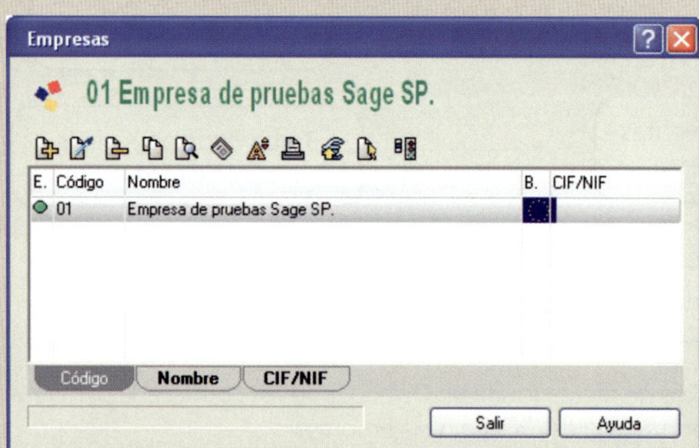

Una vez dentro haremos clic en el primer icono, *EMPRESAS,* accediendo a un cuadro de diálogo que nos permitirá movernos entre empresas y añadir nuevas empresas, que es lo que pretendemos ahora.

El primer icono de dicho cuadro de diálogo, *Añadir Empresa,* lo vas a visitar para dar de alta la empresa INICIAL S.A.

En el nuevo cuadro de diálogo que se te ofrece, puedes ver cuatro pestañas. En la pestaña *Datos Generales,* introducirás los datos necesarios para identificar correctamente dicha empresa. La segunda sirve para introducir datos relativos a la inscripción en el Registro Mercantil de la empresa. La otra pestaña, *Importación,* nos serviría si ya tuviésemos la empresa creada y lo que quisiésemos fuese abrir un nuevo ejercicio de la misma. No es el caso.

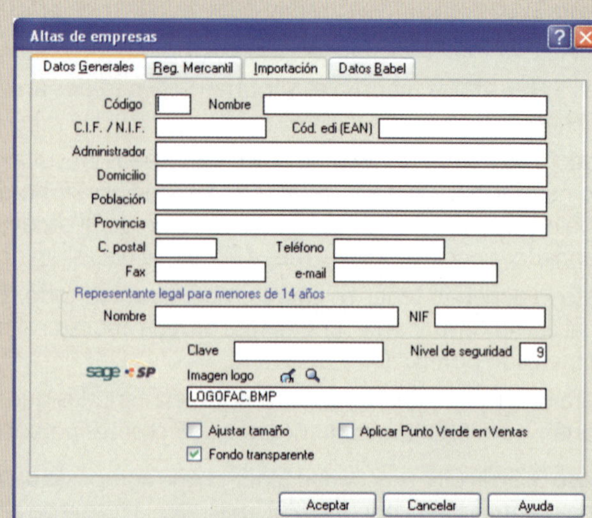

Invéntate los datos necesarios para generar la empresa y a continuación crea otra nueva cuyo nombre será Ropas Margarita (forma jurídica: empresario individual). Estas empresas las iremos utilizando a lo largo del curso para realizar nuestras prácticas con la aplicación.

Principales campos del alta de empresas

Cód EAN: código de indentificación para intercambio de información que concede la EAN. Se ha sustituido por el certificado de firma digital.

Clave: filtro de seguridad. La clave que introduzcamos aquí se pedirá al entrar en la empresa desde el cuadro de diálogo inicial.

Nivel de seguridad: a los usuarios (empleados) se les puede restringir el acceso a determinadas empresas. Cuando creemos perfiles de usuarios les podemos negar el acceso a determinados niveles.

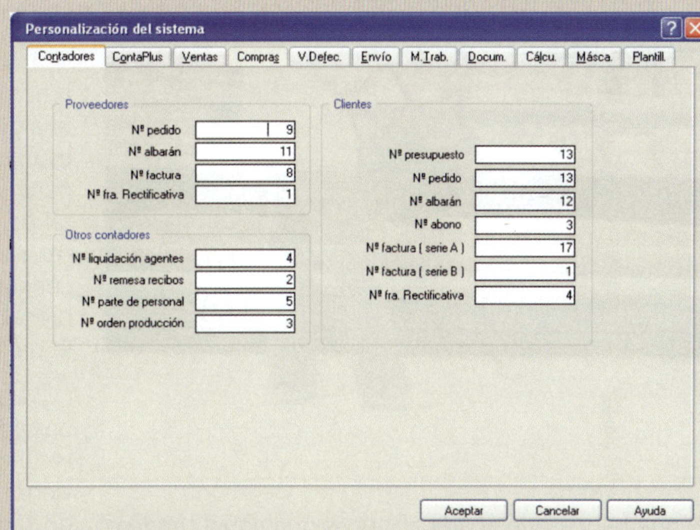

Una vez generada la empresa debes asegurarte de que estás trabajando en ella. Fíjate en la barra de título, pues en ella aparecerá la empresa sobre la que estás operando. Para moverte de una empresa a otra, recuerda: utiliza el primer icono que aparece en la ventana de la aplicación.

Vamos a situarnos en la empresa Inicial, S.A.

Ahora es el momento de parametrizar la empresa. Hay un menú o cuadro de diálogo muy importante que debes visitar en primer lugar. Es el de *Personalización del Sistema*. Para llegar a él sigue la siguiente ruta: *Útil/Entorno del Sistema/Personalización.*

Este cuadro de diálogo se compone de varias pestañas. Las más importantes son las siguientes:

Contadores: nos permite personalizar la numeración de todos los documentos. Si se borra una factura, por ejemplo, debes recordar venir para retroceder en la numeración correlativa que la aplicación va generando.

ContaPlus: es muy útil si vamos a enlazar la aplicación con ContaPlus. Desde aquí haríamos el enlace. Una vez hecho, la pestaña siguiente, Compras, se activaría.

Vdefect.: aquí se pueden establecer determinados valores por defecto, sobre todo relativos al impuesto del IVA.

Calcu.: aquí indicaremos las propiedades que generalmente van a tener nuestros artículos (solo se permite un máximo de dos), así como el método que utilizaremos para la valoración de existencias.

Estas son las pestañas más importantes y su utilidad principal, pero no dejes de visitar el resto y de hacer una lectura comprensiva de todos y cada uno de sus elementos, pues son muy importantes para luego evitar problemas trabajando.

En la siguiente unidad te daremos datos para parametrizar la empresa Ropas Margarita.

MUNDO LABORAL

La marca blanca se impone en la guerra del súper

Antes de que nacieran las marcas comerciales de hoy, el tendero tenía la sartén por el mango. Buena parte de las mercancías carecían de identidad antes del siglo XVIII, y los distribuidores las compraban allá donde las encontraban más baratas, con lo que eran los distribuidores los que fijaban el precio. La creación de la marca significó un «DNI» para el producto, que así logró presentarse directamente al consumidor, puenteando al tendero, para conseguir que el público demandase, no el producto en sí, sino su marca en concreto. Así que el tendero estaba obligado a tenerlo para satisfacer al cliente. Y era el fabricante el que marcaba el precio.

Lo que habría que añadir ahora es que aquel tendero se ha inventado su propia marca, que esta suele ser más barata que el resto, que se ha interpuesto en el camino entre fabricante y cliente, y vuelve a tener, esta vez solo en parte, esa sartén por el mango. La marca del distribuidor (conocida originariamente como «marca blanca», apelativo que hoy detesta el sector, porque se asocia al bajo coste) ha dado un salto espectacular en los últimos años (...).

La puntilla a este tirón lo ha dado la crisis económica, con una caída histórica del consumo del 2,3% en el último trimestre de 2008. Y es que un tarro de paté CASA TARRADELLAS valía el pasado jueves 0,79 euros en un supermercado MERCADONA de Barcelona. Mientras que otro frasco del mismo producto, en otro sabor, fabricado también por CASA TARRADELLAS para la marca Hacendado, de Mercadona, valía 0,63.

(...) «Las marcas blancas han crecido mucho en los últimos años, al nivel de otros países europeos, y tienen una gran aceptación entre los clientes más jóvenes. Por eso podemos pensar que aún tienen potencial en España», opina Ignacio García Magarzo, director general de ASEDAS, la patronal de los distribuidores. Dentro del fenómeno de bajo coste, los expertos del consumo explican que los españoles han pasado de presumir sobre cuánto gastan en algo, a hacerlo sobre lo barato que les ha salido un producto.

(...) Los detractores se quejan de una menor calidad y libertad de elección para el cliente, además de que resta recursos a las primeras marcas, que son las que más invierten en I+D. Al tirón de la marca blanca ha contribuido también la expansión de cadenas como ALDI o LIDL, que se centran en productos de «padres» poco conocidos a precios muy populares. Esta última ha empezado de hecho una campaña en la que se abraza al lema de que «La calidad no tiene por qué ser cara» (...).

Fuente: El País 28/02/2009

Trabajo a realizar

1. Elabora un resumen del artículo.
2. Emite una opinión personal sobre el contenido del artículo.
3. ¿Qué son las marcas blancas? ¿Has consumido alguna vez marcas blancas? ¿Sabías lo que eran antes de leer el artículo?
4. En el artículo se habla de fabricantes, distribuidores y tenderos. Busca información en internet que te permita definir o identificar estas tres figuras o sujetos comerciales. Pon ejemplos de cada uno de ellos.

EN RESUMEN

EVALÚA TUS CONOCIMIENTOS

1. **Desde un punto de vista comercial la empresa:**
   a) Tiene por objetivo producir factores productivos.
   b) Tiene por objetivo incrementar las necesidades de los clientes.
   c) Tiene por objetivo producir bienes y servicios demandados por el mercado.
2. **El empresario es un agente económico encargado de decidir la cantidad de cada factor productivo a usar.**
   a) Verdadero.
   b) Falso.
3. **El mercado está formado por:**
   a) El conjunto de vendedores y productores de bienes y servicios.
   b) El conjunto de vendedores y compradores de un producto.
   c) El conjunto de establecimientos que suministran un determinado bien.
4. **En un mercado en competencia perfecta:**
   a) El producto es homogéneo.
   b) El número de vendedores no será muy elevado.
   c) El precio se forma por el juego entre vendedor y comprador.
   d) Son correctas a) y c).
5. **En el oligopolio el producto es único e indiferenciado.**
   a) Verdadero.
   b) Falso.
6. **La función de ventas tiene una doble vertiente, la comercial y la de aprovisionamiento.**
   a) Verdadero.
   b) Falso.
7. **Completa la siguiente frase:**
   «La cultura empresarial la configura la forma de ________ de las empresas. Se manifiesta en las formas de ________ ante los problemas y oportunidades de adaptación a ________».
8. **La forma predominante en la organización de un departamento es la:**
   a) Organización por clientes.
   b) Organización por territorios o geográfica.
   c) Organización funcional.
   d) Organización por productos.
9. **Aprovisionamiento y compras son sinónimos.**
   a) Verdadero.
   b) Falso.

Soluciones: 1c, 2a, 3b, 4d, 5a, 6b, 7 «hacer y ser»; «actuación»; «los cambios», 8c, 9b

2 El marketing-mix

vamos a conocer...

1. El marketing en la empresa
2. El precio
3. El producto
4. La promoción
5. La distribución o la logística de distribución

PRÁCTICA **PROFESIONAL**
Cálculo de beneficios a partir de precios de venta y costes de producción

SOFTWARE **ADMINISTRATIVO**
FacturaPlus

MUNDO **LABORAL**
Peugeot apuesta fuerte por el marketing móvil para lanzar el 3008
El problema de la escasez

y al finalizar esta unidad...

- Definirás el concepto de marketing y valorarás la importancia que tiene para la empresa.
- Aprenderás a determinar el precio de un producto e identificar los costes de producción y su clasificación.
- Conocerás cuáles son las fases de vida por las que pasa un producto.
- Valorarás la importancia que para la consecución de las ventas tiene una buena campaña de promoción.
- Entenderás el concepto de distribución y su valor en el proceso de una venta.
- Respetarás el punto de vista y las acciones emprendidas por empresas competidoras para tomar una decisión comercial.

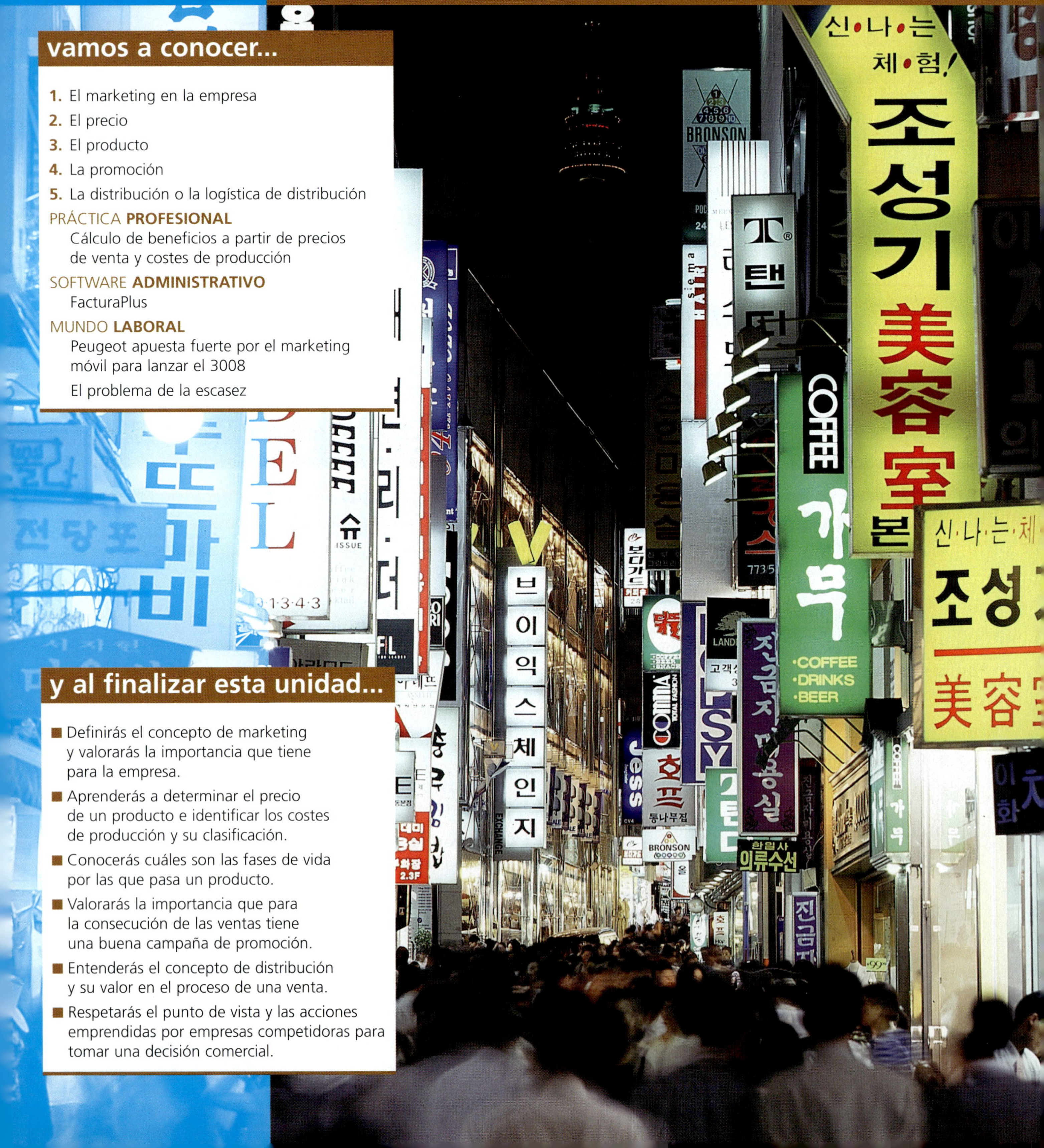

CASO **PRÁCTICO** INICIAL

situación de partida

La empresa EL BUEN DESPERTAR, S.L., dedicada a la fabricación de maquinaria de relojes y despertadores, está pensando en ampliar su cartera de productos mediante la fabricación y comercialización de despertadores digitales.

Tras estudiar el mercado potencial mediante un exhaustivo estudio de mercado, llega a la conclusión de que puede tener éxito con esta idea comercial. Para ello encarga al departamento de marketing que diseñe una estrategia adecuada para introducirse en el mercado con éxito.

Dicho departamento opina que se deben centrar los esfuerzos en conseguir un precio competitivo, pues la competencia es feroz, y en el diseño del producto. Diferenciarse de la competencia en precio e imagen y diseño de los despertadores será fundamental para EL BUEN DESPERTAR, S.L.

Abel Sánchez, además, opina que será primordial invertir en una buena campaña publicitaria para dar a conocer el producto a la mayor parte del mercado potencial. La campaña habrá de ser intensa, saturando medios de comunicación de masas con publicidad de los despertadores para así alcanzar los objetivos propuestos. Se presume un coste muy elevado, en atención al tipo de campaña publicitaria requerida, pero necesario, pues en la primera fase de vida de un producto es fundamental darse a conocer.

estudio del caso

En esta unidad vas a estudiar lo que es el marketing y las principales variables que la empresa ha de tener en cuenta para introducirse con sus productos en el mercado y lograr aumentar sus cuotas de ventas. Antes, intenta dar respuesta a estas cuestiones relativas al caso inicial. A medida que vayas leyendo el contenido de la unidad, seguro que podrás mejorar las respuestas que has dado.

1. ¿Qué es el marketing?
2. ¿A qué se llama mercado potencial?
3. ¿Crees que las acciones que lleve a cabo la competencia de una empresa deben o pueden influir en las decisiones comerciales que dicha empresa adopte? ¿De qué forma?
4. Define el concepto de precio.
5. ¿Cómo crees que una empresa fija el precio de sus productos?
6. ¿Cómo definirías el concepto de publicidad?
7. ¿Crees que la imagen o el diseño de un producto puede influir en mejorar las ventas del mismo? Explícalo con ejemplos que conozcas.
8. ¿Cuáles son las fases de vida de un producto?

1. El marketing en la empresa

saber más

Concepto de oferta y demanda

La **oferta** es el conjunto de unidades (cantidad) que, a un precio determinado, se ofrece para satisfacer necesidades.

La **demanda** es el conjunto de unidades (cantidad) que los clientes están dispuestos a adquirir a un determinado precio. Esta relación, cantidad-precio, es inversa, es decir, a mayor precio menor será dicha cantidad.

Es muy frecuente confundir o pensar que marketing y publicidad son sinónimos cuando no lo son, o bien que función comercial y función de marketing son una misma cosa.

La verdad es que la publicidad es una herramienta que el marketing utiliza para alcanzar sus objetivos, y la función de marketing, como ya aprendiste en la unidad anterior, es una actividad o subfunción dentro de la función comercial.

1.1. Definición de marketing

A la hora de escuchar esta palabra, marketing, debe venirte a la mente la idea de satisfacción del cliente.

Básicamente ese es el **objetivo del marketing,** satisfacer las necesidades que el cliente pueda experimentar.

Ventas y publicidad son dos conceptos muy asociados al marketing. Sin embargo, tan solo representan una parte del mismo. Son dos funciones importantes, pero no las únicas, ni las más determinantes. Forma parte de un todo mucho mayor al que se suele denominar marketing-mix y que agrupa un conjunto de decisiones en cuanto a una serie de variables destinadas a satisfacer las necesidades del cliente, incrementando las ventas.

caso práctico inicial

Aquí tienes la definición de marketing aportada por Kotler, considerado uno de los fundadores del marketing moderno.

> Definimos el marketing como un proceso social y de gestión a través del cual los distintos grupos e individuos obtienen lo que necesitan y desean, creando, ofreciendo e intercambiando productos con valor para otros (P. Kotler).

1.2. El marketing y el mercado

En la unidad anterior estudiaste lo que es el mercado para la empresa; ahora debes plantearte qué es el mercado para un área muy concreta de la empresa: la encargada de la función del marketing.

Para el marketing, el mercado estará formado por el conjunto de consumidores, reales o potenciales, de un determinado producto, con capacidad para adquirirlo.

El marketing se encargará de estudiar a este conjunto de consumidores, sus necesidades y sus intereses.

Pero, ¿crees que se queda solo aquí la misión del marketing? No. El marketing deberá ser capaz de manipular esos deseos e intereses para hacer que el cliente se sienta atraído hacia nuestros productos. Es decir, estimulará necesidades y deseos, hacia nuestros productos, en los clientes.

vocabulario

Necesidades: sensación de carencia unida al deseo de satisfacerla.

Deseo: sensación de carencia de algo específico y concreto.

Producto: bien o servicio capaz de satisfacer necesidades.

Es importante que sepas distinguir, si trabajas en un departamento de ventas, entre el **mercado real,** es decir, el conjunto de clientes que en un momento determinado adquiere productos a tu empresa, del **mercado potencial.**

> **caso práctico inicial**
>
> El mercado potencial, por tanto, será el total de posibles compradores de los despertadores, en el lugar y momento estudiado.

El mercado potencial será el de los posibles compradores o clientes, el de los futuros clientes de la empresa.

Tan importante es un mercado como el otro. Al mercado real habrá que cuidarlo y mimarlo, para retener a dichos clientes y que no se vayan a comprar a la competencia. Al mercado potencial habrá que estudiarlo y ver la manera de ganárselo con distintas acciones comerciales. La seducción del mercado potencial es fundamental.

EJEMPLOS

Un cliente que tan pronto es capaz de adquirir el producto que comercializa tu empresa, como de cambiar y comprarlo a una empresa competidora, ¿lo encuadrarías en el mercado real o en el potencial?

Este tipo de clientes se debe encuadrar en el mercado potencial, pues no es fiel a ninguna empresa.

Una empresa está estudiando el lanzamiento al mercado de un teléfono móvil de última generación. Estima que podrá vender uno por cada familia que tenga algún miembro interesado en usar internet desde el móvil y que, además, tenga rentas suficientes para comprar el dispositivo. Se ha calculado un PVP de 125 €. La empresa maneja la siguiente información:

Familias: 15.000.000.

Familias con renta suficiente: 75%.

Familias con algún miembro interesado: 95%.

¿Cuál sería el mercado potencial y las ventas potenciales en unidades monetarias?

15.000.000 x 0,75 = 11.250.000 familias tienen rentas suficientes.

11.250.000 x 0,95 = 10.687.500 familias, además, tienen algún miembro interesado. Este será el mercado potencial (conjunción de ambos requisitos).

Las ventas potenciales en unidades monetarias son:

10.687.500 x 125 = 1.335.937.500 €

La segmentación del mercado

Pero el mercado no es un ente homogéneo. Admite divisiones y subdivisiones, lo que debes tener en cuenta a la hora de estudiarlo y dirigirte a él. No todos los clientes son iguales. Dividir al mercado en grupos homogéneos, es decir, segmentarlo, permitirá a la empresa dirigirse de una manera más eficiente hacia el mismo, elaborando estrategias diferenciadas para cada segmento.

Para llevar a cabo una segmentación del mercado se pueden utilizar muchos criterios.

> Un segmento del mercado es un conjunto de clientes con características comunes.

PRINCIPALES CRITERIOS DE SEGMENTACIÓN DE MERCADOS	
Geográfico	El más común. Dividir al mercado en segmentos geográficos. Ej. Dividir España en comunidades autónomas y estas, en provincias.
Demográfico	Utilizando variables que hablan de características psicosociales: • Segmentación socioeconómica. • Segmentación conductual. • Segmentación psicográfica (clase social, estilo de vida, valores).

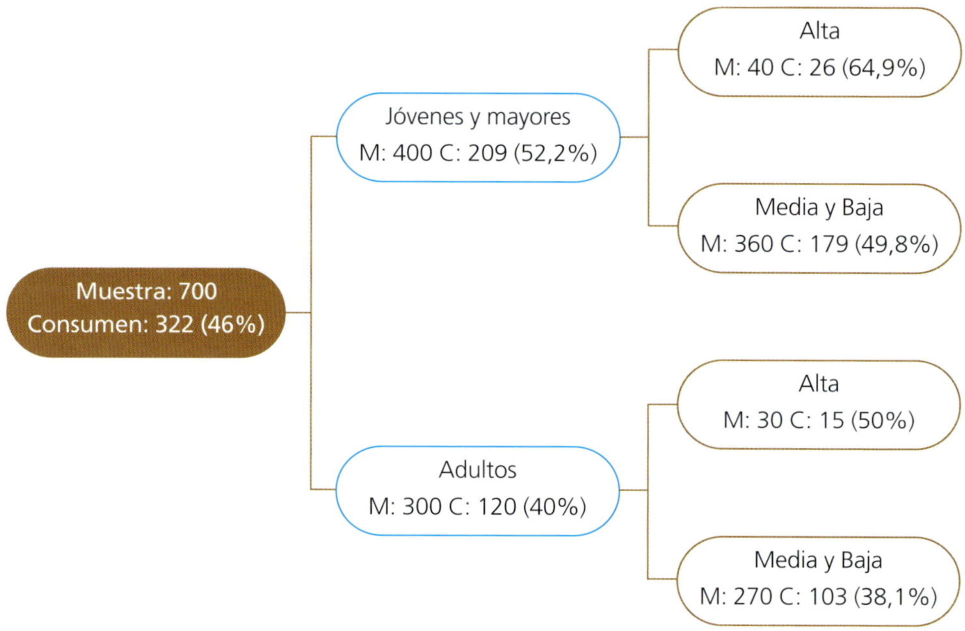

↑ Ejemplo de muestra segmentada por edad y clase social.

Una vez llevada a cabo la segmentación del mercado, la empresa puede realizar una actuación comercial idéntica para cada segmento o bien desarrollar un plan de marketing individualizado. Hablamos entonces de estrategia **indiferenciada o diferenciada.**

Si la empresa optase por centrarse tan solo en un segmento, estaríamos ante una **estrategia de concentración.**

1.3. El marketing-mix

El marketing maneja, para alcanzar sus objetivos, cuatro variables principalmente:

- Precio.
- Producto.
- Promoción.
- Distribución.

Llamamos **marketing-mix** al conjunto de decisiones tomadas por la empresa, relativas a cada una de estas cuatro variables.

A lo largo de esta unidad descubrirás lo más importante acerca de dichas variables.

2. El precio

Como te resultará obvio, el precio es uno de los factores que más influye en el cliente a la hora de incrementar o disminuir el número de unidades que demanda. A mayor precio de un artículo, menor cantidad pretenderá comprar el cliente, y viceversa.

Podemos definir el precio como el número de unidades monetarias que hay que entregar para adquirir un bien o servicio.

caso práctico inicial

Aquí tienes una definición de precio que te puede venir bien para dar respuesta a las preguntas que se plantean en el caso práctico inicial.

2.1. Métodos para la fijación de precios

Existen muchos métodos para la fijación de precios por parte de las empresas, aunque quizás los principales o más utilizados son dos: los basados en el margen sobre costes y en la competencia.

Métodos basados en el margen sobre costes

La contabilidad de costes proporciona a la empresa información sobre los costes en los que esta incurre a la hora de producir y poner a la venta un determinado producto.

Los costes, medidos en unidades monetarias sacrificadas para llevar a cabo la actividad de la empresa, los podemos clasificar en dos tipos:

TIPOS DE COSTES SEGÚN SU RELACIÓN CON EL VOLUMEN DE PRODUCCIÓN	
COSTES FIJOS	**COSTES VARIABLES**
Son aquellos que no varían en función de la producción de la empresa. Dará igual que se produzca más o menos, manteniendo los costes su independencia.	Son aquellos que varían en función de la producción. Si esta aumenta, los costes variables también, y viceversa.
COSTES TOTALES = CF + CV (la suma de los costes fijos y los variables)	

Si ya tienes claros estos conceptos, ahora debes tener en cuenta que se puede trabajar en términos unitarios. Así, el coste variable unitario, es el coste variable de producir una unidad:

$$CV\ unitario = \frac{CV}{Q}$$

saber más

El precio

Es el único factor o variable del marketing-mix que genera ingresos y no gastos.

Es una variable muy flexible pues se puede modificar rápidamente.

ACTIVIDADES

1. Clasifica los siguientes costes en fijos y variables:

- Alquiler de locales.
- Salarios de trabajadores.
- Productos semielaborados.
- Luz.
- Amortización de máquinas.
- Alquiler de un vehículo.
- Materias primas.
- Envases de cartón.

De igual forma, el coste total unitario será el coste total de producir una unidad:

$$CT\ unitario = \frac{CT}{Q}$$

En ambos casos Q representa el número de unidades producidas.

Pues bien, una vez determinado el coste unitario del producto, podemos marcar el precio fijando el margen de beneficio deseado sobre dicho coste unitario. De esta manera:

$$Precio\ unitario = CT\ unitario + (Margen \times CT\ unitario)$$

EJEMPLO

Imagina que una panadería quiere vender la barra de pan a un precio tal que le reporte un margen del 3% sobre costes. Sus costes fijos ascienden a 100 € y los variables a 125 €. La producción total es de 80 barras de pan. ¿A qué precio debe vender cada barra?

CT = CF + CV = 100 + 125 = 225 €

CT unitarios = 225 / 80 = 2,82 €

Precio unitario = CTu + (Mg x CTu) = 2,82 + (0,03 x 2,82) = 2,90 €

En mercados o situaciones donde llegar a determinar exactamente el coste total es complicado, se suele usar un método para fijar precios de tal manera que un determinado margen o porcentaje del mismo sea beneficio:

$$Precio\ unitario = \frac{CT\ unitario}{1 - Mg}$$

Métodos basados en la competencia

Consiste en fijar nuestros precios en función de los precios fijados por la competencia. Habrá que observar muy de cerca a nuestros competidores para estudiar cuánto cobran a sus clientes por sus productos. Lo más frecuente es marcar precios idénticos o más bajos.

Puede darse el caso de que la empresa fije un precio superior. En estos casos, la empresa intentará diferenciarse en otros aspectos del producto, ofreciendo así imagen de calidad y prestigio. No obstante, siempre se deberán tener presentes los costes en los que se incurre al producir y vender, pues, como mínimo, siempre hemos de cubrir dichos costes.

saber más

El valor percibido por el cliente

Es otro aspecto que se ha de tener en cuenta a la hora de determinar el precio de venta: lo que el cliente está dispuesto a pagar por el producto.

Es muy importante haber realizado una investigación previa, pues de nada nos sirve pedir 50 € por un bien si el cliente no está dispuesto a pagar más de 25 €.

2.2. El precio técnico y el punto muerto

El **precio técnico** es el precio al que habría que vender un determinado número de productos para que dicha cantidad se configure como punto muerto o umbral de rentabilidad.

Te estarás preguntando qué es eso del **punto muerto o umbral de rentabilidad:** representa el número de unidades que hay que vender para cubrir costes.

caso práctico inicial

Con este apartado acabarás de ver las formas principales y más básicas de determinación de precios de venta por las empresas.

El punto muerto representa el número mínimo de ventas (generalmente expresado en unidades físicas) para cubrir el total de costes. A partir de él la empresa empezará a tener beneficios, y por debajo, pérdidas.

EJEMPLO

Una empresa calcula que el punto muerto de su producción de sillas de nogal negro está en 322 unidades. ¿Qué significa esto? ¿Qué ocurre si solo logra vender 321 sillas?

Significa que solo logrará beneficios si vende 323 sillas, ya que si vende 322 (punto muerto), igualará costes e ingresos, con lo que no tendrá pérdidas pero tampoco ganancias. Si vendiese 321 sillas tendrá pérdidas, no cubrirá los costes en los que haya incurrido la empresa.

Para calcular o determinar el punto muerto es necesario que identifiques sin problemas los costes fijos y variables, para proceder a realizar el siguiente cálculo:

$$\textit{Punto Muerto} = \frac{CF}{(P\ unitario - CV\ unitarios)}$$

saber más

Punto de fabricación

$$\frac{CF}{P_{compra} - CV_{unit}}$$

Indica el número de unidades por encima del cual compensa más fabricar que comprar.

ACTIVIDADES

2. La panadería del ejemplo anterior desea ahora determinar a qué precio ha de vender cada barra de pan para que, sea cual sea este, el 3% del mismo sea beneficio.

3. Una empresa ha fabricado 5.000 mesas de comedor durante el último año.

Los gastos han sido:

- Consumo materia prima A 15.600 €
- Gastos de almacenamiento 8.500 €
- Consumo materia prima B 28.600 €
- Alquiler del local 3.900 €
- Mano de obra directa 28.600 €
- Gastos de administración 2.800 €
- Gastos de limpieza 2.600 €
- Suministros 5.700 €

Se pide:

Clasifica los costes en fijos y variables y determina el coste total.

4. Para una determinada empresa, los costes fijos y variables para fabricar un nuevo producto ascienden a 1.000 y 400 € por unidad, respectivamente. Ese nuevo producto podría comprarlo en el mercado a 700 € por unidad. Las necesidades que la empresa tiene de dicho producto son de 1.000 unidades. ¿Qué le conviene a la empresa, comprarlo o fabricarlo?

5. Si la empresa del ejercicio anterior decidiese fabricar dicho producto. ¿A qué precio debería venderlo si desea tener un margen de beneficio del 5% sobre el propio precio?

6. Valora, en atención a los datos de las dos actividades anteriores, cómo reaccionaría el mercado ante la aparición del producto al precio calculado.

Calcula el precio al que se han de vender las 5.000 mesas (actividad 3) si se desea un margen de beneficio del 13%.

7. Una empresa presenta unos costes fijos de 15.468 € y unos costes variables de 25 €/ud. Si pretende vender cada producto a 89 €, ¿cuál será el punto muerto de dicha empresa para ese artículo? Explica su significado.

8. La empresa del ejercicio anterior pretende situar el punto muerto o umbral de rentabilidad del artículo en cuestión en 100 unidades. ¿Cuál deberá ser el precio técnico o precio al que ha de vender cada artículo?

3. El producto

saber más

Línea de productos

Una línea de productos de una empresa es el conjunto de artículos que, relacionados entre sí, la empresa comercializa.

Otra variable importante que el marketing maneja y manipula para alcanzar sus objetivos es el propio producto (bien o servicio) que la empresa comercializa. Con ello pretende satisfacer, como ya se explicó, las necesidades que los consumidores pueden tener.

Podemos definir el producto como todo bien o servicio que se ofrece al mercado para satisfacer sus necesidades y deseos.

caso práctico inicial

Por supuesto que la imagen o el diseño de un determinado producto influye en las ventas del mismo. Son atributos del producto que la empresa deberá tener presentes a la hora de establecer una estrategia comercial, pues sacarles partido puede proporcionarle una enorme ventaja sobre la competencia.

Los profesionales del marketing deben conocer cuáles son los atributos de cada uno de los productos que comercializa la empresa. Así podrá establecer mejor una estrategia determinada relativa al producto. Los principales atributos de los productos son:

- **Base del producto.** Conjunto de propiedades físicas, químicas, técnicas, etc., que lo hacen idóneo.
- **Calidad.** Valoración del mismo, sobre todo de la base del producto.
- **Envase.** Elemento de protección del producto que sirve, en ocasiones, de referencia e imagen del mismo.
- **Nombres, marcas, etiquetas.** Facilitan la identificación del producto y permiten, en ocasiones, la identificación de determinados atributos. Pueden ser referentes de calidad respecto a los productos de la competencia.
- **El diseño del producto.** Su forma y tamaño pueden también identificar en el mercado un determinado producto, configurando su personalidad.

vocabulario

Estrategia: conjunto de decisiones que, respecto a cada una de las variables del marketing, la empresa puede adoptar.

EJEMPLO

Pon un ejemplo que ponga de manifiesto la relevancia del envase para la identificación del producto y mejor penetración en el mercado del mismo.

Las bolsas de la tienda, con el nombre de la misma grabado en ellas, son ejemplo de envase. Ayudan a identificar el producto y al mismo tiempo son un elemento publicitario.

Muchos cosméticos son idénticos en sus propiedades pero se diferencian en sus envases que, en ocasiones, pueden ser más caros que el propio producto. A la hora de elegir, el cliente suele asociar la idea de calidad a un envase más refinado y cuidado, de mayor calidad.

← APPLE, mediante el diseño de sus productos, se diferencia de la competencia y mejora sus ventas.

↑ Cartera de productos de la empresa PASTAS GALLO.

El ciclo de vida del producto

El producto, como si fuese un ser vivo, tiene un ciclo de vida, un ciclo vital por el que pasa a lo largo del tiempo. Consta de las siguientes fases:

Fase de introducción

Es una fase inicial en la que el producto es un desconocido para los consumidores y, por tanto, las ventas no son altas. Hay que invertir mucho y asumir grandes costes para dar a conocer el producto. La empresa no suele obtener muchos beneficios en esta etapa.

caso práctico inicial

Aquí tienes, explicadas, cada una de las fases de vida que atraviesa un producto.

Fase de crecimiento

En esta fase las ventas aumentan rápidamente. Hay que esforzarse por diferenciarse de la competencia. El uso y las ventas del producto se generalizan en el mercado.

Fase de madurez

El producto comienza a estancarse y se considera que ya se ha llegado al total del mercado potencial. La empresa debería estudiar la forma de reducir costes para intentar mantener los beneficios.

Fase de declive

Se empiezan a reducir las ventas y hay que ir pensando en retirar el producto o reinventarlo. Generalmente, lo mejor para la empresa suele ser retirarlo del mercado.

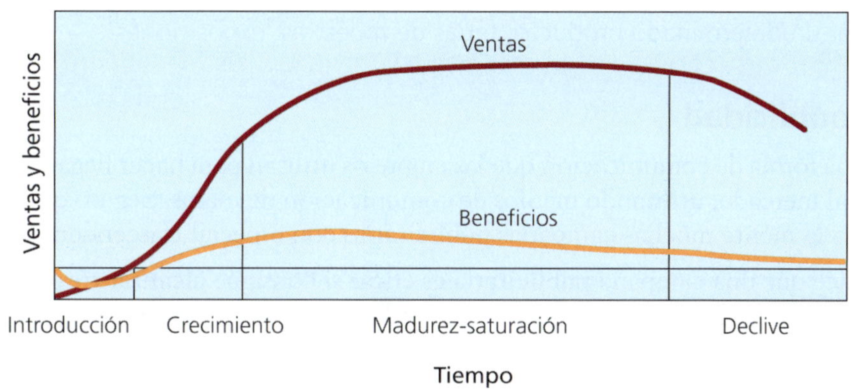

↑ El ciclo de vida del producto.

ACTIVIDADES

9. Señala en qué fase de vida se encuentran los productos que a continuación se relacionan. Razona tu respuesta.

- Actimel de DANONE.
- Un vídeo VHS.
- La leche semidesnatada de CENTRAL LECHERA ASTURIANA.
- La telefonía fija.
- Cámaras fotográficas que utilicen carretes de fotografía.
- La leche enriquecida con fibra de CENTRAL LECHERA ASTURIANA.

4. La promoción

No debes identificar promoción con publicidad. La variable estratégica promoción implica más. Debes identificarla con el concepto de **comunicación,** pues en eso consiste, en comunicar al mercado la existencia y las bondades del producto.

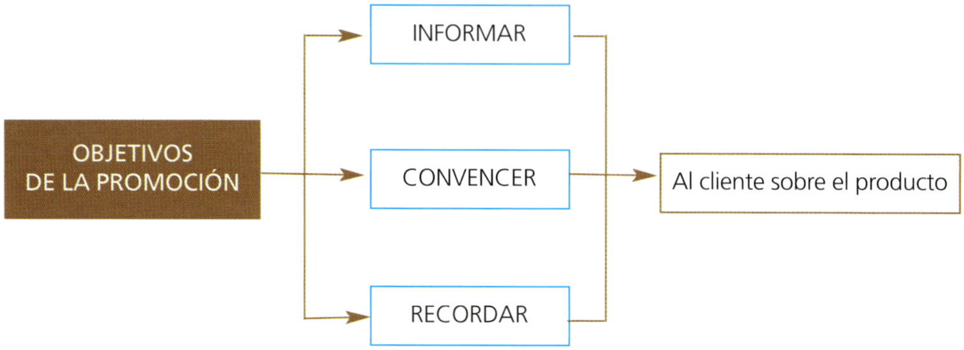

Tampoco debes de confundir la promoción, como variable del marketing-mix, con la promoción de ventas. La **promoción de ventas** es el conjunto de acciones comerciales que las empresas pueden llevar a cabo con el objetivo de incentivar a los consumidores a consumir sus productos.

EJEMPLO

¿Podrías poner un ejemplo de promoción de ventas?

Descuentos promocionales, dos por uno, muestras gratuitas, regalos al comprar un determinado producto, ferias de muestras, exposiciones...

La publicidad

Es una forma de comunicación que las empresas utilizan para hacer llegar un mensaje al mercado, utilizando medios de comunicación de masas. Seguro que te vienen a la mente muchas campañas publicitarias con especial trascendencia.

Se dice que una campaña publicitaria es eficaz si consigue alcanzar tres objetivos en el público al cual va dirigida: despertar **la atención y el interés,** incentivar el **deseo** de adquirir el producto y conseguir **la acción de compra** del producto por el público.

caso **práctico** inicial

Seguro que ahora ya puedes aportar una adecuada definición de publicidad y, sobre todo, diferenciarla del concepto de promoción.

Tipos de campañas publicitarias

- Para promocionar productos.
- Para promocionar empresas.
- Para llevar a cabo la promoción combinada de distintos productos de diferentes empresas. Ej. Bacardi y Coca-Cola.

EJEMPLO

¿Cuál será la principal dificultad a la que se ha de enfrentar un equipo de publicistas a la hora de diseñar el desarrollo de una campaña publicitaria?

La imposibilidad de conocer los efectos que va a tener hasta que no se ponga en marcha. No se podrán determinar con precisión los efectos que tendrá sobre la demanda.

5. La distribución o la logística de distribución

De nada te servirá tener un buen producto, a un buen precio y llevar a cabo una estupenda campaña publicitaria del mismo, si no lo haces llegar al mercado en la forma y plazo correcto y adecuado. El cliente debe poder adquirir el producto, para lo que debes hacérselo llegar en tiempo y forma adecuada.

> La distribución constituye un objeto más de estudio y análisis del marketing, compuesto por el conjunto de estrategias y elementos para poner los bienes y servicios a disposición del cliente.

Los canales de distribución

> Se denominan canales de distribución a la estructura de empresas por las que el producto pasa desde que sale de la empresa vendedora hasta que llega a manos del cliente.

Los canales de distribución pueden ser clasificados como indica el siguiente esquema:

<table>
<tr><th colspan="3">TIPOS DE CANALES DE DISTRIBUCIÓN</th></tr>
<tr><td>CANAL DIRECTO</td><td colspan="2">El fabricante vende directamente sus productos al consumidor

</td></tr>
<tr><td rowspan="2">CANAL INDIRECTO</td><td colspan="2">El producto llega a través de uno o varios intermediarios. Puede ser corto o largo</td></tr>
<tr><td>CANAL CORTO
(un intermediario)
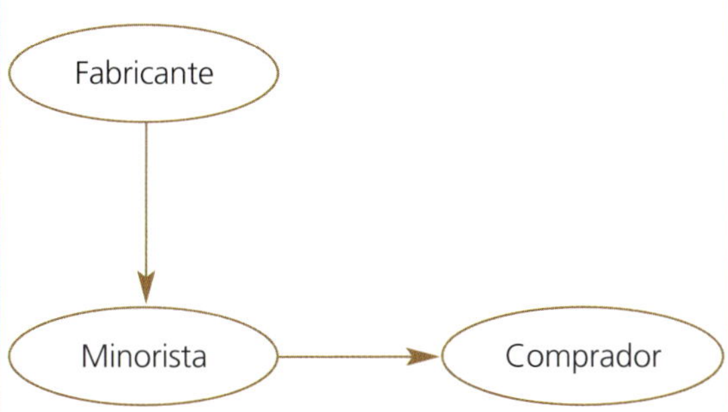
</td><td>CANAL LARGO
(varios intermediarios)
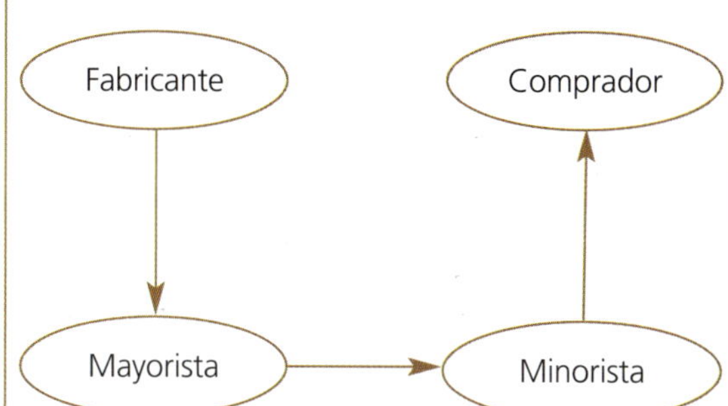
</td></tr>
</table>

Por último, tampoco debes confundir ni pensar que distribución y transporte son sinónimos, aunque el último forme parte esencial del proceso de distribución de un producto.

ACTIVIDADES FINALES

1. Una empresa ha valorado sus costes fijos de producir 500 unidades de un determinado producto en 850 € y los variables en 480 €. Determina:
   - El precio de venta de toda la producción si desea obtener un margen de beneficio del 15% sobre costes.
   - El precio de venta de toda la producción si desea un margen del 10% sobre el propio precio.
   - El precio de venta de cada unidad si desea obtener un margen de beneficio del 5% sobre costes.
   - El punto muerto si cada unidad saliese a la venta al precio unitario calculado en el apartado anterior. Explica su significado.

2. La empresa del ejercicio anterior desea ahora alcanzar el punto muerto al vender la mitad de la producción. ¿Cuál debería ser el precio técnico, es decir, el precio al que debería vender cada unidad?

3. Sabiendo que una panadería vende al día 820 barras de pan a 1,20 €, que los costes fijos ascienden a 300 € y que los costes variables de producir una barra de pan son de 0,50 €, calcula el margen de beneficios sobre costes que la empresa obtiene.

4. La academia EL BUEN BAILE, S.L. se dedica a impartir cursos de bailes de salón. Sabemos que:
   - Cada curso que se imparte le supone a la academia unos gastos variables de 200 €.
   - Cobran por cada curso 325 €.
   - Paga un alquiler mensual por el local donde está ubicada la academia de 1.000 €.
   - Tiene dos profesores con contrato fijo, que reciben un sueldo mensual de 800 € cada uno.
   - Imparten unos 20 cursos al mes.

   Calcula los costes fijos, costes variables unitarios, costes totales y el precio al que deberían de subir los cursos si quisiesen obtener un margen de beneficios del 20% sobre costes.

   Calcula el punto muerto con los datos facilitados.

5. Un grupo de 20 alumnos están organizando una fiesta de fin de curso y calculan que tendrán que hacer frente a los siguientes costes:
   - Alquiler de local 300 €.
   - Bebidas y aperitivos 100 €.
   - Publicidad y gastos de decoración del local 150 €.

   Van a vender carpetas a 5 € la unidad, que comprarán a 3 € la unidad. Con estos datos, determina:

   a) El punto muerto.

   b) El número de carpetas que deben vender para conseguir que la fiesta les salga gratis.

   c) Si consiguen vender 150 carpetas, ¿ganan o pierden dinero? Si se reparten el beneficio o la pérdida, ¿qué parte le toca asumir a cada uno?

   d) ¿Cuál es el margen de beneficios sobre costes que obtienen vendiendo cada carpeta a 5 €, si lograsen vender 500 carpetas?

6. Respecto al producto iPhone de APPLE, identifica los principales atributos del mismo.

7. De los productos que a continuación se relacionan, señala en qué fase de su vida se encuentran y razona tu respuesta:
   - Yogures naturales.
   - Un reproductor de discos Blue-Ray.
   - La Play Station 1.
   - Los e-books (libros digitales).
   - Las agendas encuadernadas.

   Representa sobre un gráfico ilustrativo de las fases de vida de los productos, cada uno de ellos.

8. ¿Es igual el ciclo de vida para todos los productos? Razona tu respuesta.

9. A continuación se relacionan una serie de estrategias o actuaciones que la empresa puede llevar a cabo con respecto a su producción. ¿A qué fase o fases del ciclo de vida del producto corresponderían? Razona tu respuesta.
   - Inversión fuerte en campañas publicitarias.
   - Reducción de costes de producción.
   - Gran inversión y asunción de costes importantes.
   - Producir mucho, en grandes cantidades.
   - Reducir, paulatinamente, la producción y las ventas.

10. Hay determinadas marcas, muy exclusivas, que solo venden en determinados comercios o establecimientos que cumplen ciertos requisitos de exclusividad, lujo, ubicación, etc. ¿Qué variable crees que están manejando al tomar esta decisión?

11. Indica la forma o formas de promoción más adecuadas para los siguientes productos:
    - Un ordenador portátil.
    - Tomate frito Solís.
    - Un viaje al Caribe.
    - Lavadoras.

12. Una empresa con unos costes fijos de 120 € y variables unitarios de 10 €, vende su producto obteniendo un margen sobre dicho precio unitario del 5%. ¿Crees que sería adecuado llevar a cabo una promoción consistente en rebajar el precio unitario de dicho producto un 8%? Intenta dar opiniones a favor y en contra, y justifica tus respuestas.

entra en internet

13. Accede a la siguiente dirección: <www.marketingnews.es>

    Es un medio de información dirigido a profesionales del marketing donde podrás encontrar interesantes reportajes relacionados con el mundo del marketing y la gestión comercial. Se suelen analizar las principales campañas y estrategias de marketing-mix emprendidas por destacadas empresas. Seguro que te resulta interesante.

PRÁCTICA PROFESIONAL

Cálculo de beneficios a partir de precios de venta y costes de producción

OBJETIVOS

- Calcular precios de venta y compra reconociendo costes de producción.
- Determinar beneficios obtenidos a partir de la información proporcionada.

SITUACIÓN INICIAL 1

Una conocida cadena de hamburgueserías pretende abrir un nuevo centro de trabajo en Soria, para lo que lleva a cabo un estudio de los costes que puede tener, así como el nivel de ventas con que se puede encontrar. Precisa afrontar los siguientes gastos e inversiones:

- Vehículos 50.000 €.
- Local alquilado 3.000 € mensuales.
- Maquinaria 30.000 €.
- Mano de obra fija 10.000 € mensuales.
- Luz y agua (no relacionada directamente con la producción) 200 €.
- Materia primas: cada hamburguesa supone un gasto de 2 €.
- Envases contenedores de hamburguesas 1,50 €.

ACTIVIDADES

Trata de averiguar:

a) Los costes fijos mensuales de esta empresa.

b) Los costes variables unitarios.

c) Los costes variables totales mensuales, si se venden 1.500 hamburguesas.

d) Si la empresa quiere vender sus hamburguesas obteniendo un margen de beneficios sobre costes del 5%, calcula el punto muerto.

e) Si la empresa quiere alcanzar el punto muerto con menor nivel de ventas, ¿qué tendrá que hacer con el precio?

f) Suponiendo que vendiese sus hamburguesas a 18 €, ¿obtendrá algún margen de beneficios sobre dicho precio? ¿Cuál?

g) Los beneficios mensuales que la empresa obtendría vendiendo las 1.500 hamburguesas.

Para dar respuesta a estas cuestiones deberás manejar los conceptos estudiados en el epígrafe 2 de la unidad.

Notación de fórmulas:

Costes totales = Costes Fijos + Costes Variables

Precio unitario = CT unitario + (Mg x CT unitario)

Precio unitario = CT unitario / (1 – Mg)

Punto Muerto = CF (Precio unitario – CV unitarios)

Indicaciones para el cálculo de los costes que se solicitan en los apartados a) b) y c):

Los gastos relativos a vehículos y maquinaria (ambos suponen costes fijos) se han de dividir entre 12 meses para determinar los costes fijos mensuales, pues vienen dados como gastos anuales. Habrá que adicionar el alquiler del local, la mano de obra fija y los gastos en luz y agua.

Por tanto los CF = 19.866,67 €

Los costes variables unitarios = M. Prima + Envases = 3,50 €

Los costes variables totales mensuales = 3,50 € x 1.500 Hamburguesas = 5.250 €

Con todos estos datos podrás determinar que los costes totales unitarios de producir 1.500 hamburguesas, ascienden a **16,74 €**, es decir, la suma de costes fijos mensuales y costes variables totales mensuales.

A la hora de determinar precios:

Si has estudiado con detalle el contenido de la unidad no te será difícil llevar a cabo los cálculos que esta empresa necesita realizar para determinar los precios solicitados.

Así, en el apartado d) se pide determinar un precio sobre costes con un margen del 5%.

Por lo tanto aquí deberás aplicar la siguiente fórmula:

Precio unitario = CT unitario + (Mg x CT unitario)

Si realizas correctamente los cálculos, sustituyendo en dicha ecuación cada término por su valor, obtendrás que será preciso marcar un precio de venta de **17,57 €.**

En el apartado e) se pide que apliques la fórmula del punto muerto:

Punto Muerto = CF / (P unitario – CV unitarios)

Si analizas con detalle esta fórmula seguro que no te será difícil ver que para que el punto muerto se alcance con un nivel de ventas menor, es necesario que aumente el denominador de la fórmula. La empresa tan solo puede influir sobre el precio unitario, debiendo, por tanto, proceder a aumentarlo para así conseguir disminuir el valor del punto muerto.

Precio unitario = CT unitario / (1 – Mg)

Esta es la fórmula que has de usar en el apartado f)

En dicho apartado tan solo debes realizar un ejercicio matemático básico consistente en despejar la incógnita que se te pide calcules, esto es, el margen de beneficios (Mg).

Todos los datos, excepto el Mg, son aportados o conocidos. Una vez sustituyas las variables por su valor correspondiente, y despejes adecuadamente la incógnita, obtendrás el resultado.

Recuerda estas **reglas básicas:**

- Lo que está sumando pasa al otro lado de la ecuación restando y viceversa.
- Lo que está multiplicando pasa al otro lado de la ecuación dividiendo y viceversa.

Indicaciones para la determinación de los beneficios mensuales del apartado g):

Para calcular los beneficios mensuales de la empresa utilizarás la siguiente fórmula básica:

Beneficios = Ingresos – Costes Totales

Los **ingresos** vendrán dados por el número de hamburguesas vendidas (1.500) multiplicado por el precio unitario (18 €).

Ingresos = Q x Precio

Por tanto, si realizas los cálculos oportunos obtendrás:

Ingresos = 27.000 €

Costes Totales = CF + CV mensuales = 25.116,67 €

Beneficios = 1.883,33 €/mes

SITUACIÓN INICIAL 2

Suponiendo que la población de Soria fuese de 6.000 habitantes, que el 23% consume dos hamburguesas al mes, y que del resto, el 50% consume una, determina el mercado potencial que tendría en Soria la hamburguesería.

Vuelve a calcular los apartados c), d), e), f) y g) de la situación inicial 1, si se consiguiese alcanzar el 100% del mercado potencial (escenario ideal o perfecto).

SOFTWARE ADMINISTRATIVO

FacturaPlus

Vamos a trabajar el menú *Útil/Entorno del sistema/Personalización* para la empresa Ropas Margarita.

Para ello, una vez abierto el navegador SAGE y haber entrado en la aplicación FacturaPlus, debes asegurarte que estás trabajando sobre la empresa Ropas Margarita que has creado en la unidad anterior. Ya sabes que en la barra de título de la aplicación debe aparecer el nombre de la empresa con la que estás operando.

A continuación personaliza la empresa de la siguiente manera:

1. La numeración de todos los documentos empezará con el número 2011001.
2. Se desea que el programa avise cuando los stocks estén por debajo del mínimo y se desea que el programa permita realizar ventas sin stock.
3. Ya que vamos a trabajar con propiedades, utilizaremos capturas matriciales en todos los documentos. Esto nos permitirá introducir datos, posteriormente, a través de tablas o matrices.

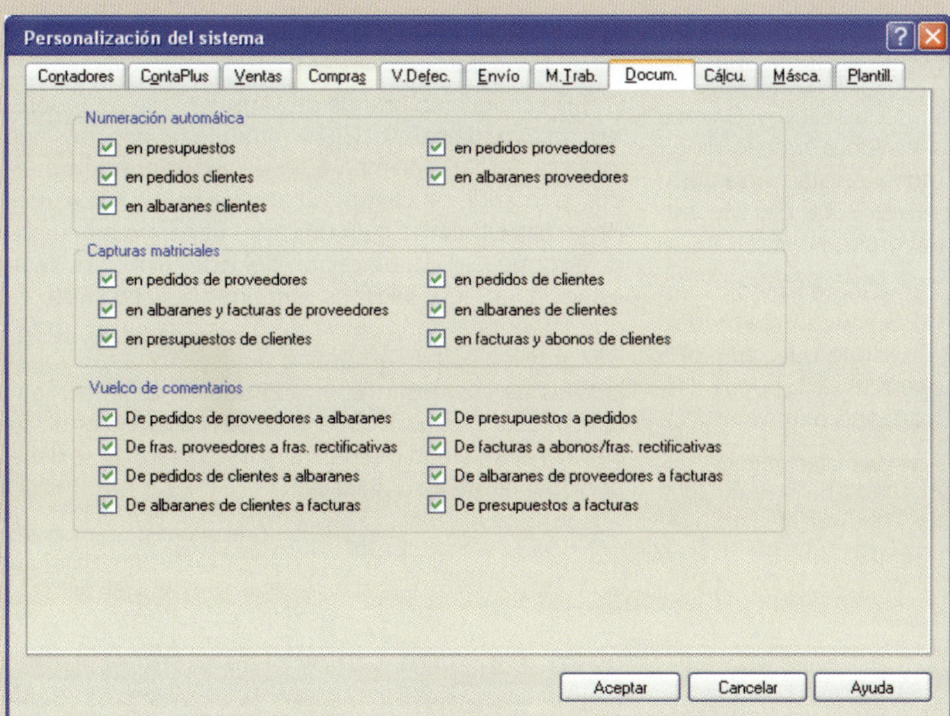

↑ Fíjate que todas las opciones de *Capturas matriciales*, en la pestaña *Docum.*, están activadas.

4. El método de valoración de las existencias será el PMP (media aritmética según existencias actuales).
5. Marcaremos trabajar con dos propiedades.

MUNDO LABORAL

Peugeot apuesta fuerte por el marketing móvil para lanzar el 3008

Para el lanzamiento de su nuevo modelo, el 3008, PEUGEOT ha apostado fuertemente por el marketing móvil, con distintas acciones que se valen de esta tecnología. Una de ellas ha consistido en la instalación de antenas con tecnología *bluetooth* en sus modelos de promoción a pie de calle. Bajo la máxima «no hay mejor anuncio de un coche que el coche en sí mismo», estas antenas enviaban a los móviles el catálogo multimedia del nuevo modelo.

PEUGEOT ha lanzado asimismo una campaña de publicidad en webs móviles y en dos aplicaciones de IPHONE (en formato patrocinio): ICAM, que muestra imágenes de cámaras de tráfico de varias ciudades, y GASALL, una guía de gasolineras. Esta acciones buscan dirigir tráfico a <www.nuevo3008.mobi>, el sitio wap desarrollado en exclusiva para el nuevo 3008 por MOBEXT, agencia de marketing móvil del grupo HAVAS DIGITAL.

Otra novedosa acción es su campaña en medios impresos, desarrollada por MPG, cuya creatividad incluye una marca de agua invisible que funciona como un código bidi y con la que el usuario puede descargarse contenidos como el catálogo o un vídeo.

Fuente: <www.marketingnews.es>
12 de junio de 2009

El problema de la escasez

(...) Un capuchino grande de STARBUCKS, de 2,55 dólares, no es nada barato. (...) A ninguno de nosotros nos interesa perder el tiempo a fin de ahorrar unas monedas, buscando un café más barato a la 8:30 de la mañana. Las cafeterías bien ubicadas tienen una demanda enorme (...). La ubicación del café STARBUCKS de la estación Farragut West es ventajosa (...). Lo cierto es que la ventaja significativa de STARBUCKS es su ubicación privilegiada en el camino que separa a los trabajadores de sus destinos. (...) El buen margen de ganancia que STARBUCKS obtiene de sus capuchinos no se debe ni a la calidad de su café ni a su personal: se debe principalmente a su ubicación.

Fuente: El economista camuflado
Tim Hardford

Trabajo a realizar

1. Busca información, utilizando internet, acerca de lo que es marketing móvil.
2. ¿Qué te parece la campaña que va a emprender PEUGEOT? ¿A quién crees que puede ir dirigida principalmente *(target)*?
3. Reflexiona sobre el contenido del extracto del artículo «El problema de la escasez» que acabas de leer. ¿Cuál es la escasez de la que se beneficia STARBUCKS para marcar un precio tan elevado a su café?

EN RESUMEN

EVALÚA TUS CONOCIMIENTOS

1. Marketing y publicidad son sinónimos.

a) Verdadero.

b) Falso.

2. El marketing mix es la combinación de:

a) Precio, promoción, comunicación y producto.

b) Precio, producto, costes y publicidad.

c) Productos y ventas.

d) Producto, precio, transporte y publicidad.

3. La oferta es el conjunto de unidades que los clientes están dispuestos a adquirir a un determinado precio.

a) Verdadero.

b) Falso.

4. El punto muerto nos indica:

a) El número de unidades por encima de las cuales hay pérdidas.

b) El número de unidades por encima de las cuales es imposible vender.

c) El número de unidades que hay que vender para empezar a obtener beneficios.

d) Ninguna es correcta.

5. Un segmento del mercado es:

a) El número de empresas que componen dicho mercado, con iguales características.

b) El número de empresas competidoras de la nuestra.

c) Un conjunto de clientes con características comunes.

d) Ninguna es correcta.

6. La publicidad es:

a) Sinónimo de marketing.

b) Una forma de distribución.

c) Una forma de comunicación que la empresa emplea para comunicarse con el cliente.

d) Ninguna es correcta.

7. Un canal corto es:

a) Un canal directo.

b) Un canal indirecto.

c) Un canal en donde hay un intermediario.

d) Son correctas b) y c).

8. Transporte y distribución son sinónimos.

a) Verdadero.

b) Falso.

Soluciones: 1b, 2a, 3b, 4c, 5c, 6c, 7d, 8b

3 Selección de proveedores

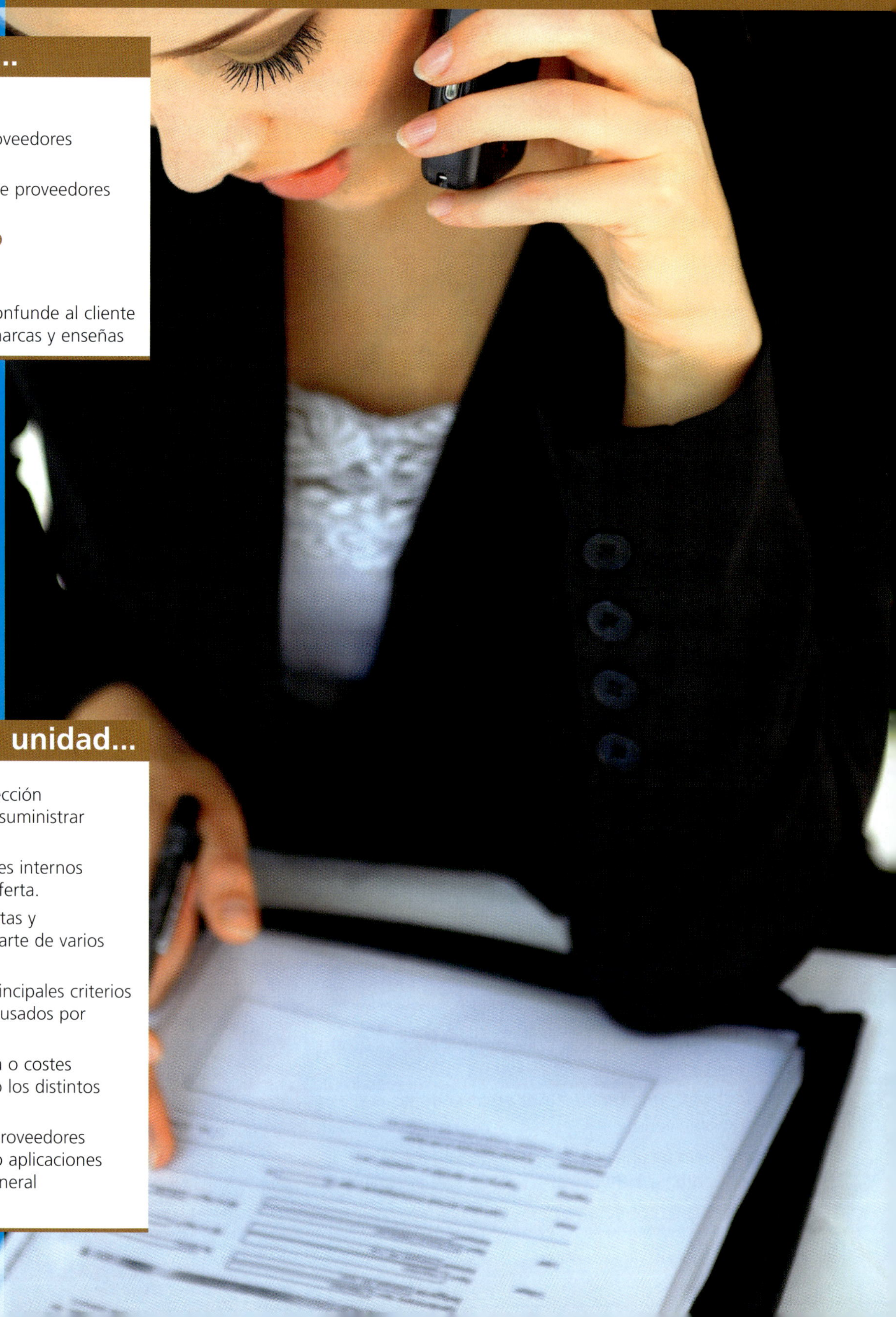

vamos a conocer...

1. Los proveedores
2. Criterios de selección de proveedores

PRÁCTICA **PROFESIONAL**
La baremación y selección de proveedores en la empresa

SOFTWARE **ADMINISTRATIVO**
FacturaPlus

MUNDO **LABORAL**
La insistencia en el precio confunde al cliente y alimenta la infidelidad a marcas y enseñas

y al finalizar esta unidad...

- Conocerás el proceso de selección de proveedores que pueden suministrar productos a una empresa.
- Sabrás cumplimentar boletines internos de compra y solicitudes de oferta.
- Analizarás y compararás ofertas y presupuestos recibidos por parte de varios proveedores.
- Descubrirás cuáles son los principales criterios de selección de proveedores usados por las empresas.
- Calcularás precios de compra o costes de adquisición, distinguiendo los distintos elementos que los integran.
- Confeccionarás ficheros de proveedores y fichas de productos usando aplicaciones informáticas de propósito general o específico.

CASO **PRÁCTICO** INICIAL

situación de partida

El departamento técnico de la empresa en la que trabajas necesita, para poder continuar con su proceso productivo normal, adquirir dos máquinas fresadoras. Para ello proceden, según aparece recogido en el procedimiento previsto en el *Manual de calidad* de la empresa, a cumplimentar la hoja de pedido interna, solicitándote la compra de dichas fresadoras.

Tras recibir dicha requisición y ponerte en contacto con cuatro posibles proveedores de dichas máquinas, has recibido las correspondientes ofertas. Encima de la mesa tienes, pues, cuatro cartas de los citados proveedores donde se recogen, para las unidades previstas, precios de venta, plazos de entrega, formas de pago e información comercial diversa relativa a calidad y servicio postventa.

Debes estudiar con detalle cada una de las ofertas y proceder a realizar una comparativa para, posteriormente, seleccionar un proveedor al que comprarle la maquinaria.

Elaboras un cuadro comparativo y, al final, acabas considerando que el proveedor más idóneo es el proveedor C, al que procedes a enviarle pedido de las dos fresadoras. Al resto de proveedores, de modo cordial, les declinas las ofertas.

estudio del caso

Antes de comenzar con la unidad te proponemos una serie de cuestiones que, aunque tras la lectura de la misma te será más fácil contestar, te servirán para hacerte una idea de su contenido.

1. ¿Cuándo crees que una empresa necesitará ponerse a buscar proveedores de un determinado material o maquinaria?
2. ¿Cómo definirías una requisición?
3. ¿Qué variables crees que una empresa tiene en cuenta para terminar de elegir o seleccionar proveedores?
4. ¿Qué es un descuento?
5. ¿Qué tipos de descuentos conoces?
6. Si alguno de los proveedores descartados en principio, tras saber que tu empresa ha declinado la oferta hace una contraoferta mejor, ¿cómo crees que debería actuar la empresa cliente, la empresa en la que trabajas?
7. A la hora de redactar la carta o llevar a cabo la comunicación de la declinación de la oferta a los distintos proveedores no seleccionados, sea cual sea la fórmula adoptada, ¿por qué crees que se dice en el enunciado del caso que se ha de llevar a cabo «de modo cordial»?

1. Los proveedores

recuerda

El aprovisionamiento

La función de aprovisionamiento surge por la necesidad que tienen las empresas de adquirir productos para no verse obligados a detener su actividad.

vocabulario

Proveedores: empresas o profesionales que proporcionan productos o suministros, es decir, bienes o servicios.

En la primera unidad has estudiado en qué consiste la función comercial de la empresa. Si recuerdas, en ella decíamos que la función comercial, para alcanzar sus objetivos, suele verse dividida en dos áreas o subfunciones: **la gestión de aprovisionamiento y la gestión de ventas.**

Dentro de la gestión de aprovisionamiento, podíamos observar que eran tres las funciones principales que se desarrollaban. La primera de ellas era el **contacto con los proveedores,** para posteriormente llevar a cabo **la compra como acto jurídico.**

En la empresa, el acto de comprar, entendido desde una perspectiva global, supone la adquisición de productos o la contratación de los servicios necesarios para el buen funcionamiento de la empresa, seleccionando a los proveedores más adecuados para ello.

Previamente al inicio de la **búsqueda y selección de proveedores** se ha de tener muy claro cuáles son los productos que se necesitan adquirir. Debe conocerse la calidad y la cantidad, pues solo así se podrán comparar ofertas y llevar a cabo una selección de productos objetiva y adecuada.

> Comprar supone adquirir productos o contratar servicios —para que la empresa siga funcionando—, buscando y seleccionando a los proveedores más adecuados para ello.

1.1. La nota de pedido interna o requisición

El origen de toda compra es, como ya sabes, la necesidad, es decir, la sensación de carencia de algo unida al deseo de satisfacerla, de cubrir esa carencia. Las empresas también sufren carencias y necesidades, también tienen que realizar compras. En el caso de las empresas, satisfacer esas necesidades se verá condicionado por el hecho de **hacerlo al menor coste posible.**

recuerda

Compras

El departamento de compras sabe lo que comprar porque el resto de los departamentos le hacen saber sus necesidades.

Al departamento encargado de las compras no se le puede pedir que conozca todas las necesidades que la empresa experimente. Sabrá cuáles son sus propias necesidades, pero deberán ser el resto de departamentos los que le comuniquen lo que necesitan adquirir. ¿Te imaginas que los trabajadores del departamento de compras tuviesen que estar llamando continuamente a todo el personal de la empresa para saber si necesitan comprar algo? Evidentemente esto es absurdo. Lo más lógico es que sean los propios trabajadores de los respectivos departamentos, bien personalmente o a través de sus responsables, los que pidan comprar productos al departamento de compras.

Quizás te estés preguntando: ¿pero si un Técnico en Gestión Administrativa necesita una grapadora o un bolígrafo, no puede o no tiene suficiente potestad en la empresa para comprarlo? Pues no siempre. Lo normal suele ser que para pequeñas compras, de bajo coste y de necesidad urgente, los departamentos cuenten con un pequeño presupuesto y capacidad suficiente para realizar dichas compras. Ahora bien, las compras de importancia se deben gestionar a través del departamento o área de compras.

Son los protocolos de calidad o procedimientos de gestión de cada empresa, los que determinan y orientan en estas cuestiones dentro de cada organización. Existen empresas (grandes empresas generalmente) en las que hasta para comprar una caja de clips, el departamento oportuno debe dirigirse al de compras, mediante el proceso normalizado en el *Manual de calidad* y, por supuesto, debe ser el departamento de compras quien lleve a cabo la adquisición de dichos clips conforme a ese procedimiento.

El documento mediante el cual un departamento se pone en contacto con el departamento de compras para solicitarle que adquiera mercancía se conoce como requisición, nota de pedido interna o boletín de compras.

	SOLICITUD DE COMPRA	HOJA___ DE___	
	DEPARTAMENTO:	N.º:	

CANTIDAD	UD.	CONCEPTO	OBSERVACIONES

	FIRMA	CÓDIGO DE OBRA	FECHA

↑ Modelo de requisición o nota de pedido interna.

EJEMPLO

Redacción del texto que puede aparecer en un procedimiento de gestión de compras normalizado de una empresa. Hace referencia al alcance del procedimiento.

«Este procedimiento es aplicable a las adquisiciones de productos y servicios que puedan afectar a la calidad de los trabajos realizados o del servicio prestado por la empresa y estén directamente relacionados con la ejecución de los mismos, abarcando todas las etapas desde que se realiza la *Solicitud de Compra* hasta que se reciben los productos.»

caso **práctico** inicial

Una requisición es sinónimo de boletín de compras o nota de pedido interna. Es un documento a través del cual un departamento solicita al de compras la adquisición de determinados productos.

saber más

Protocolo de calidad

Los protocolos y procedimientos para asegurar la calidad en la empresa suelen tener por objeto, entre otros, normalizar las relaciones con los proveedores, determinando el marco de relaciones con los mismos.

Al mismo tiempo, en ellos se determina el encadenamiento de las autorizaciones y decisiones de gasto, desde el origen hasta el pago de proveedores.

saber más

Autorizaciones de pedido

Es habitual que algunas empresas, para iniciar el proceso de compras de algunos productos (por su valor o importancia), precisen de autorización de pedido. Dicha autorización suele ser emitida por el departamento de compras con destino a la Dirección General de la empresa.

Hasta que dicha autorización no sea dada, el departamento de compras no podrá iniciar el proceso para adquirir dichos productos.

ACTIVIDADES

1. Leído el extracto del procedimiento de gestión de compras del ejemplo anterior, ¿crees que si en el departamento administrativo de la empresa necesitan bolígrafos, deben atenerse a dicho procedimiento normalizado?

1.2. La selección de proveedores

El proceso de selección de proveedores para la adquisición de productos suele comenzar con la búsqueda de los mismos. Es decir, hay que buscar proveedores que ofrezcan el producto que precisamos.

Lo más habitual es proceder a comprar a aquellos proveedores a los que la empresa ya ha adquirido anteriormente productos. Las empresas cuentan con ficheros o bases de datos donde registran la información relativa a todos sus proveedores habituales.

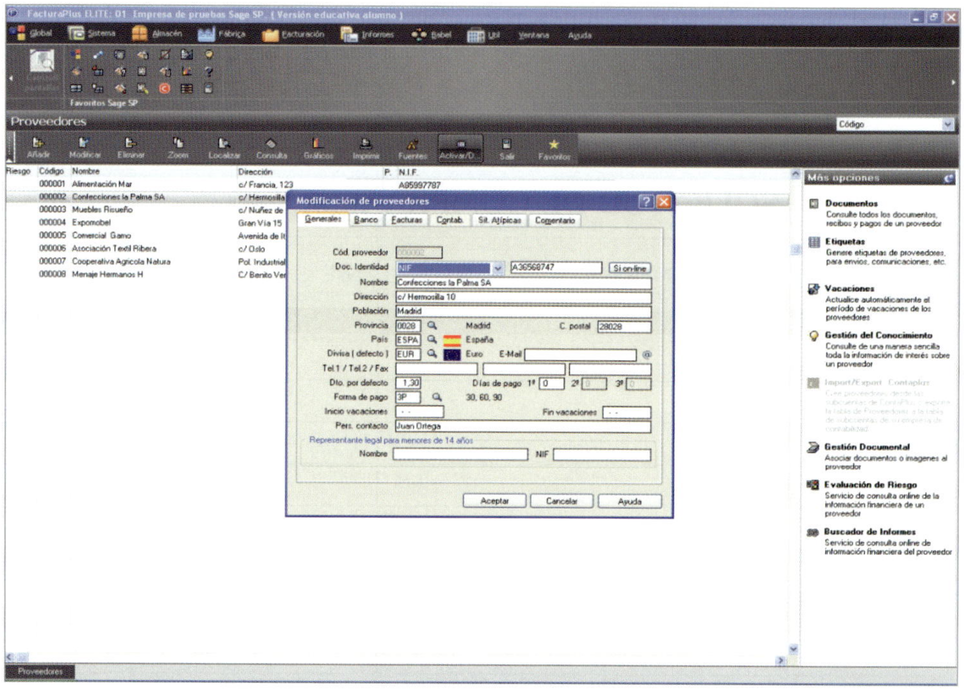

↑ FacturaPlus contiene opciones para el registro y gestión de la información de proveedores.

No obstante, en ocasiones, las empresas pueden verse en la necesidad de acudir a buscar proveedores al mercado. Esta situación se da, sobre todo, en tres situaciones:

- Cuando la empresa inicia su actividad.
- Cuando la empresa quiere dejar de contar, por el motivo que sea, con su proveedor habitual.
- Cuando se quiere aumentar la cartera de proveedores para aumentar, así, el poder de negociación con ellos.

El proceso de búsqueda de proveedores comienza con la búsqueda de información de aquellos proveedores que suministran el producto, bien o servicio, que la empresa necesita adquirir. Una vez localizados, la empresa debe seleccionar un número adecuado de los mismos para solicitarles información (condiciones económicas, técnicas, servicios postventa, catálogos, etc.) y llevar a cabo la evaluación y selección final del proveedor al que comprar.

caso práctico inicial

Estos son los principales supuestos en los que una empresa debe proceder a la búsqueda y selección de proveedores.

ACTIVIDADES

2. ¿Cuáles crees que son los principales medios a través de los que las empresas pueden buscar información sobre proveedores del producto que necesitan?

La solicitud de información

Una vez el departamento de compras decida a qué proveedores va a pedir ofertas o información sobre los productos que comercializa, debe proceder a ponerse en contacto con ellos. Actualmente, por comodidad y rapidez, las empresas suelen acudir al envío de impresos normalizados, o bien recurrir a cartas comerciales a través de las cuales se pide respondan enviando la información que se detalla.

PETICIÓN DE OFERTA MODAS SARA, S.L.

Polígono de Los Campones, s/n 33211 Gijón (Asturias) Tel. 985558877 Fax. 985568944

Para:		Fax:	
Empresa:		Páginas:	1 de
Oferta n.º:	Expediente/N.º Obra:	Fecha:	

Por la presente les solicitamos su mejor oferta para los materiales o servicios siguientes:

Cantidad	Descripción	Material	Observaciones

Esperando su breve respuesta:

María José Garrido
Departamento de Compras y Subcontratación

NOTAS:

CERTIFICADOS DE CALIDAD: Se enviarán junto con la mercancía

↑ Modelo de impreso de petición de oferta de materiales.

A la hora de elaborar una carta comercial para solicitar información a los proveedores seleccionados de nuestras fuentes de información, deberemos tener muy claro el tipo de datos que buscamos nos aporten. Los principales datos que se deben solicitar son, como mínimo:

- Descripción del material.
- Cantidad del producto.
- Fecha o fechas de entrega y lugar de entrega de la mercancía.
- Precio de compra, coste de adquisición o, al menos, los datos necesarios para su cálculo.
- Condiciones de pago: forma de pago y plazos.

Tanto la carta comercial como el impreso de petición de oferta se deberán dirigir a un mínimo de tres proveedores para, así, poder realizar una comparativa adecuada.

Aunque en otros módulos practicarás más detenidamente la redacción de cartas comerciales, en la siguiente página te proponemos un modelo a modo de ejemplo.

ACTIVIDADES

3. Si la empresa a la que pertenece el extracto del procedimiento de compras (pág. 53) se dedicase a fabricar muebles, pon algún ejemplo de productos a comprar para los que tuviese que ajustarse a dicho protocolo.

4. El departamento técnico de la empresa en la que trabajas necesita comprar 100 cajas de 50 tornillos Allen, de 6 mm y calidad 123XSS y otras 100 cajas de 50 arandelas de 12 mm calidad AM-12.

Confecciona la nota interna que dicho departamento remitirá al departamento de compras, a fecha de hoy, para solicitar se adquieran dichas mercancías.

5. Utilizando un procesador de textos como Word o una hoja de cálculo, confecciona un modelo de requisición propio, personalizado y útil.

6. Utilizando una hoja de cálculo como Excel o bien un procesador de textos, confecciona un modelo propio de documento para realizar una petición de oferta a proveedores.

7. Lee la carta comercial de petición de oferta a proveedores que aparece en la siguiente página.

Realiza de nuevo dicha petición de oferta, utilizando ahora un impreso de petición de oferta. Puedes utilizar el modelo que se adjunta o bien el modelo que hayas elaborado en la actividad anterior.

8. Utilizando internet, busca información sobre proveedores cuya actividad sea la venta de material de fotografía, a ser posible en tu comunidad autónoma.

9. La empresa Leolo, S.L. con dirección en c/ Marqués de Santa Ana, 22, 28004 de Madrid, solicita oferta a la empresa Calorro, S.A. con dirección en Juan Duque, 13, 10002 de Cáceres, de 1.000 encendedores modelo XP, chapado en plata con escudo cabeza león.

Elabora el impreso que utilizará la empresa Leolo, S.L. para cursar dicha petición de oferta.

10. Elabora la carta comercial que remitiría la empresa Leolo, S.L. para cursar petición de oferta a la empresa Calorro, S.A.

11. Madeportes, S.L., con CIF B-28000111 y domicilio en bulevar José Prat, 13 – 28032 de Madrid, solicita a la empresa Todo Deporte, S.L., con CIF B-28111000 y domicilio en c/ Carbón, 16 – 28089 de Madrid el catálogo de productos que comercializan.

Redacta la carta que Madeportes le hará llegar a Todo Deporte con fecha de hoy.

MODAS SARA, S.L.

CIF: B-23154678
C/ La Paz, 6
C.P. 28595 Estremera
Madrid

Industrias Los Telares, S.A.
CIF: A-45123698
C/ El pez, 32
C.P. 26894 Teruel

Estremera, 7 de enero de 2011.

N/ref: ZJ/xx

Asunto: petición de oferta.

Estimados señores:

Con motivo de la próxima inauguración de un nuevo establecimiento de venta de telas en la localidad de Estremera, nos ponemos en contacto con Vds.

Estaríamos interesados en ampliar nuestra cartera de proveedores y, con el fin de conocer los géneros que comercializan, les rogaríamos nos remitiesen a la dirección arriba indicada algún catálogo o muestrario de las telas de que disponen. Al mismo tiempo, les agradeceríamos nos facilitasen información detallada sobre los siguientes aspectos:

— Precio unitario.
— Descuentos comerciales.
— Gastos accesorios y forma de pago.
— Plazo de entrega.
— Garantías y calidades.
— Servicios postventa.

Esperando recibir la información solicitada, en la forma más completa posible, antes del día 31 de enero, les saluda atentamente,

Fdo.: Sara Pérez Pérez
Jefa del Departamento de Compras

Evaluación de proveedores: los criterios de selección

Una vez recibidas las ofertas hay que proceder a su análisis. El resultado de ese análisis será la elección de un proveedor al que emitirle el pedido de mercancía, cuestión que se estudia en la unidad 5.

Para que te resulte más sencillo llevar a cabo el análisis o evaluación de ofertas, te recomendamos que procedas a elaborar un cuadro comparativo en el que se desglose la información agrupada por criterios de selección, similar al siguiente:

			Proveedor A		Proveedor B	
Criterios	Óptima	Máximo	Oferta	Puntos	Oferta	Puntos
Coste unitario	10 €	50	10,95 €		9,65 €	
Forma de pago	90 días	25	60 días		30 días	
Plazo de entrega	0 días	25	30 días		10 días	
Total		100				

Los criterios de selección

No siempre a una empresa le interesa la oferta más ventajosa desde un punto de vista económico. A veces, la calidad o el plazo de entrega pueden primar sobre dicho aspecto, o tener un peso relevante en la selección final del proveedor.

En el siguiente epígrafe estudiarás los principales criterios de selección de proveedores, de manera detallada.

El cierre de la selección

Una vez elegido y seleccionado el proveedor, será conveniente que la empresa se ponga en contacto con el resto, notificando la decisión final y las razones que le han llevado a tomar dicha decisión. Esto se debe hacer dejando la puerta abierta siempre a posibles relaciones comerciales futuras. También debes tener presente que una oferta puede no ser interesante hoy, pero sí el día de mañana.

caso práctico inicial

Se debe tener especial cuidado y tacto a la hora de redactar las cartas y documentos que se dirigen a los proveedores. El día de mañana podemos necesitar sus servicios y favores.

ACTIVIDADES

12. Busca información sobre empresas que se dediquen a la venta de máquinas de escribir antiguas. Cumplimenta una solicitud de oferta, para alguna de las máquinas que comercialicen, teniendo en cuenta los siguientes datos:

- Cantidad: 3
- Forma de pago: a ser posible al contado.
- Lugar de entrega: nuestros almacenes.
- Plazo de entrega: se precisa cuanto antes.

Aporta los datos que consideres necesarios.

13. Como verás en la sección Software administrativo, y como ya se ha indicado anteriormente, las aplicaciones informáticas de gestión de facturación suelen aportar interesantes bases de datos de proveedores y clientes, donde almacenar fichas con los principales datos de los mismos. A pesar de ello, trata de confeccionar, utilizando una hoja de cálculo o un procesador de textos, un modelo de ficha de proveedor.

2. Criterios de selección de proveedores

2.1. El precio de compra o coste de adquisición

Comprende el precio del producto más todos los gastos adicionales que se produzcan hasta que los bienes se hallen en las dependencias o almacén del comprador. El importe de los impuestos indirectos solo se incluirá en el precio de compra cuando dicho importe no sea recuperable directamente de la Hacienda Pública. Por tanto, el IVA, como ya entenderás en sucesivas unidades, no se incluirá, generalmente, en este cálculo.

> Precio de compra o coste de adquisición = Precio del producto + Gastos accesorios + Impuestos que graven la operación no recuperables de la Hacienda Pública (el IVA no).

caso práctico inicial

A lo largo de este epígrafe estudiarás las variables que se tienen en cuenta para seleccionar a los proveedores.

Es muy importante determinar correctamente el **precio del producto.** Para ello se deben tener en cuenta los descuentos que el proveedor conceda.

Todo descuento supone una reducción del precio del producto. Forman parte de la práctica comercial habitual. Toda empresa cliente intenta siempre conseguir que su proveedor le aplique algún tipo de descuento para minorar así el importe a pagar por la compra.

TIPOS DE DESCUENTOS	
Descuento comercial	Se conceden en función del cliente.
Rappels	Se conceden por volumen de compra.
Descuento por pronto pago	Se conceden por pagar pronto o antes del plazo pactado.

caso práctico inicial

Un descuento es una reducción del precio del producto. Aquí tienes más información sobre ellos, así como los principales tipos de descuentos que puedes encontrar en la práctica.

Además, puedes encontrarte con otros tipos de descuentos: descuentos por temporada o los descuentos de promoción, como los famosos 3x2 o unidades bonificadas.

EJEMPLO

Una empresa nos vende 100 unidades de un producto a un precio unitario de 25 €. Nos aplica un descuento comercial del 3%. Por compras superiores a 75 unidades nos aplica, además, un descuento del 1%. Si pagamos antes de un mes, nos concede un descuento por pronto pago del 2%. Determina el precio de las 100 unidades de dicho producto.

Precio de la compra = (Precio unitario x unidades) – Descuentos practicados.

Precio bruto antes de descuentos = 25 € x 100 unidades = 2.500 €

Descuento comercial = 0,03 x 2.500 = 75 €

Rappel = 0,01 x (2.500 – 75) = 24,25 €. Fíjate en la base del *rappel*. Lo hemos calculado sobre el precio menos el descuento comercial.

Descuento por pronto pago = 0,02 x 2.400,75 = 48,01 €. Fíjate en la base del descuento por pronto pago. Lo hemos calculado sobre el precio menos el descuento comercial y menos el *rappel*.

Con todo ello podemos calcular el precio de la compra o coste de adquisición:

2.500 – 75 – 24,25 – 48,01 = **2.352,74 €**

recuerda

Gastos accesorios

Los principales gastos accesorios que nos podemos encontrar son:

- Portes.
- Embalajes.
- Seguros.
- Envases.
- Palés.
- Considerar para.

saber más

Descuentos de temporada

Son aquellos que se conceden cuando el comprador adquiere los productos con gran antelación (compras anticipadas). Ejemplo de ellos son los descuentos que ofrecen las agencias de viaje cuando se reservan viajes con 3 o más meses de antelación.

Los **gastos accesorios** son todos aquellos gastos a los que el cliente ha de hacer frente para disponer de los productos en su almacén. Es decir, debes entender por gastos accesorios los portes, embalajes, envases, palés, seguros, etc.

Se incluirán dentro del coste de adquisición si el cliente ha de pagarlos. No obstante, has de tener presente que en ocasiones, muchos de estos conceptos son susceptibles de devolución. Así, por ejemplo, los palés o envases, cuando se retornan, conllevan la devolución de su importe por el proveedor al cliente.

Otros servicios que suelen suponer un coste para el comprador y que, por tanto, debes considerar para determinar el coste de adquisición o precio de la compra, son los gastos de instalación y montaje de ciertas máquinas y elementos. Lo normal suele ser que dicho servicio venga incluido en el precio, pero puedes encontrar casos en los que no sea así.

Será muy importante que, a partir de ahora, sepas diferenciar de qué factor o elemento del coste de adquisición estamos hablando. Vas a tener que hacer repartos de dichos gastos accesorios, en ocasiones, en base al precio del producto, el cual puede venir minorado por descuentos, pero nunca aumentado por otros gastos accesorios que se puedan dar, ni por impuestos indirectos.

PRECIO PRODUCTO ≠ PRECIO DE COMPRA

EJEMPLOS

Una empresa recibe la siguiente oferta:

Artículo X: 10 €/ud

Artículo Y: 15 €/ud

Condiciones de la oferta:

- **Se aplicará un descuento comercial del 10%.**
- **Se cobran, en concepto de portes, 0,50 €/ud y 150 € en concepto de seguros de la mercancía, que se distribuirán entre los artículos de manera proporcional a su precio.**
- **La oferta tiene validez para compras superiores a 500 unidades del artículo X y 600 del artículo Y.**

Determina el precio de compra, suponiendo que se deseen adquirir las unidades mínimas indicadas.

Artículo X: 10 € x 500 = 5.000 €

Artículo Y: 15 € x 600 = 9.000 €

Dto. Comercial: 0,10 x 14.000 = 1.400 €

Subtotal = 14.000 – 1.400 = 12.600 € (este será el precio total de los productos de la oferta)

Portes: 0,50 € x 1.100 = 550 €

Seguro: 150 €

Total: 12.600 + 550 + 150 = 13.300 € será el precio total de la compra.

EJEMPLOS (Cont.)

Si quisiésemos averiguar el precio unitario de cada artículo deberíamos proceder de la siguiente forma, teniendo en cuenta que los seguros se reparten en función del precio del producto:

Artículo X: 10 – 10% = 9 €

Artículo Y: 15 – 10% = 13,5 €

Estos serán los precios unitarios menos el descuento comercial.

Calculamos el precio total del producto para el total de unidades (ojo, no el precio de la compra, sino el precio total del producto). En este caso, ya lo hemos calculado en el planteamiento anterior, son 12.600 €.

Ahora, mediante una regla de tres, calculamos el precio por unidad de los seguros (gasto accesorio que hay que abonar).

150 € ———— 12.600 €

X ———— 9 € (artículo X)

X= 0,11 € se cobrarán en concepto de seguros por cada artículo X

150 € ———— 12.600 €

X ———— 13,5 € (artículo Y)

X = 0,16 € se cobrarán en concepto de seguros por cada artículo Y

Luego:

Artículo X = 9 € + 0,11 € = 9,11 €

Artículo Y = 13,5 € + 0,16 € = 13,66 €

Sumamos los portes, que ya vienen dados en forma de €/unidad:

Artículo X = 9,11 € + 0,50 € = 9,61 €

Artículo Y = 13,66 + 0,50 € = 14,16 €

Así obtenemos el precio unitario del artículo X y del artículo Y con portes y seguros incluidos.

2.2. El plazo de entrega

El plazo de entrega es el tiempo que transcurre desde que se solicitan los materiales hasta que se reciben en los almacenes del comprador. Este ha de ser el oportuno para que estén disponibles cuando se necesiten, minimizando costes asociados a su almacenamiento.

2.3. El plazo de pago

El plazo de pago es el tiempo que transcurre desde que se realiza la compra hasta que se paga su importe. Se suele empezar a contar desde la fecha de la factura.

En unidades siguientes estudiarás con más detalle todo lo concerniente al pago de la compra. Por ahora, quédate con la idea de que al comprador siempre le interesará negociar un plazo de pago más largo en el tiempo que al vendedor.

Debes tener también en cuenta que del plazo de pago puede, y de hecho depende, la concesión de descuentos por pronto pago.

saber más

Plazos de pago más utilizados

Pago a plazo ordinario: coincide la fecha de pago con la fecha de la factura.

Pago aplazado: desde un punto de vista comercial se considera pago aplazado al que supera los 90 días desde la fecha de factura.

Pago anticipado: el importe de la factura es pagado con anterioridad, incluso, a la recepción de la mercancía.

ACTIVIDADES

14. Una empresa nos vende 500 unidades de un producto a un precio unitario de 1,50 €. Nos aplica un descuento comercial del 5% y un descuento por pronto pago (p.p.p.) del 3%. Determina el precio de compra de las 500 unidades. Observa que en este supuesto no se practica *rappel* alguno.

15. La empresa de la actividad anterior nos cobra 150 € en concepto de transporte de la mercancía, así como 0,15 €/ud por envases, que no se consideran retornables. Con estos datos determina el nuevo precio de la compra.

16. Vuelve a determinar el precio de la compra de la actividad 14, suponiendo ahora que se nos aplica, además, un *rappel* del 2% y se nos cobran, en concepto de seguros, 100 € más.

17. Un restaurante recibe la siguiente oferta de un proveedor de latas de bonito en aceite de oliva extra y de latas de sardinas en escabeche:

- Latas de bonito (para 1.500 uds.): 0,52 €/ud.
- Latas de sardinas (para 3.500 uds.): 0,42 €/ud.
- Gastos accesorios:
  - — Portes: 220 €
  - — Embalajes: 150 €

Otras condiciones de la oferta:

- Se aplicará un descuento comercial del 10% y un dto. p.p.p. del 3% si se paga en un plazo no superior a los 20 d/f. fra.
- Los portes y los embalajes se han determinado en función de las unidades a suministrar.

Con todo ello determina el precio unitario de cada lata de bonito y de cada lata de sardinas, suponiendo que el restaurante paga en un plazo de 10 d/f. fra.

18. Vuelve a realizar los cálculos del supuesto anterior suponiendo ahora que el restaurante paga en un plazo de 45 d/f. fra.

19. Una empresa desea comprar 150 latas de pintura blanca y 100 de pintura roja. Recibe la siguiente oferta de un proveedor:

- Pintura blanca 35 €/ud.
- Pintura roja 40 €/ud.
- Descuento comercial 10%
- Portes 75 € (se reparten en función de unidades físicas).
- Seguros 100 € (se reparten en función del precio del producto).

Se pide:

a) Determinar el coste de adquisición de la compra.

b) Determinar el coste unitario de cada lata de pintura blanca y de cada lata de pintura roja.

20. Una empresa tiene que pagar una compra cuyo precio asciende a 10.000 €. Tiene concedido por su proveedor un descuento comercial del 4%. Había negociado un pago a 90 días pero consigue reducirlo 20 días, por lo que la empresa le descuenta un interés del 5% durante dicho periodo. ¿Cuál será el precio final de la compra?

2.4. La calidad

La calidad de los materiales ha de ser la adecuada.

> La calidad debe ser entendida como el conjunto de cualidades físicas o químicas que presenta un determinado elemento o material y que hacen que sea adecuado a su fin.

Tradicionalmente la calidad implicaba la satisfacción del cliente, del consumidor final del producto. **La calidad era controlada al finalizar el proceso de producción** mediante inspecciones, desechando aquellos productos que no cumplían con las pautas de calidad determinadas. El concepto de calidad se ha desarrollado y se ha ampliado el universo de todos los involucrados en el proceso productivo.

Otro punto de desarrollo importante es el paso del **control,** como único factor de determinación de la calidad de un producto, al concepto de gestión. Todas las actividades de la empresa quedan bajo el manto del **Sistema de Gestión de Calidad.**

La normativa ISO 9000

Las normas de calidad son todas aquellas que, usadas en la empresa para regular un proceso de su actividad, determinan cómo se han de hacer las cosas. Las normas o normativa de calidad son reglas internas y disponibles, es decir, son elaboradas por las partes interesadas y no son de cumplimiento obligatorio.

Pero los imperativos de la sociedad internacional determinan la necesidad de establecer un grupo de normas para la implementación de un **Sistema de Gestión y Aseguramiento de la Calidad** que pueda servir a cualquier organización, inserta en cualquier rama de la producción y localizada en cualquier lugar del mundo. Con este propósito, **ISO** (Organización Internacional para la Normalización) desarrolló las normas UNE-EN-ISO-9000, cuya última versión del año 2008 (ISO 9001:2008) nos guía en la implementación del sistema y su posterior certificación.

Cada país tiene un organismo propio de normalización, que es el encargado oficial de la elaboración de las normas. En España, el organismo reconocido es **AENOR.** Las normas elaboradas por AENOR reciben la denominación de **normas UNE.** El **CEN** (Centro Europeo de Normalización) es el organismo europeo que elabora las **normas EN.** En el ámbito internacional, el organismo de normalización es **ISO** y elabora **normas ISO.**

UNE-EN-ISO se refiere a la misma normativa aplicada para cada país con sus respectivos códigos asignados (trasposición de normas).

Implementar un Sistema de Gestión de la Calidad es una actividad conjunta realizada por los miembros de una empresa y un asesor especialista denominado, generalmente, **consultor.** Estos, tras observar los procesos de la empresa cuya calidad se pretende asegurar, proceden a redactarlos y sistematizarlos, buscando su optimización y cumplimiento de los requisitos específicos que la norma de calidad ISO correspondiente señale. Este proceso culmina al recibir el **Certificado de cumplimiento con la norma ISO,** otorgado por un organismo de certificación acreditado, tras la auditoría de calidad correspondiente.

saber más

Normativa de calidad. Nomenclatura

- ISO: Norma con carácter internacional.
- EN: Norma europea.
- UNE: Norma española.

saber más

Aseguramiento de la calidad

El aseguramiento de la calidad se podría definir como aquellas acciones que hacen que un producto o servicio cumpla con unos determinados requisitos de calidad recogidos en la normativa ISO.

AENOR
Empresa Registrada
UNE-EN ISO 9001

↑ Modelo de certificación de calidad de un proceso dentro de una empresa.

ACTIVIDADES FINALES

1. La empresa CARAMBA, S.L., fabricante de velas, precisa comprar 200 unidades de mechas enceradas para velas de 15 mm. Confecciona la nota de pedido interna que el departamento técnico o de producción elaborará y remitirá al departamento de ventas para que este adquiera dicha mercancía.

2. El departamento de compras de la empresa CARAMBA, S.L., al comprobar su fichero de proveedores, descubre que el proveedor habitual de mechas enceradas ha cerrado. ¿Cómo debería proceder el departamento de compras?

3. COMERCIAL A.M.M., S.L. con CIF B-08563214 y domicilio en c/ Corta, 22 de Barcelona, comenzará a vender el próximo trimestre paños de cocina y servilletas de tela de distintas dimensiones. Por ello, a principios de este trimestre, decide ponerse en contacto con diversos proveedores que le puedan suministrar dicha mercancía. Redacta el cuerpo de una carta comercial que sirva para ponerse en contacto con dichos proveedores y solicitarles información para elegir al más adecuado. En la carta se solicitará un muestrario, así como información sobre los distintos criterios de selección y sus componentes o parámetros vistos en la unidad, para tomar la decisión más adecuada.

4. El restaurante EL MOLÍN DEL BOLICHE, con NIF 11.111.111-H y domicilio Rúa Dos Ancares, 42 de Lugo, con motivo de la renovación de sus instalaciones, necesita adquirir catorce mesas de comedor y 56 sillas de salón, así como 18 sillas o taburetes de barra. Utilizando un impreso de petición de oferta de materiales (recuerda que has debido elaborar uno a lo largo de la unidad), solicita información a algún proveedor de equipamiento hostelero. Busca en internet posibles candidatos para ello. Si no se te ocurre ninguno, dirige tu petición a PEDRO Y LÓPEZ, S.A. Domicilio: Pol. San Cayetano, s/n, 18194 Churriana de la Vega. Granada.

5. Una empresa recibe la siguiente oferta de un proveedor para el suministro de 1.250 unidades de un determinado artículo:

   - Precio unitario 12 €.
   - Descuento comercial 7%
   - Descuento por pronto pago 1% si la compra se paga antes de los 60 d/f. fra.
   - Transportes 0,50 €/ud.
   - Seguros 1,5% sobre el precio del producto.

   Dicha empresa, actualmente, adquiere 1.225 unidades al año de dicho artículo a un precio de compra unitario de 13,50 €. Determina si le compensa cambiar de proveedor el próximo año o seguir con el mismo, teniendo en cuenta que calcula poder hacer frente al pago en el plazo de los 60 días previstos.

6. La empresa EL BUEN DISEÑO, S.A., dedicada a la fabricación de trajes por encargo, recibe la siguiente oferta de telas para 100 piezas. Calcula el coste de adquisición total de la oferta y el coste de adquisición unitario de cada pieza de tela.

Precio por pieza	150 €
Descuento comercial	2%
Descuento *rappel* para 50 a 99 piezas de tela	1%
Descuento *rappel* para más de 99 piezas de tela	2%
Embalajes (*)	75 €
Transporte (*)	150 €

(*) Los embalajes y transportes se establecen en función de las unidades y no del precio o valor del producto.

7. Dada la siguiente oferta de productos vamos a determinar el coste unitario de adquisición de cada artículo.

ARTÍCULO	CANTIDAD	PRECIO
Destornilladores	350	17 €
Martillos	190	8 €
Tenazas	1.200	7 €
Se aplica un descuento comercial del 7% Se cargan unos portes de 250 € a repartir en función de las unidades. Se cargan por embalajes 100 € a repartir en función de las unidades.		

Una vez determinado el coste de adquisición unitario de cada artículo, determina cómo debería venderlos, es decir, el precio de venta, si quisiese conseguir un margen de beneficios del 15% sobre dicho coste de adquisición.

¿Cómo variarían los resultados si los embalajes se repartiesen en función del precio del producto?

8. Una empresa desea hacer una selección de proveedores para un suministro anual de 30.000 unidades de brocas de 8 mm. Los dos proveedores a los que pide información las suministran en cajas de 100 unidades. Las ofertas económicas que reciben son las siguientes:

CONCEPTO	PROVEEDOR A	PROVEEDOR B
Precio unitario de cada caja	35 €	45 €
Descuento comercial	10%	8%
Transporte	150 €	3 €/caja
Seguros	2% sobre precio	0,10 €/ud
Rappels	12% si es mayor a 200 cajas	10% si es mayor a 325 cajas

Determina el coste de adquisición de cada caja y con él termina de confeccionar el cuadro siguiente de baremación de proveedores, cuyo apartado «Óptimo» establece las condiciones deseadas por la empresa. Indica finalmente qué proveedor será seleccionado.

	ÓPTIMO		PROVEEDOR A		PROVEEDOR B	
Parámetro	**Eval.**	**Puntos**	**Eval.**	**Puntos**	**Eval.**	**Puntos**
Coste unitario	27 €	30				
Plazo de entrega	2 días	25	7 días		3 días	
Plazo de pago	120 días	25	60 días		130 días	
Calidad	MB	20	MB		MB	
TOTAL		100				

Confecciona la carta comercial que se le habría enviado a cada proveedor solicitándoles la información.

PRÁCTICA PROFESIONAL

La baremación y selección de proveedores en la empresa

OBJETIVOS

Calcular precios de compra y venta y descuentos, aplicando las normas y usos mercantiles y la legislación fiscal vigente.

Tomar decisiones conforme a las normas y usos mercantiles.

El alumno, mediante esta práctica, analizará distintos criterios y factores de selección de proveedores, determinando precios de compra y realizando tomas de decisiones conforme a usos mercantiles empresariales.

SITUACIÓN INICIAL

La empresa Ercisa, dedicada a la elevación de estructuras metálicas, necesita adquirir marcos de aluminio de 20x50 m. Para ello ha realizado una búsqueda de posibles proveedores y tras ponerse en contacto con tres de ellos, como señala su procedimiento normalizado de compras, recibe tres ofertas para el suministro de 6.000 unidades que resume en la siguiente tabla:

	Esplendor, S.A.	Alfer, S.L.	Treppo, S.L.
Precio por unidad	175 €	179 €	184 €
Descuento comercial	2%	4%	2,5%
Promoción	—	3 uds/100	2 uds/100
Transporte	—	6 €	7 €
Forma de pago	60 días	90 días	30 días
Devoluciones	4%	2%	5%
Retrasos de entregas	1 día	5 días	10 días

La política comercial de Ercisa, respecto a las compras que puedan afectar a la calidad de sus propios trabajos, señala que se deben considerar siempre cuatro factores para llevar a cabo la selección de un proveedor, otorgándoles idéntica importancia a los cuatro:

- Coste de adquisición.
- Plazo de entrega.
- Forma de pago.
- Calidad.

ERCISA considera como precio idóneo 170 € y una forma de pago adecuada aquella que supere los 90 días. El plazo de entrega, como conoce perfectamente los plazos de ejecución de sus obras, lo valora en función de los retrasos en la entrega (conociéndose la probabilidad de que se produzcan).

Con toda esta información procede a elaborar el siguiente cuadro comparativo de proveedores:

FACTORES	EVAL. / PUNT.		ESPLENDOR, S.A.		ALFER, S.L.		TREPPO, S.L.	
	Óptima	Máx.	Oferta	Puntos	Oferta	Puntos	Oferta	Puntos
Precio unitario de compra	170 €	25	171,5 €	24,78	172,86 €	24,5	182,81 €	23,23
Forma pago	90 días	25	60	16,6	90		30	
Retraso entrega	0 días	25	1	20	5		10	
Devoluciones	0%	25	4%	5	2%		5%	
TOTAL		100		66,38				

Para determinar la puntuación que cada proveedor obtiene en cada apartado, en ocasiones se puede acudir a reglas de tres y, otras veces, la empresa deberá optar por construir una escala de puntuaciones.

ACTIVIDADES

1. Determina el precio de compra o coste de adquisición unitario de cada oferta.

Una vez calculado el precio unitario de compra, para la valoración del precio unitario, se puede acudir a una regla de tres inversa, pues a mayor precio ofertado por el proveedor menor puntuación le concedemos, por lo tanto:

ESPLENDOR, S.A.: 170 x 25 / 171,50 = 24,78 puntos

ALFER, S.L.: 170 x 25 / 172,86 = 24,50 puntos

TREPPO, S.L.: 170 x 25 / 182,81 = 23,23 puntos

Para la valoración de la forma de pago se puede acudir a una regla de tres directa, pues a menor número de días menor puntuación; así, para el caso de ESPLENDOR, S.A.:

60 x 25 / 90 = 16,6 puntos

Los criterios adoptados por ERCISA para la evaluación o puntuación de los factores retrasos en la entrega y devoluciones (calidad), serán:

— Los retrasos en las entregas: 25 puntos si no existen días de retraso; hasta 3 días, 20 puntos; hasta 5 días, 15 puntos; hasta 8 días, 10 puntos; hasta 10 días, 5 puntos.

— Las devoluciones por falta de calidad: 0%, 25 puntos; 1%, 20 puntos; 2%, 15 puntos, etc.

Se observa que las puntuaciones a otorgar a cada proveedor por cada uno de estos factores son directas, salen de analizar los factores en función de los criterios dados.

2. Termina de realizar la selección de proveedores calculando la puntuación total que cada uno de ellos obtendrá.

3. Si ERCISA decidiese vender tres de esos marcos de aluminio a otra empresa obteniendo un margen de beneficio sobre costes del 42%, ¿a qué precio debería venderlos?

SOFTWARE ADMINISTRATIVO

FacturaPlus

Es hora de empezar a trabajar otro menú muy útil y necesario, el menú *Sistemas/Tablas generales*. Dentro de esta opción se deben trabajar, como mínimo, las siguientes opciones:

- Formas de pago.
- Bancos.
- Propiedades de los artículos.
- Familias.
- Grupos de clientes.

Para empezar a trabajarlas y conocerlas entra en la empresa Inicial, S.A. Aunque en próximas unidades profundizarás en el conocimiento de la opción *Formas de pago,* es preciso ir tomando contacto con ella. Vas a dar de alta una nueva forma de pago, pues la empresa va a trabajar aplazando los pagos y cobros 30 días. Haz clic sobre el icono *Añadir una nueva forma de pago* y cumplimenta el cuadro conforme a la imagen.

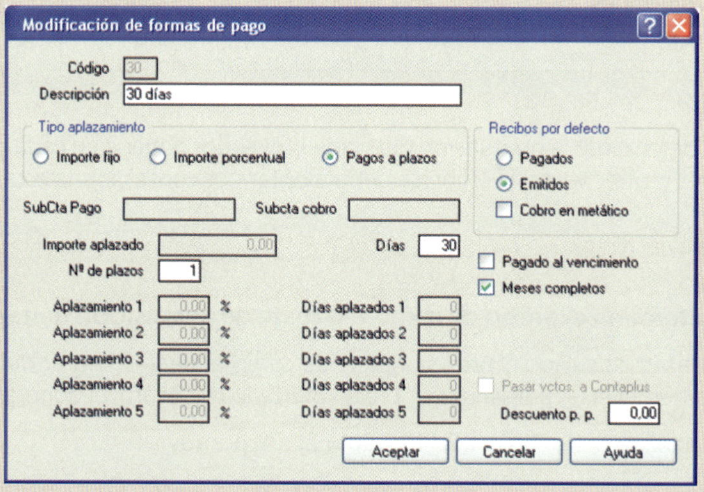

Si entras en la opción *Bancos* comprobarás que en ella podrás dar de alta nuevas cuentas bancarias con las que trabajar. Vamos a quedarnos con las que la aplicación nos ofrece.

Propiedades de los artículos. Aquí vas a definir las propiedades que los artículos que comercializa la empresa va a tener. Para ello, y como has hecho en unidades anteriores dentro del menú *Útil/Entorno del Sistema/Personalización,* deberás haber marcado en la pestaña *Calcu.* la opción *Una propiedad* y su *Literal* (nombre). Esta empresa va a trabajar solo con una propiedad (tipo de madera). Añade esta propiedad *permitiendo duplicados en el almacén,* ya que el producto que se comercializa (sillas de madera) no va a ser único. La opción *Propiedades con tabla asociada* la vas a dejar sin marcar. Para la otra empresa con la que estamos trabajando, Ropas Margarita, esta opción será muy útil, como comprobarás en la siguiente unidad de trabajo.

Es muy conveniente tener los artículos que comercializamos clasificados por familias. Las familias han de ser creadas, dadas de alta desde la opción *Familias*. Vamos a crear la familia «Sillas de madera color negro». A la hora de generar esta familia, tendremos mucho cuidado de asociar la propiedad que anteriormente hemos dado de alta. También en esta opción podemos señalar el periodo de garantía que esta familia otorga a los artículos que comprende.

Aunque dentro de esta opción verás muchas pestañas, en realidad con trabajar en la primera de ellas, los datos comentados, te será suficiente.

Con los clientes, que todavía no hemos dado de alta, pasa lo mismo. Los podemos agrupar en *Grupos de clientes.* Comprobarás que es una opción muy sencilla.

Vas a cambiar ahora de empresa y activar la empresa Ropas Margarita. Trabajarás de nuevo estas opciones para dicha empresa y con ella entenderás mucho mejor la generación de las propiedades. Si recuerdas, Ropas Margarita iba a trabajar realizando capturas matriciales de artículos por precio y propiedad.

DATOS PARA LA CONFIGURACIÓN DEL MENÚ *TABLAS GENERALES:*

FORMAS DE COBRO/PAGO

Todos los cobros y pagos se realizan a través de Efectos Bancarios a 30 y 60 días (Código R1), considerándose como Emitidos y No Pagados en el Vencimiento.

PROPIEDADES DE ARTÍCULOS

La empresa trabaja con las siguientes propiedades: color y talla. De tal manera que los artículos (pantalones y jerséis) quedarán clasificados de la siguiente forma:

1. Talla Jerséis (Código TEJER), con las siguientes variaciones:

CÓDIGO	DESCRIPCIÓN	N.º ORDEN
S	Pequeña	3
M	Mediana	2
L	Grande	1

2. Talla Pantalones (Código TLPAN) con las siguientes variaciones:

CÓDIGO	DESCRIPCIÓN	N.º ORDEN
40	Talla 30	1
42	Talla 32	2
44	Talla 34	3

3. Color (Código COLOR) con las siguientes variaciones:

CÓDIGO	DESCRIPCIÓN	N.º ORDEN
Rojo	Rojo	3
Amarillo	Amarillo	2
Azul	Azul	1

Para poder introducir esta información en forma de tablas, al dar de alta la propiedad debes marcar la opción *Propiedad con tabla asociada* y en la pestaña *Tabla*, que se activará, podrás añadir todos estos datos.

FAMILIAS

Vamos a trabajar con dos familias:

1. Jerséis (Código 001) con las propiedades TEJER Y COLOR.
2. Pantalones (Código 002) con la propiedad TLPAN.

MUNDO LABORAL

La insistencia en el precio confunde al cliente y alimenta la infidelidad a marcas y enseñas

La estrategia del precio no ha ayudado a fidelizar a los compradores a su tienda, sino que está generando más movimiento entre las enseñas. Esta es una de las principales conclusiones del estudio DMC-Track que ha presentado TNS Consumer sobre las respuestas del consumidor ante la crisis.

Así, el 21% de los consumidores españoles declara que en el último mes ha cambiado su establecimiento habitual, produciéndose un tráfico de consumidores entre ellos que según Bárbara Cador, Group Account Manager de TNS Consumer, «alimenta la infidelidad hacia las enseñas». Según Cador, «la gran atención por el precio, lejos de facilitar las decisiones de compra del consumidor, está provocándole confusión, ya que en muchas ocasiones busca algo más que precio y no consigue otros elementos distintivos para ayudarle a tomar decisiones de compra».

Ante unas necesidades de los consumidores diversas, fabricantes y enseñas han redoblado sus esfuerzos por competir por el consumidor a través del precio. Esta lucha puede no estar ayudando a reforzar las relaciones entre las marcas y las enseñas por un lado y los consumidores por otro. Ahora más que nunca, las ofertas y promociones son también un elemento importante que usa el consumidor para controlar su gasto y poder destinar así parte de su presupuesto al ahorro. En este sentido, casi cuatro de cada diez compradores, un 39%, acudieron en el último mes a las promociones del tipo «segunda unidad con descuento», y el 35% usó cupones descuento, dos fórmulas de ahorro que permiten un

mayor control y planificación del gasto. Por otra parte, un 34% compró en 3x2 el último mes, y un 31% adquirió productos con más cantidad por el mismo precio.

Además de las ofertas, el consumidor ha buscado otras formas de ahorrar, aunque no siempre satisfactorias. Según el estudio DMC-Track de TNS Consumer, nueve de cada diez españoles acostumbra a comprar productos de la marca de la distribución, aunque más de la mitad de ellos, el 54%, declara hacerlo a disgusto, lo que pone de manifiesto que recurre a ellas como un instrumento para ahorrar. Tanto es así que casi la mitad de los españoles, el 49%, afirma que intenta ahorrar comprando más estas marcas, frente al 25% que sigue comprando como siempre o el 4% que dice comprar menos cantidad o con menor frecuencia.

Fuente: <www.marketingnews.com> 1/07/2009

Trabajo a realizar

1. En el texto se habla de «enseñas». ¿A qué hace referencia?

2. Haz un resumen del contenido del artículo.

3. Emite una opinión personal y razonada sobre el contenido del texto.

EN RESUMEN

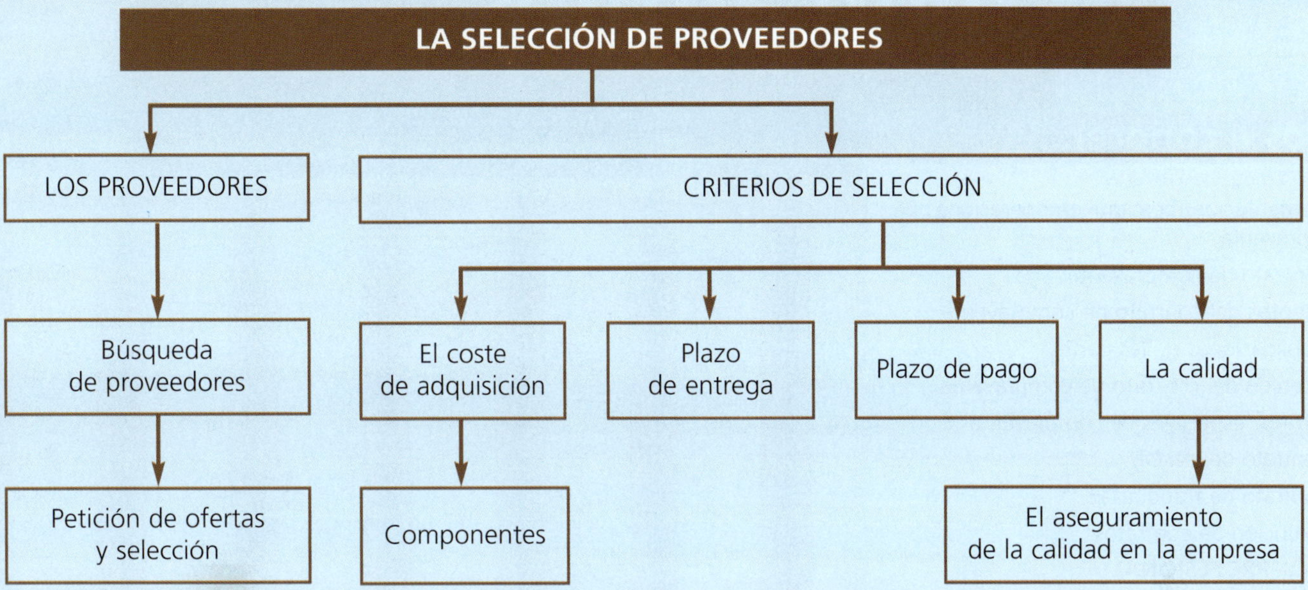

EVALÚA TUS CONOCIMIENTOS

1. Una nota de pedido interna es:

a) El documento que elabora el departamento de una empresa para solicitar a compras que adquiera mercancía.

b) El documento a través del cual compras solicita mercancía a un proveedor.

c) Sinónimo de boletín interno de compras.

d) Son correctas a) y c).

2. Se ha de proceder a buscar y seleccionar proveedores:

a) Siempre que se necesite adquirir mercancías.

b) Cuando la empresa inicia su actividad y debe comprar un producto por primera vez.

c) Cuando así lo solicite el departamento técnico.

d) Todas son correctas.

3. La solicitud de información a proveedores puede hacerse:

a) A través de un impreso.

b) A través de una carta comercial.

c) Vía internet.

d) Todas son correctas.

4. No es un criterio o factor influyente en la selección de proveedores:

a) El coste de adquisición.

b) El plazo de pago.

c) Sus ganancias del último año.

d) La calidad de sus productos.

5. El *rappel* es:

a) Un descuento que se concede por volumen de compra.

b) Un descuento que se concede por anticipar el pago a la fecha inicialmente prevista.

c) Un descuento que se concede por ser cliente habitual de la empresa.

d) Ninguna es correcta.

6. Los gastos accesorios suponen un incremento del precio de compra o coste de adquisición si corren por cuenta del comprador.

a) Verdadero.

b) Falso.

7. Las normas ISO de calidad son de obligado cumplimiento para todas las empresas a nivel internacional.

a) Verdadero.

b) Falso.

8. La transposición de una norma ISO a una norma de carácter europeo, convierte a esta en norma:

a) CEN.

b) UNE.

c) EN.

d) Ninguna es correcta.

Soluciones: 1d, 2b, 3d, 4c, 5a, 6a, 7b, 8c.

4 Principales contratos mercantiles

vamos a conocer...

1. Documentación mercantil en operaciones de compraventa
2. El contrato de compraventa
3. Elementos del contrato de compraventa
4. Las obligaciones de las partes
5. Contenido del contrato de compraventa
6. Contratos especiales de compraventa
7. El contrato de *leasing*
8. El contrato de franquicia
9. La extinción de contratos

PRÁCTICA **PROFESIONAL**
Análisis de contratos de compraventa mercantil

SOFTWARE **ADMINISTRATIVO**
FacturaPlus

MUNDO **LABORAL**
Se incumplen las medidas de seguridad para destruir información confidencial

y al finalizar esta unidad...

- Valorarás la importancia de trabajar con un buen método administrativo, así como la relevancia que la documentación mercantil tiene para la empresa.
- Conocerás las normas relativas al contrato de compraventa, diferenciando entre la compraventa mercantil y la civil.
- Descubrirás los principales elementos de un contrato de compraventa, así como su estructura básica.
- Analizarás las principales obligaciones que las partes de un contrato de compraventa adquieren a su formalización.
- Entenderás el concepto de franquicia y observarás las principales diferencias entre los distintos tipos de franquicias que te puedes encontrar.
- Conocerás el contrato de *leasing* y lo diferenciarás del de *renting*.
- Aprenderás los principales motivos que dan lugar a la extinción de un contrato.

CASO **PRÁCTICO** INICIAL

situación de partida

La empresa Paton, S.A., dedicada a realizar trabajos de tunelería y construcción, compró hace un año a una empresa polaca dos minadores ALPINE AM-50, que ahora tiene intención de vender a la empresa Tudor, S.L. por precio ligeramente superior al que ella pagó en su momento. En el contrato de compraventa celebrado entre la empresa Paton, S.A. y la empresa polaca, figura el siguiente incoterm: CIF.

A última hora, la empresa Tudor, S.L. decide comprarle solo un minador, que destinará, en principio, a trabajos en una mina que explota en el norte de España.

La empresa Paton, S.A. tiene un contrato con la empresa Suministros Generales Sánchez, S.A. para la adquisición de barrenas de diferentes medidas (que destina a distintas obras) en base al cual Suministros Sánchez le hace llegar, cada dos meses, un total de 1.550 barrenas. Las dimensiones de las mismas aparecen detalladas en las cláusulas del contrato, así como su precio unitario y la forma de pago.

Paton, S.A. cuenta en sus oficinas con dos fotocopiadoras que pertenecen a la empresa Canon y de las que disfruta gracias a un contrato de *leasing* que tiene suscrito con la misma. En función de dicho contrato Paton, S.A. paga una determinada cuantía mensual a Canon por el uso y disfrute de las fotocopiadoras.

estudio del caso

Antes de pasar a estudiar y analizar el contenido de la unidad, trata de responder a las cuestiones que se plantean a continuación. Si alguna te resulta especialmente complicada o no sabes qué responder, no te preocupes. Al finalizar la unidad seguro que lo tienes mucho más claro.

1. ¿Crees que la empresa Paton, S.A. habrá celebrado un contrato de compraventa con la empresa polaca? ¿Y con la empresa Tudor, S.L.? Razona tus respuestas.
2. Define el concepto de contrato de compraventa.
3. ¿Qué tipos de compraventas conoces?
4. Califica las compraventas habidas entre las empresas que se citan en el primer párrafo del caso que se presenta.
5. ¿Qué es un incoterm?
6. ¿Crees que el contrato de compraventa celebrado entre Paton, S.A. y la empresa polaca ya se ha extinguido?
7. ¿Qué tipo de contrato habrá celebrado la empresa Paton, S.A. con la empresa Suministros Generales Sánchez, S.A.?
8. ¿Qué es un contrato de *leasing*?
9. En caso de que la fotocopiadora se quedase sin tóner (tinta) o se averiase, ¿a quién correspondería repararla o reponer dicho tóner?

1. Documentación mercantil en operaciones de compraventa

Como ya intuirás, por lo estudiado hasta el momento, la actividad comercial genera múltiples documentos. Muchos de ellos sirven de justificante de la misma, transmitiendo información interna o externa y siendo el centro de un amplio flujo administrativo.

La documentación mercantil supone, entre otras cosas, la manifestación más expresiva de la actividad mercantil de la empresa, constituyendo una parte importante de la base histórica de la regulación del comercio.

Como ya irás viendo en otros módulos del ciclo formativo, la documentación mercantil puede ser muy variada y de contenido muy diverso. En una empresa podrás encontrar desde impresos más o menos sencillos hasta complejos contratos, pasando por gran variedad de cartas o correspondencia comercial.

En la anterior unidad ya has visto algún modelo de **impreso** y cartas comerciales (y seguirás viéndolos en sucesivas unidades), pero ahora vas a centrar tu atención en los principales modelos o tipos de contratos que las empresas pueden utilizar para el desarrollo de su actividad comercial.

Otra cuestión importante que concierne a la documentación mercantil en operaciones de compraventa es la relativa al tratamiento que se le otorga a estos documentos administrativos.

Este tratamiento es de vital importancia y supone mucho más que guardarlo durante un determinado periodo de tiempo: **deja constancia de los hechos económicos realizados.**

Las razones básicas por las que se debe guardar la información son dos:

- Una de tipo práctico: constituye la memoria de la empresa. Piensa que gran parte de los trabajos administrativos que se llevan a cabo en la empresa se basan en documentos anteriores.
- Otra de tipo legal: existe obligación de reflejar las operaciones en soportes materiales, para su análisis y fiscalización.

Archivar adecuadamente la documentación mercantil es una actividad fundamental, por tanto, dentro de la empresa.

saber más

Impresos

Son formularios con espacios en blanco para cumplimentar, y que no adquieren validez comercial para las empresas hasta que, una vez cubiertos, no son firmados y sellados.

En ellos suelen distinguirse bloques en blanco a cumplimentar y espacios que vienen ya impresos, y que orientan en cuanto al contenido del documento, generalmente dándole estructura.

saber más

Arts. 30 y ss. del Código de Comercio

«Los empresarios conservarán los libros, correspondencia, documentación y justificantes concernientes a su negocio, debidamente ordenados, durante seis años, a partir del último asiento realizado en los libros, salvo lo que se establezca por disposiciones generales o especiales.»

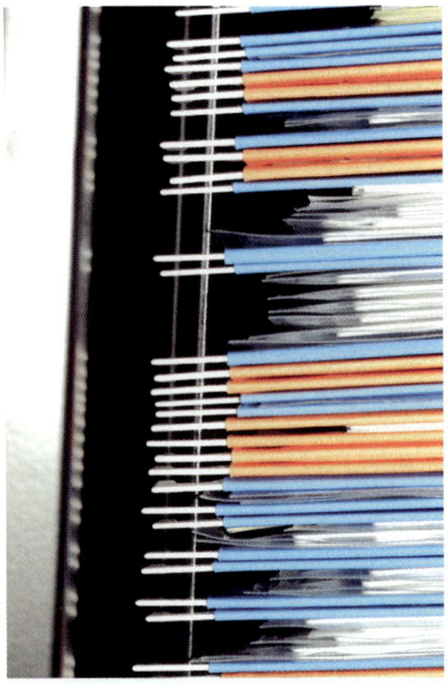

EJEMPLO

¿Cuáles crees que son los fines o la finalidad de un archivo, dentro de una empresa?

Principalmente tres:

- La conservación adecuada de documentos por los motivos o razones descritas.
- Ser un centro de control funcional de los distintos departamentos.
- Proporcionar los mejores servicios posibles, siempre con el menor coste (eficacia departamental).

2. El contrato de compraventa

Según nuestro Código Civil podemos definir un contrato como un acuerdo, verbal o escrito, entre dos o más personas por el cual, estas se obligan a dar, hacer o no hacer alguna cosa o prestar algún servicio.

El contrato de compraventa es un acuerdo de voluntades entre dos partes (físicas o jurídicas), por el que una se compromete a entregar una cosa o prestar un servicio, y la otra, a pagar por ello.

A la hora de hablar de contrato de compraventa debes tener en cuenta que, en nuestro ordenamiento jurídico, puedes encontrarte con dos tipos de compraventa: la denominada compraventa civil y la compraventa mercantil.

Es importante que sepas distinguir una de otra pues, aunque en muchos aspectos presentan una regulación común, en algunos otros difieren.

vocabulario

Precio cierto: se refiere a un precio conocido y determinado o determinable.

2.1. El contrato de compraventa civil

El contrato de compraventa civil es aquel por el cual uno de los contratantes se obliga a entregar una cosa determinada y el otro a pagar por ella un precio cierto, en dinero o signo que lo represente.

(Art. 1.445 Código Civil)

caso práctico inicial

Ya puedes definir un contrato de compraventa, así como distinguir entre los tipos de compraventa que nos podemos encontrar: la civil y la mercantil.

Podemos resumir en tres los requisitos para que un contrato de compraventa sea considerado civil:

- Que al menos una de las partes no sea empresario.
- Que la compraventa sea onerosa, no gratuita.
- Que sea lícita.

2.2. El contrato de compraventa mercantil

El Código de Comercio establece respecto de la compraventa mercantil y, por tanto, del contrato que sustenta dicha compraventa, que:

Será mercantil la compraventa de cosas muebles para revenderlas, bien en la misma forma que se compraron, o bien en otra diferente, con ánimo de lucrarse en la reventa.

(Art. 325 Código de Comercio)

saber más

Compraventa de inmuebles

Las compraventas de bienes inmuebles están acogidas a las normas del Código Civil, a excepción de la venta que una constructora hace a una promotora, que se regula por el Código de Comercio.

Para poder considerar un contrato de compraventa como mercantil, debes comprobar que se cumplen los siguientes requisitos:

- Que ambas partes sean empresarios o profesionales, aunque la jurisprudencia admite cada vez más frecuentemente el hecho de que solo lo sea uno.
- Que la cosa objeto de la compraventa sea un bien mueble, transformado o sin transformar.
- Que exista intención de reventa con ánimo de lucro.

Al mismo tiempo, el Código de Comercio establece una serie de ventas que, a pesar de cumplir con todos los requisitos vistos, bajo ningún concepto deberán calificarse de mercantiles.

NO SON COMPRAVENTAS MERCANTILES
• Las de productos para consumo del comprador. • Las que realicen los artesanos en sus talleres de los objetos construidos o fabricados por ellos. • Las que realicen los agricultores y ganaderos de sus cosechas o de su ganado.

caso práctico inicial

En principio la empresa PATON, S.A. habrá celebrado un contrato de compraventa civil con la empresa TUDOR, S.L. y un contrato de compraventa mercantil con la empresa sita en Polonia.

DIFERENCIAS ENTRE LA COMPRAVENTA CIVIL Y MERCANTIL	
COMPRAVENTA CIVIL	**COMPRAVENTA MERCANTIL**
• Regulada por el Código Civil. • No hay intención de comprar para revender. • No existe ánimo de lucro. • Se puede dar entre particulares, no empresarios, ni profesionales.	• Regulada por el Código de Comercio. • Sí hay intención de comprar para revender. • Existe ánimo de lucro. • En principio, ambas partes han de ser empresarios o profesionales.

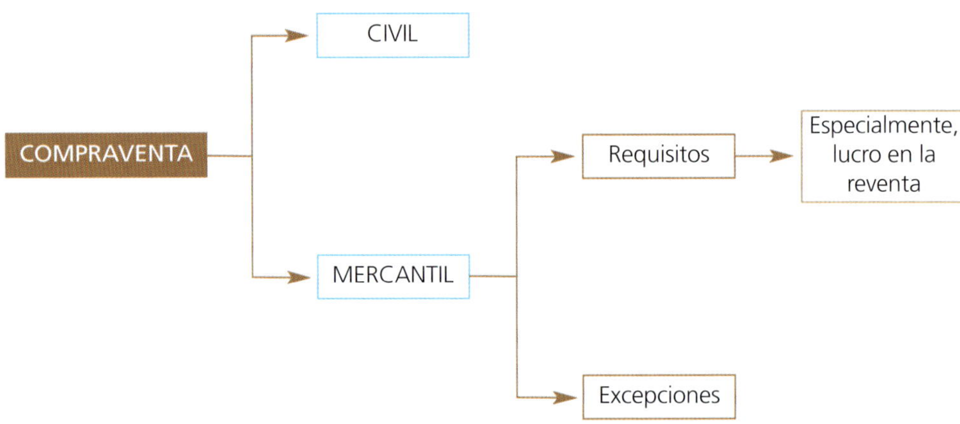

ACTIVIDADES

1. Explica si las siguientes compraventas se pueden considerar civiles o mercantiles:

- La compra de un equipo informático por parte de una empresa para su uso en oficinas.
- La compra de un coche de segunda mano por parte de un particular a otro.
- La compra de unos ceniceros hechos en barro a un artesano en su pequeño puesto comercial.
- La compra de una máquina por parte de una empresa para venderla por piezas posteriormente.
- La compra de leche a un ganadero por parte de CENTRAL LECHERA ASTURIANA.
- La compra de huevos a POLLERÍAS GARCÍA, S.L. para luego revenderlos en un pequeño comercio.
- La compra de equipos informáticos para revenderlos, posteriormente, con un margen de beneficio del 10%.

3. Elementos del contrato de compraventa

A la hora de abordar el estudio e interpretación de cualquier tipo de contrato, debes tener presentes dos tipos de elementos: los personales y los materiales.

3.1. Elementos personales

Los elementos personales del contrato son dos:

- El comprador.
- El vendedor.

Con carácter general, ambos, como así señalan el Código Civil y el de Comercio, **deben tener capacidad de obrar.** Para ello es necesario ser mayor de edad o menor emancipado, y no estar incapacitado conforme al ordenamiento jurídico. Por tanto, da igual que lo que se pretenda perfeccionar sea un contrato de compraventa mercantil o civil, las partes no pueden obviar este requisito.

El Código Civil, aunque las partes tengan capacidad, prohíbe adquirir por compra, entre otros:

- Al tutor, los bienes de la persona o personas que estén bajo su tutela.
- A los funcionarios públicos, los bienes que administran.
- A los jueces, magistrados y fiscales, los bienes que estén en litigio en sus tribunales.

vocabulario

Emanciparse: liberarse de la tutela paterna.

Perfeccionar: referido a un contrato, es sinónimo de celebrado, hecho y firmado, acordado.

Capacidad de obrar: ser apto para tener derechos y adquirir obligaciones.

3.2. Elementos materiales

También son dos: **el precio y la cosa** objeto de la compraventa.

El precio es la cantidad de moneda, nacional o extranjera, que el comprador está obligado a pagar a cambio de la cosa recibida. Ha de venir concretado en dinero o signo que lo represente, esto es, cheques, letras de cambio, pagarés, etc.

La cosa es el bien, el derecho o la mercancía objeto de transacción comercial. Ha de cumplir con tres requisitos: ser posible, lícita y determinada.

EJEMPLO

Cuando al hablar de la «cosa» del contrato de compraventa, el Código Civil señala que ha de ser posible, lícita y determinada, ¿qué quiere decir?

Que aquello que el vendedor entrega al comprador ha de respetar el ordenamiento jurídico (lícita), no pudiendo ser contrario al Derecho. Así, no podría ser objeto de contrato de compraventa ninguna de las drogas consideradas ilegales en nuestro país.

Debe ser posible, pues no se puede vender un objeto imposible. No podrás formalizar un contrato de compraventa de un dinosaurio. Ahora bien, puede ser que la cosa objeto del contrato no tenga existencia real al contratar, pero previsiblemente la llegue a tener.

La cosa debe haber sido objeto de determinación o ser susceptible de ello. No se puede dejar al libre albedrío de una de las partes, en un momento futuro.

4. Las obligaciones de las partes

Ya has visto que las partes son dos, el comprador y el vendedor, y para ambas surgen obligaciones y derechos que deben ser cumplidas y respetados.

Para su mejor comprensión vamos a estudiar las obligaciones de ambas partes por separado. Sé consciente de que cuando se habla de una obligación para una de las partes, al mismo tiempo, se está haciendo alusión a un derecho de la otra.

4.1. Obligaciones del vendedor

¿A qué crees que está obligado el vendedor? Seguro que has dado en el clavo al resumir las obligaciones del vendedor en dos:

- **Entregar la cosa** vendida conservándola adecuadamente hasta dicho momento.
- **Prestar la garantía** del saneamiento en los casos de evicción y vicios ocultos.

La entrega de la cosa

El vendedor ha de entregar la cosa objeto del contrato con sus accesorios y frutos producidos desde el día en que se perfeccionó el contrato.

saber más

Incumplimiento de la obligación principal

Si la entrega de la cosa objeto del contrato de compraventa se hiciera fuera de plazo, el comprador puede optar entre cumplir el contrato o rescindirlo.

En ambos casos puede solicitar una indemnización por los perjuicios sufridos.

↑ La principal obligación del vendedor consiste en entregar la cosa objeto con sus accesorios y frutos.

Una cuestión que deberán reflejar las partes en el contrato de compraventa, es **la mención del lugar y el momento en el que ha de llevarse a cabo la entrega de la cosa.** Si no existiese tal cláusula o pacto, se entenderá que debe hacerse la entrega en el domicilio del vendedor y dentro de las 24 horas siguientes a la formalización del contrato.

Los gastos que genera la entrega, excepto los del transporte, correrán a cargo del vendedor, salvo pacto en contrario.

vocabulario

Pacto en contrario: que se pacte lo contrario, que se acuerde otra cosa.

Prestar garantía o saneamiento por evicción o vicios ocultos

El vendedor debe responder ante el comprador de la posesión legal y pacífica de la cosa. La **evicción** es un acto que acarrea para el comprador verse privado de la propiedad de la cosa comprada, pasando esta a ser posesión de un tercero a consecuencia de sentencia judicial firme y en virtud de un derecho anterior a la compraventa.

Los **vicios ocultos** se dan cuando lo que se vende está defectuoso, y los defectos no se aprecian a simple vista. El vendedor responderá de estos aunque los ignore, salvo que fuesen manifiestos o que el comprador, en razón de su oficio, deba fácilmente conocerlos. El comprador podrá reclamar, con carácter general, en los 30 días siguientes a la entrega.

saber más

Efectos de la evicción

- Restitución del precio.
- Los frutos o rendimientos.
- Costas procesales.
- Gastos del contrato.
- Daños e intereses.

EJEMPLO

¿Puedes poner un ejemplo de obligación de saneamiento por evicción?

Un vendedor que vende un objeto del que no era propietario. El auténtico propietario la reclamará judicialmente y, posteriormente, el comprador puede pedir responsabilidades al vendedor.

4.2. Obligaciones del comprador

El comprador tiene, principalmente, dos obligaciones:

- **Pagar el precio** en el lugar y tiempo convenidos en el contrato. Cuando no se hubiese estipulado, deberá pagar en el momento de la entrega de la cosa objeto del contrato. A aquel comprador que se demore en el pago, se le podrá exigir el pago de intereses sobre la cantidad adeudada.
- **Recibir la cosa** objeto del contrato de compraventa.

Con carácter secundario, debes quedarte ya con la idea de que el comprador deberá pagar los **gastos de transporte,** salvo que se haya pactado lo contrario.

saber más

Plazo para reclamar en caso de defectos en calidad o cantidad

Se debe reclamar inmediatamente, salvo que la cosa objeto del contrato venga embalada, en cuyo caso se tiene de plazo 4 días contados desde la entrega.

Reclamando en plazo, el comprador puede optar entre rescindir el contrato o pedir una rebaja del precio sin menoscabo de los daños y perjuicios oportunos.

ACTIVIDADES

2. Indica cuál es el plazo para reclamar, dadas las siguientes circunstancias:

- En la cosa objeto existen vicios manifiestos.
- La cosa objeto presenta vicios ocultos.
- La cosa objeto presenta vicios ocultos que el comprador desconoce.
- La mercancía viene embalada y, al desembalarla, el comprador, que en razón de su oficio deberá conocer los vicios ocultos, observa defectos en la cantidad.
- Al hacerle entrega de la mercancía objeto del contrato, el vendedor observa que hay tres unidades menos de las pactadas.
- Faltan unidades, pero la mercancía viene embalada y el comprador no lo descubre hasta 5 días después de la compra.
- La cosa objeto presenta vicios ocultos, pero se ha pactado en el contrato de compraventa renuncia, por parte del comprador, al derecho de saneamiento por vicios ocultos.

5. Contenido del contrato de compraventa

Lo primero que debes tener presente es que para elaborar el contrato existe libertad de forma (excepto en las ventas a plazos que ya estudiarás). A pesar de ello, la Dirección General de los Registros y del Notariado establece modelos oficiales.

En el contrato por escrito deben recogerse los datos de identificación de las dos partes y sus representaciones legales, la descripción del bien objeto del contrato, el precio y la forma de pago, las cláusulas acordadas y, por último, las firmas.

En el modelo oficial podemos destacar cinco partes:

- Fecha y lugar donde se celebra el contrato.
- Bajo el término «REUNIDAS», se destacan los datos de identificación de cada una de las dos partes, por separado, así como su representación legal, debidamente justificada.
- Bajo los términos «MANIFIESTAN» o «EXPONEN», se expresa el acuerdo al que las partes llegan, su voluntad, describiendo el objeto de la compraventa.
- En las «ESTIPULACIONES», «CLÁUSULAS» o «PACTOS», se definen los acuerdos adoptados con todo tipo de detalles. Nunca serán contrarios a las leyes y deberán ser expresados de manera clara y concreta.
- En la parte final del contrato deben aparecer las firmas para su perfeccionamiento. Debe hacerse por duplicado, como mínimo.

Encabezamiento

Se hará constar el lugar y la fecha de celebración del contrato.

Cuerpo

a) Reunidos de una parte

Recoge los datos identificativos de las partes contratantes. Asimismo se debe hacer referencia a la capacidad para celebrar el contrato o la representación que ostentan y el mutuo acuerdo para celebrar el contrato.

b) Exponen

Se especifica el motivo que origina el contrato de compraventa, derechos y obligaciones del conrato. Las cláusulas más comunes son:

- Identificación de la parte compradora y vendedora.
- Precio, tanto unitario como del conjunto de bienes del contrato.
- Forma de pago.
- Lugar y fecha de entrega del bien objeto del contrato.
- Gastos que origina la compraventa mercantil y la distribución de los mismos entre deudor y acreedor.
- Tribunales a cuya jurisdicción se someten las partes en caso de litigio.
- Cualquier otro aspecto de interés: gastos de transporte, envases...

Pie

Está formado por la firma de las partes intervinientes en el contrato.

saber más

La firma de un contrato

Como curiosidad debes saber que si un contrato escrito se formaliza en más de un folio o página, las partes han de firmar todas y cada una de las páginas que contienen el contrato. Lo normal es que dichas firmas se hagan constar en los márgenes.

saber más

Sometimiento a juzgados o tribunales, por las partes del contrato

Dentro de las cláusulas es conveniente que figure, en alguna de ellas, el juzgado, tribunal, o junta arbitral al que se someterán las dos partes, en el caso de que hubiera conflicto.

6. Contratos especiales de compraventa

Existen compraventas a las que, por sus especiales características y particularidades, conviene que dediquemos un apartado especial.

Como podrás comprobar, se mantienen fieles, en lo básico, a los contratos de compraventa vistos hasta el momento, si bien presentan notas que las hacen especiales.

6.1. La compraventa de bienes muebles a plazos

La compraventa a plazos de bienes muebles corporales o no consumibles ha dado lugar a una regulación especial. La actual legislación, que data del año 1998, pretende ser protectora con el comprador estableciendo particularidades más a su favor que a favor del vendedor.

vocabulario

Cosas muebles corporales: son tangibles. Se pueden ver y tocar.

Cosas muebles no corporales: son intangibles. No se pueden ver ni tocar.

> Se entiende por venta a plazos el contrato mediante el cual un empresario o comerciante entrega al público una cosa pudiendo recibir de este, en ese momento, una parte del precio, con la obligación de pagar el resto en un periodo superior a tres meses y en una serie de plazos.

Este tipo de contratos de compraventa deben constar por escrito, obligatoriamente. En dichos contratos, si alguna vez tienes que redactar o examinar alguno, podrás encontrar, además de las partes contratantes, el objeto y la fecha del mismo, las siguientes estipulaciones:

- El importe del desembolso inicial, de haberlo.
- Los plazos sucesivos, cuantía y fecha de vencimiento de cada uno de ellos.
- Interés exigible en caso de mora (retraso en el pago).
- Cláusula de reserva de dominio, según la cual el vendedor se reserva la propiedad del bien (no el uso) hasta su completo pago.
- Cláusula de prohibición de disponer, según la cual el comprador no podrá vender el bien, ni transmitirlo bajo ninguna forma, hasta no haber pagado totalmente el precio.

Además suele ser frecuente que se estipule la facultad del comprador de anticipar el pago del precio pendiente, así como el derecho del vendedor de optar por la resolución o el cobro de pagos pendientes cuando el comprador demore el pago de 2 o más plazos.

6.2. El contrato de suministro

En virtud de este contrato, el suministrador se obliga con el suministrado a realizar a su favor entregas sucesivas y periódicas de una mercancía o servicio, a cambio de un precio. Se incluyen en este grupo los suministros de gas, agua, electricidad, etc.

Son contratos de adhesión, ya que el suministrado se obliga a aceptar las condiciones generales del suministrador.

caso práctico inicial

Entre la empresa PATON, S.A. y SUMINISTROS GENERALES SÁNCHEZ, S.A. hay celebrado un contrato de suministro.

6.3. La compraventa plaza a plaza

Se denomina venta plaza a plaza aquella que se realiza trasladando la mercancía desde la ciudad del vendedor a la del comprador (de origen a destino).

Este contrato cobra una especial relevancia en las compraventas internacionales. En estos casos es frecuente utilizar cláusulas de incoterms que recogen las condiciones comerciales: lugar de entrega, pago de gastos, cobertura de riesgos, etc.

caso práctico inicial

La compraventa entre PATON, S.A. y la empresa polaca es una compraventa plaza a plaza.

Ahora ya sabes lo que es un incoterm.

6.4. El contrato de permuta

La permuta la define el Código Civil como el «contrato por el cual cada uno de los contratantes se obliga a dar una cosa para recibir otra». En la regulación de este contrato el Código Civil remite a lo establecido para la compraventa, a aspectos que ya has visto a lo largo de la unidad. En realidad estamos ante una compraventa en la que el precio en dinero o signo que lo represente, se ve sustituido por otro bien.

Debes tener presente este tipo de contrato pues en la actualidad, debido al encarecimiento del suelo y al auge de la construcción, los contratos en los que el dueño de un solar se aviene a transmitir la propiedad del mismo a un constructor, a cambio de que este le entregue en el futuro (también en propiedad) una determinada superficie construida, son muy frecuentes.

saber más

Incoterms

Términos comerciales internacionales que reflejan las condiciones de la entrega (gastos accesorios).

Los principales son:

EXW. La mercancía se pone a disposición del comprador en la fábrica o almacén del vendedor.

FAS. La mercancía se entrega en el muelle o estación.

FOB. La mercancía se entrega a bordo de barco o vagón.

CIF. La mercancía se entrega en puerto de destino, incluyendo descarga y seguros.

↑ El contrato de permuta es muy frecuente entre constructor y propietario del solar.

ACTIVIDADES

3. Si tu hermano te vendiese una moto, ¿estarías ante un contrato de compraventa? ¿De qué tipo sería?
4. ¿Podríais tu hermano y tú, en el caso planteado en la actividad anterior, celebrar un contrato de compraventa a plazos?
5. ¿Podríais tu hermano y tú, en el caso descrito, llegar a celebrar un contrato de permuta? Explica, en caso afirmativo, en qué condiciones.

7. El contrato de *leasing*

Este contrato, muy utilizado actualmente por las empresas, merece un epígrafe especial, pues ya no nos encontramos ante una compraventa, si no más bien ante un servicio de alquiler.

> El contrato de *leasing* es un contrato de arrendamiento financiero por el que se alquila un bien (vehículos, bienes de equipo, maquinaria, etc.), mediante el pago de un canon arrendaticio.

Transcurrido el plazo convenido, el usuario puede optar por prorrogar el contrato de uso, devolver el bien, o comprarlo.

EJEMPLO

¿Por qué crees que es tan común el contrato de *leasing*?

Porque permite a las empresas disponer de bienes de producción como máquinas, vehículos, material de oficina, etc., durante un tiempo determinado, sin necesidad de adquirir su propiedad, y sin asumir obsolescencias.

Si opta por la compra, únicamente debe pagar el **valor residual.**

CONTRATO DE *LEASING*	
ELEMENTOS	**CLASES**
• El **vendedor** del bien. • La **sociedad de *leasing*** (puede coincidir con el vendedor del bien). • El **arrendatario,** que alquila el bien con o sin opción de compra final.	***Leasing* financiero.** Es irrevocable. El arrendatario debe pagar aunque decida devolver el bien. ***Leasing* operativo.** Es revocable. El arrendatario puede devolver el bien y dejar de pagar el alquiler. Lo normal es no ejercer opción de compra.

No debes confundir el *leasing* con el **renting.** En la siguiente tabla se recogen las principales diferencias:

DIFERENCIAS ENTRE *RENTING* Y *LEASING*	
LEASING	***RENTING***
• Es un arrendamiento con o sin opción de compra. • No incluye gastos de mantenimiento. • Puede ser cancelado anticipadamente.	• Es un arrendamiento siempre sin opción de compra. • Incluye gastos de mantenimiento pactados. • No puede ser cancelado anticipadamente, en principio.

caso práctico inicial

Aquí se explica lo que es un contrato de *leasing*.

vocabulario

Obsolescencia: pérdida del valor de un bien por el paso del tiempo.

Valor residual: valor de un bien al final de su vida útil.

caso práctico inicial

En un *leasing* los gastos de mantenimiento (tóner y averías incluidos) corren por cuenta de la sociedad de *leasing*.

Por tanto a Canon le corresponde reponer el tóner y reparar las averías.

ACTIVIDADES

6. Busca información y pon algunos ejemplos de *renting* que, con frecuencia, utilicen las empresas

8. El contrato de franquicia

Seguro que has oído hablar de franquicias en muchas ocasiones sin saber muy bien definirlas y seguro que has frecuentado más de un establecimiento o negocio que reviste esta forma jurídica. La franquicia no deja de ser un modelo o contrato mercantil a través del cual se negocia la distribución de un bien o servicio.

> La franquicia es un contrato mediante el cual la empresa franquiciadora suministra productos, o bien cede marcas o nombres comerciales, al franquiciado. A cambio, este realiza una contraprestación económica por el derecho a su explotación, aceptando las condiciones impuestas por aquella.

LA FRANQUICIA	
ELEMENTOS	**CLASES**
• **El franquiciador.** Cede sus productos, razón social, marcas, patentes, etc., para que otros las utilicen. • **El franquiciado.** Explota el negocio utilizando lo cedido por el franquiciador. • **La marca comercial y el logotipo.** Son el medio por el que se distingue la franquicia. • **La cultura empresarial del franquiciador.** El saber hacer del mismo.	**Franquicia de distribución.** El franquiciador fabrica su producto y el franquiciado lo comercializa con la marca de este. **Franquicia de fabricación.** El franquiciador participa al franquiciado de su proceso de fabricación, dándole formación para que respete las condiciones establecidas por él en cuanto a su venta y distribución. **Franquicia de servicio.** El franquiciador cede procedimientos de prestación de servicios.

OBLIGACIONES DE LAS PARTES	
OBLIGACIONES DEL FRANQUICIADOR	**OBLIGACIONES DEL FRANQUICIADO**
• Ceder al franquiciado el uso de distintivos, patentes, productos… • Asistencia técnica. • Controlar la calidad de las actuaciones del franquiciado. • Formar al franquiciado y a su personal. • Permitir la venta de stocks en caso de rescisión del contrato. • No conceder otra franquicia en la zona de influencia del franquiciado en caso de existir cláusula de exclusividad.	• Guardar confidencialidad respecto a la información precontractual que se maneje, recibida por parte del franquiciador. • Cumplir con todas las condiciones acordadas con el franquiciador en el desarrollo de la actividad.

ACTIVIDADES

7. Pon un ejemplo de franquicia que conozcas o frecuentes.

8. Pon algún ejemplo de franquicia de distribución.

9. Pon algún ejemplo de franquicia de fabricación.

9. La extinción de los contratos

La extinción de cualquier contrato supone la finalización del entramado de obligaciones y derechos que este supone para las partes.

Las principales causas de extinción que debes conocer son las siguientes:

- El **pago o cumplimiento** del contrato.
- La **condonación de la deuda:** el acreedor perdona la deuda al deudor. Supone, por tanto, el perdón de la deuda.
- La **novación:** consiste en la sustitución de un contrato por otro. Tiene lugar cuando se sustituye una obligación antigua por una nueva que extingue a la anterior.
- El **mutuo disenso:** supone la celebración de un contrato nuevo cuyo objetivo es poner fin o extinguir el anterior. Las partes acuerdan, mediante un nuevo contrato, dejar sin efecto el anterior (es similar a la novación).
- **Resolución unilateral:** cuando una de las partes no cumpla con sus obligaciones, la otra está facultada para resolver el contrato. Es frecuente que las partes acuerden o estipulen, dentro de los contratos, las causas que dan lugar a este tipo de extinción (condiciones resolutorias).
- **Rescisión:** cuando una de las partes sufre una lesión en sus intereses puede pedir la extinción del contrato con devolución de los elementos materiales objeto del contrato.

↑ Todo contrato, tarde o temprano, ha de extinguirse de una forma u otra.

En cualquier caso, ten siempre presente que ninguna de las partes puede, de manera unilateral, dar por extinguido el contrato por resolución o rescisión. Deberán acudir a los tribunales para solicitar la extinción en función de la causa que pretendan hacer valer.

caso práctico inicial

Se podría afirmar que el contrato de compraventa celebrado entre la empresa Paton, S.A. y la empresa polaca se ha extinguido, al haber cumplido ambas partes con sus obligaciones.

vocabulario

Resolver: referido a contratos, extinguir, rescindir.

ACTIVIDADES FINALES

1. ¿Qué entiendes, al hablar del precio de un contrato de compraventa, por la expresión «signo que lo represente» referida al dinero?

2. Una empresaria tiene una empresa dedicada a la fabricación de fotocopiadoras. Hace cosa de dos meses vendió a un amigo suyo unas joyas lucrándose en dicha reventa y tres fotocopiadoras a la empresa MAXDATA. Califica cada una de estas compraventas que se formalizaron mediante contrato escrito. Razona tu respuesta.

3. ¿Podrías poner un ejemplo de un contrato de compraventa cuyo objeto fuese un servicio que esté fuera del comercio, es decir, ilícito?

4. D.ª Mercedes García Rendueles compra a MAXDATA, S.A. un total de cinco impresoras por importe de 2.200 € (IVA incluido).

   A la hora de formalizar el contrato de compraventa paga un total del 15%, dejando el resto a deber y acordando el pago en 5 meses sin intereses.

   - ¿Ante qué tipo de contrato estamos si D.ª Mercedes García adquiere dichas impresoras para su negocio?
   - Redacta, basándote en el modelo de la sección «Práctica profesional» de esta unidad, una cláusula para insertar en dicho contrato que recoja el precio y la forma de pago del objeto de la compraventa.

5. Clasifica los siguientes contratos de compraventa en civiles o mercantiles:

   - El dueño de la empresa ARTES, S.L. compra una vivienda para uso y disfrute familiar en Benalmádena, donde tiene su sede social la empresa.
   - Una empresa mayorista compra fruta a un agricultor para venderla posteriormente a comerciantes minoristas.
   - Un ganadero vende a otro una vaca.
   - ARTES, S.L. compra un local a la empresa TUBULAR, S.A., para abrir una nueva sucursal.
   - COMERCIAL SATURNO compra a SONY 100 mp3 para venderlos en su establecimiento posteriormente.
   - Alberto Garrido, pintor, realiza una exposición en su estudio de arte y vende tres de sus cuadros a la empresa ARTES, S.L.
   - Vendo mi moto a un amigo mediante el correspondiente contrato de compraventa. Me lucro en 25 € con la reventa.

6. Redacta tres cláusulas de precio que recojan las distintas formas en que puede quedar determinado.

7. Redacta la identificación de las partes de un contrato de compraventa mercantil, si ambas partes son empresarios individuales.

8. Vuelve a redactar la identificación de las partes de un contrato de compraventa mercantil, si ambas partes son sociedades limitadas.

9. Un empresario de Cádiz, con almacenes en el puerto de Cádiz, vende sus productos a otro empresario estadounidense cuya fábrica está situada en Nueva York. El precio de los productos asciende a 25.000 €. El empresario de Cádiz quiere obtener un 10% de margen de beneficio sobre el precio de venta.

Teniendo conocimiento de los siguientes gastos:

- Gastos desde fábrica hasta costado del buque 50 €
- Gastos de estiba en el puerto de Cádiz 150 €
- Gastos de desestiba en el puerto de Nueva York 220 €
- Gastos de transporte de puerto a puerto 500 €
- Seguros de la mercancía 70 €

determina el precio de venta si se incluyen los siguientes incoterms en el contrato de compraventa plaza a plaza:

- FAS Cádiz.
- CIF Nueva York.
- EXW Cádiz.
- Franco a domicilio en Nueva York.

■ 10. Conoces los siguientes datos respecto a una compraventa mercantil:

DATOS DEL COMPRADOR	DATOS DEL VENDEDOR
D.ª Margarita Landrade Fernández C/ Eduardo Martínez Torner, 6. 33600 Mieres, Asturias. En su propio nombre para su empresa Pinturas Lanfer (empresaria individual) NIF: 11.256.398-G	Edipo, S.A.U. C/ Paseo de la Habana, 33. 28056 Madrid. Representante: D. Ignacio Pérez Pérez, con NIF: 11.236.877-A (poder notarial 562, ante el Notario de Madrid, D.ª Mercedes Castro Castro). CIF: A-28444777. Inscrita en el Registro Mercantil de Madrid, folio 24, tomo 5, el 28 de diciembre de 1998.

MATERIALES OBJETO DEL CONTRATO DE COMPRAVENTA	
• 200.000 kg de pintura blanca mate en botes de 25 kg	5 €/ud
• 175.000 kg de pintura roja mate en botes de 25 kg	8 €/ud
• 150.000 kg de pintura verde en botes de 15 kg	12 €/ud

La forma de pago negociada es la habitual, recibo domiciliado a 90 días desde la fecha factura. El lugar de entrega será, corriendo todos los gastos por cuenta del vendedor, en el domicilio de la empresa compradora. La mercancía objeto del contrato deberá ser entregada en el plazo de 20 días tras la firma del contrato, que se perfeccionará el día 22 de julio de 2012.

Trata de redactar un contrato de compraventa mercantil sencillo. Para ello ten en cuenta los contenidos del mismo y su estructura, vista en la unidad. No olvides incluir una cláusula relativa al precio, forma de pago entrega y objeto del contrato.

entra en internet

■ 11. Busca en internet una base de legislación y accede al articulado de nuestro Código Civil. Busca el Libro IV, Título II y trata de ver qué aspectos genéricos de los contratos regula el Código Civil.

■ 12. Haciendo uso de algún buscador, busca en la red modelos de los distintos contratos de compraventa vistos a lo largo de la unidad. Usa dichos modelos para dar solución a las actividades que se han planteado.

PRÁCTICA PROFESIONAL

Análisis de contratos de compraventa mercantil

OBJETIVOS

Confeccionar y analizar documentos administrativos de las operaciones de compraventa, relacionándolos con las transacciones comerciales de la empresa.

El alumno, mediante esta práctica, analizará y estudiará diferentes tipos de contratos de compraventa mercantil.

SITUACIÓN INICIAL 1

Lee con detenimiento el siguiente contrato de compraventa mercantil, fijándote en cada uno de sus apartados. Observa que en el apartado «EXPONEN» se recoge con precisión el objeto del contrato, exponiendo a continuación las distintas cláusulas que regulan el intercambio.

Cádiz, a siete de enero de 2012

REUNIDOS

De una parte, Don César de Tena Benavente, mayor de edad, vecino de Cádiz, con domicilio en c/ Salvador del Mundo, n.º 1, 2.º A, 11004, con NIF: 6.432.931 J (parte vendedora).
De la otra, Doña Celia Carral Campos, mayor de edad, vecina de Alicante, con domicilio en la c/ Alfonso X el Sabio, n.º 167, 8.º D, 03010, con NIF: 13.216.160 T (parte compradora).
Intervienen don César de Tena en representación de Sicox, S.A., constituida con arreglo a Derecho, con domicilio en el Puerto de Santa María, c/ Julia Checa, n.º 24, 11500, y NIF: 11/2264.401. Y Doña Celia Carral en representación de Tupal, S.A., constituida con arreglo a Derecho, domiciliada en Elche, Polígono Industrial El Pameral, área 2 s/n, 03201, con NIF 03/233.026.
Ambos se reconocen con capacidad para celebrar el presente contrato de compraventa y poder bastante de representación,

EXPONEN

I. Que Sicox, S.A., siendo propietaria de los bienes objeto del contrato, los vende a Tupal, S.A.
II. Que Tupal, S.A., interesada en los bienes, por el presente contrato, los adquiere.
III. Que ambas partes se someten, por propia voluntad, a las siguientes cláusulas que regularán el contrato de compraventa.

CLÁUSULAS

Primera: El objeto del contrato esá formado por diez compresores, modelo TANET, de 25 litros, 1,5 HP y 8 bares.
Segunda: El precio total del objeto de compraventa es de dos mil cien euros (2.100 €) IVA 18% incluido.
Tercera: El precio individualizado de cada compresor es de doscientos diez euros (210 €) IVA 18% incluido.
Cuarta: El vendedor se obliga a situar los bienes objeto de este contrato en el expreso de mercancías Sevilla-Valencia con destino a Alicante, siendo de su cargo los gastos producidos, además de los ocasionados por el transporte en carretera Cádiz-Sevilla.
Quinta: El vendedor asumirá los riesgos del transporte y contratará el correspondiente seguro hasta que las mercancías partan de la estación de Sevilla con destino a Alicante.
Sexta: El comprador asumirá los riesgos del transporte ferroviario, contratando el oportuno seguro.
Séptima: El plazo de cumplimiento de la obligación constituida en la cláusula cuarta será el de tres semanas a partir de la fecha de celebración del contrato.
Octava: El vendedor declara haber recibido la totalidad del precio, sirviendo este documento como carta de pago.
Novena: Todos los gastos, tributos, exacciones parafiscales y corretajes que no se atribuyan expresamente a una de las partes serán a cargo del comprador.
Décima: Los gastos ocasionados por el incumplimiento de una de las partes correrán de su cuenta, abonando, a la otra parte, todos en los que incurran en defensa de sus intereses ante los tribunales.
Undécima: Ambas partes se someten a los juzgados y tribunales de Cádiz, renunciando al propio fuero si lo tuvieran.

Y, en conformidad con lo expuesto, ambas partes firman el presente documento por duplicado, a un solo efecto, en lugar y fecha antes indicados.

Vendedor | Comprador

De acuerdo con el contrato visto:

- Identifica a las partes contratantes.
- Determina cuándo ha de realizarse la entrega del bien y el pago de la mercancía.
- ¿Quién corre con los gastos adicionales de la compraventa?

SITUACIÓN INICIAL 2

Lee con detenimiento el siguiente contrato de compraventa a plazos y responde a las mismas cuestiones que se te planteaban en la situación anterior, con respecto al mismo.

INGES S. A.

C/ La Palma, 138
28031 Madrid

CIF. A-28/567892
Tel./Fax: 91 352 22 00

CONTRATO DE VENTA

N.º de contrato: R-95981

NOMBRE Y APELLIDOS DEL CLIENTE
D. Ricardo Fernández Guillén

TELÉFONO:
91 511 11 11

DIRECCIÓN:
C/ La Rosaleda, 8

C.I.F. o N.I.F.:
25252525-S

POBLACIÓN:	**CÓDIGO POSTAL:**	**PROVINCIA:**
Madrid	28039	Madrid

ALMACÉN:	**MODELO:**	**DESCRIPCIÓN DEL ARTÍCULO:**	**N.º MESES:**	**IMPORTE POR PLAZO:**
1	PC-530	Ordenador Personal Intel SMW	10	100 euros

PAGO INICIAL:	**IMPORTE APLAZADO:**	**TOTAL A PAGAR:**
200 €	1.000 €	1.200 €

FECHA ENTRADA DATOS:	**FECHA SALIDA ALMACÉN:**	**FECHA PRIMER PAGO RECIBIDO:**
30/01/2012	05/01/2012	05/02/2012

El abajo firmante conoce y acepta el contenido y las condiciones generales de este contrato recibiendo una copia del mismo junto con la mercancía objeto de venta.

RECIBÍ CONFORME LOS ARTÍCULOS OBJETO DE ESTE PEDIDO

MADRID, A 30 DE ENERO DE 2012
FIRMA

He recibido la cantidad de: 200 €
como pago inicial a cuenta del presente contrato
RECIBÍ

Para que te sea más sencillo dar respuesta a lo que se plantea puedes hacer uso, tanto en la situación 1 como en la situación 2, de la siguiente ficha, que puede ser muy útil para la toma de datos y su posterior análisis.

COMPRADOR:
D./Entidad ...., con N.I.F./C.I.F. ...., y
domicilio (social) en ...., Provincia de ....,
C/ .... n.º .... C.P. .... y en su representación
D. ...., y N.I.F. .... y domicilio
en ...., Provincia de ....,
C/ .... n.º .... C.P. ....

VENDEDOR:
D./Entidad ...., con N.I.F./C.I.F. ...., y
domicilio (social) en ...., Provincia de ....,
C/ .... n.º .... C.P. .... y en su representación
D. ...., y N.I.F. .... y domicilio
en ...., Provincia de ....,
C/ .... n.º .... C.P. ....

OBJETO DE LA COMPRAVENTA:
Artículos ....
Especificaciones:
— modelo ....
— color ....
— otras opciones ....
— n.º de unidades ....

PRECIO:

Conceptos:	Unidades	Importe/unidad:
....	....	....
....	....	....

Suma: ....
I.V.A.: ....
Importe contrato: ....

OBLIGACIONES DERIVADAS DEL CONTRATO:
— Vendedor:
Fecha de entrega de la mercancía: ....
— Comprador:
Fecha de pago: .... c/c n: .... / .... / .... / ....
Entrega a cuenta (señal): .... €
Resto importe: .... €
Vencimiento: ....

MODIFICACIONES EN LAS CONDICIONES GENERALES:
....

SOFTWARE ADMINISTRATIVO

FacturaPlus

En esta unidad vas a terminar de configurar las empresas con las que venimos trabajando, para poder empezar a operar con ellas. Para ello, debes dar de alta en la aplicación a los **proveedores** con los que trabaja la empresa, a los **clientes** y a los **artículos**. A estas opciones llegarás desde el menú *Sistema.*

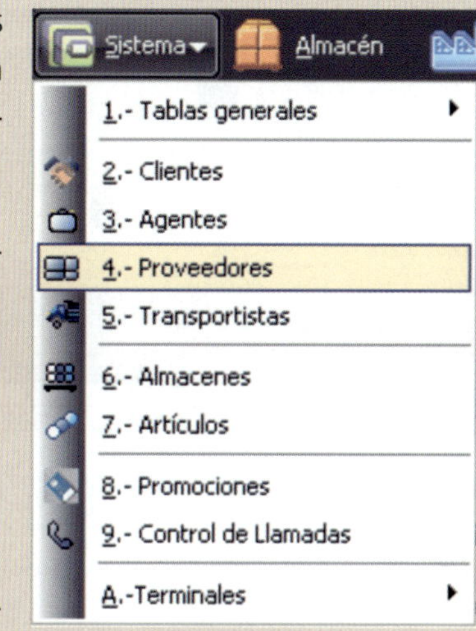

Entra en la empresa INICIAL, S.A. Vas a dar de alta a un proveedor, con los siguientes datos:

- Codigo: 01
- ALONSO Y ALONSO, S.A., CIF: A-28564111
- Aporta una dirección y ubica al proveedor en la provincia de Madrid.
- Como forma de pago habitual señala recibo a 30 días.

En la pestaña *Facturas* de la ficha del proveedor podrás determinar las opciones relativas al IVA, en las ventas que este proveedor te realice. Es importante que en el IVA de los portes señales el 18%.

Con solo estos datos podemos empezar a operar con dicho proveedor.

Vamos a dar de alta, ahora, a un cliente, trabajando desde la opción *Clientes* del menú *Sistema:*

- Código: 01
- COMERCIAL 2010, S.L., C.I.F.: B-28569333
- Aporta una dirección y ubica al cliente en la provincia de Toledo.
- Como forma de cobro habitual señala recibo a 30 y 60 días.

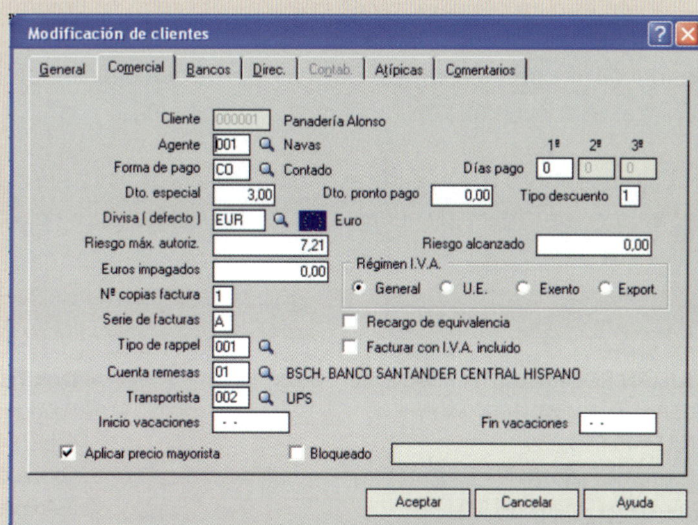

La forma de pago habitual señala así como los descuentos asociados a este cliente, riesgos relativos al mismo, transportista con el que suele operar, etc., los puedes marcar en la pestaña *Comercial*. En esta pestaña también puedes definir las opciones de IVA con las que opera el cliente.

Ahora solo nos queda introducir los datos relativos a los artículos. Ya puedes imaginar que debes acceder, entre otras, por el menú *Sistema/ Artículos*.

Accederás a un cuadro de diálogo con varias pestañas. Las cuatro primeras son muy importantes. En la pestaña *Datos Generales* (la primera) vas a dar de alta el artículo.

- Referencia: 01
- Descripción: Silla madera roble negra.
- Familia: Sillas de madera.

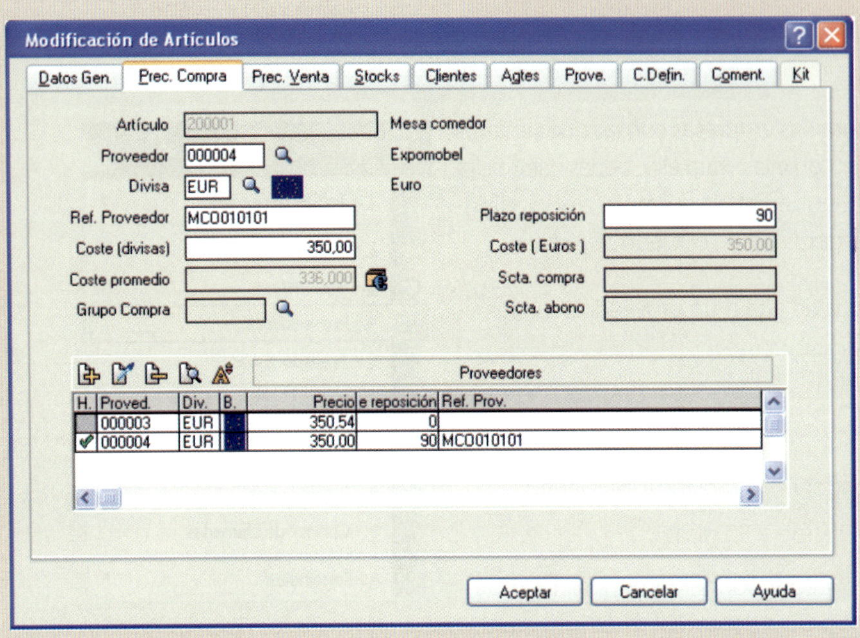

Podríamos incluso aportar, desde aquí, periodos de garantía, marcarle el control de stock (siempre interesante) o asignarle al producto un código de barras.

En la pestaña *Precio de compra* prestaremos especial atención, sobre todo, al coste en divisas si se conoce. Es interesante si siempre va a ser el mismo y no va a sufrir variaciones. Igualmente ocurre con los datos del proveedor, si no van a variar podemos definirlos, pero si no, no será tan interesante. En este caso, estos datos quedarán en blanco. Ve quedándote con la idea de que en esta misma pestaña puedes encontrar, también, información de la valoración de las existencias que el programa va llevando a cabo de manera automática. Para ello debes observar el apartado *Coste promedio.*

En la pestaña *Precio de venta,* si los precios están preestablecidos los ponemos. Si los vamos fijando en cada factura y variando en función de cada cliente, lo dejamos en blanco. Observa que se pueden fijar precios de venta para mayoristas y público en general, así como que se pueden marcar dichos precios de venta en función de un % de beneficios deseado a partir del coste (divisas) establecido en la pestaña anterior. Observa, también, que se pueden establecer hasta 5 descuentos para luego asociarlos a cada cliente en su ficha correspondiente.

Nos queda una pestaña, la pestaña *Stocks,* en la que definir el stock máximo y mínimo, así como acceder a información relativa al inventario del producto.

Trabajemos ahora con la empresa Ropas Margarita. Para ello debemos acceder a la misma a través, por ejemplo, del primer icono de la barra de herramientas. Estos son los datos de proveedores, clientes y artículos que debes introducir:

CLIENTES	PROVEEDORES
JULIÁN RODRÍGUEZ FERNÁNDEZ (Código 1) C/ Ronda A, 124. 46009 Valencia N.I.F.: 46.555.369 Forma de Pago: R1 Régimen General del IVA. Se le aplica el R.E. (Recargo de Equivalencia)	**Don Telares, S.L.** (Código 1) Polígono Industrial Los Caimanes, nave 22 – 28122 - Madrid C.I.F.: B-28.178.236 Forma de Pago: R1 IVA Portes: 18% Descuento comercial: 20%

ARTÍCULOS	
Referencia: 01 Descripción: **Jersey de algodón** Familia: Jerséis Coste: 24,64 € PVP: 33,06 € Stock mínimo: 5 Stock máximo: 300	Referencia: 02 Descripción: **Pantalones Denim** Familia: Pantalones Coste: • Talla 30: 39,07 € • Talla 32: 40,87 € • Talla 34: 42,67 € PVP: • Talla 30: 49,28 € • Talla 32: 51,09 € • Talla 34: 52,89 € Stock mínimo: 3 Stock máximo: 100

Estos datos que, como ves, están dados en función de las propiedades de los artículos, deben ser introducidos a través de tablas.

Observa las imágenes que aparecen a continuación que te guiarán en el proceso.

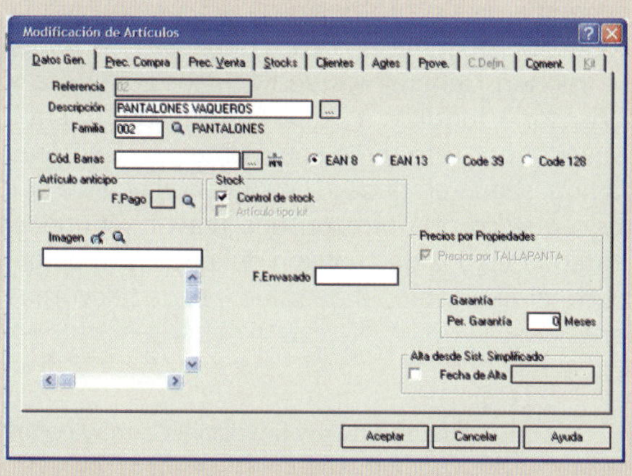

Fíjate que hemos marcado *Precio por Propiedades*.

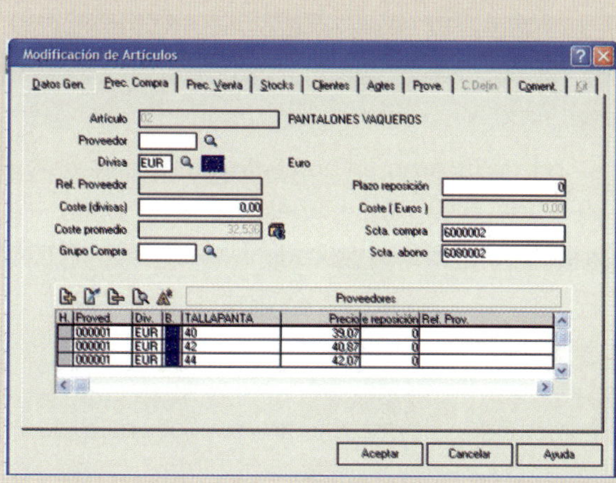

Fíjate que los precios de compra vienen dados por propiedad (talla pantalón); igual ocurrirá con los precios de venta.

MUNDO LABORAL

Se incumplen las medidas de seguridad para destruir información confidencial

Las empresas españolas no están en condiciones de cumplir el nuevo marco normativo que extenderá la obligación de aplicar medidas de seguridad a los documentos en soporte papel que contengan datos de carácter personal. Apenas el 37% de las empresas encuestadas asegura disponer de normas de seguridad específicas para proteger los datos de carácter personal en papel, según el sondeo sobre el tratamiento de datos personales e información confidencial en soporte papel en la empresa española que elabora LANDWELL PRICEWATERHOUSECOOPERS.

De las 610 empresas consultadas, solo el 27% dispone de una metodología para clasificar y almacenar los documentos con datos personales o con información confidencial. Los datos de la encuesta confirman que el soporte papel es el gran olvidado en la aplicación de las políticas de seguridad de la empresa española. Únicamente una tercera parte de las compañías trata los documentos en papel con datos personales como documentación confidencial.

A pesar de existir una clara conciencia del riesgo que supone la ausencia de control sobre la información que genera una empresa, lo cierto es que la vida de un documento en papel casi nunca va acompañada de un seguimiento que garantice la seguridad de la información que contiene. Por ejemplo, solo un 44% de las compañías consultadas han incluido una cláusula de confidencialidad en el contrato con la empresa que realiza la limpieza de las oficinas, que normalmente accede a locales y zonas donde puede haber documentos confidenciales.

(...) Según el sondeo, tres de cada diez empresas no controlan el acceso a documentos en soporte papel y apenas un 18% de las mismas tiene un responsable de seguridad de los datos con competencias en materia de documentos en papel.

Los departamentos empresariales que disponen en mayor medida de un protocolo de actuación para la destrucción de documentos confidenciales en papel son la Dirección General, los de Recursos Humanos y los de Asesoría Jurídica. Y las áreas con una menor preocupación por este tema son Comercio, Compras y Marketing, según el sondeo. En cuanto al análisis por sectores, aquellos que ofrecen una mayor seguridad en el tratamiento y la destrucción del papel son el farmacéutico, el financiero, el de salud y el de telecomunicaciones.

Fuente: <www.financialtech-mag.com>
Número 106 de 31 de enero de 2007.

Trabajo a realizar

1. Haz un resumen del artículo que acabas de leer.
2. Emite una opinión personal sobre la importancia de que las empresas incorporen procedimientos para garantizar la confidencialidad de los datos contenidos en la documentación con la que trabajan.
3. ¿Crees que supondría un coste muy elevado para las empresas incorporar dichos procedimientos?
4. Según el artículo «tres de cada diez empresas no controlan el acceso a documentos en soporte papel y apenas un 18% de las mismas tiene un responsable de seguridad de los datos con competencias en materia de documentos en papel». ¿Qué opinión te merece este hecho?
5. Valora la función que realizan las empresas cuya actividad es la destrucción de documentos confidenciales de otras empresas.

EN RESUMEN

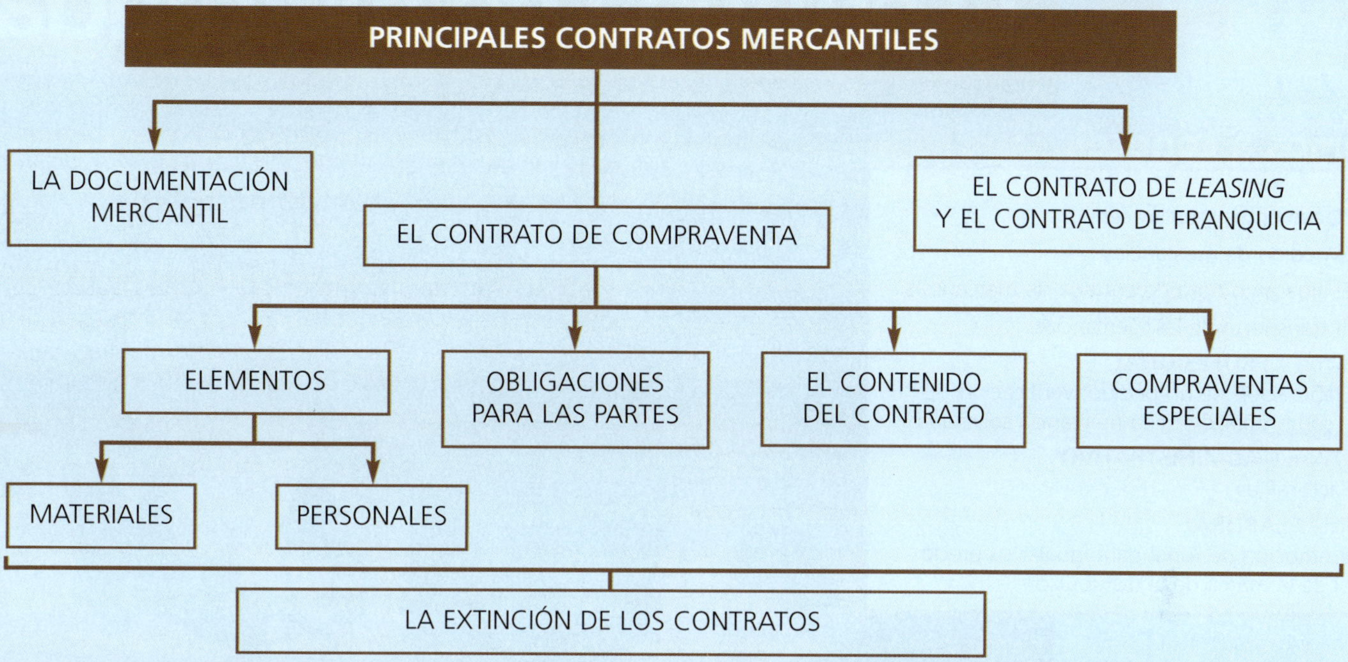

EVALÚA TUS CONOCIMIENTOS

1. Las razones básicas para el archivo de información son:

a) Para controlar mejor a los trabajadores que integran cada departamento.

b) Por razones prácticas, ya que son la memoria de la empresa.

c) Por imperativo legal, en muchas ocasiones.

d) Son correctas b) y c).

2. En España no pueden celebrar contratos mercantiles:

a) Un sordo que sepa escribir.

b) Una mujer separada pero no divorciada.

c) Un menor no emancipado.

d) Ninguna es correcta.

3. Un contrato de compraventa se extingue:

a) Por demora del pago.

b) Por muerte del empresario, administrador único de la sociedad parte del contrato.

c) Por el pago de la deuda contraída a raíz del contrato.

d) Son correctas a) y c).

4. En el contrato de compraventa civil no hay intención de reventa cuando se compra.

a) Verdadero.

b) Falso.

5. No es una obligación del comprador:

a) Entregar la cosa objeto del contrato.

b) Recibir la cosa objeto del contrato.

c) Pagar el precio.

d) Ninguna es obligación del comprador.

6. Los incoterms son términos comerciales que reflejan condiciones relativas a la entrega (gastos accesorios) propios de los contratos de permuta.

a) Verdadero.

b) Falso.

7. En el *leasing* financiero:

a) Lo normal es ejercer opción de compra al final del mismo.

b) Es irrevocable.

c) Es revocable.

d) El arrendatario puede devolver el bien y dejar de pagar el alquiler.

8. Telepizza, S.A. suele conceder franquicias de:

a) Distribución.

b) Fabricación.

c) Servicios.

d) No concede franquicias.

Soluciones: 1d, 2c, 3d, 4a, 5a, 6b, 7b, 8a

5 El pedido, la expedición y la entrega de mercancías

vamos a conocer...

y al finalizar esta unidad...

- Definirás los conceptos de pedido de mercancía y albarán o nota de entrega.
- Conocerás los distintos tipos de pedido y de albaranes que te podrás encontrar en un puesto de trabajo dentro de un departamento comercial.
- Entenderás la importancia de una buena gestión del transporte de mercancías.
- Cumplimentarás documentos relativos a la compraventa en la empresa.
- Valorarás el hecho de registrar y archivar con método y pulcritud la documentación mercantil que se genera en una empresa.
- Reconocerás los procesos de expedición y entrega de mercancías.

situación de partida

Don Edmundo Cerzás trabaja como auxiliar administrativo en un departamento comercial de una empresa del sector de la construcción. Se encuentra cotejando albaranes de compra con pedidos realizados cuando suena su teléfono. Le llaman desde almacén para informarle de que acaban de entrar varios palés de ladrillos, pero que la empresa transportista niega el hecho de portar ningún saco de cemento para ellos.

Hace ya un par de semanas, Edmundo había solicitado a su proveedor habitual una remesa de sacos de cemento a un precio determinado. Decide ponerse en contacto con ellos para reclamar el pedido que (ahora se arrepiente) había hecho telefónicamente.

El proveedor, amablemente, y tras realizar las comprobaciones oportunas, le informa de que no les consta ningún pedido realizado por la empresa en la que trabaja Edmundo.

Sin perder la calma, pues sabe que pocos argumentos tiene y puede perder más que ganar, Edmundo, apelando a las buenas relaciones comerciales que existen entre las empresas, ruega le hagan el favor de remitirles la mercancía cuanto antes y se compromete a remitirles por fax, inmediatamente, el pedido oportuno. Su interlocutor le responde que no se preocupe y que en 24 horas intentará hacerle llegar la mercancía, pues tienen en ese momento existencias suficientes en sus almacenes.

estudio del caso

Con esta unidad seguirás adquiriendo conocimientos para confeccionar e identificar documentos administrativos relacionados con las operaciones de compraventa. Todos estos documentos establecen responsabilidades, tanto para el comprador como para el vendedor, de ahí su importancia. Pero antes de empezar a leer esta unidad intenta contestar a las siguientes preguntas. A medida que vayas leyendo el tema revisa tus respuestas a las cuestiones de este caso práctico.

1. Haz una reflexión personal sobre lo que le sucede a Edmundo Cerzás, el protagonista del caso que te planteamos. ¿Por qué crees que se arrepiente Edmundo de haber hecho el pedido telefónicamente?
2. Reflexiona ahora sobre la actitud y el comportamiento de la empresa proveedora de cemento.
3. ¿Cómo definirías un pedido de mercancía?
4. ¿Qué es un albarán?
5. ¿Qué diferencia hay entre una empresa transportista y una empresa de mensajeros? poco voluminosos y son urgentes
6. ¿Sabes lo que es un palé y para qué se utiliza? ¿Crees que puede influir de alguna manera en el precio de la compra? facilita su elevación y su porte
7. ¿Por qué crees que es importante el archivo y registro de la documentación mercantil inherente a una operación de compraventa?

para poder mostrar y demostrar todas las operaciones realizadas

1. Documentos mercantiles

saber más

Datos en documentos mercantiles

El Código de Comercio establece que «los empresarios y profesionales, sociedades y entidades sujetas a inscripción obligatoria en el Registro Mercantil, harán constar en toda su documentación, correspondencia, notas de pedido y facturas, el domicilio y los datos identificadores de su inscripción».

Esto es, denominación o razón social, CIF ó NIF, dirección e identificación de control de Registro Mercantil.

Antes de comenzar a tratar el tema en profundidad, deberías plantearte qué se entiende por documento mercantil, desde un punto de vista administrativo, ya que toda esta unidad de trabajo hace referencia a los mismos. Es importante que tengas presente que todo documento mercantil representa un hecho relacionado con la administración, organización o gestión de la empresa y que, por tanto, va a tener consecuencias jurídicas para la misma, es decir, va a obligar a las partes a las que atañe.

Se considerará **documento mercantil** tanto un contrato de compraventa, concepto que has estudiado en la unidad anterior, como cualquier impreso mercantil cumplimentado por una empresa y que represente derechos y obligaciones para una entidad comercial o persona.

A lo largo de tu vida posiblemente habrás cumplimentado un sinfín de impresos: hojas de papel de distinto tamaño y forma que, con una parte impresa, presentan espacios en blanco para ser rellenados de manera adecuada. El hecho de matricularte en un centro de estudios te habrá obligado a rellenar más de un impreso y, seguramente, te habrás dado cuenta de que hasta que el mismo no esté debidamente cumplimentado, firmado y sellado no alcanza fuerza legal alguna. Es por tanto en ese momento, en el momento en el que un impreso se rellena y firma, cuando alcanza fuerza legal de documento mercantil, siendo considerados, hasta entonces, como órdenes mudas sin ningún valor vinculante.

Las operaciones de compraventa generan, entre clientes y proveedores, una serie de documentos mercantiles relacionados con el movimiento de mercancías, que en la mayoría de los casos se llevan a cabo a través de impresos.

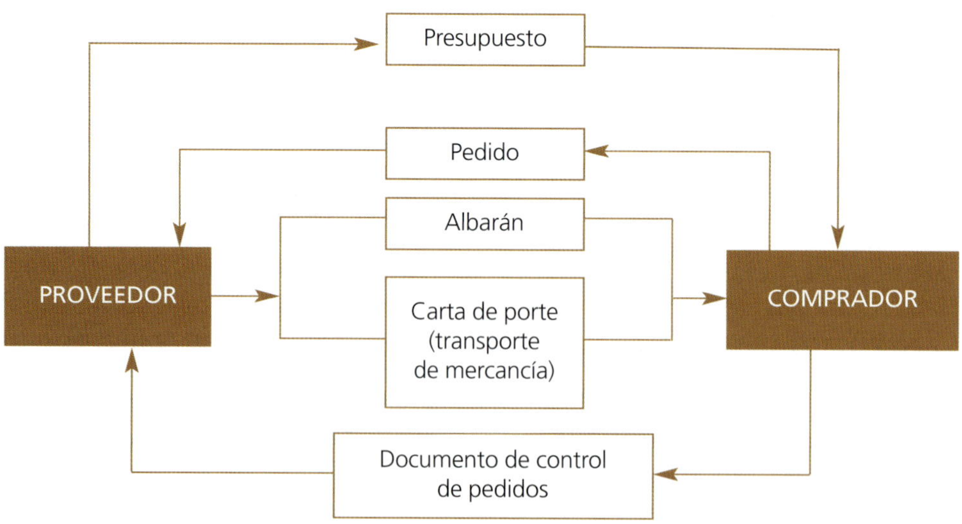

Es precisamente por la fuerza legal que los documentos mercantiles poseen que se hace inevitable tratarlos y archivarlos con rigor dentro del departamento correspondiente, así como poner toda la atención y cuidado posible en su confección. Es importante que trabajes con método y guardes rigurosamente las normas internas de la empresa concernientes al archivo de documentos.

saber más

Importancia del registro documental en un departamento comercial

Las operaciones realizadas en un departamento comercial han de quedar debidamente reflejadas en soporte documental o informático, no solo por la exigencia legal que el Código de Comercio establece, sino también para, en caso de necesidad, poder demostrar la realización de las mismas a requerimiento de quien proceda.

2. El pedido de mercancías

2.1. El inicio del proceso de compraventa de mercancías

Como ya aprendiste en unidades anteriores, el proceso de compraventa de mercancías se inicia con la remisión, al departamento comercial, de una solicitud o **requisición de mercancía** por parte del departamento que experimenta la necesidad de la misma. A partir de ese momento el departamento comercial, y en concreto la unidad de compras, selecciona al proveedor más adecuado para la provisión de dichos productos, emitiendo a continuación **el pedido** de mercancía oportuno.

Al mismo tiempo, como trabajador en el departamento comercial, deberás tener ya presente la necesidad de tener controlado y poseer información puntual y precisa sobre cada pedido realizado, por lo que te será muy conveniente elaborar una **hoja de control** para los pedidos que vayas realizando.

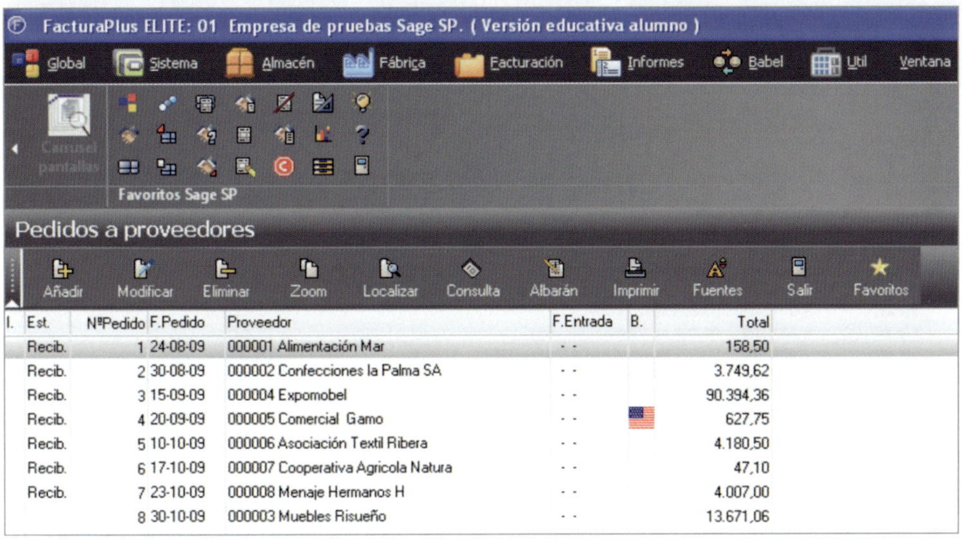

I.	Est.	NºPedido	F.Pedido	Proveedor	F.Entrada	B.	Total
	Recib.	1	24-08-09	000001 Alimentación Mar	- -		158,50
	Recib.	2	30-08-09	000002 Confecciones la Palma SA	- -		3.749,62
	Recib.	3	15-09-09	000004 Expomobel	- -		90.394,36
	Recib.	4	20-09-09	000005 Comercial Gamo	- -		627,75
	Recib.	5	10-10-09	000006 Asociación Textil Ribera	- -		4.180,50
	Recib.	6	17-10-09	000007 Cooperativa Agrícola Natura	- -		47,10
	Recib.	7	23-10-09	000008 Menaje Hermanos H	- -		4.007,00
		8	30-10-09	000003 Muebles Risueño	- -		13.671,06

↑ Aplicaciones como FacturaPlus incorporan ventanas para llevar el control de los pedidos realizados.

Desde que emitas el pedido hasta que se recepcione será necesario tener presente en qué punto se encuentra, es decir, efectuar un seguimiento del mismo: plazo de entrega, unidades recibidas y calidades.

caso práctico inicial

Debes tener en cuenta y proceder al registro y archivo adecuado de todo documento generado o recibido respecto a las operaciones de compraventa que se celebren ya que en cualquier momento pueden ser requeridos por cualquier otro departamento de la empresa o terceros.

Piensa que a la hora de recepcionar la factura se ha de comprobar que los géneros facturados coinciden con los pedidos realmente enviados y recepcionados por la empresa.

EJEMPLO

Elabora un esquema que recoja todo el proceso que conlleva realizar una compra.

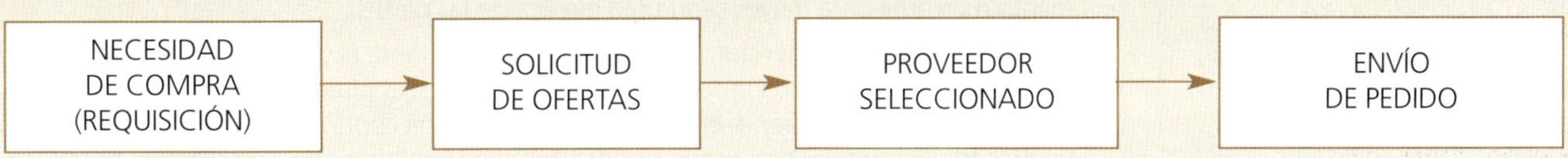

ACTIVIDADES

1. Confecciona una hoja de control de pedidos utilizando una hoja de cálculo. Ten en cuenta todos los datos que un departamento comercial necesite saber de cada pedido efectuado, así como el hecho de que esa misma hoja te puede servir en el futuro para anotar la llegada y recepción de la mercancía en el almacén.

2.2. El pedido de mercancías

caso práctico inicial

Aquí tienes la definición de un pedido de mercancías.

Podemos definir el **pedido de mercancías** como el escrito o comunicación mediante el cual se solicita al proveedor de manera formal la entrega de dichas mercancías, comprometiéndose, la empresa cliente, a satisfacer el pago de las mismas.

El pedido supone, ante todo, una demanda de géneros a un **proveedor previamente seleccionado.** En cualquier caso, debes tener claro que un pedido firme supone un contrato de compraventa anterior y cualquier incumplimiento del mismo puede causar un perjuicio a la otra parte, por lo que es necesario respetar escrupulosamente las condiciones pactadas en el mismo.

El pedido cursado a través de agente comercial afianza las relaciones comerciales entre empresa cliente y proveedor.

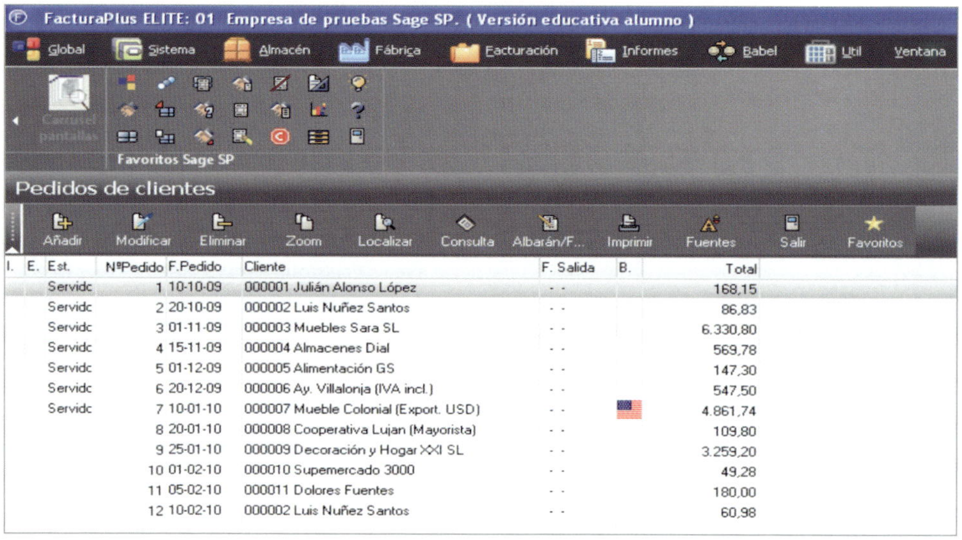

I.	E.	Est.	NºPedido	F.Pedido	Cliente	F. Salida	B.	Total
		Servidc	1	10-10-09	000001 Julián Alonso López	- -		168,15
		Servidc	2	20-10-09	000002 Luis Nuñez Santos	- -		86,83
		Servidc	3	01-11-09	000003 Muebles Sara SL	- -		6.330,80
		Servidc	4	15-11-09	000004 Almacenes Dial	- -		569,78
		Servidc	5	01-12-09	000005 Alimentación GS	- -		147,30
		Servidc	6	20-12-09	000006 Ay. Villalonja (IVA incl.)	- -		547,50
		Servidc	7	10-01-10	000007 Mueble Colonial (Export. USD)	- -		4.861,74
			8	20-01-10	000008 Cooperativa Lujan (Mayorista)	- -		109,80
			9	25-01-10	000009 Decoración y Hogar XXI SL	- -		3.259,20
			10	01-02-10	000010 Supermercado 3000	- -		49,28
			11	05-02-10	000011 Dolores Fuentes	- -		180,00
			12	10-02-10	000002 Luis Nuñez Santos	- -		60,98

Las empresas proveedoras deben también llevar un control de los pedidos recibidos de sus clientes.

¿Se te ocurre de qué maneras una empresa cliente puede cursar un pedido a un determinado proveedor? A continuación te proponemos una serie de formas a través de las cuales las empresas suelen llevar a cabo la tramitación de pedidos.

caso práctico inicial

El teléfono es un medio a través del cual podemos cursar pedidos pero que aporta poca seguridad jurídica, pues, si posteriormente no se formaliza por escrito, deja al emisor del mismo sin prueba alguna de su realización.

Con este medio se logra rapidez en la gestión, pero habrá que confiar mucho en el buen hacer y responsabilidad de la empresa que vende. Podemos arrepentirnos de no haber formalizado por escrito el pedido telefónico.

FORMAS DE FORMALIZAR UN PEDIDO

- **Por teléfono.** Cuando la urgencia de materiales lo requiera el teléfono es el medio más apropiado para efectuar el pedido por su rapidez y comodidad. Estaríamos ante un contrato verbal que en la mayoría de los casos requiere su formalización posterior en un documento mercantil para mayor seguridad jurídica de las partes.
- **Mediante agente comercial.** Es el agente o representante el que cumplimenta el pedido, a través de la denominada propuesta, generalmente en alguna visita realizada a la empresa cliente, firmando el cliente el original y quedando una copia en poder del comprador. Es un procedimiento muy practicado por empresas proveedoras con una clientela basada en pequeños empresarios.
- **Por carta, fax o correo electrónico.** Estamos ante un contrato escrito que genera gran seguridad jurídica a las partes, por lo que la mayor parte de los pedidos se tramitan a través de alguna de estas vías.
- **Mediante una nota de pedido.** Se trata de un impreso que deberá contener todos los datos necesarios para la consecución correcta de la compraventa. Las empresas que realizan gran número de operaciones suelen disponer de dichos impresos mercantiles confeccionados a través de imprenta para formular pedidos de manera frecuente.

La normalización de los pedidos a través de cartas modelo o de impresos al efecto suele ser muy habitual en el actual tejido empresarial, ya que facilita el tratamiento posterior de los mismos y aporta una mayor seguridad jurídica a las partes.

2.3. Clases de pedidos de mercancías

La clasificación más importante que podemos hacer de los pedidos es aquella que atiende a la firmeza de las condiciones que en los mismos se reflejan, distinguiendo, por tanto, entre:

Pedido condicional

Este tipo de pedidos quedan sujetos, respecto a su nacimiento, a la aceptación, por parte del vendedor, de las circunstancias o condiciones que en ellos se reflejan para forzar el compromiso entre vendedor y comprador.

El comprador expone las condiciones al vendedor a través de la denominada **propuesta de pedido o pedido condicional** y el vendedor deberá ratificar la aceptación del mismo, pasando a convertirse el pedido condicional en pedido en firme. Esto, como te podrás imaginar, genera la necesidad de poner en circulación una gran cantidad de correspondencia comercial.

Pedido en firme

Las condiciones de la operación son conocidas y no se espera que haya modificación alguna respecto a las mismas, por lo que el pedido nace ya firme. El documento que se utiliza, cuando este se tramita por escrito, se denomina **nota de pedido o carta de pedido.**

saber más

Otra clasificación de pedidos

Según la finalidad del material solicitado:

Pedido normal. Se solicita material que se utilizará en breve.

Pedido extraordinario. Para solicitar materiales de pronto empleo, para un fin concreto.

Pedido programado. Se envía cuando hay que solicitar productos con necesidades programadas.

Pedido abierto. Se solicita cantidad aproximada. Tiene carácter de reserva de géneros.

2.4. El pedido escrito

La nota de pedido

Por nota de pedido has de entender **el impreso** a través del cual se solicita el envío de mercancía a un proveedor. En dicho impreso, por lo tanto, deberán aparecer los apartados necesarios para hacer constar tanto los **artículos** solicitados, con indicación expresa de la cantidad deseada y su precio unitario, como el resto de **condiciones** que se van a dar en la operación de compraventa, además, como es lógico, de la identificación de las partes.

Cada empresa tendrá un diseño de sus propias notas de pedido, de sus impresos, siendo necesario, en función de las propias necesidades de la empresa, que se haga referencia en los mismos a los siguientes datos:

CONTENIDO DE LA NOTA DE PEDIDO

- Identificación de la empresa cliente.
- Identificación de la empresa proveedora.
- Fecha de realización del pedido.
- Numeración.
- Denominación de artículos solicitados, cantidad y precio de venta de los mismos.
- Espacio destinado a la anotación de las observaciones oportunas o condiciones de compra tales como descuentos, portes, formas de pago, lugar de entrega, etc.

saber más

La numeración de documentos mercantiles

Es muy importante que pedidos, albaranes y, sobre todo, facturas vayan numerados de manera correlativa en su confección.

Generalmente, a la hora de numerar documentos y dotarlos de una referencia para su registro y archivo posterior, las empresas optan por un sistema en el que se asigne un número seguido de una o varias letras. Esto permite constituir series distintas de un mismo tipo de documento mercantil.

Es muy importante la numeración de todos los pedidos realizados y, en especial, de los efectuados a través de nota de pedido pues, como te venimos indicando a lo largo de la unidad, esto te facilitará el acceso a los mismos de cara a posibles reclamaciones.

El número de copias que se harán de la nota de pedido serán, como mínimo, dos: una destinada a permanecer en posesión de la empresa cliente y otra, generalmente el original, para ser enviada debidamente cumplimentada, firmada y sellada al proveedor. En ocasiones se suele confeccionar una tercera copia que es remitida a los responsables de almacén para la posterior comprobación de los géneros solicitados con los realmente recibidos.

EMITIDO POR:

NIF:

NOTA DE PEDIDO N.º ____

PROVEEDOR:

NIF:

Plazo de entrega:

Envío por:

Mercancía a situar en:

Forma de pago:

Otras condiciones:

Representante:

Fecha:

CÓDIGO	CANTIDAD	DESCRIPCIÓN	PRECIO	IMPORTE
EL COMPRADOR				
			TOTAL	

↑ Modelo de nota de pedido.

ACTIVIDADES

2. Identifica, en la nota de pedido anterior, el contenido mínimo al que hacíamos referencia un poco más arriba.

3. José Bonaparte, S.L. con CIF B-06890777 y domicilio en c/ Alta, 8 de Badajoz, solicita el día 25 de enero de 2012 las siguientes mercancías a la empresa Antilla, S.A. con CIF A-41001888 y domicilio en c/ San Luis, 26 de Sevilla, mediante nota de pedido A-35:

- 500 mesas de cocina Ref. U-90 a 120 €/ud.
- 200 mesas de jardín Ref. L-78 a 275 €/ud.

Los portes y seguros correrán a cargo del vendedor. La entrega se realizará en los almacenes principales del comprador, en un plazo máximo de 15 días. La forma de pago negociada será al contado, con un 3% de descuento comercial y un 1% de descuento por pronto pago. Con todos estos datos, elabora la nota de pedido.

La carta de pedido

El contenido de una carta de pedido ha de ser cuidado en extremo. Debes tener en cuenta que se trata de una comunicación formal y su confección ha de ser cuidada pues, además de estar generando derechos y obligaciones para las partes, está generando una imagen de la empresa cliente.

Los datos que ha de contener la carta de pedido son los mismos que aparecen en la nota de pedido. Estos vendrán dados en forma redactada lo cual, pensarás, nos ralentizará el trabajo, pero también nos permitirá lograr una mayor concreción a la hora de establecer las condiciones de compra.

Es importante, también, que tengas en cuenta los principios previstos en cuanto a custodia y archivo de documentos. Las cartas de pedido, si bien no se suelen numerar, sí contarán con un sistema de referencias para un ágil acceso a las mismas en caso de necesitar de su uso.

Hoy en día, por comodidad y rapidez, las cartas de pedido están perdiendo terreno frente a las notas de pedido, pues resulta mucho más práctica la cumplimentación de impresos en blanco que, como sabes, adquieren fuerza una vez confeccionados y firmados.

saber más

Fórmulas para una carta de pedido

- Ante la necesidad de ..., les agradeceríamos nos remitiesen la siguiente mercancía/los siguientes géneros...
- Habiendo recibido su oferta/catálogo y analizada la misma, les rogamos nos remitan los siguientes productos...
- ... nos satisface hacerles llegar el siguiente pedido...
- Agradecidos nos sirviesen a la mayor celeridad/brevedad posible...

MODAS SARA, S.L.

CIF: B-23154678
C/ La Paz n.º 6
C.P. 28595-Estremera
Madrid

Industrias Los Telares, S.A
CIF: A-45123698
C/ El pez, n.º 32
C.P. 26894-Teruel

Estremera, 13 de marzo de 2011

N/ref : JR/gh
Asunto: pedido de mercancías.

Estimados señores:

Nos ponemos en contacto con ustedes, tras haber estudiado el catálogo que nos remitieron al inicio de la presente temporada, con el fin de cursarles pedido de telas ante la necesidad de reponer nuestras existencias.

Los géneros rogamos nos proporcionen serían:

- 12 piezas de la tela roja de pana, referencia 2345.
- 5 cajas de botones de plástico negros, referencia 3647.
- 200 metros de cinta de raso blanca, referencia 9874.

Se ruega que la entrega de dicho pedido se haga en un plazo máximo de 25 días, en la dirección arriba indicada, con las condiciones expresadas en su catálogo.

Sin otro particular, les saluda atentamente,

Fdo.: Sara Pérez Pérez
Jefa del departamento de compras

← Modelo de carta de pedido.

recuerda

Contenido de la carta de pedido

En el contenido de la carta no debes olvidar detallar con precisión las mercancías que solicitas. En especial: cantidad, descripción, precios, descuentos, plazos de entrega y formas de envío, formas de pago, datos relativos al pago de portes y seguros, etc.

La carta de confirmación de pedido

La tramitación de un pedido suele generar, en la mayoría de los casos, abundante correspondencia comercial entre cliente y proveedor, sobre todo cuando la empresa cliente emite un pedido condicional. **La carta de confirmación de pedido,** elaborada por el proveedor y remitida a la empresa cliente, es una de las comunicaciones escritas más comunes que genera el hecho de iniciar una transacción comercial.

La carta de confirmación de pedido sirve al proveedor para indicar su conformidad con las condiciones solicitadas por la empresa cliente. Eleva, por tanto, a la condición de firme el pedido, notificando la fecha de envío de la mercancía y aclarando todos aquellos aspectos que pudiesen haber quedado poco claros o sin especificar.

La carta de denegación de pedido

Otro tipo de carta que el proveedor puede verse en la necesidad de confeccionar es la denominada **carta de denegación del pedido.** Su elaboración puede deberse a multitud de circunstancias: falta de materiales, malas relaciones comerciales anteriores, imposibilidad de cumplir las condiciones solicitadas, etc. A la hora de ser redactada, has de tener mucho cuidado en las formas para no cerrar las puertas a futuras operaciones. Tacto y asertividad son dos cualidades que has de tener muy presentes.

La tramitación de pedidos suele generar abundante correspondencia comercial. →

ACTIVIDADES

4. Redacta el cuerpo de una carta de pedido en el que se soliciten los siguientes géneros:

- 100 cajas de azulejos blancos mod. 234 a 95 € la caja.
- 12 espejos cuarto de baño de 12 x 25 cm mod. Albatros, a 23 € la unidad.

Las condiciones de la operación serán las siguientes:

- Descuento comercial del 3,5%.
- Forma de pago: 2 efectos comerciales a 60 y 90 días fecha factura.
- La mercancía se pondrá a disposición del comprador en los almacenes centrales del mismo (proporciona tú mismo una dirección para dichos almacenes) en un plazo de 15 días desde la recepción del pedido.
- Los portes de la mercancía se realizarán a través de la empresa de transportes EZKUA, S.A. corriendo a cuenta de la empresa vendedora.

MASIDER, S.A.

CIF: A-28546734
C/ Los albatros verdes, 12
28567 Coslada (MADRID)

Inforcausal, S.L.
CIF: B-28764698
C/ Río mojado, 34
28032 MADRID

N/ref. – MJ/vg
Asunto: denegación de pedido

Coslada, 17 de marzo de 2011

Estimados señores:

En contestación a su nota de pedido número DF-45, de fecha 9 de marzo de 2011, les comunicamos que sentimos no poder hacer frente al mismo, ya que en estos momentos no disponemos de stock suficiente para satisfacer su demanda en la fecha que requieren.

No obstante, y de seguir interesados en la adquisición de dichos productos, les ofrecemos la posibilidad de servírselos en el plazo máximo de veinte días.

Quedando a la espera de noticias al respecto, reciban un cordial saludo.
Atentamente,

Masider S.A.
Jefe de ventas
Fdo. Miguel Jocoso Sanz

↑ Modelo de carta de denegación de pedido.

ACTIVIDADES

5. Redacta la carta que la empresa Industrias Los Telares, S.A. enviaría a la empresa Modas Sara, S.L. denegando el pedido solicitado con fecha 13 de marzo de 2010, al ser imposible la entrega en el plazo requerido. Indica en la misma la disposición que la empresa vendedora tiene de poder cumplir con el pedido en un plazo de tiempo superior al que aparece reflejado en la carta de pedido. Propón un aumento de un punto sobre el descuento comercial habitual como deferencia a la empresa cliente.

6. Realiza el mismo pedido que la empresa Modas Sara, S.L. inicialmente ha tramitado a través de una carta, pero en esta ocasión hazlo a través de una nota de pedido.

3. El albarán o nota de entrega de mercancías

Si es la primera vez que escuchas la palabra albarán te estarás imaginando un término o documento especialmente complicado y raro. Has de saber que esto no es así. Es un documento muy corriente e importante en toda operación de compraventa mercantil.

caso práctico inicial

Aquí tienes una definición de albarán o nota de entrega.

Podemos definir el **albarán** como aquel documento que, emitido por el vendedor o proveedor, detalla las mercancías que del almacén del vendedor salen con destino al almacén del comprador.

Si analizas durante un momento la definición estamos seguros de que podrás llegar a deducir la utilidad que este documento tiene tanto para la empresa cliente como para el proveedor. No obstante te las indicamos a continuación:

PRINCIPALES UTILIDADES DEL ALBARÁN
• Acreditar la salida de mercancía del almacén del vendedor. • Acreditar la entrega de la mercancía en el almacén del cliente.

saber más

La confección por cuadruplicado del albarán

Del albarán se realizarán cuatro copias:

- El original y una copia para la empresa cliente junto con la mercancía, devolviendo este la copia firmada en señal de conformidad de la recepción.
- Una copia para el departamento comercial, unidad de ventas, para que confeccione en su momento la factura.
- Una copia para el almacén del vendedor como justificante de la salida de la mercancía.

Es muy importante, por lo tanto, que el responsable de almacén o aquella persona encargada de recepcionar las mercancías las examinen cuidadosamente a su llegada y comprueben que la realidad de las mismas se corresponde con lo que figura en el albarán o nota de entrega. Será en función de este que el proveedor confeccionará y emitirá posteriormente la factura.

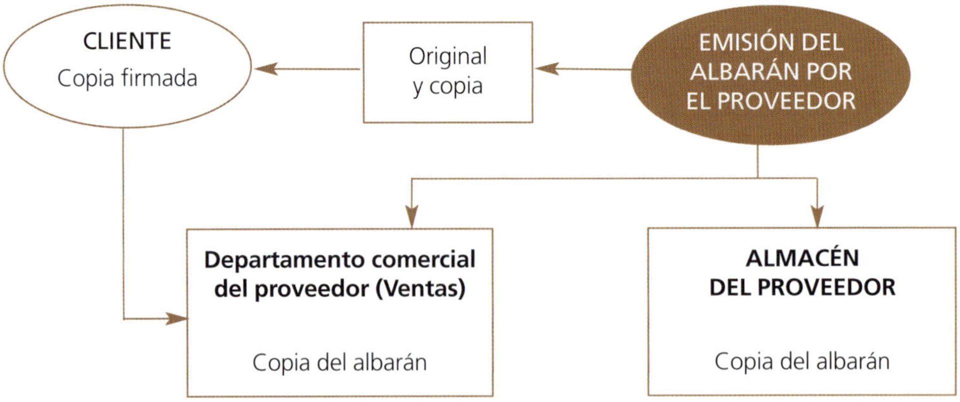

Contenido del albarán

Al contrario de lo que ocurre con la factura en la que es una ley, como ya comprobarás en unidades siguientes, la que regula y determina cuál ha de ser su contenido, el albarán es un documento libre en cuanto a los datos que ha de contener. No obstante, te recomendamos tener presente los siguientes, y que cada vez que confecciones o inspecciones un albarán los hagas constar o exijas.

DATOS QUE DEBEN FIGURAR EN UN ALBARÁN

- Identificación completa de las partes, es decir, comprador y vendedor.
- Numeración. Los albaranes han de ir debidamente numerados, correlativamente.
- Lugar de emisión.
- Fecha de emisión.
- Lugar de entrega de las mercancías y medio o forma de transporte de las mismas.
- Unidades de bienes o mercancías enviadas.
- Descripción de los bienes o mercancías.
- Valoración de los bienes o mercancías.
- En ocasiones es conveniente, también, indicar la referencia o número del pedido.

ALBARÁN

DATOS DE LA EMPRESA VENDEDORA:

(1)

Representante: ____________________

Portes: ____________________

Bultos: ____________________

DATOS DEL CLIENTE:

(2)

Lugar de entrega: (3) ____________________

N.º de albarán	Fecha	Código de cliente	N.º de pedido	Medio de transporte
(4)	(5)	(6)	(7)	(8)

CÓDIGO	CANTIDAD	DESCRIPCIÓN	PRECIO	DCTO.	IMPORTE
(9)	(10)	(11)	(12)	(13)	(14)

OBSERVACIONES:	FIRMA Y NOMBRE DEL CLIENTE:
(15)	(16)

↑ Modelo de albarán.

picking = picando, coger mercancías necesarias para el pedido.

recuerda

Recepción de la mercancía

A la recepción de la mercancía es importante que se lleve a cabo un **control** de la misma verificando puntos tales como: que la mercancía es la realmente solicitada tanto en número como en calidad, que corresponde con la que figura en el albarán, que la fecha de recepción entra dentro de la pactada en el pedido, etc.

Un resumen de este control se anotará con mayor o menor concisión en la **hoja o ficha de control de pedidos,** si hemos destinado un espacio en la misma de cara a posibles observaciones.

saber más

Tareas relacionadas con la expedición de mercancías

- Tareas del vendedor:
  Antes de expedir las mercancías: preparación del pedido o «picking»; preparación del envío; selección de envases y embalajes; emitir la documentación oportuna: albaranes y permisos.

  Después de expedir las mercancías: controlar el proceso; negociar las reclamaciones por pérdidas o daños; comprobar las facturas por transporte.
- Tareas del comprador: organizar la recepción de las mercancías; comprobar las mercancías; contrastar fechas.

Dentro del contenido mínimo del albarán incluíamos la valoración de las mercancías, es decir, el precio de venta de las mismas. No siempre encontrarás este dato en los albaranes y es que, en muchas ocasiones, los albaranes hacen tan solo mención al número de unidades vendidas y la descripción de las mismas, no haciendo referencia alguna a su precio unitario. Esto da lugar a que te encuentres, a lo largo de tu vida laboral en un departamento comercial, con dos tipos de albaranes:

- **Albaranes valorados.** Son aquellos en los que sí se hace constar el valor o precio unitario de las mercancías que se compran o venden. No es necesario hacer constar descuentos, ni referencia a impuestos indirectos que graven la compraventa de la mercancía, como el IVA.
- **Albaranes no valorados.** Ya podrás deducir que son aquellos en los que no se refleja el valor de las mercancías enviadas.

EJEMPLOS

En el modelo de albarán que aparece en la página anterior identifica los distintos datos que en sus apartados aparecerán.

(1) Datos de la empresa vendedora.
(2) Datos de la empresa cliente.
(3) Lugar de entrega.
(4) Número de albarán.
(5) Fecha de emisión del documento.
(6) Código del cliente.
(7) Número de pedido que da origen al albarán.
(8) Forma de envío.
(9) Código de referencia del producto.
(10) Cantidad suministrada.
(11) Descripción de mercancías suministradas.
(12) (13) (14) Precio, descuentos e importes.
(15) Observaciones para posibles incidencias.
(16) Firma del cliente y sello de la empresa.

A la entrega de la mercancía por parte de la empresa ALFALUX, S.L. a la empresa CONSTRUCCIONES FABILA, S.L., el encargado de almacén descubre que un palé de azulejos viene con 45 piezas rotas, lo que comunica inmediatamente al departamento comercial. ¿Cómo procedería este?

La empresa CONSTRUCCIONES FABILA, S.L. deberá proceder a emitir una carta de devolución a la empresa vendedora. En este tipo de cartas se han de detallar claramente los motivos que originan la devolución, así como, si corresponde, la solicitud del saneamiento de los daños o de las mercancías defectuosas. Será el proveedor, en este caso la empresa ALFALUX, S.L. la que ha de hacerse cargo de la retirada de los azulejos defectuosos.

¿Qué harías, como empresa cliente, a la recepción de un pedido en tus almacenes?

Deberías disponer de una relación de pedidos solicitados y esperados. Como la mercancía va acompañada de un albarán comprobarás la coincidencia de los datos que este contiene con los datos del pedido que en su día cursaste. Además, deberás llevar a cabo una verificación de la mercancía, realizando un recuento físico: cantidad, tipo, calidad... y comprobar que coincide con lo relacionado en el albarán de entrega.

Si todo es conforme, se acepta la mercancía y se firma el albarán. Si no es conforme, se anotarán las anomalías en el albarán y se procederá a llevar a cabo la reclamación oportuna.

Para todo este proceso te puede ser muy útil contar con hojas o fichas de entrada de material.

ACTIVIDADES

7. Confecciona el albarán que la empresa INDUSTRIAS LOS TELARES, S.A. remitirá junto con las mercancías a MODAS SARA, S.L. Aporta, con coherencia, los datos que creas necesarios para poder cumplimentarlo adecuada y completamente.

8. Confecciona la carta de devolución que la empresa CONSTRUCCIONES FABILA, S.L. remitirá a ALFALUX, S.L.

9. Confecciona un esquema que recoja el destino de las cuatro copias que, de los albaranes, se suelen realizar.

4. El transporte de las mercancías

El transporte de la mercancía es una operación esencial dentro de la consecución de la compraventa, puesto que del mismo va a depender en muchas ocasiones el éxito o fracaso de la transacción comercial. Imagínate que la empresa cliente hubiese anticipado la compra lo suficiente, pero que por una mala gestión del transporte de la mercancía, esta llega con retraso. Los daños que esto puede ocasionar son muy elevados, pudiendo incluso hacer detener el proceso productivo de la empresa cliente.

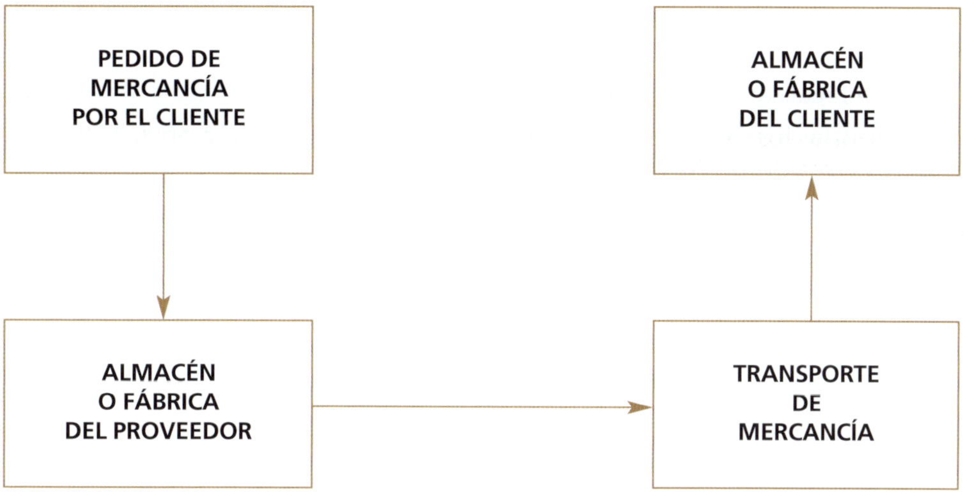

Pero el transporte también incide en el precio final de la mercancía, como sabes, ya que tiene un coste y bien el proveedor o bien el cliente, que suele ser lo más habitual, ha de cargar con él.

A la hora de gestionar el transporte de la mercancía, las empresas implicadas en la operación de compraventa pueden optar, bien por vehículos propios del comprador o del vendedor, o bien por una empresa de transporte o de mensajería. Esta emitirá la factura por el servicio al proveedor o al cliente, sin perjuicio de que, posteriormente, el pagador de este servicio, si resultó ser la empresa vendedora, se lo repercuta en la factura final de la operación de compraventa al auténtico destinatario del mismo.

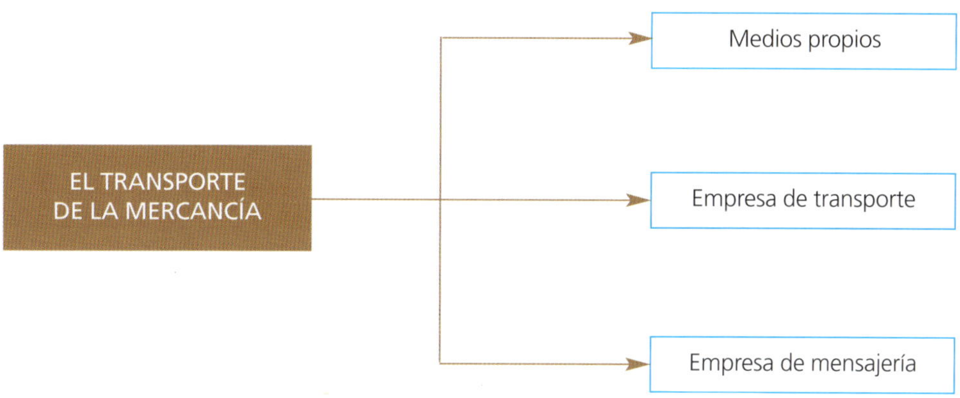

saber más

Sujetos que intervienen en un contrato de transporte

- **El remitente o cargador.** Persona física o jurídica que contrata el transporte con el transportista y entrega la mercancía para su traslado. Es el que remite o envía la mercancía.
- **El transportista.** Persona física o jurídica que procede al traslado de la mercancía asumiendo la obligación de realizar el transporte.
- **El destinatario o consignatario.** Es quien recepciona la mercancía y la persona a la que el transportista se la entregará en lugar y plazo convenidos.

caso **práctico** inicial

Cuando las empresas quieren enviar paquetes no muy voluminosos y con carácter de urgencia, y además, generalmente, sin salir de los límites de la ciudad, utilizan o bien medios propios o bien empresas de mensajería/paquetería.

EJEMPLOS

Recibimos las tarifas de una empresa de paquetería con la siguiente información:

- **Hasta 80 kg de peso del envío el precio es de 5 €.**
- **Por encima de 80 kg se cobran 9 € por cada fracción de 80 kg (no se transportan bultos de peso superior a 2.000 kg).**

Determina lo que nos puede costar enviar un paquete de 45 kg, otro de 160 kg, y otro de 2.100 kg.

El bulto de 45 kg nos saldría por un importe de 5 €.

El bulto de 160 kg nos saldría por un importe de 18 €.

El bulto de 2.100 kg no lo podríamos enviar por esta empresa de paquetería, pues no realizan portes de bultos con peso superior a 2.000 kg.

¿Utilizarías los servicios de una empresa de mensajería para enviar 30 corderos vivos desde Plasencia a Castellón?

Evidentemente la respuesta tiene que ser no. Habría que utilizar medios propios o bien buscar información de empresas de transporte que pudiesen llevar a cabo el traslado de esa mercancía.

4.1. Tipos de transporte

El transporte se puede clasificar, **según el medio utilizado,** en: terrestre (por carretera o ferrocarril), aéreo y marítimo.

MEDIOS DE TRANSPORTE	
	TRANSPORTE POR CARRETERA Utiliza las vías terrestres de comunicación y como medio de transporte emplea vehículos de desplazamiento por carretera. Características: fácil de coordinar, flexible, rápido, fácil penetración (transporte puerta a puerta), etc.
	TRANSPORTE POR FERROCARRIL Utiliza las vías de tren como comunicación y como medio de transporte vagones empujados por máquinas de ferrocarril. Pueden utilizarse distintos tipos de vagones: cerrados, cisternas, jaulas… Características similares al transporte por carretera.
	TRANSPORTE MARÍTIMO Es la modalidad que puede llegar a mover mayor volumen de mercancías. Utiliza las vías marítimas o fluviales de comunicación y embarcaciones de distinto tipo como medio de transporte. Características: flexibilidad, internacionalidad, capacidad, versatilidad, etc.
	TRANSPORTE AÉREO Utiliza como medio de transporte el avión y es ideal para envío de productos perecederos o que exigen mucha rapidez en la entrega. Características: rapidez, seguridad, internacionalidad, flexibilidad…

Pero existen otros criterios para clasificar los tipos de transporte. Así, en atención a **la forma de utilizar los medios o vehículos,** se habla de:

- **Transporte sucesivo:** cuando se realiza por la misma vía pero por varios transportistas distintos.
- **Transporte superpuesto:** cuando en alguna parte del recorrido un vehículo autónomo es transportado a su vez por otro.
- **Transporte combinado:** cuando la mercancía es transportada por distintos vehículos a lo largo de su recorrido.
- **Transporte multimodal:** es una modalidad similar al transporte combinado que se realiza por distintos medios.

↑ La gestión del transporte de mercancías suele hacerse a través de empresas transportistas, con las que las empresas trabajan de forma habitual y en las que depositan su confianza.

Según el **ámbito geográfico** deberás distinguir entre:

- **Urbanos:** los realizados en el interior de las poblaciones.
- **Interiores:** los realizados en el interior de un país.
- **Internacionales:** los realizados entre dos o más países.

Y siempre, sea cual sea el tipo de transporte contratado, se deberán adoptar las medidas oportunas para proteger las mercancías. Para ello se deben manipular correctamente y llevar a cabo un almacenamiento adecuado, así como proteger el producto mediante los envases y embalajes precisos.

caso práctico inicial

Tanto envases como embalajes sirven para proteger los productos que se transportan.

Envases: recipiente o envoltorio que contiene el producto.

Embalaje: material o envoltorio secundario. No está en contacto directo con el producto.

Palé: armazón de madera o plástico sobre el que se apila mercancía para facilitar su elevación y porte.

EJEMPLO

Pon un ejemplo de transporte multimodal.

Transporte multimodal es el que se hace con diversos medios de transporte. Por ejemplo, sale un contenedor de una fábrica y lo transportan en camión hasta la estación de ferrocarriles. De ahí sale el tren hasta el puerto, donde es embarcado. A continuación, el barco llega al puerto de destino y es nuevamente transportado, ahora en camión, hasta su destino.

4.2. El pago del transporte de las mercancías: modalidades

El contrato de transporte de la mercancía, lo haga el proveedor o la empresa cliente con una empresa transportista, se formalizará por escrito en un documento que, genéricamente, recibe el nombre de **carta de porte.**

SEUR

FECHA	EXPEDICION FRA. N.º	REF. CLIENTE	ETIQUETA N.º AL. N.º	OBSERVACIONES

PROCEDENCIA	DESTINO	CLAVE RAZON SOCIAL

CODIGO	D.N.I. ó C.I.F.	REMITENTE	DOMICILIO CALLE	N.º
CODIGO	D.N.I. ó C.I.F.	DESTINATARIO	DOMICILIO CALLE	N.º

BULT.	KILOS	KG. VOL.	VALOR ASEGUR.	DESIGNACION	POBLACION

PORTES	ADUANA/CABIL.	PRIMA SEG.	GASTOS REEM.	DESEMBOLSO	REEXPEDIC.	P.O.D.	BASE IMP.	I.V.A.	TOTAL PAGADO
PORTES	ADUANA/CABIL.	PRIMA SEG.	GASTOS REEM.	DESEMBOLSO	REEXPEDIC.	BASE IMP.	I.V.A.	VALOR REEM.	TOTAL DEBIDO

CONDICIONES DEL CONTRATO

PRIMERA.- La Agencia de Transportes referida en razón social presta, en ejercicio de su actividad de intermediación reconocida legalmente, el servicio de transporte de la mercancia designada y entregada por el remitente-cliente y para su posterior entrega, en la poblacion y domicilio del destinatario consignado.
SEGUNDA.- Los datos contractuales sobre designación de mercancia, denominación, domicilio y población del destinatario y remitente, son facilitados por éste y bajo su responsabilidad, no siendo comprobados por la Agencia, salvo grave riesgo inminente u orden de la autoridad.
TERCERA.- La mercancia se transporta a riesgo y ventura del remitente. En consecuencia serán de cuenta y riesgo del cliente todos los daños, retrasos y menoscabos que experimenten los géneros durante su transporte y hasta su entrega, por caso fortuito, fuerza mayor (temporales, nieves, cortes de carretera, huelgas, trámites administrativos o aduaneros, etc...) o naturaleza y vicio propio de las cosas.
La prueba incumbe al transportista. El transportista será responsable en caso de negligencia, salvo engaño en la carta de porte por parte del remitente.
CUARTA.- GARANTIA DE ENTREGA: En caso de incumplimiento del plazo de entrega contractualmente pactado según el servicio contratado, la Agencia de Transportes, salvo que el cliente opte por la indemnización legal de 450 ptas. por kilo establecida en la L.O.T.T., compensará a éste en concepto de indemnización por incumplimiento del plazo de entrega con un envío gratuito de las mismas características en cuanto a precio y tipo de servicio.
No se considerará incumplimiento de plazo de entrega el causado por ausencia del destinatario, cambio del domicilio, consignatario o dirección desconocido, impago de portes, suplidos o reembolsos, cierre por vacaciones, entregas fuera de plazo en segundo intento de entrega, causas de fuerza mayor o caso fortuito u otras no imputables a la Agencia. Quedan excluidas de esta garantía las mercancías enviadas "a recogerán" en el domicilio o almacenes de la Agencia SEUR de destino.
QUINTA.- En defecto de consignación expresa del valor de la mercancía transportada, y salvo lo dispuesto en la condición anterior para los retrasos en la entrega, la responsabilidad máxima de la Agencia de Transportes por los daños, pérdidas o averías que sufran aquéllas, y como complemento a lo establecido en la L.O.T.T. está limitada como máximo a la cantidad de 4.000 ptas por kilo de peso consignado, hasta un límite máximo indemnizatorio de 275.000 ptas. por expedicion, asegurada directamente por la Agencia contratante. A los referidos efectos de cobertura de la indemnización anterior, sobre el precio del porte se cargará un 8% en concepto del citado aseguramiento. (Mínimo 150 ptas. por expedición). El servicio de reembolso incluye en su tarifa seguro por pérdida o avería hasta el total importe del mismo.
SEGURO VALOR DECLARADO: Se hace constar la posibilidad de suscribir en el presente seguro suplementario que cubra, con declaración de valor real, los daños que las mercancías puedan sufrir hasta el valor real declarado de las mismas. El coste de este seguro a repercutir en factura será del 1% del valor declarado (mínimo 275 ptas.). En este caso no se aplicará el recargo dispuesto en el apartado anterior. De no contratarse este seguro, serán de aplicación EN TODO CASO, los límites de responsabilidad contractual antes reseñados. Lo anterior no se verá alterado por la necesaria presentación de documentos en que, para realizar el tránsito de la mercancía, venga referido su valor o contenido, el cual será considerado como declaración extracontractual y a los solos efectos de gestión ante terceros.
SEXTA.- El remitente declara conocer y aceptar las condiciones y plazos de entrega del servicio contratado, fijación, repercusión y cuantía del precio del transporte contratado, y demás gastos , según ejemplar de tarifas vigentes de la compañía, conocidas, facilitadas y a disposición del mismo. Para recogidas/entregas fuera de la capital de provincia se cobrarán, según servicios, 64 ptas./Km. ida y vuelta (Máximo 7.000 ptas.) o 640 ptas./expedición más 14 ptas. kilo.
SEPTIMA.- La Agencia de Transporte se reservará en todo momento la facultad de aceptar un paquete y consecuentemente prestar un servicio por insuficiencia de embalaje para el transporte, parecerle anómalo, o por otras causas extrañas del encargo. En caso de rechazo por insuficiencia de embalaje e insistencia en el envío, la Agencia de Transportes no responderá de daños o averías que pudiesen producirse en las mercancías, bastando a tal efecto la firma del cliente en el espacio correspondiente del presente. Queda prohibida la entrega de paquetes y objetos cuyo contenido sea contrario a la Ley o cuyo transporte esté sometido a requisitos o disposiciones especiales, siendo de responsabilidad única y exclusiva del remitente, el cual exonera expresamente a la Agencia de cualquier responsabilidad al respecto.
OCTAVA.- La entrega de la mercancía se realizará en el domicilio designado por el remitente, salvo-por reiterada ausencia del destinatario o que por su peso, volumen o características funcionales del inmueble, de calle o en la central SEUR de destino. En caso de ausencia del destinatario se dejará aviso del intento de entrega, así como de la forma de acordar la misma.
La no entrega de la mercancía transportada por ausencia o rehuse del destinatario, deficiencia de sus datos o impago de las cantidades derivadas del porte realizado, será responsabilidad de remitente, quien vendrá obligado a soportar, a su cargo, todos los gastos de dicha incidencia, incluidos, en su caso, los gastos de depósito, el precio, la prima de reembolso y demás gastos del porte de la mercancía producidos en su retorno a origen o posteriores entregas, y la repercusión del seguro correspondiente.
NOVENA.- Los PLAZOS para efectuar la RECLAMACION POR DAÑOS en la mercancía serán de VEINTICUATRO HORAS desde la entrega si los daños no son apreciables exteriormente, o EN EL MISMO ACTO DE LA ENTRGA, y precisamente en el documento contractual, si se pueden apreciar exteriormente. LAS ACCIONES derivadas del contrato de transporte PRESCRIBEN AL AÑO.
DECIMA.- Las partes, con renuncia a su fuero expreso si fuere distinto, se someten expresamente para cualquier controversia en la aplicación o desarrollo del presente contrato, a la Junta Arbitral de Transporte correspondiente al lugar del pago del los portes, o en su defecto a la del domicilio del remitente.
DECIMOPRIMERA.- Las presentes tarifas serán de aplicación a los servicios SEUR prestados dentro del territorio nacional. Los servicios SEUR COURIER Y SEUR INTERNACIONAL se regirán por sus condiciones específicas.
DECIMOSEGUNDA.- LEGISLACION: Al servicio de transporte contratado le será de aplicación lo dispuesto en el Código de Comercio, y específicamente las disposiciones de la Ley de Ordenación de Transportes Terrestres (L.O.T.T.), su Reglamento, y demás disposiciones legales de singular y pertinente aplicación, ya vigentes o que puedan dictarse durante el período de vigencia de las presentes condiciones.

↑ Modelo de carta de porte.

ACTIVIDADES

10. Identifica, en la carta de porte que aparece en esta página, los distintos elementos y datos que aparecerán recogidos en ella. Como podrás comprobar aparecen identificadas, o al menos espacio para ello, tres empresas: la empresa receptora de la mercancía, la empresa proveedora de la mercancía y los datos de la empresa que lleva a cabo el porte.

Ahora bien, según el medio de transporte empleado, el contrato de transporte recibe denominaciones diferentes.

MEDIO DE TRANSPORTE	CONTRATO DE TRANSPORTE
Transporte por carretera	Carta de porte
Transporte por ferrocarril	
Transporte marítimo	Conocimiento de embarque o marítimo
Transporte aéreo	Carta de porte aéreo

saber más

Carta de porte

La carta de porte es el documento mediante el cual se formaliza el contrato de transporte por el que un empresario transportista se compromete a trasladar de un lugar a otro un bien a cambio de un precio y mediante un medio de locomoción establecido.

En dicha carta de porte vendrá indicado el tipo de pago que se va a efectuar a la empresa transportista, pudiendo darse las siguientes modalidades:

- **Portes pagados.** El pago se efectúa por el remitente. El destinatario se desentiende del pago de dicho porte a la empresa transportista sin perjuicio de que el proveedor se lo cobre posteriormente.
- **Portes debidos.** Paga el destinatario. Por lo tanto este, respecto a una operación de compraventa dada, recibirá dos facturas: una de la empresa proveedora de la mercancía, a través de la cual le facturará la misma, y otra de la empresa transportista por el porte realizado.
- **Contrarreembolso.** El destinatario pagará tanto el porte de la mercancía como el importe de la misma a la empresa transportista.

EJEMPLO

¿Cómo afecta el coste del transporte al precio de la compra?

Pues como ya deberías de saber de unidades anteriores, el porte, si corre por cuenta del comprador, supone un incremento o mayor precio de la compra. No lo olvides, pues es importante y contablemente tendrá su repercusión.

ACTIVIDADES

11. El 26 de febrero de 2012, Transportes Prisitas, S.L. con CIF B-03445577 y domicilio en c/ Velas, 6, de Alicante, realiza el siguiente servicio:

Por orden de La Pepa, S.A. CIF A-42990189, Camino Segovia s/n Cáceres, entrega a Amado Menéndez, NIF 55.555.555-M c/ Cencerro, 7 de Oviedo, la siguiente mercancía: 2.040 pares de guantes empaquetados en bultos de 10 pares. El precio del transporte es de 0,15 €/kg (se sabe que cada par pesa 0,25 kg) y 40 € de seguro de la mercancía.

Transportes Prisitas, S.L. cobra en destino, recibiendo su importe en efectivo. Formaliza la carta de portes número 68 con el IVA vigente para cada concepto (transporte de mercancías 18%; seguros exentos).

¿Cuántas facturas acabará teniendo Amado Menéndez por la compra de esos 2.040 pares de guantes?

12. ¿Cómo variaría la respuesta a la pregunta anterior si en vez de realizar el porte Transportes Prisitas, S.L., lo hubiese realizado La Pepa, S.A. a portes debidos?

13. Si la empresa La Pepa, S.A. hubiese concedido un descuento comercial del 3% a Amadeo Menéndez, por la compra de la mencionada cantidad de guantes, ¿incluiría el precio de los portes en la base para el cálculo del descuento?

ACTIVIDADES FINALES

1. Diseña un impreso, utilizando una hoja de cálculo, que sirva como nota de pedido para cualquier tipo de empresa.

2. La empresa TUBULAR, S.L. con CIF B-28765290, domiciliada en la c/ Bernabé, 20 de Oviedo, CP 33007, realiza el día 22 de marzo de 2010 un pedido de mercancías a la empresa ACEROS DEL NORTE, S.A. con CIF A-33980765, sita en la c/ Ramón y Cajal, 22 de Avilés. El pedido consta de:

   - 5.500 láminas de acero de 7 mm, long. 22 x 45 cm a 56 €/ud.
   - 679 láminas de acero de 6 mm, long 678 x 89 cm a 78 €/ud.

   Las condiciones de compra serán:

   - El pago se realizará a través de efecto comercial a 120 días.
   - El transporte será realizado por la propia empresa proveedora, a portes debidos cargados en factura.
   - La mercancía será entregada en los almacenes de la empresa TUBULAR, S.L. que están situados en el Pol. Ind. Espíritu Santo, parcela 32-A, de Oviedo. Deberá ser puesta a disposición del cliente en un plazo de 10 días.
   - La empresa compradora tiene negociado un descuento comercial con dicho proveedor del 3% y un descuento por pago al contado del 5%.

   Se pide:

   a) Confecciona, primero, un pedido condicional intentado hacer uso de algún procesador de textos como Word. Aporta, si te parece oportuno, otras condiciones y datos que pudieran ser necesarios.
   b) Confecciona el pedido en firme, pero ahora a través de una nota de pedido con número A-334. Puedes usar la que hayas confeccionado en la actividad anterior.
   c) Confecciona el mismo pedido a través de una carta usando, también, el procesador de textos.

3. Confecciona la carta comercial que la empresa ACEROS DEL NORTE, S.A., del ejercicio anterior, enviaría a la empresa TUBULAR, S.L., aceptando el pedido condicional que se pedía en el apartado a). Haz uso, para ello, del procesador de textos.

4. Redacta una carta donde la empresa proveedora de la actividad 2, deniegue el pedido realizado por no poder aceptar el plazo ni la forma de pago, y proponga uno nuevo.

5. Confecciona el albarán valorado, con número AL/654, que acompañe a la entrega de mercancías del ejercicio 2. La fecha de salida de la mercancía del almacén del proveedor será el 26 de marzo de 2010.

6. Suponiendo que tres láminas de acero de 7 mm, de las compradas por la empresa TUBULAR, S.L., viniesen defectuosas, redacta la carta de devolución de las mismas solicitando al proveedor que se haga cargo de las mismas y proceda a subsanar el defecto.

7. Elabora el albarán n.º 103/A correspondiente al pedido 25/10, y la carta de porte, para el envío del pedido recibido del cliente:

   INDUSTRIAS DEL CANTÁBRICO, S.A.
   Río Miño, 7. 33600 – Mieres. Asturias.

   Su pedido constaba de 200 televisores de plasma de 19", mod. 887, con TDT integrado, a 456 €/ud.

   Forma de envío: TRANSPORTES PRISITAS, S.L., a portes debidos. La mercancía se situará en la dirección indicada de la empresa cliente. La empresa PRISITAS cobra 5,46 € por televisor más 120 € en concepto de seguros (los datos de la empresa transportista los puedes encontrar en la actividad 11 de la unidad).

El albarán se confeccionará sin valorar, con fecha 12 de febrero de 2010. Aporta todos los datos que precises para identificar la empresa proveedora.

8. El departamento de compras de la empresa DISTRIBUCIONES PEDROSA, S.A. situada en la c/ La rosa, 11, 28004 de Madrid, con CIF A-28198245, realiza a la empresa CONCRETA, S.A. con CIF A-18780000, domicilio c/ Lutos, 127, CP 18001-Granada, el siguiente pedido de mercancías con fecha 12 de julio de 20XX:

- 20 cajas de tornillos ref. A423, a 12 € la caja.
- 12 cajas de tuercas hexagonales, ref. 67LL a 2 € la caja.

Las condiciones del pedido serán:

- El pago se realizará a través de transferencia bancaria a los tres días de la recepción.
- La mercancía será entregada a portes pagados a través de la empresa TRANSPORTES LA MILAGROSA, en el plazo de 15 días.
- La empresa compradora tiene negociado un descuento comercial con dicho proveedor del 5%.

Con estos datos:

a) Confecciona la nota de pedido número AJ-198.

b) Realiza el mismo pedido a través de una carta comercial, así como la carta que el proveedor remitirá a la empresa cliente confirmándole el pedido posteriormente.

c) Redacta una carta en la que el proveedor rechace el pedido por no disponer de stock suficiente en estos momentos.

d) Confecciona el albarán valorado, número 112, que acompañará a las mercancías a su salida del almacén del proveedor.

9. La empresa MODERNA, COOP. ha cursado los siguientes pedidos el 1 de septiembre de 2010:

- Pedido N.° 453 a INDUSTRIAL MENÉNDEZ, por importe de 67.980 € y fecha de entrega prevista 22 de septiembre de 2010.
- Pedido N.° 454 a COMERCIAL ARANGUREN, por importe de 1.760 € y fecha de entrega prevista el 12 de septiembre de 2010.
- Pedido N.° 455 a TUBULAR, S.L., por importe de 7.689 € y fecha de entrega prevista el 2 de octubre de 2010.

Con estos datos cumplimenta la hoja de control de pedidos de mercancía, sabiendo que se cumplen las fechas de entrega y que las mercancías llegan acompañadas de albaranes número AA/6754, 6758-J y 675 respectivamente. Para ello deberás confeccionar, a ser posible con una hoja de cálculo, un modelo de hoja de control de pedidos. Recuerda que en la actividad 1 de esta unidad, se te pedía ya que fueses ideando y confeccionando un modelo.

entra en internet

10. Accede a la página web de la empresa de transportes SEUR <www.seur.es> y examina su contenido. Pide información, a través del enlace que contiene, sobre las distintas tarifas de servicios que esta empresa gestiona.

11. Busca en internet, con algún buscador tipo <www.google.es> empresas que se dediquen al porte de animales vivos dentro del territorio nacional. ¿Se te ocurre cómo podrías transportar terneros desde Lugo a Tenerife?

PRÁCTICA PROFESIONAL

Elaboración de un pedido; verificación y comprobación de la mercancía solicitada

OBJETIVOS

- Poner en práctica la confección de documentos administrativos de las operaciones de compraventa relacionándolos con las transacciones comerciales de la empresa.
- Identificar los documentos básicos de las operaciones de compraventa, precisando los requisitos formales que deben reunir.

El alumno, además, deberá identificar los parámetros y la información que deben ser registrados en las operaciones de compraventa. Comprobará la coherencia interna de los documentos, y reconocerá la importancia de dar traslado de las copias oportunas a los departamentos correspondientes.

SITUACIÓN INICIAL 1

Trabajas en el área de compras del departamento comercial de la empresa Electromesto, S.A. con CIF A-29876001, ubicada en la c/ Luna, 12 de Madrid. Desde ventas te llega una **requisición** de mercancía o pedido interno, pues dentro de dos meses hay que hacer entrega de cierto número de frigoríficos y lavadoras y no hay suficiente stock en almacén para atender la demanda del cliente. En dicha requisición o boletín de compras se solicita curses pedido de:

- 10 frigoríficos marca ALUX a 400 €/ud.
- 15 lavadoras marca FAGOR, a 250 €/ud.

Empresa ELECTROMESTO, S. A. C/ LUNA, 12 28004 MADRID		Boletín de compras N.º 207
Fecha 30-09-20XX	**Departamento solicitante** Comercial. Área de ventas	**Destino** Almacén de ventas
Cantidad	**Descripción de los materiales**	**Código/Referencia**
10	Frigoríficos, ALUX	Mod. CV-332
15	Lavadoras, FAGOR	Mod. RPS-432-08
Observaciones: Se precisan para dentro de un mes y medio ante próxima entrega a nuestros clientes.		**Encargado o responsable** (firma y cargo)

↑ Boletín interno de compras.

Debes entonces proceder a cursar el pedido de dicha mercancía, para lo que elaboras nota de pedido con fecha 8 de octubre de 20XX, nº JK/23 que remites por correo electrónico a vuestro proveedor habitual: MAYORISTAS ELÉCTRICOS, S.A., CIF A-24333212, c/ Estrella, 22 de Málaga.

Las condiciones pactadas son:

- Descuento comercial 5%.
- Portes: 250 € (debidos).
- Seguro de la mercancía: 135 €.
- Forma de pago: dos efectos 60 y 90 d/f.
- Plazo de entrega: 1 mes máximo.
- Lugar de entrega: almacén principal.

ACTIVIDADES

Primero. Elabora la nota de pedido que enviarías a la empresa proveedora. Envíala a algún compañero por correo electrónico como si este trabajase en dicha empresa y redacta el cuerpo del correo.

Segundo. Elabora el cuerpo de una carta comercial que el proveedor te haría llegar, exponiéndote que no pueden servir la mercancía antes de un mes y medio. Posteriormente, elabora la carta comercial que le harías llegar aceptando el nuevo plazo de tiempo. Haz uso, para ello, del procesador de textos.

Tercero. Utilizando la hoja de registro de pedidos de la actividad 1 de la unidad, confeccionada mediante una hoja de cálculo, anota este pedido. Convierte en lista la información contenida en ella y comprueba cómo puedes usar filtros para estudiar su contenido.

Manejo del Excel. Para convertir el rango de datos en lista, selecciónalo y sigue la siguiente ruta: *Datos/Lista/Crear lista.*

A partir de este momento, podrás utilizar los distintos tipos de filtros que ofrece la aplicación.

El 15 de noviembre llega el pedido al almacén transportado por la propia empresa vendedora. Te llaman del almacén para que compruebes y verifiques, junto con el responsable de almacén, el contenido del mismo.

Cuarto. Confecciona una ficha de control de entrada de material y cumpliméntala, usando un procesador de textos o una hoja de cálculo.

Compruebas, junto con el albarán que acompaña a la mercancía (puedes verlo en la imagen de la página siguiente), que todo está en orden y correcto, con lo que das el visto bueno y firmas el albarán.

Quinto. Explica cuántas copias del albarán habrán llegado y dónde irá cada una de ellas una vez firmas por ti.

El responsable de almacén pasa a darles entrada y colocación a las mercancías.

Datos del vendedor MAYORISTAS ELÉCTRICOS, S.A. **CIF:** A..................	ALBARÁN N.º: 345 Fecha: Datos del cliente: Electromesto, S.A. C/................. CIF o Cód.: A........
Enviado por: Medios propios **Transportista:** **Portes:** **Bultos:** **25**	**Referencias:** **N.º de Pedido:** JK/23 **Fecha pedido:** 8/10/200_

Ref./Cód.	Descripción	Cantidad	Precio
	Frigoríficos marca ALUX	10	400
	Lavadoras marca FAGOR	15	250

Observaciones:	**Recibí:**

SITUACIÓN 2

Ahora supón que estás trabajando en el área de ventas. Llega el momento de atender el pedido que ha dado lugar a la compra del material de la actividad anterior. Dicho pedido consta de:

- 22 frigoríficos marca ALUX a 475 €/ud.
- 20 lavadoras marca FAGOR a 290 €/ud.

El pedido ha de servirse en los almacenes de la empresa Construcciones Treppo, S.L. CIF B-28159080, c/ Mayor, 33 de Madrid. Para su transporte se contratan los servicios de la empresa Transporte Prisitas S.L. (busca en la actividad 11 de la unidad los datos de esta empresa). Los portes, debidos, ascienden a un total de 225 €.

ACTIVIDADES

Primero. Confecciona el albarán que acompañará a las mercancías.

Segundo. ¿Cuántas facturas tendrá en su poder la empresa Treppo, S.L. por esta operación de compraventa?

Tercero. Confecciona la carta de porte de la empresa Transporte Prisitas, S.L. Al transporte de la mercancía, cuando se factura por separado, se le aplica un IVA del 18%.

Has de tener presente que algunas empresas trabajan siempre con la misma empresa transportista por lo que tienen «cuenta abierta» con ella. En cada entrega la empresa transportista les hace llegar un albarán por el servicio de entrega y posteriormente, con periodicidad mensual, les factura todos los servicios realizados durante dicho mes.

SOFTWARE ADMINISTRATIVO

FacturaPlus

FacturaPlus dispone de una opción, además de la vista en la unidad de trabajo anterior, para dar de alta artículos de forma rápida y algo más sencilla. Para ello, debes entrar por el menú *Almacén/Sistema simplificado de entradas de almacén.*

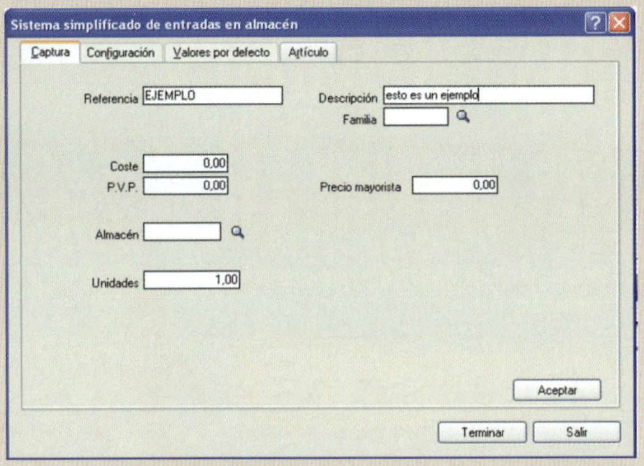

Así accederás a la ventana que se muestra al lado, en la que podrás generar artículos.

En la primera pestaña introduciremos los datos básicos para dar de alta el artículo, asociándolo a una familia, en su caso, y marcándole un coste y un precio de venta. A pesar de ello es aconsejable que primero, antes de proceder a cumplimentar los datos que aparecen en la pestaña *Captura,* pases por la pestaña *Configuración* y posteriormente por la pestaña *Valores por defecto.* De lo contrario, si empiezas cumplimentando la ficha *Captura,* la aplicación no te permitirá pasar por el resto de pestañas si así lo quisieses.

Debes tener en cuenta que esta forma excepcional de crear artículos siempre te dejará, al menos, una unidad del mismo registrada en el stock almacenado.

Si accedes por la opción *Sistema/Artículos* y haces doble clic sobre un artículo creado de esta forma, se puede observar que, en la pestaña *Datos generales,* aparece marcada la opción *Alta desde sistema simplificado* con la fecha en la que se produjo.

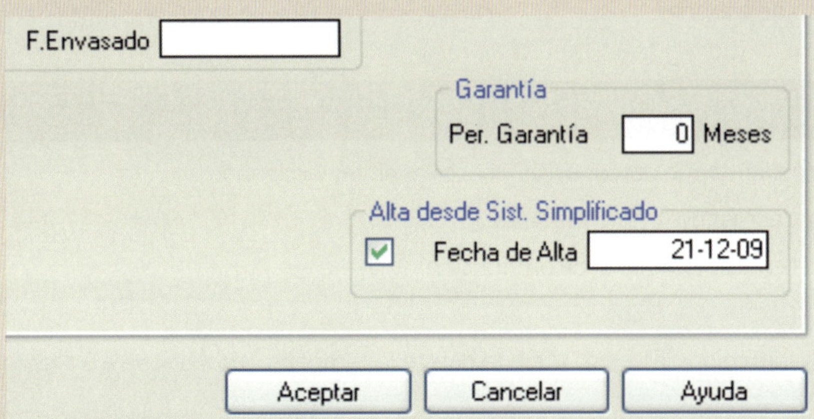

MUNDO LABORAL

Promoción de Albal para igualar su precio al de la marca de la distribución

El poder de la marca de la distribución es cada vez mayor (...). La estrategia de los fabricantes pasa por hacer mayor hincapié sobre el valor de su marca o por decantar al consumidor con promociones. Este ha sido el caso de ALBAL, que ha lanzado una promoción que consiste en un descuento de un euro por la compra de cualquier producto de su marca, igualando su precio al de la marca de la distribución.

Esta acción, que dará comienzo en el mes de mayo, tendrá una duración de tres meses (...).

Para participar, es necesario rellenar un formulario en la tienda, enviarlo por correo ordinario; o a través de la web <www.losapañaosdealbal.es>, donde se ha creado un destacado que redirige a un *minisite* específico para la promoción. Solo por participar, se entra en el sorteo de tres premios de 2.000 euros cada mes.

Además de internet, la comunicación de la promoción cuenta con presencia en el punto de venta con «mupis» y adhesivos en los principales centros de EL CORTE INGLÉS, CARREFOUR, EROSKI y ALCAMPO.

El concepto de la promoción «Albal te apaña la vida» es una evolución de la campaña del año pasado, «Los apañaos de ALBAL», enfocada este año más en los consumidores, a los que ALBAL brinda la oportunidad de ahorrar y hacerse con un dinero extra en un momento en el que están más receptivos que nunca a este tipo de acciones.

Fuente: <www.marketingnews.es> 30/04/2009

Trabajo a realizar

1. Haz un resumen del texto. Señala las palabras que desconozcas y búscalas en un diccionario.
2. ¿Sobre qué variable del marketing está actuando la empresa ALBAL?
3. Busca en internet información sobre el concepto «marca de distribución».
4. ¿Qué es un «mupi»?
5. Haz un comentario personal sobre el contenido del texto. ¿Qué te parece la campaña que ALBAL va a poner en marcha? ¿Crees que tendrá éxito?
6. ¿Qué riesgos puede conllevar para el consumidor el que, para participar en la promoción, la empresa pida a sus clientes el envío de un formulario con sus datos? ¿Qué ventajas puede reportar esta información a la empresa?

EN RESUMEN

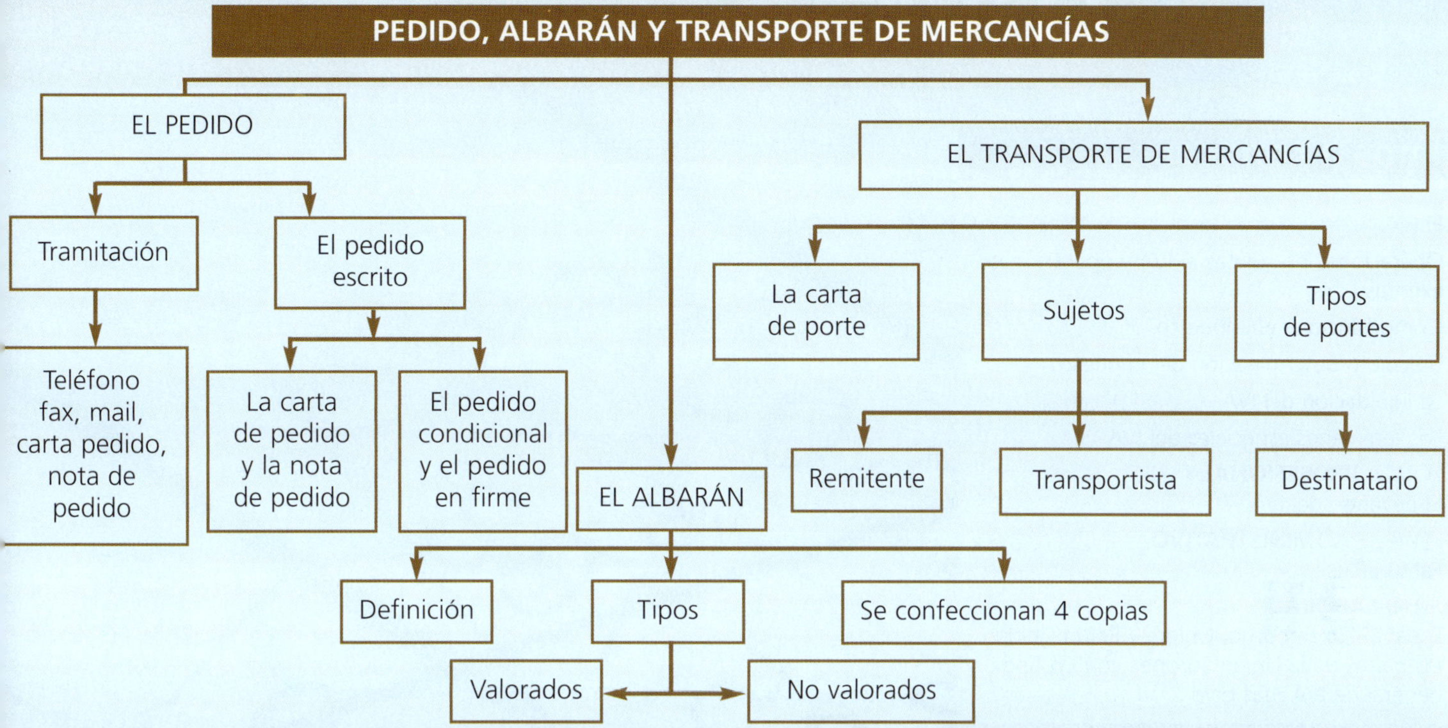

EVALÚA TUS CONOCIMIENTOS

1. Una de las principales utilidades del albarán o nota de entrega será:

a) Acreditar el pago de la mercancía que se compra o vende.
b) Acreditar la recepción de mercancías por parte del vendedor.
c) Acreditar la salida de mercancías por parte del comprador.
d) Son correctas b) y c).

2. La nota de pedido es:

a) Un impreso a través del cual realizar el pedido de mercancía a los proveedores.
b) Sinónimo de carta de pedido.
c) El documento que un departamento envía al departamento comercial para que proceda a la compra de un determinado bien.
d) Ninguna es correcta.

3. El pedido realizado por escrito:

a) Proporciona mayor seguridad jurídica.
b) Es, en la mayoría de los casos, exigido por todo proveedor, incluso cuando el pedido es realizado de otra forma.
c) Está perdiendo fuerza frente al pedido gestionado por teléfono.
d) Son correctas a) y b).

4. El remitente es la persona o empresa que recepciona la mercancía y ha de pagar el porte de la misma.

a) Verdadero.
b) Falso.

5. El albarán:

a) Es un documento cuyo contenido está regulado por ley.
b) Es un documento que confecciona la empresa cliente o empresa que adquiere la mercancía.
c) Es un documento que carece de utilidad pero necesario para poder confeccionar posteriormente la factura.
d) Ninguna es correcta.

6. Un pedido condicional:

a) No es admitido por nuestro ordenamiento jurídico mercantil.
b) Requiere siempre la confirmación del mismo por parte del proveedor.
c) Lo confecciona el proveedor.
d) Requiere la confirmación de la empresa cliente.

7. Un impreso mercantil debidamente cumplimentado, firmado y sellado, alcanza el valor o fuerza de documento mercantil.

a) Verdadero.
b) Falso.

Soluciones: 1d, 2a, 3d, 4b, 5d, 6b, 7a

6 El IVA

vamos a conocer...

1. El IVA
2. Operaciones no sujetas al IVA y operaciones exentas
3. Cómo funciona el impuesto
4. Cálculo o determinación del impuesto
5. La liquidación del IVA
6. Los regímenes especiales del IVA

PRÁCTICA **PROFESIONAL**
El devengo del IVA

SOFTWARE **ADMINISTRATIVO**
FacturaPlus

MUNDO **LABORAL**
España, Luxemburgo, Chipre y Reino Unido, los países de la Unión Europea con un tipo general de IVA más bajo

y al finalizar esta unidad...

- Definirás lo que es un impuesto indirecto y el IVA.
- Diferenciarás claramente las operaciones sujetas al IVA de las no sujetas y de las exentas.
- Identificarás claramente los distintos elementos del IVA.
- Clasificarás bienes y servicios de características muy diferentes, según el tipo impositivo del IVA al que estén sometidos.
- Calcularás correctamente las bases y las cuotas de operaciones sometidas a tipos impositivos distintos.
- Razonarás el mecanismo de liquidación del impuesto haciendo entrar en juego las deducciones.
- Identificarás los diferentes regímenes especiales y explicarás sus características.

situación de partida

Una mañana, mientras te encuentras pasando una serie de albaranes a la aplicación informática que la empresa en la que trabajas utiliza para su gestión de facturas, recibes una llamada de Teodoro Juan Recio, administrador único de la empresa, para hacerte una consulta relativa al IVA, pues él no domina mucho dicho impuesto.

Está interesado en adquirir un BMW último modelo y quiere comprarlo a través de la sociedad para darle uso de empresa, pero también particular. Te pregunta si la cuota de IVA soportado se podrá deducir en la correspondiente liquidación del impuesto y, en caso negativo, si se puede evitar pagarla. Además, también quiere saber, pues le ha asaltado la duda, si el IVA supone un coste para la empresa y, en caso afirmativo, a cuánto asciende el mismo en lo que va de año.

A raíz de esta llamada, y haciendo uso de la aplicación informática de gestión contable, consultas el total de cuotas soportadas en lo que va de trimestre.

Al final de la tarde llega a tu mesa Alberto Cedes, jefe del departamento de ventas, y te entrega una factura de gran importe. Ha sido expedida por un restaurante al que ha invitado a comer a un grupo de clientes.

estudio del caso

Antes de comenzar con la unidad y una vez leído el caso inicial, intenta dar respuesta a las siguientes cuestiones relativas al mismo. Si no puedes contestar a alguna pregunta no te preocupes, pues al ir leyendo el contenido de la unidad adquirirás los conocimientos necesarios para mejorar o ampliar tus respuestas.

1. ¿Qué es el IVA?
2. ¿Podrá la empresa en la que trabajas deducirse el IVA soportado en la compra del coche?
3. ¿Puede la empresa evitar pagar la cuota de IVA soportado?
4. ¿Qué es una operación no sujeta? ¿Y una exenta?
5. ¿Supone el IVA un coste para la empresa?
6. ¿Cómo se lleva a cabo la liquidación del IVA y ante quién hay que presentar su resultado?
7. ¿Es deducible la cuota de IVA soportado que aparece en la factura que te entrega el jefe de ventas?
8. ¿Qué regímenes especiales del IVA conoces?

1. El IVA

A estas alturas no dudamos que en más de una ocasión has oído hablar del IVA. Seguro que muchas veces te habrás preguntado, a la hora de pagar cualquier bien o servicio, qué es eso del IVA, pues nos afecta prácticamente a todos. Otra cosa es que tengas idea de cómo definirlo y cómo determinarlo o calcularlo. Precisamente en esta unidad y en la siguiente pretendemos despejar todas tus dudas y que te desenvuelvas con este impuesto sin mayor dificultad.

saber más

¿Qué es un impuesto?

Una definición sencilla de impuesto puede ser la siguiente:

«Obligación o ingreso dinerario que hace el Estado, establecida por ley, cuyo importe se destina al sostenimiento de cargas públicas.»

1.1. Concepto de IVA

El IVA se define en la Ley que regula el impuesto: Ley 37/1992, de 28 de diciembre y su Reglamento de desarrollo aprobado por Real Decreto 1624/1992, de 29 de diciembre. A continuación, ofrecemos una posible definición:

caso **práctico** inicial

Aquí tienes la definición del IVA que se pedía en la primera de las cuestiones del caso práctico inicial.

> El impuesto sobre el valor añadido (IVA) es un impuesto indirecto que grava el consumo y que recae sobre la entrega de bienes y prestaciones de servicios efectuados por empresarios o profesionales, así como sobre las importaciones y adquisiciones intracomunitarias de bienes.

Es, muy importante que tengas clara esta definición y la memorices, pues en un futuro te permitirá determinar cuándo se aplica el IVA y cuándo no.

Es, por tanto, un impuesto que pagamos todos cada vez que consumimos. Cuando compramos, a la hora de realizar el pago, estamos abonando o pagando no solo el bien o servicio, sino también el IVA correspondiente.

vocabulario

Gravar: imponer el pago de un impuesto.

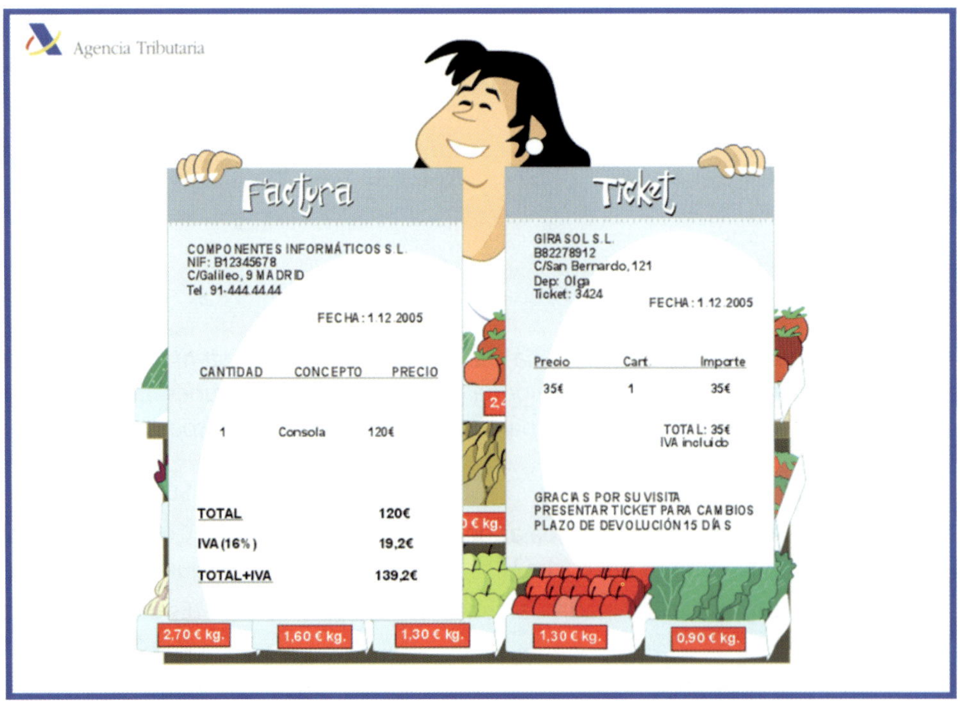

↑ Fíjate que tanto en la factura como en el tique de esta comerciante aparece el IVA a pagar.

EJEMPLOS

Una empresa te vende una motocicleta. ¿Pagarás el IVA a dicha empresa?

Sí, debo pagar el IVA, en principio, cada vez que consumo y se me hace entrega de un bien o servicio por parte de un empresario o profesional.

Una empresa le vende a otra un motor. ¿Pagará el IVA a dicha empresa?

Sí. Da igual que quien compre sea un individuo a título personal o una empresa. Cuando se consume, en principio, se debe pagar el IVA con independencia del tipo de sujeto que consuma.

¿Qué diferencia hay entre empresarios y profesionales?

Profesional sería aquel que ejercita una actividad profesional por sí mismo, presta un servicio por sí mismo.

Un empresario, bien se trate de una persona física o una sociedad, es aquel que lleva a cabo una actividad económica por la que obtiene rendimientos.

1.2. Ámbito de aplicación

El IVA es un impuesto que, con diferencias, se aplica en toda Europa. Sin embargo, has de saber que no se aplica en toda España.

El ámbito de aplicación del IVA, en España, es el **territorio español,** con excepción de Ceuta, Melilla y Canarias. En estos territorios se aplican otros impuestos indirectos que también gravan el consumo, pero que tienen un tratamiento distinto.

EJEMPLOS

Si un tinerfeño compra un coche en Tenerife, ¿pagará IVA?

No, no pagará IVA por no estar las Islas Canarias dentro del ámbito de aplicación del IVA. Pagará el impuesto general indirecto canario (IGIC).

Si una empresa, con sede social en Benidorm, vende a otra con sede social en Tenerife un producto, haciéndoselo llegar a sus almacenes situados en Las Palmas, ¿debe cobrarle IVA?

No, puesto que la entrega de la mercancía no se hace en territorio de aplicación del impuesto, sino en la Comunidad de Canarias que no está dentro de ese ámbito.

ACTIVIDADES

1. Pon ejemplos de profesionales que conozcas y de empresarios, sea cual sea su forma jurídica, con los que hayas entrado en contacto.
2. Busca información y explica la diferencia entre «prestar un servicio» y «ejercer una actividad económica».

1.3. El hecho imponible

En este epígrafe vas estudiar cuándo se dan las circunstancias u operaciones que obligan a pagar o a cobrar IVA, según estemos hablando de cliente o proveedor.

caso práctico inicial

A Teodoro hay que decirle que no se puede evitar el pago del impuesto, pues la compra de un coche constituye un hecho imponible.

HECHOS IMPONIBLES
• **La entrega de bienes y prestaciones de servicios** efectuadas por empresarios y profesionales.
• **Las adquisiciones intracomunitarias** realizadas por empresarios y profesionales.
• **Las importaciones** de bienes realizadas, tanto por empresarios y profesionales, como por particulares.

1.4. El IVA en operaciones de compraventa con otros países

A la hora de enfrentarte a una operación de compraventa con otros países debes pararte a pensar si estás ante lo que se denomina una **operación intracomunitaria, una importación o una exportación.**

En la siguiente tabla te explicamos las distintas operaciones que, a efectos del impuesto sobre el valor añadido, se pueden llevar a cabo con otros países.

OPERACIONES CON OTROS PAÍSES	
OPERACIÓN INTRACOMUNITARIA	• Entrega intracomunitaria: vendemos a un país miembro de la Unión Europea (UE). • Adquisición intracomunitaria: compramos a un país miembro de la UE.
IMPORTACIÓN	• Compramos productos a países que no son miembros de la UE.
EXPORTACIÓN	• Vendemos productos a países que no son miembros de la UE.

Ahora que ya tienes algo más claros estos conceptos, y teniendo presentes los tres hechos imponibles vistos, intuirás qué hacer con el IVA en cada uno de ellos.

Las adquisiciones intracomunitarias suponen un hecho imponible a efectos de IVA, por tanto están gravadas por el IVA.

ACTIVIDADES

3. Pon ejemplos de cada uno de los hechos imponibles descritos.

4. Una empresa vende mercancía a una empresa venezolana, enviándola allí. ¿Le debe cobrar IVA?

5. ¿Cambiaría la respuesta de la actividad anterior si la empresa venezolana tuviese en Madrid una sucursal y la mercancía no saliese de España, es decir, fuese usada en dicha sucursal?

En cuanto a las operaciones con terceros, tan solo cuando se realice una importación la empresa ha de pagar IVA. Una empresa de Canadá nada sabrá respecto a este impuesto y no nos lo cobrará (repercutirá), pero cuando pasemos por la aduana ese bien que compremos a Canadá, y lo declaremos, allí será donde paguemos el IVA.

Las exportaciones están exentas, cuestión que entenderás un poco más adelante. Por ahora basta decir que no se cargará el IVA en ellas. Así, si tu empresa le vende mercancía a una empresa canadiense, sita en Canadá, no le repercutirá el IVA (no le cobrará el IVA).

saber más

El IVA en las adquisiciones intracomunitarias

Tiene un tratamiento distinto según sean realizadas por empresarios o particulares.

En entregas a particulares, los bienes o servicios tributan en el país de origen.

En entregas a empresarios, los bienes o servicios tributan en el país de destino.

ACTIVIDADES

6. Clasifica las siguientes operaciones en intracomunitarias, importaciones y exportaciones. Señala también si constituyen hecho imponible del IVA.
- Una venta a una empresa situada en Senegal.
- Una compra realizada por un particular a una empresa italiana.
- Una compra realizada por una empresa a otra situada en Ceuta.
- Una venta realizada por una empresa a otra sita en Alemania.
- Una venta realizada por una empresa a otra sita en Melilla.
- Una compra de una empresa a otra situada en Toronto, Canadá.
- Una compra realizada por un particular a una empresa situada en San Francisco.
- Una prestación de servicios por parte de un abogado español a una empresa en Londres.

7. Cuando pagas por una mercancía 118 €, de los cuales 18 € son en concepto de IVA, ¿cuál es el precio del producto?

8. ¿Para qué crees que usa el Estado el dinero que recauda con impuestos como el IVA?

9. Busca información sobre la diferencia que existe entre impuestos directos e impuestos indirectos como el IVA. ¿Puedes poner algún ejemplo más de impuestos indirectos existentes en nuestro país?

10. Busca información sobre el significado del sujeto pasivo del IVA.

2. Operaciones no sujetas al IVA y operaciones exentas

2.1. Operaciones no sujetas al IVA

Vamos a empezar a complicar un poco la cuestión, pues debes saber que existen operaciones a las que, por ley, no se les aplica el IVA.

caso práctico inicial

Estas son operaciones no sujetas.

OPERACIONES NO SUJETAS
• La transmisión de la totalidad del patrimonio empresarial o profesional del sujeto pasivo, a favor de un solo adquirente, cuando este continúe el ejercicio de las actividades empresariales o profesionales del transmitente.
• La prestación de servicios en régimen de dependencia derivados de relaciones laborales o administrativas.
• Las entregas gratuitas de muestras de mercancías sin valor comercial estimable con fines de promoción.
• Las prestaciones de servicios gratuitos con fines de demostración y promoción.
• Las entregas de dinero, como pago o contraprestación.
• Las entregas de bienes y prestaciones de servicios realizados por las AAPP, efectuadas sin contraprestación alguna, salvo la tributaria.
• Las operaciones de autoconsumo, siempre que no se le atribuya al sujeto pasivo el derecho a efectuar deducción total o parcial del IVA soportado en la adquisición o importación de los bienes.

vocabulario

AAPP: administraciones públicas.

Contraprestación: pago.

Autoconsumo: el empresario consume mercancías que comercializa.

EJEMPLOS

¿Pagas IVA por las muestras de colonia que te entregan en algunas perfumerías?

Evidentemente no. Se trata de una operación no sujeta.

¿Se ha de pagar IVA por los servicios de recogida de basuras que prestan los Ayuntamientos?

Tampoco. Estamos ante otra operación no sujeta. Se trata de una prestación de servicios realizada por una Administración pública sin contraprestación (salvo la tributaria).

2.2. Operaciones exentas

caso práctico inicial

Aquí tienes lo que son operaciones exentas.

Además, existen operaciones que, estando sujetas al IVA, la propia Ley del IVA cataloga como exentas, lo que significa que no se les aplicará el impuesto (a pesar de estar sujetas a él).

Dentro de las exenciones la normativa recoge dos tipos: **las exenciones plenas y las exenciones limitadas.** Son las últimas las que mayores problemas nos pueden plantear.

Exenciones plenas

Significa que los empresarios **no pueden cobrar IVA,** es decir, repercutir el IVA a sus clientes cuando se encuentren en alguno de los supuestos que se contemplan. Ahora bien, **sí pueden deducirse el IVA soportado en sus compras.** ¿Cómo? Más adelante lo explicamos.

Exenciones limitadas

Se refieren a operaciones interiores en las que los empresarios no repercutirán el IVA a sus clientes y tampoco pueden deducir el IVA soportado en sus adquisiciones.

EXENCIONES LIMITADAS
Operaciones interiores tales como:
• Medicina y sanidad.
• Educación.
• Servicios públicos postales.
• Loterías y apuestas del Estado.
• Operaciones financieras: cuentas de ahorro, créditos, préstamos, giros, tarjetas de crédito, compras de moneda extranjera…
• Arrendamientos de terrenos rústicos y edificios destinados a vivienda y garajes anexos.
• Operaciones de seguros.
• Letras de cambio.
• Servicios profesionales creativos: artistas, escritores, músicos, etc.
• Las segundas y ulteriores entregas de edificaciones, incluidos los terrenos donde se hallen ubicadas.

EXENCIONES PLENAS
• Las exportaciones.
• Las entregas intracomunitarias de bienes.
• Las entregas o envíos de bienes a Canarias, Ceuta y Melilla.

TIPOS DE OPERACIONES CON RESPECTO AL IVA			
OPERACIONES NO SUJETAS	OPERACIONES SUJETAS		
	Devengan el impuesto	Operaciones exentas	
		Plenas	Limitadas
Entrega de muestras gratuitas	Entrega de un coche	Una exportación	Compra de una letra de cambio

Las exenciones limitadas suponen uno de los pocos supuestos en los que el IVA constituye un coste para el empresario que lo soporta. Así, se añadirá como sumando al precio de adquisición o coste de compra.

3. Cómo funciona el impuesto

caso práctico inicial

Así se lleva a cabo la liquidación del IVA. Se presenta ante la AEAT o entidades colaboradoras.

En el siguiente esquema tienes una explicación de cómo funciona el impuesto del IVA. El sujeto protagonista de este esquema es la Empresa B.

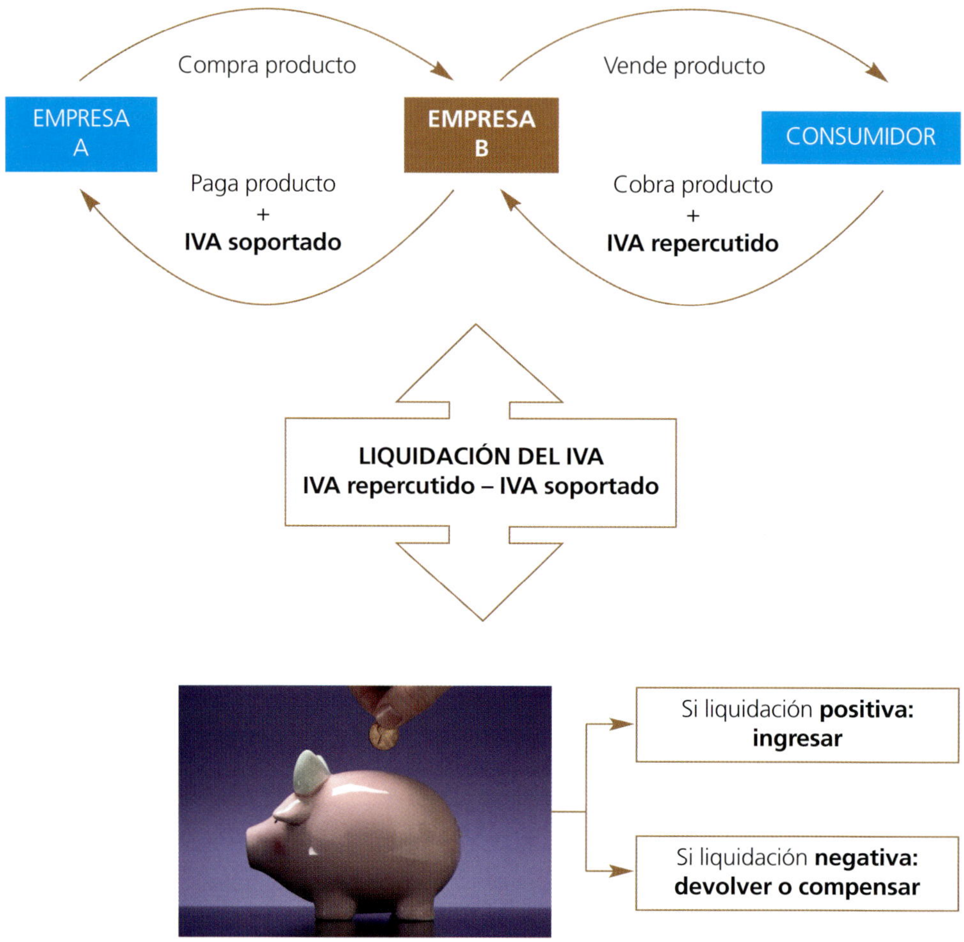

saber más

Repercutido y devengado

Los términos repercutido y devengado se utilizan indistintamente.

A lo largo de esta unidad, así como en el módulo de Empresa y Administración, irás descubriendo más sobre el funcionamiento del impuesto sobre el valor añadido y profundizando en el mismo.

ACTIVIDADES

11. Una señora de 65 años de edad, propietaria de tres pisos, tiene dos en alquiler. Uno de ellos te lo ha alquilado como vivienda habitual. El otro se lo ha alquilado a un despacho de abogados. Califica estas operaciones. ¿Son exentas plenas, limitadas, no sujetas o sujetas?

12. ¿Están sujetos al IVA los medicamentos consumidos por un enfermo y comprados por él en una farmacia? Investiga esta cuestión.

4. Cálculo o determinación del impuesto

El cálculo o determinación del impuesto del IVA se basa en tres conceptos: base imponible, tipo impositivo y cuota del IVA. Estos tres conceptos se relacionan de la siguiente forma:

CUOTA DEL IVA = Base Imponible x Tipo Impositivo

En la unidad 8 verás también que, una vez determinada la cuota del IVA, podemos calcular el total de la factura o total a pagar:

TOTAL FACTURA = Base Imponible + Cuota del IVA

saber más

Base imponible del IVA

$$\text{Base Imponible} = \frac{\text{Total Factura}}{(1+\text{Tipo impositivo})}$$

4.1. Base imponible

Estará compuesta por el importe total de la contraprestación satisfecha por los bienes entregados o servicios prestados.

CONCEPTOS QUE SE INCLUYEN

- Comisiones, transportes, seguros, envases y embalajes. Gastos accesorios en general, que estarán gravados al tipo impositivo de la operación principal, siempre que se facturen de manera conjunta.
- Subvenciones vinculadas a las operaciones sujetas.

CONCEPTOS QUE NO SE INCLUYEN

- Descuentos previos o simultáneos a la operación.
- Suplidos justificados.
- Bonificaciones.
- Indemnizaciones.

IMPORTACIONES

Al valor de la aduana declarado, se deben sumar estos conceptos en caso de haberlos:

- Impuestos, derechos de importación y otros gravámenes existentes.
- Gastos accesorios hasta el primer lugar de destino de la Unión Europea.

MODIFICACIONES DE LA BASE IMPONIBLE

- Por devolución de envases y embalajes.
- Por concesión de descuentos y bonificaciones posteriores al momento de la operación.
- Por devolución de lo vendido.
- Por impago de las cuotas repercutidas.

Es muy importante, por tanto, que manejes bien todos estos aspectos relativos a la correcta determinación de la base imponible del impuesto y entiendas su significado. Solo así podrás llegar a determinarla sin cometer errores. Ten presente que si calculas mal la base imponible, posteriormente la cuota también será incorrecta.

EJEMPLOS

Pon un ejemplo de suplido.

Los suplidos son cantidades pagadas en nombre y por cuenta del comprador, de nuestro cliente. Deben existir orden previa y factura de dicho concepto, expedida a nombre del comprador.

Imagina un porte que SEUR factura a la EMPRESA A. Lo abona la EMPRESA B, proveedora de la A, en su nombre (recogiendo la factura) previo mandato oral o escrito. Cuando la EMPRESA B le facture a la EMPRESA A, le cargará el importe total pagado en su nombre a SEUR. Dicho importe no formará parte de la base imponible, pues si no, la EMPRESA A pagaría dos veces IVA sobre la misma operación.

Se venden mercancías por importe de 1.000 €. Los portes, cargados en factura, ascienden a 150 € y se aplica un descuento comercial del 5%. Determina la base imponible.

Precio mercancías:	1.000
Descuento comercial:	– 50
Portes:	150
Base imponible:	1.000 – 50 + 150 = 1.100 €

ACTIVIDADES

13. Calcula la base imponible de una venta de mercancías por importe de 16.000 €. Los gastos de transporte y seguro ascienden a 200 €, incluidos en factura, además de embalajes por importe de 50 €. Al cliente se le hace un descuento comercial del 7% y un descuento por pronto pago del 1% (incluido en factura).

14. Calcula la base imponible de una operación de compraventa con las siguientes características:

- Precio de las mercancías 7 €/ud (se adquieren 20 unidades).
- Descuento comercial 10%
- Portes 60 €
- Embalajes 2 €/ud
- Seguros 100 €

15. Vuelve a calcular la base imponible de la actividad anterior, considerando los seguros como suplidos debidamente justificados.

16. Una empresa compra a otra chilena un producto. Al entrar en España dicho producto, se declara en aduana su valor, 16.000 €. Además, la empresa chilena cobra 200 € en concepto de portes y 350 € más en concepto de seguros. ¿Constituye esta operación un hecho imponible a efectos del IVA? Determina, en caso afirmativo, la base imponible de la operación.

17. Una empresa vende mercancía por valor de 120 €. En factura, además, aparecen recogidos 50 € en concepto de portes. Realiza un descuento comercial del 3%. Determina la base imponible de la operación.

18. La EMPRESA Z compra productos y paga un total de IVA de 750 €. Al mismo tiempo vende dichos productos, previa transformación, y cobra IVA por un total de 850 €.

- ¿Cuál es la cuantía de IVA soportado?
- ¿Cuál es la cuantía de IVA repercutido o devengado?
- ¿Cuál será el resultado de la liquidación del IVA?

4.2. Los tipos impositivos

> Son los distintos porcentajes que se aplicarán sobre las bases imponibles para la obtención de la cuota del IVA de cada operación.

Actualmente en España se aplican tres tipos impositivos:

- Tipo general 18%
- Tipo reducido 8%
- Tipo superreducido 4%

Se aplicará, cada uno de ellos, en función de la entrega de bienes, de la prestación de servicios, de la adquisición intracomunitaria o de la importación realizada. Esto te obligará a memorizar determinados bienes y servicios para saber qué tipo hay que aplicar.

saber más

Tipos impositivos en Europa

Los tipos no son los mismos en todos los países miembros de la UE. No obstante, se establece que el tipo general, en cada Estado miembro, no puede ser inferior al 15%.

TIPOS IMPOSITIVOS		
18%	Se aplica en aquellos casos en los que se aplique ninguno de los otros tipos.	
8%	**Bienes**	• Productos de nutrición de personas o animales, excepto bebidas alcohólicas. • Animales, vegetales y otros productos utilizados para obtener alimentos. • Aguas para alimentación humana, animal o riego. • Medicamentos para animales. • Aparatos utilizados para suplir deficiencias, incluidas gafas graduadas y lentillas. • Viviendas, incluidos garajes y anexos que se transmitan conjuntamente. • Flores, plantas, bulbos, semillas. • Ciclomotores.
	Servicios	• Transporte de viajeros y equipajes. • Servicios de hostelería, restaurantes y suministro de comida y bebidas. • Servicios de limpieza de vías, parques y jardines, recogida de desechos, limpieza de alcantarillados. • Entradas a teatros, museos, bibliotecas, cines, circos, conciertos, zoológicos y espectáculos deportivos de carácter aficionado. • Exposiciones y ferias comerciales. • Servicios funerarios. • Ejecución de obras para construcción de viviendas.
4%	• Pan, harinas panificables, cereales, leche, quesos, huevos, frutas, hortalizas, legumbres, tubérculos. • Libros, revistas y periódicos. • Medicamentos de uso humano. • Coches de minusválidos, sillas de ruedas y prótesis. • Viviendas de protección oficial o promoción pública, incluidos los garajes y anexos que se transmitan de modo conjunto.	

Hasta julio de 2010 los tipos impositivos aplicables eran algo más bajos. En concreto, el tipo general y el reducido eran el 16% y el 7% respectivamente. Como consecuencia de la coyuntura económica y dado que en España se aplicaban tipos inferiores a la media de la Unión Europea, el Gobierno tomó la decisión de elevarlos.

4.3. Cuota del IVA

caso práctico inicial

El IVA no es un coste ni un ingreso

Para las empresas, en general, el IVA no supone coste ni ingreso alguno. Si te fijas bien en el proceso de liquidación de IVA, lo que las empresas hacen es un ajuste de cuentas: lo cobrado menos lo pagado. Si cobraron más de lo que pagaron lo llevan a Hacienda, y si pagaron más de lo que cobraron pueden pedir a Hacienda que les devuelva esa cuantía de más pagada en el período.

Es la cantidad de IVA que hay que pagar o que hay que cobrar, resultado de multiplicar el tipo impositivo por la base imponible.

Como ya has leído en anteriores apartados, se suele hablar de dos cuotas de IVA, según se esté pagando o cobrando dichas cuotas: cuota de IVA soportado y cuota de IVA repercutido o devengado.

La cuota de IVA soportado hace referencia a la cuota que se paga o abona a la empresa vendedora.

La cuota de IVA repercutido o devengado hace referencia a la cuota que se cobra por la empresa vendedora.

Si te fijas son dos caras de la misma moneda. Todo depende de la perspectiva que adoptemos para llamar a una cuota IVA soportado o devengado. No obstante, es importante diferenciar ambas cuotas pues, como ya has visto, a la hora de liquidar el IVA ante Hacienda se debe proceder a realizar la siguiente operación:

Liquidación = Cuota de IVA devengado – Cuota de IVA soportado

En este caso, el comprador, abonará una cuota de IVA soportado. La misma cuota será IVA repercutido para el vendedor.

ACTIVIDADES

19. La empresa PC Total, S.A.U., vende ordenadores por importe de 30.000 €. En factura aplica un descuento del 7% a su cliente y le cobra, por distintos gastos accesorios que incluye en factura, un total de 800 €. Calcula la cuota del IVA de dicha operación, sabiendo que el tipo aplicable es del 18%.

20. Determina la base, la cuota del IVA y el importe total o total factura a pagar, de una operación que presenta las siguientes características:

- Importe del servicio 2.000 €
- Descuentos 3%
- Gastos diversos incluidos en factura 100 €
- Tipo de IVA reducido.

21. Determina el precio de la compra del servicio, o coste de adquisición, de la actividad anterior.

22. Una empresa presenta, durante el primer trimestre del año, un total de cuotas de IVA soportado de 4.600 € y un total de cuotas de IVA devengado de 300 €. Calcula la liquidación resultante de dicho periodo.

23. Calcula la base imponible y la cuota de IVA resultante de una venta de mercancías por importe de 6.000 €. Los gastos de transporte y seguro ascienden a 100 €, incluidos en factura, además de embalajes por importe de 50 €. Al cliente se le hace un descuento comercial del 7% y un descuento por pronto pago del 1% (incluido en factura). El tipo impositivo aplicable es el general.

5. La liquidación del IVA

Liquidar el IVA supone rendir cuentas con Hacienda respecto a dicho impuesto. Para ello, como has visto, lo único que las empresas deben hacer es, periódicamente, determinar cuál ha sido el total de cuotas de IVA soportado (sumando las cuotas pagadas a cada tipo impositivo), cuál ha sido el total de cuotas de IVA repercutido (de la misma manera), y determinar la diferencia entre repercutido y soportado.

↑ Liquidación periódica del IVA.

La Ley del IVA reconoce que «los empresarios y profesionales que sean sujetos pasivos del IVA pueden deducir de las cuotas devengadas a sus clientes las cuotas soportadas en sus adquisiciones». Por lo tanto, y como te venimos exponiendo en la unidad, la liquidación del impuesto consiste en realizar el siguiente cálculo con los siguientes resultados:

IVA devengado – IVA soportado = Resultado liquidación

Si positivo
Cuantía a ingresar en Hacienda

Si negativo
Cuantía a compensar en liquidaciones siguientes o a devolver por Hacienda

Si optamos por la compensación
En la siguiente liquidación se hará lo siguiente:
IVA devengado – (IVA soportado + Compensación)

Si optamos por la devolución
Con carácter general se ha de esperar a la última liquidación del año. Así, Hacienda, nos invita a optar por la compensación

Régimen de devolución mensual
Actualmente, es posible adelantar la devolución si se solicita liquidar el IVA mensualmente y se somete la empresa a otros requisitos que veremos en la siguiente unidad

saber más

¿Cuándo debe una empresa deducir las cuotas de IVA soportado?

Las cuotas de IVA soportado han de deducirse en el periodo en el que se soportaron o en períodos sucesivos, siempre que no hayan transcurrido más de cuatro años.

caso práctico inicial

Aquí puedes ver de nuevo cómo se lleva a cabo la liquidación del IVA.

La deducción

Volvemos a hacer referencia a la Ley del IVA para ver que exige una serie de requisitos para que una empresa pueda deducirse cuotas de IVA soportado.

REQUISITOS
• Cuotas soportadas en bienes o servicios directa y exclusivamente utilizados en la actividad empresarial o profesional.
• Si se trata de **bienes de inversión,** como un coche, serán deducibles parcialmente si son utilizados indistintamente para la actividad empresarial o profesional y para otras.

NO SE PUEDEN DEDUCIR
• Cuotas soportadas en alimentos, bebidas y tabaco.
• Cuotas soportadas en bienes o regalos para clientes, trabajadores o terceros.
• Cuotas soportadas en espectáculos o servicios recreativos.
• Cuotas soportadas en joyas, alhajas, perlas y objetos total o parcialmente de oro o platino.

A tenor de la Ley del IVA:

«Solo se podrán deducir las cuotas soportadas en operaciones que estén directa y exclusivamente relacionadas con la actividad empresarial o profesional.»

EJEMPLOS

Un profesional compra un coche para usarlo tanto a título personal como empresarial. ¿Puede deducir la cuota de IVA soportado en la compra de dicho coche?

Se trata de un bien de inversión y la respuesta ha de ser no, al 100%. Si lo va a usar indistintamente tanto para uso particular como profesional, solo se podrá deducir el 50%. Esto ocurre con todos los vehículos de motor.

Una empresa compra un ordenador portátil por importe de 1.000 €. Se destina a uso personal del administrador único de la empresa en un 30%. ¿Puede la empresa deducirse la cuota de IVA soportado en la compra del ordenador portátil?

No se trata de un bien de inversión a efectos de IVA por no superar los 3.005,06 €, por lo tanto no se puede deducir nada.

Si el ordenador hubiese costado más de 3.005,06 € tendría la consideración de bien de inversión y entonces se podría deducir el 70% de la cuota de IVA soportado en su compra (100% – 30%).

saber más

No son bienes de inversión

A efectos de IVA no se consideran bienes de inversión:

- Aquellos cuyo valor no supere los 3.005,06 €.
- Ropas de trabajo.
- Envases y embalajes reutilizables.
- Evidentemente, y por definición, los servicios.

caso práctico inicial

No son bienes de inversión

La cuota soportada en la compra del coche solo se podrá deducir en un 50%.

La cuota soportada que aparece en la factura que entrega el jefe de ventas, tampoco es deducible.

EJEMPLO

Una empresa presenta la siguiente información, referida al segundo trimestre del año, relativa a sus cuotas de IVA soportado y devengado:

TIPOS IVA	CUOTAS DE IVA DEVENGADO	CUOTAS DE IVA SOPORTADO
4%	1.820 €	3.000 €
8%	2.500 €	1.000 €
18%	18.000 €	15.000 €

Determinar la liquidación de dicho trimestre y comentar su resultado.

Total cuotas de IVA devengado o repercutido = 22.320 €

Total cuotas de IVA soportado = 19.000 €

Liquidación = Repercutido – Soportado = 22.320 – 19.000 = 3.320 €.

Como el resultado de la liquidación es positivo habrá que ingresar dicha cuantía en Hacienda.

Puede ser que estés pensando en la dificultad de llevar a cabo, en una empresa con un volumen importante de operaciones de compraventa, el proceso de liquidación del IVA. Tener que agrupar unas cuotas por un lado y otras por otro, sin que se te escape ninguna, para poder realizar el cálculo y cumplir con la obligación de informar a Hacienda, bajo pena de sanción. Con la aparición y el auxilio de las aplicaciones informáticas de gestión contable, esto se ha simplificado mucho. Antiguamente sí era un proceso arduo y laborioso, en el que cometer cualquier error era fácil, pero hoy en día programas como ContaPlus, o incluso herramientas informáticas de propósito general como Excel, nos facilitan mucho la liquidación del IVA. Si hemos ido contabilizando las operaciones realizadas, basta con saber cuáles son las opciones de la aplicación que realizan de manera automática, no solo el cálculo, sino también la confección de los documentos de declaración-liquidación del IVA que hay que presentar en Hacienda y que estudiarás en la siguiente unidad.

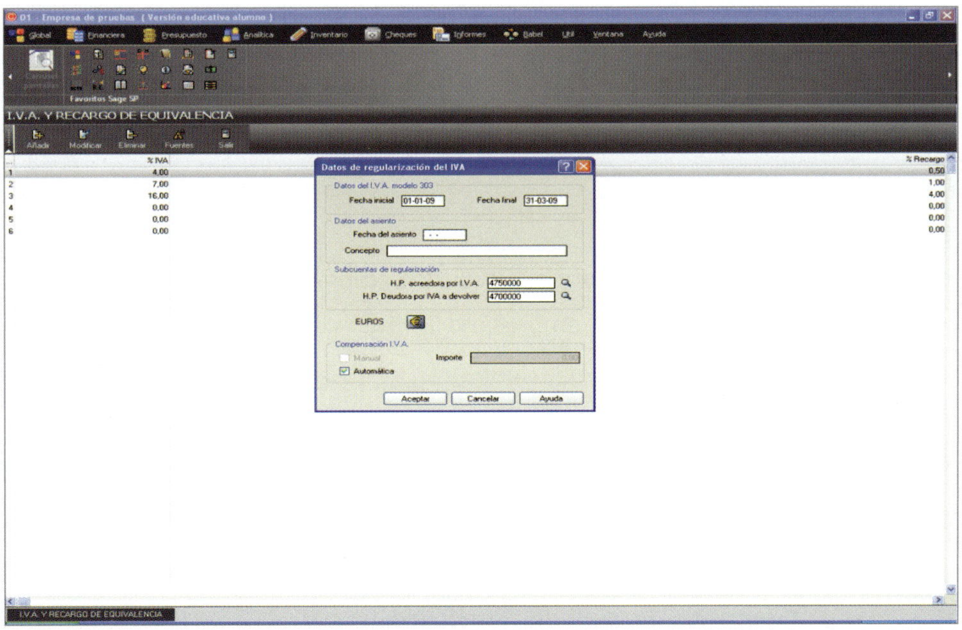

↑ ContaPlus nos permite liquidar el IVA de manera automática y generar los documentos de declaración-liquidación.

ACTIVIDADES

24. Una empresa arroja los siguientes datos a efectos del IVA durante el ejercicio económico:

TRIMESTRES	PRIMERO	SEGUNDO	TERCERO	CUARTO
IVA REPERCUTIDO	6.000 €	7.000 €	1.000 €	6.200 €
IVA SOPORTADO	2.500 €	—	2.500 €	4.000 €

Calcula el resultado de la liquidación de cada trimestre.

25. Indica el tipo impositivo que se aplicará a las siguientes operaciones:

- Compra de una casa, como segunda vivienda del comprador.
- Servicios de un graduado social.
- Agua mineral.
- Compra de un bonsái.
- Compra de unas gafas.
- Entradas de cine.
- Compra de una letra de cambio.
- Huevos.
- Leche.
- El recibo de la luz.
- Seguros.
- Transporte de mercancías.

26. Una empresa vende ordenadores siendo el total factura de la compra de 15.000 €. Determina la base imponible de la operación (ya debes empezar a manejar los tipos impositivos con soltura y saber que los ordenadores tributan al 18%).

27. Sabiendo que las operaciones realizadas por una empresa durante el primer trimestre del año son las siguientes, determina la cantidad que deberá liquidar:

- Ventas al 18% 20.000 €
- Ventas al 8% 5.000 €.
- Compras al 18% 15.000 €.
- Sueldos y salarios 20.000 €.
- Compras de ordenadores por importe de 8.000 €, dedicados a la actividad empresarial en un 80%.
- Compra de una moto para reparto que usa el hijo del empresario a título personal los fines de semana 5.500 €.
- Seguros 350 €.
- Luz y agua 225 €.
- Teléfono 275 €.
- Exportación de telas 12.000 €

28. ¿Puede un taxista deducirse la cuota de IVA soportado en la compra del coche dedicado a dicho servicio público?

6. Los regímenes especiales del IVA

Todo lo que has visto hasta ahora en la unidad forma parte de lo que se denomina **régimen general** del IVA. Pero el IVA es un impuesto mucho más complejo. Además de dicho régimen general, existen una serie de **regímenes especiales** cuyo objetivo es facilitar a los empresarios afectados por ellos, el cumplimiento de sus obligaciones. ¿Te imaginas a un pequeño empresario, titular de un pequeño negocio, obligado a tener que saber y cumplir con todo lo expuesto? ¿Y a un ganadero? Para ponérselo más fácil existen regímenes especiales que aligeran un poco la gestión del impuesto.

Los regímenes especiales que existen en la actualidad se recogen en el siguiente cuadro. **Los señalados en negrita** son de obligado cumplimiento para los sujetos en ellos encuadrados, el resto tienen carácter voluntario:

REGÍMENES ESPECIALES DEL IVA
• Régimen simplificado.
• **Régimen especial del recargo de equivalencia.**
• Régimen especial de la agricultura, ganadería y pesca.
• Régimen especial de los bienes usados, objetos de arte, antigüedades y objetos de colección.
• **Régimen especial aplicable a las operaciones con oro de inversión.**
• **Régimen especial de las agencias de viajes.**
• Régimen especial aplicable a los servicios prestados por vía electrónica.
• Régimen especial del grupo de entidades.

caso práctico inicial

Estos son los regímenes especiales existentes en la actualidad.

No te asustes, no vamos a desarrollarlos todos. Vamos a centrar nuestra atención en aquellos regímenes especiales que, por su mayor importancia, te puedan afectar en tu futuro profesional. Regímenes con los que será frecuente que te tropieces.

← El régimen especial de la agricultura, ganadería y pesca se aplica a los titulares de estas explotaciones.

6.1. Régimen simplificado

saber más

Renuncia al régimen simplificado

La renuncia se debe solicitar en el mes de diciembre del año anterior al año de aplicación y durará tres años.

vocabulario

Módulos: elementos que, usados en la actividad, determinan el IVA devengado por operaciones corrientes.

Se conoce vulgarmente como régimen de módulos y consiste en que el empresario devenga el IVA en función de los módulos afectos a su actividad, según normativa.

Se aplica a empresarios o profesionales que cumplan los siguientes requisitos:

REQUISITOS	EXCLUSIONES
• Que declaren en el régimen de estimación objetiva en el impuesto sobre la renta de las personas físicas (IRPF). • Que sean personas físicas. • Que no hayan renunciado o estén excluidos de la aplicación de este régimen.	• Haber superado en el año natural anterior un volumen de ingresos de 450.759,08 €. • Quedar excluido de la aplicación del régimen de estimación objetiva del IRPF. • Realizar actividades no acogidas al régimen simplificado, salvo que sean operaciones exentas del IVA o arrendamiento de bienes inmuebles que no supongan actividad empresarial.

OBLIGACIONES FORMALES
• Presentar cuatro declaraciones-liquidaciones al año (trimestralmente).
• Llevar libro de facturas recibidas.
• Conservar justificante de los módulos.
• Conservar facturas recibidas y documentos equivalentes por un período mínimo de 4 años.
• No se les obliga a expedir factura en general, por sus operaciones.

A partir del siguiente esquema y con el ejemplo, vamos a explicar cómo funciona este régimen especial. Al principio te parecerá complejo, pero ya verás como pronto te haces con su dinámica.

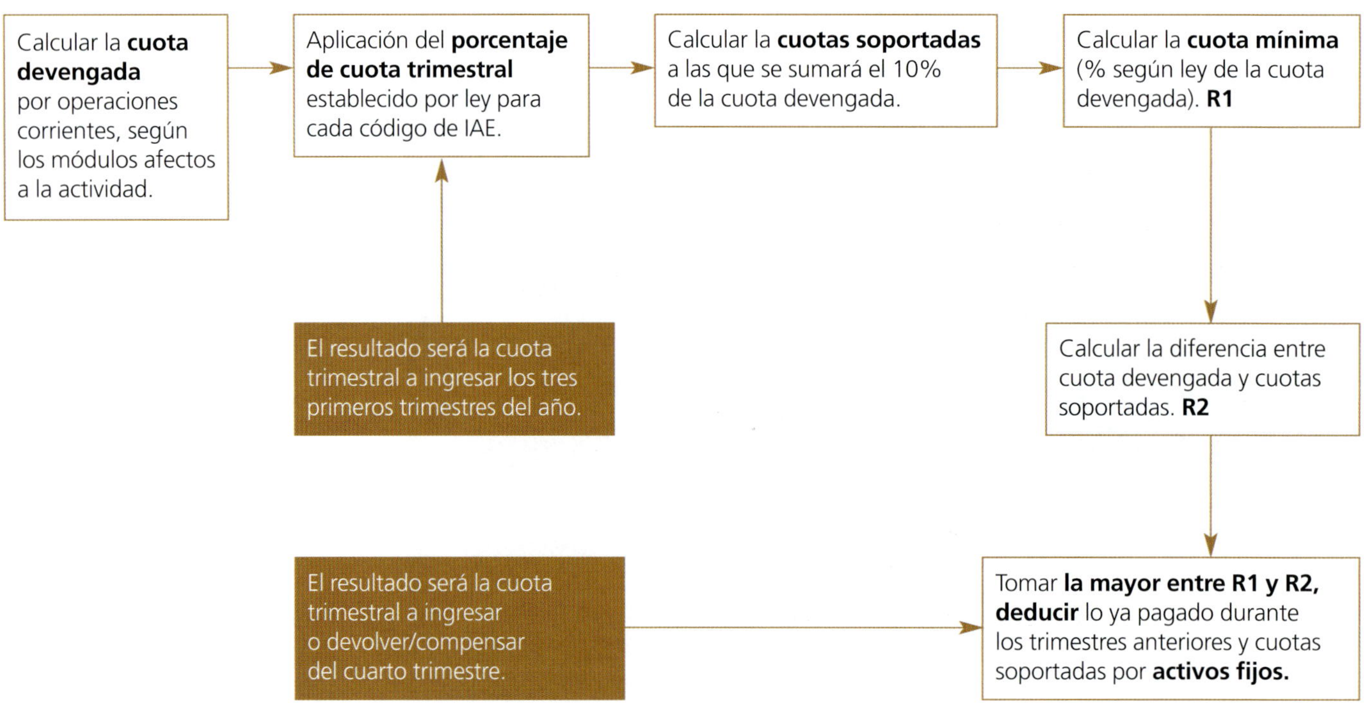

EJEMPLO

El titular de una empresa dedicada a «Servicios de peluquería de señora y caballero» con epígrafe IAE 972.1 tiene, durante el ejercicio 2011, la siguiente información de su actividad:

- Cuatro personas empleadas.
- Local de 540 m^2.
- Consumo energía 1.800 kW/h.
- Cuota mínima por operaciones corrientes 13% de la cuota devengada por operaciones corrientes.
- Porcentaje de cuota trimestral 5%.

Durante el ejercicio, la cuota de IVA soportado en operaciones relacionadas con su actividad es de 8.647 €:

MÓDULOS	UNIDAD	CUOTA ANUAL/UNIDAD
Personal empleado	Personal	1.020,37 €
Superficie del local	m^2	22,05 €
Consumo de energía eléctrica	100 kW/h	10,08 €

Calcula la cuota de los tres primeros trimestres, la anual y la del cuarto trimestre:

MÓDULOS	UNIDAD	CUOTA/UNIDAD	TOTAL
Personal empleado	4	1.020,37 €	4.081,48
Superficie del local	540	22,05 €	11.907,00
Consumo de energía eléctrica	18	10,08 €	181,44
Cuota devengada por operaciones corrientes			**16.169,92**

CUOTA TRIMESTRAL

Calculamos las cuotas del primero, segundo y tercer trimestre.

5% de 16.169,92 = 808,50 €

CUOTA ANUAL

Cuota devengada por operaciones corrientes 16.169,92 €

Cuota soportada por operaciones corrientes 8.808,70 €

Cuota soportada de difícil justificación: 1% de 16.169,92 = 161,70 €

8.808,70 – 161,70 = 8.647 €

7.361,22 €

Cuota mínima: 13% de 16.169,92 = 2.102,08 €

La mayor de las dos será la cuota anual. En nuestro caso, 7.361,22 €

CUOTA A INGRESAR EN EL CUARTO TRIMESTRE

Cuota derivada del régimen simplificado 7.361,22 €

Cuotas ingresadas a cuenta: 808,50 x 3 = 2.425,50 €

Cuota a ingresar: 7.361,22 – 2.425,50 = 4.935,72 €

6.2. Régimen especial del recargo de equivalencia

Este régimen es mucho más sencillo. Se aplica a comerciantes minoristas, personas físicas o entidades en régimen de atribución de rentas en el IRPF, que desarrollen su actividad y cumplan los requisitos que se determinan reglamentariamente.

Los comerciantes acogidos a este régimen deberán hacérselo saber a sus proveedores y estos les aplicarán, además del tipo impositivo del IVA, otro tipo o porcentaje más: el tipo impositivo del recargo de equivalencia, sobre la misma base del IVA.

Ten cuidado porque estos comerciantes no repercutirán a sus clientes dicho recargo. Es decir, ellos, cuando vendan, solo repercutirán (cobrarán) IVA. El recargo de equivalencia (RE) que soportan guarda relación con el tipo impositivo del IVA:

TIPO IVA	TIPO RECARGO EQUIVALENCIA
• 18%	• 4%
• 8%	• 1%
• 4%	• 0,5%

MINISTERIO DE ECONOMÍA Y HACIENDA

Agencia Tributaria
Teléfono: 901 33 55 33
www.agenciatributaria.es

Impuesto sobre el Valor Añadido
SOLICITUD DE DEVOLUCIÓN
Régimen especial recargo de equivalencia, art. 30bis RIVA y sujetos pasivos ocasionales.

Modelo **308**

Identificación (1)
Espacio reservado para la etiqueta identificativa
N.I.F. | Apellidos y nombre o Razón social

Devengo (2)
Ejercicio ....
Período ....
308768821360 1

Entregas intracomunitarias de medios de transporte nuevos y actividad de transporte de viajeros o de mercancías por carretera (Art. 30bis RIVA) (3)

Adquirente: N.I.F. | País
Apellidos y nombre o Razón social

Características y datos técnicos
Vehículos: Marca | Tipo | Modelo (denominación comercial)
Nº identificación (bastidor) | Clasificación
Embarcaciones: Fabricante | Tipo-modelo
Identificación (Nº construcción) | Eslora máxima
Aeronaves: Fabricante | Marca-Tipo-Modelo
Nº Serie | Año fabricación | Peso máximo despegue (en Kg.)

Liquidación
Precio de adquisición.. 01 | Tipo % 02 | I.V.A. soportado........... 03
Precio de venta........ 04 | Tipo % 05 | Máximo a devolver........ 06
I.V.A. a devolver por entregas intracomunitarias 07
I.V.A. a devolver actividad de transporte 18

↑ Modelo 308. Solicitud de devolución en régimen especial de recargo de equivalencia y sujetos pasivos ocasionales.

saber más

Obligaciones

Los sujetos sometidos al régimen del recargo de equivalencia no estarán obligados prácticamente a nada.

- No están obligados a efectuar liquidaciones, ni pagos del impuesto.
- No pueden deducir cuotas de IVA soportado.
- No están obligados a llevar registros contables ni libros de registro.
- No están obligados a expedir factura, salvo que su cliente sea empresario o profesional o así se lo exija el particular.

ACTIVIDADES

29. Un mayorista vende a un minorista acogido al régimen especial de recargo de equivalencia (RERE), mercancía por valor de 2.000 €. Calcula el total factura, sabiendo que el IVA aplicable a la operación es del 8%.

6.3. Régimen especial de agricultura, ganadería y pesca

Se aplica a los titulares de explotaciones agrícolas, ganaderas, forestales o pesqueras, que no hayan renunciado a su aplicación.

Son requisitos de este régimen:

- Ser titular de la explotación mencionada.
- Ser persona física.
- No haber facturado el año anterior más de 300.000 €.

Se excluyen:

- Sujetos pasivos con forma de sociedad mercantil.
- Sociedades cooperativas y agrarias de transformación.
- Las siguientes actividades, entre otras: pesca marítima; venta de productos obtenidos mezclados con otros adquiridos a terceros, salvo conservantes; ganadería independiente.

Para comprender mejor este régimen hay que saber que los sujetos pasivos acogidos a él no deben cumplir con obligación formal alguna: ni liquidación, ni repercusión, ni pago del impuesto. No podrán, por tanto, deducirse cuotas de IVA soportado en adquisiciones. Para compensar esta situción tienen derecho a percibir una compensación a tanto alzado en las entregas de sus productos. Esta compensación tiene carácter de deducible para el empresario que la soporta. Dicha compensación se calculará sobre el precio de venta, sin tributos ni gastos accesorios y será de:

- 10% en actividades agrícolas y forestales.
- 8,5% en actividades ganaderas y pesqueras.

EJEMPLO

Un agricultor acogido al REAGP vende productos por importe de 5.000 €. Además cobra por portes y seguros un total de 228 €. Determina el importe total que cobrará el agricultor por la venta efectuada.

Mercancía o productos 5.000 €

Compensación 500 €

Portes y seguros 228 €

Total a cobrar = 5.000 + 500 + 228 = 5.728 €

El requisito del recibo

El sujeto pasivo no tiene obligación de emitir factura, pero sí un **recibo.** Este recibo va a permitir al empresario que haya abonado la compensación, poder deducirla en su liquidación correspondiente. El recibo, por duplicado, contendrá:

- Serie y número. La numeración será correlativa.
- Nombre y dos apellidos o denominación social, NIF y domicilio del expedidor y del destinatario.
- Descripción de los bienes entregados o servicios prestados, así como el lugar y fecha de las respectivas operaciones.
- Precio de los bienes o servicios.
- Porcentaje de compensación aplicado.
- Importe de la compensación.
- Firma del titular de la explotación.

vocabulario

Recibo: documento que refleja la cuantía entregada, con desglose de los conceptos por los que se entrega. Asimismo, aparecerán los sujetos que intervienen en la operación, debidamente identificados.

saber más

Régimen especial de las agencias de viajes

El margen bruto de beneficios en el régimen especial de las agencias de viajes se calcula de la siguiente forma:

De lo cobrado al cliente (sin IVA) se restan las adquisiciones en beneficio del viajero (con IVA).

6.4. Resto de regímenes especiales

Sobre el resto de regímenes te ofrecemos, en forma de tabla, los rasgos más importantes.

REGÍMENES ESPECIALES		
Régimen	**Características**	**Empresarios o profesionales**
De bienes usados, objetos de arte, antigüedades y objetos de colección.	Presenta como peculiaridad el cálculo de la base imponible. Esta será el margen de beneficios resultante de la compraventa, sin incluir el IVA.	Revendedores de bienes.
De las agencias de viajes.	Presenta como peculiaridad el cálculo de la base imponible. Esta será, el margen bruto de beneficios que tiene la agencia.	Agencias de viajes. Organizadores de circuitos turísticos.
Del oro de inversión.	Exención del IVA para todo tipo de entrega. Es una exención limitada.	Comerciantes de oro de inversión.
De servicios prestados por vía electrónica.	Unificación de presentación de declaración e ingreso en la Unión Europea.	Empresarios y profesionales no establecidos en la UE que presten servicios electrónicos a establecidos que no tengan la condición de empresarios o profesionales.
Del grupo de entidades.	Compensación de saldos en las liquidaciones del grupo.	Empresarios o profesionales que formen parte de un grupo de entidades.

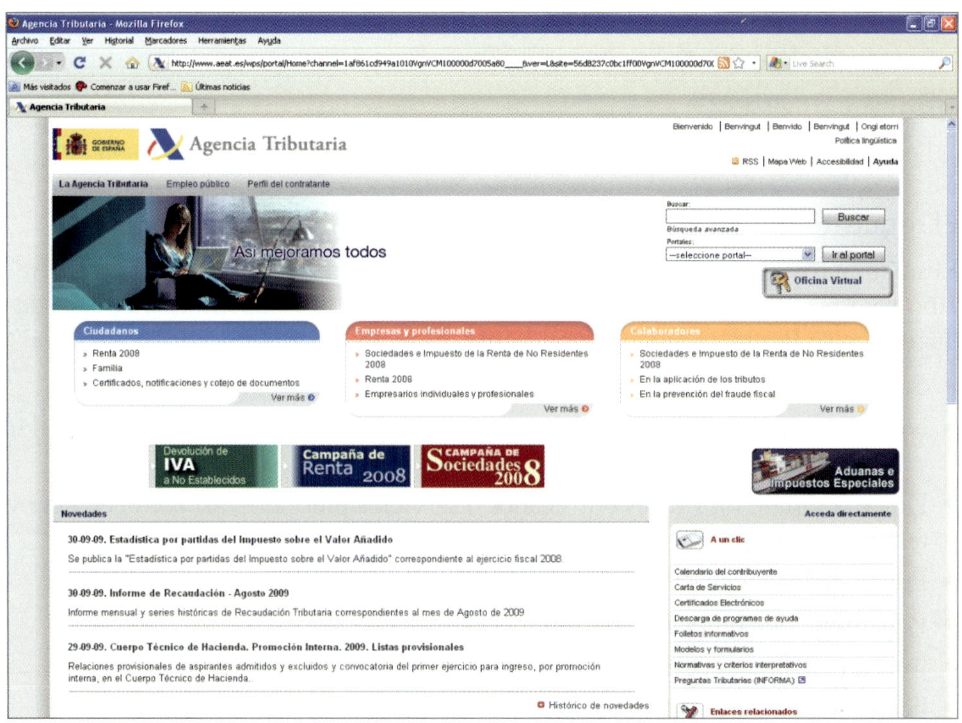

Puedes ampliar información visitando la página web de la AEAT. →

EJEMPLOS

Determina la base imponible de una operación de compraventa de una antigüedad cuyo precio de compra fue de 2.000 € (IVA incluido) y el precio de venta de 2.500 € (sin IVA).

La actividad se encuadra en el régimen especial de los bienes usados, objetos de arte, antigüedades y objetos de colección.

Por tanto, para calcular la base imponible partimos de la determinación del margen de beneficios:

$$2.500 - 2.000 = 500 \text{ €}$$

Como dentro de estos 500 € el IVA está incluido, hay que calcular la base imponible de la siguiente forma:

$$BI = 500/1{,}18 = 423{,}73 \text{ €}$$

Si quisiésemos conocer la cuota de IVA aplicaríamos el 18% a dicha cuantía.

Las facturas que emiten los sujetos pasivos acogidos a este régimen, no llevarán consignadas aparte la cuota de IVA repercutido, debiendo entenderse comprendida en el precio total. Estas cuotas no son deducibles por el adquiriente.

Una agencia de viajes cobra a un cliente, IVA no incluido, 3.500 € por un crucero. Ha pagado, en concepto de diferentes adquisiciones en beneficio de su cliente, 1.000 € (IVA incluido). Determina la base de la operación.

Régimen especial de las agencias de viaje.

Para calcular la base imponible de la operación determinamos el margen bruto de la operación.

$$3.500 - 1.000 = 2.500 \text{ €}$$

$$BI = 2.500/1{,}18 = 2.118{,}64 \text{ €}$$

Las agencias de viaje no tienen la obligación de consignar separadamente en sus facturas las cuotas de IVA repercutido.

ACTIVIDADES

30. Un revendedor de cómics presenta un saldo inicial de 6.000 € y un saldo final de 8.450 €. Ambas cuantías incluyen IVA. Determina la base imponible de las operaciones y la cuota de IVA que el revendedor deberá declarar.

31. Calcula el importe de una operación realizada por un empresario que compra a otro, agricultor acogido al REAGP, patatas por valor de 1.500 €, si los portes ascienden a 150 € y los embalajes a 25 €.

32. Para una empresa, bajo el epígrafe IAE 973.3, disponemos de la siguiente información sobre el año 2011:

- Dos personas empleadas.
- Potencia contratada 11 kW.
- Cuota mínima por operaciones corrientes 30% de la cuota devengada por operaciones corrientes.
- Porcentaje de cuota trimestral 9%.
- Cuota de IVA soportado en operaciones relacionadas con su actividad 24.500 €.

Los módulos aplicables son los que siguen:

Módulo	Cuota anual devengada
Personal empleado	10.008,48 €
Por kW contratado	182,66 €

Con estos datos determina: la cuota de los tres primeros trimestres, la cuota anual y la del cuarto trimestre.

ACTIVIDADES FINALES

1. Explica la diferencia entre IVA soportado e IVA repercutido.
2. Explica el significado de la siguiente frase: «El IVA soportado es deducible».
3. Explica la diferencia entre una operación exenta plena y una operación exenta limitada.
4. Un empresario compra una máquina por valor de 20.000 € y la vende por 50.000 €, una vez modificada. Si la actividad está sujeta al 18% del IVA, determina la liquidación en los siguientes supuestos:
   - El IVA está incluido en los precios.
   - El IVA no está incluido en los precios.
5. Una empresa realiza durante el ejercicio económico las siguientes operaciones:

TRIMESTRE	BASE IMPONIBLE EN VENTAS (€)	BASE IMPONIBLE EN COMPRAS (€)
Primero	100.235,35	98.256,25
Segundo	45.236,89	62.365,85
Tercero	60.456,23	25.236,00
Cuarto	65.000,00	39.452,56

   Determina la liquidación de IVA de cada trimestre, teniendo en cuenta que el tipo aplicable por la empresa en todas sus operaciones es el 8%.
6. ¿Cuál será la base imponible y la cuota de una operación de compraventa cuyo importe ha sido de 12.365 € y el tipo de IVA aplicable el superreducido?
7. Una empresa vende a otra 120 reproductores MP3 a 20 € la unidad y un ordenador portátil por valor de 640 € (IVA no incluido). Le cobra, en concepto de portes, 100 €, y en concepto de seguros otros 75 €. Le aplica un descuento comercial del 3% y un descuento, por pronto pago, del 1,5%. Determina la base imponible de la operación, la cuota del IVA, el total factura y el coste de compra de la operación para la empresa cliente.
8. Una empresa vende a otra mercancía al 8% de IVA por valor de 1.200 €. Se aplica un descuento del 10% y unos gastos de transporte y seguros de 72 € y 40 €, respectivamente. Determina la base imponible, la cuota de IVA y el coste de compra de la operación para la empresa cliente.
9. Una empresa ha realizado durante el tercer trimestre las siguientes operaciones:
   - Ingresos por ventas 20.200 €
   - Pago de nóminas 9.000 €
   - Compra de material informático 564 €
   - Compra de maquinaria 6.500 €
   - Pago de intereses por préstamos 3.560 €

   Tiene una cuota a compensar del periodo anterior de 1.230 €. Liquida el IVA del trimestre.
10. Calcula el importe de la liquidación del IVA de un empresario que ha tenido los ingresos y los gastos que se relacionan a continuación:

    Base imponible en ventas 220.000 € (IVA general).

    Gastos:
    - Joyas para regalar a las mujeres de determinados clientes 5.000 €
    - Automóvil para uso de la empresa y para uso particular del empresario 19.200 €
    - Materias primas 50.000 € (IVA general).
    - Máquina de envasado 25.000 €
    - Seguros 350 €
    - Sueldos y salarios 12.000 €

■ 11. Determina la liquidación del IVA de una empresa que presenta la siguiente información:

Ventas al 18% 82.000 € (10.000 € a comerciantes acogidos al RERE)

Ventas al 8% 60.000 €

Ventas al 4% 25.000 € (500 € a comerciantes acogidos al RERE)

Compras al 18% 32.000 €

Compras al 4% 12.030 €

■ 12. ¿Cómo variaría el resultado del ejercicio anterior en caso de haber la empresa hecho frente a los siguientes gastos?

- Contratación de seguros 2.300 €
- Cenas a clientes 800 €
- Máquina utilizada en actividad empresarial (70%) 45.000 €
- Alquiler de oficinas 6.320 €
- Cursos de formación reglada a empleados 700 €

■ 13. Una cafetería, bajo el epígrafe IAE 672.1, 2 y 3 presenta la siguiente información:

MÓDULO	CUOTA ANUAL DEVENGADA
Personal empleado	5.370,41 €
Por kW contratado	88,18 €
Por mesa	60,39 €
Por máquina tipo A	160,00 €
Por máquina tipo B	525,00 €

- Personal: dos empleados más el dueño.
- Potencia contratada 7 kW.
- Cuenta con 12 mesas, una máquina tipo A y tres tipo B.
- Por adquisiciones corrientes paga 40.856,56 € (IVA no incluido).
- Cuota mínima por operaciones corrientes 14%; porcentaje trimestral 3% (información según epígrafe).

Los módulos aplicables son los que se muestran en la tabla.

Con estos datos determina la cuota de los tres primeros trimestres, la cuota anual y la cuota del cuarto trimestre.

entra en internet

■ 14. A lo largo de la unidad se ha ido pidiendo que se buscase distinta información relativa al impuesto. Para ello puedes entrar en la dirección de la web de la Agencia Estatal de la Administración Tributaria: <www.aeat.es>. Navega un poco por ella, y hazte con su contenido, pues en la próxima unidad te será muy útil.

■ 15. En la siguiente dirección podrás encontrar la Ley del IVA con ejemplos comentados y comentarios. Te será de mucha utilidad: <www.gabilos.com/webfiscal/textofiscalleyes.htm>.

PRÁCTICA PROFESIONAL

El devengo del IVA

OBJETIVOS

Interpretar y aplicar las normas y usos mercantiles y la legislación fiscal vigente.

SITUACIÓN INICIAL

En esta práctica vas a leer, interpretar y aplicar algunos artículos de la Ley 37/1992 (Ley del IVA), que hacen referencia al devengo del impuesto.

El devengo del impuesto es el momento en el que quedan cumplidas las condiciones para que este se haga exigible, es decir, en el que se entiende realizada la operación sujeta al impuesto.

Lee detenidamente los artículos de la citada Ley que hablan o regulan el devengo del impuesto del IVA.

Artículo 75. Devengo del impuesto: entregas de bienes y prestaciones de servicios

1. *Se devengará el impuesto:*

1. *En las entregas de bienes, cuando tenga lugar su puesta a disposición del adquirente o, en su caso, cuando se efectúen conforme a la legislación que les sea aplicable.*
2. *En las prestaciones de servicios, cuando se presten, ejecuten o efectúen las operaciones gravadas.*

(...)

7. *En los arrendamientos, en los suministros y, en general, en las operaciones de tracto sucesivo o continuado, en el momento en que resulte exigible la parte del precio que comprenda cada percepción.*

No obstante, cuando no se haya pactado precio o cuando, habiéndose pactado, no se haya determinado el momento de su exigibilidad, o la misma se haya establecido con una periodicidad superior a un año natural, el devengo del impuesto se producirá a 31 de diciembre de cada año por la parte proporcional correspondiente al período transcurrido desde el inicio de la operación, o desde el anterior devengo, hasta la citada fecha.

Se exceptúan de lo dispuesto en los párrafos anteriores las operaciones a que se refiere el párrafo segundo del número 1 precedente.

2. *No obstante lo dispuesto en el apartado anterior, en las operaciones sujetas a gravamen que originen pagos anticipados anteriores a la realización del hecho imponible el impuesto se devengará en el momento del cobro total o parcial del precio por los importes efectivamente percibidos. (...)*

Artículo 76. Devengo del impuesto: adquisiciones intracomunitarias de bienes

En las adquisiciones intracomunitarias de bienes, el impuesto se devengará en el momento en que se consideren efectuadas las entregas de bienes similares de conformidad con lo dispuesto en el artículo 75 de esta Ley. (...)

Artículo 77. Devengo del impuesto: importaciones

1. En las importaciones de bienes, el devengo del impuesto se producirá en el momento en que hubiera tenido lugar el devengo de los derechos de importación, de acuerdo con la legislación aduanera, independientemente de que dichas importaciones estén o no sujetas a los mencionados derechos de importación. (...)

ACTIVIDADES

Primero. Una vez leídos estos artículos trata de cumplimentar la siguiente tabla dando respuesta a las cuestiones que en ella se plantean. Es importante que puedas poner un ejemplo explicativo del momento del devengo. Ojo, puede haber alguna trampa.

TIPO DE OPERACIÓN	MOMENTO DEL DEVENGO	EJEMPLO
Entrega de bienes		
Prestación de servicios		
Importación de bienes		
Adquisiciones intracomunitarias		
Exportación de bienes		

Segundo. Pon un ejemplo ilustrativo o explica con tus palabras el significado del art. 75.1.7 de la Ley del IVA.

Tercero. Una empresa ha efectuado un pago anticipado de 200 € (IVA del 18% incluido), a cuenta de futuras operaciones, con fecha 02/02/20XX.

Con fecha 27/07/20XX realiza una compra de mercancía por valor de 8.000 €. Se le aplica un descuento comercial del 3% y se le cargan unos gastos de transporte de 100 ⇔

- ¿Cuál será la fecha de devengo del anticipo?

  A tenor de lo expuesto en el art. 75.2 de la Ley del IVA, el devengo se producirá el 02/02/20XX.

- Si la empresa cliente liquida mensualmente el IVA, ¿en qué mes deducirá la cuota soportada por el anticipo?

  Partiendo de la pregunta anterior, la empresa cliente podrá deducir la cuota de IVA soportado por el anticipo entregado, en la liquidación del mes de febrero. Esta ascenderá a 30,59 €

  200/1,18 = 169,41 € de base imponible

  200 – 169,41 = 30,59 €

- ¿Cuál será el coste total de la compra de fecha 27/07/20XX?

  Para hacer este cálculo, debes proceder como hemos visto en la unidad 3. En ella explicábamos cómo determinar el coste de una compra o precio de adquisición.

- ¿Cuál será el total de la factura de fecha 27/07/20XX?

  Del coste total de la compra debes restar la base imponible resultante del anticipo (169,41 €) pues esta cuantía ya la has abonado.

  El resultado se corresponderá con la base imponible que aparecerá en la factura del 27/07/20XX. Hallas la cuota de IVA resultante al 18% y se la sumas a dicha base imponible. Ya tienes el total de la factura.

SOFTWARE ADMINISTRATIVO

FacturaPlus

1. Referencia: **01**

   Descripción: **Jersey de algodón**

   Familia: Jerséis

   Coste: 24,64 €

   PVP: 33,06 €

   Stock mínimo: 5

   Stock máximo: 300

2. Referencia: **02**

   Descripción: **Pantalones Denim**

   Familia: Pantalones

   Coste:

   - Talla 30: 39,07 €
   - Talla 32: 40,87 €
   - Talla 34: 42,67 €

   PVP:

   - Talla 30: 49,28 €
   - Talla 32: 51,09 €
   - Talla 34: 52,89 €

   Stock mínimo: 3

   Stock máximo: 100

En esta unidad, y partiendo del ejercicio final propuesto en la unidad 4 sobre la empresa Ropas Margarita, vamos a tratar de ayudarte a introducir los parámetros que se aportaban, relativos a los artículos.

Previamente, como ya mostrábamos, deberás haber dado de alta las propiedades en el menú *Útil/Entorno del sistema/Personalización,* en la pestaña *Calcu.* En la imagen puedes ver que están marcadas las dos propiedades e incluso puedes darle nombre a cada una de ellas en su *literal.*

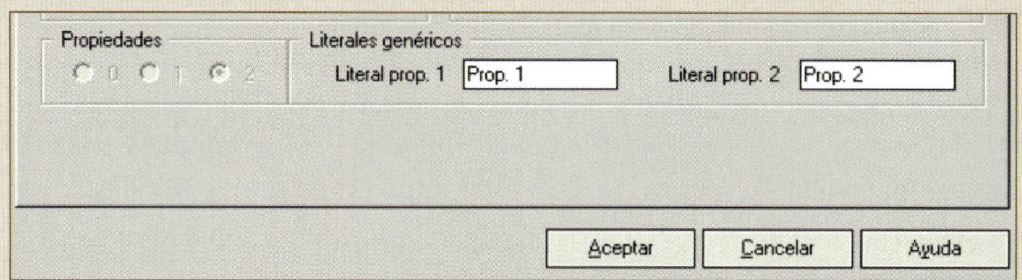

Hecho esto debes dar de alta las propiedades de los artículos en el menú *Sistemas/Tablas generales.* Son tres, el Color, la Talla de jerséis y la Talla de pantalones. Para ello usarás la pestaña *Tablas* que se activará cuando marques la opción, en la pestaña principal *Propiedad* con tabla asociada.

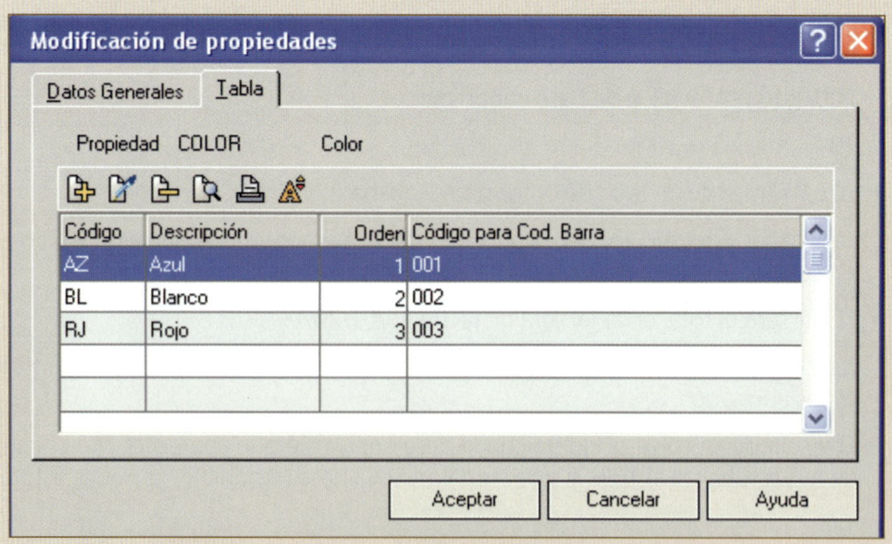

A continuación ve al menú *Sistemas/Artículos* y vamos a dar de alta los Jerséis e introducir los datos. Estos no ofrecen mucha dificultad pues son datos o variables que puedes identificar bien a lo largo de las tres primeras pestañas.

Posteriormente vas a dar de alta el artículo pantalones.

Fíjate que los precios de compra y de venta varían en función de la talla. Para trabajar bien, has de marcar la opción *Precios por propiedades* de la primera pestaña: *Datos Generales*.

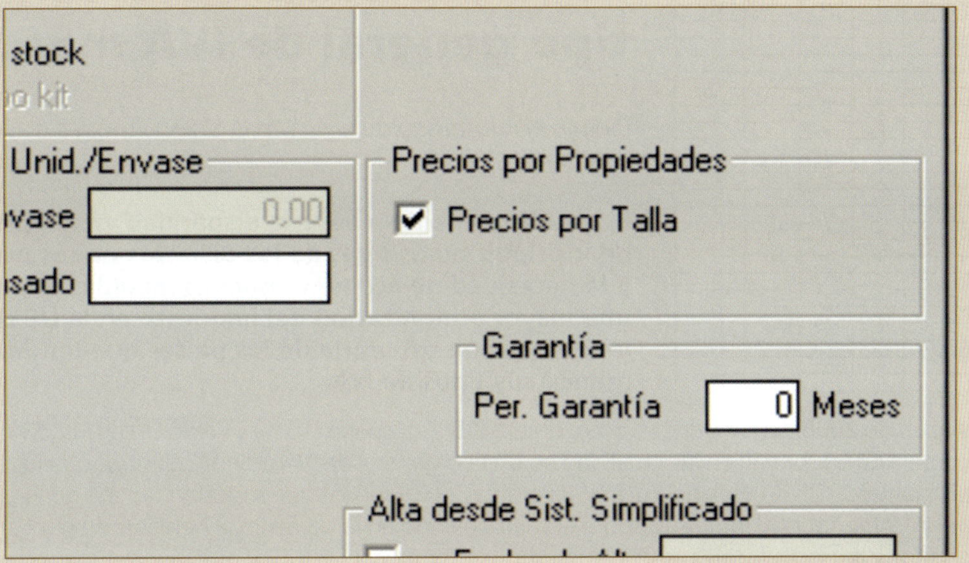

En la pestaña *Prec. Compra* introducirás el coste de compra para cada una de las tallas con las que trabaja la empresa.

Te aparecerá así un cuadro de diálogo para ir dando, propiedad a propiedad, es decir talla a talla, cada uno de los precios de compra.

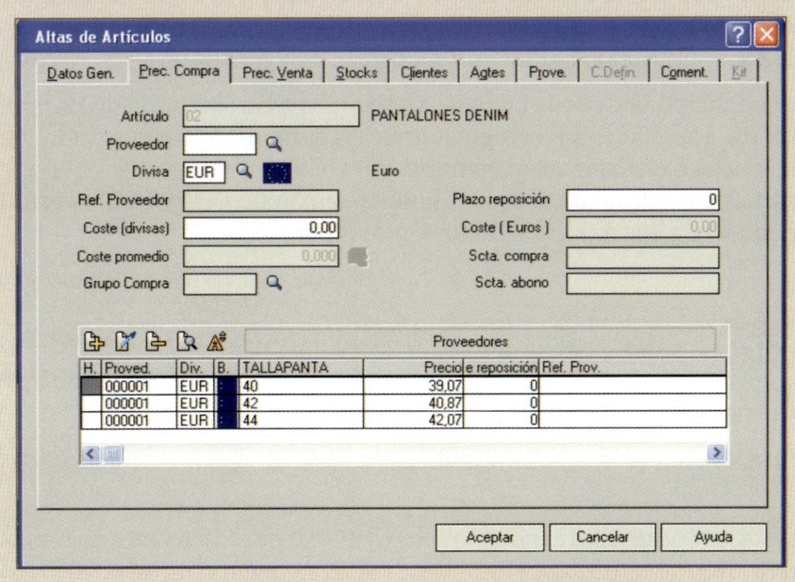

En la pestaña *Precio de venta* operarás de igual forma.

MUNDO LABORAL

TIPOS IMPOSITIVOS EN LA UE (%)				
Estado miembro	**Tipos reducidos**			**Tipo general**
Alemania	7			19
Austria	10	12	16	20
Bélgica	0	6	12	21
Bulgaria	7			20
Chipre	5			15
Dinamarca				25
Eslovenia	8,5			20
España (península y Baleares)	4	7		16
Estonia	0	5		18
Finlandia	0	8	17	22
Francia	2,1	5,5		19,6
Grecia	4,5	9		19
Holanda	6			19
Hungría	5			20
Irlanda	0	4,8	13,5	21
Italia	4	10		20
Letonia	5			18
Lituania	5	6	9	18
Luxemburgo	3	6	12	15
Malta	0	5		18
Polonia	0	3	7	22
Portugal (península)	5	12		21
Portugal (Madeira y Azores)	4	8		15
Reino Unido	0	5		17,5
República Checa	5	8		19
República Eslovaca	10			19
Rumanía	9			19
Suecia	0	6	12	25

España, Luxemburgo, Chipre y Reino Unido, los países de la Unión Europea con un tipo general de IVA más bajo

(Según el informe sobre el IVA en la Unión Europea elaborado por Landwell-PwC)

El estudio pone de relieve la disparidad en la aplicación de los tipos impositivos de los distintos países miembros y la necesidad de acometer nuevas medidas que garanticen una mayor armonización del impuesto en la UE sin alterar la recaudación tributaria de los países que tendrían que reducir sus tipos de IVA.

Madrid, 3 de abril de 2008. Luxemburgo (15%), Chipre (15%), España (16%) y Reino Unido (17,5%) son los países de la Unión Europea que disponen en la actualidad de un tipo general de IVA menor, mientras que los ciudadanos de Suecia (25%), Dinamarca (25%), Finlandia (22%) y Polonia (22%) son los que soportan un tipo general de gravamen mayor, según el informe sobre el impuesto sobre el valor añadido en la UE de los 27 elaborado por Landwell, el despacho de abogados y asesores fiscales de PricewaterhouseCoopers. El estudio, que incluye una comparativa de los tipos generales y reducidos de IVA –ver cuadro–, pone de relieve que todavía queda muy lejos la verdadera armonización del impuesto en todos los Estados miembros de una Unión Europea cada vez más amplia.

El informe muestra la existencia de un único país, Dinamarca, con un solo tipo de IVA. Los tipos generales del impuesto oscilan entre el 15% y el 25%, aunque en la mayoría de los países se sitúan entre el 18% y el 20%. En cuanto a los tipos reducidos, el abanico de casos se multiplica: Austria, Bélgica, Finlandia, Irlanda, Lituania, Luxemburgo, Polonia y Suecia cuentan con tres tipos de IVA reducido, distintos en cada uno de los Estados. España, Estonia, Francia, Grecia, Italia, Malta, Portugal, Reino Unido y República Checa tienen dos tipos reducidos diferentes. Y Alemania, Bulgaria, Chipre, Eslovenia, Holanda, Hungría, Letonia, República Eslovaca y Rumanía, un solo tipo reducido.

El estudio de Landwell-PwC señala que queda patente la disparidad en la aplicación de los tipos impositivos e incluye ejemplos concretos relativos a las diferencias existentes entre las distintas legislaciones nacionales. Además, subraya la necesidad de acometer nuevas medidas que garanticen, por un lado, una mayor armonización del impuesto y, por otro, una recaudación suficiente para las arcas de los Estados miembros cuyos gobiernos se muestran más reticentes a modificaciones que supondrían una reducción de sus ingresos por IVA.

Fuente: Nota de prensa PricewaterhouseCoopers 3/04/2008

Trabajo a realizar

1. Elabora un resumen de la nota de prensa que se reproduce.
2. ¿Qué opinas del hecho de que los tipos impositivos no sean los mismos en todos los países de la Unión Europea?
3. La diferencia existente, en cuanto a los tipos impositivos del IVA, entre los distintos países miembros de la Unión Europea, ¿crees que favorece comercialmente a unos países en detrimento de otros?
4. ¿Crees que se debería aumentar el tipo general aquí en España? ¿Te afectaría de alguna manera?

EN RESUMEN

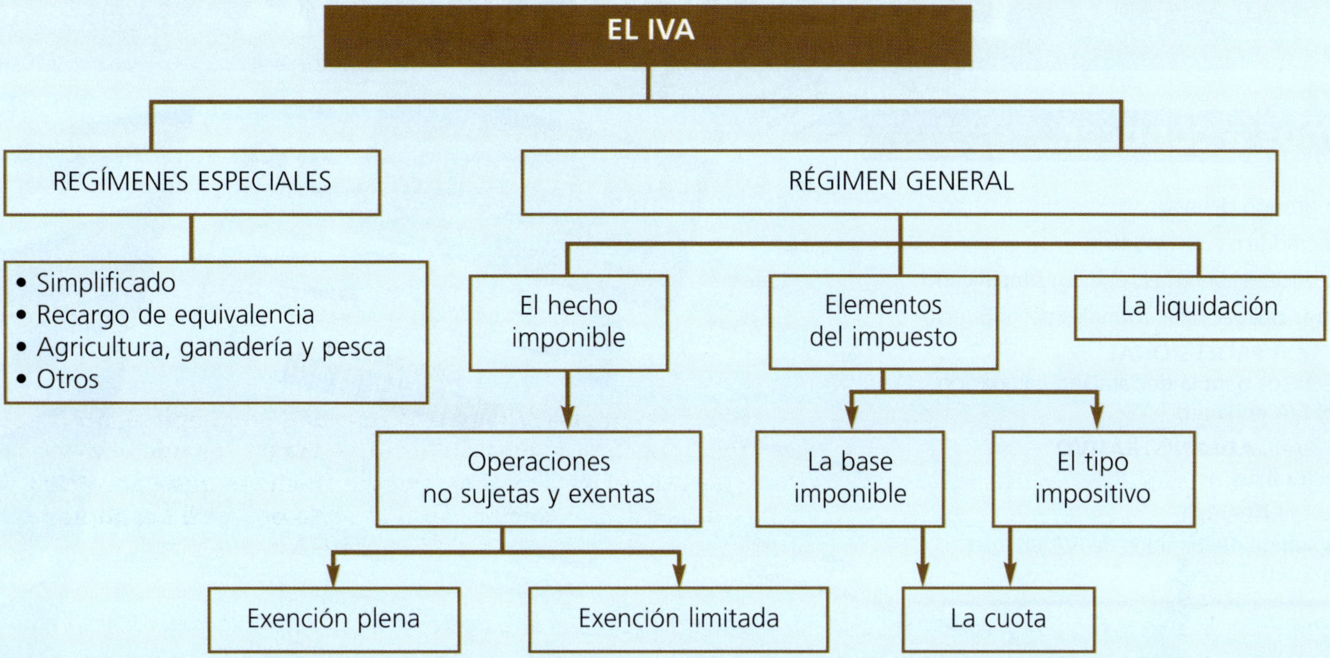

EVALÚA TUS CONOCIMIENTOS

1. El tipo superreducido se aplica para:

a) Libros.

b) Coches.

c) Agua mineral.

d) Ninguno de los anteriores.

2. ¿Cuáles de las siguientes operaciones no está exenta de IVA?

a) Los servicios públicos postales.

b) Las entregas gratuitas de muestras.

c) Los sueldos y salarios.

d) Ninguna de las anteriores.

3. El IVA, por lo general, no supone un coste ni un ingreso para el empresario.

a) Verdadero.

b) Falso.

4. El IVA grava:

a) La renta de los consumidores.

b) Los beneficios obtenidos por las empresas.

c) Los ingresos obtenidos por las empresas en sus ventas.

d) El consumo.

5. El IVA tiene como hecho imponible las exportaciones si estas pasan por aduana.

a) Verdadero.

b) Falso.

6. Los sujetos pasivos del IVA son:

a) Los consumidores.

b) Los empresarios y profesionales.

c) Las sociedades mercantiles.

d) Ninguna es correcta.

7. Como norma general, la devolución del IVA solo se solicitará en la liquidación del último periodo.

a) Verdadero.

b) Falso.

8. Un mayorista que vende a un minorista acogido al RERE productos que tributen al tipo general deberá aplicarle el recargo del:

a) 0,5% c) 4%

b) 1% d) 18%

9. El régimen especial simplificado es un régimen voluntario.

a) Verdadero.

b) Falso.

Soluciones: 1a, 2a, 3a, 4d, 5b, 6b, 7a, 8c, 9a

7 La gestión del IVA

vamos a conocer...

1. La gestión del IVA
2. Los modelos 390 y 340
3. La declaración en el régimen simplificado
4. Otras obligaciones formales del impuesto

PRÁCTICA **PROFESIONAL**
Recursos para la declaración-liquidación del IVA en la red

SOFTWARE **ADMINISTRATIVO**
FacturaPlus

MUNDO **LABORAL**
La subida de los tipos de IVA en julio de 2010

y al finalizar esta unidad...

- Identificarás los modelos de impresos de declaraciones-liquidaciones del IVA utilizados por las empresas.
- Conocerás los plazos de presentación de las declaraciones-liquidaciones del IVA.
- Aprenderás a cumplimentar los modelos de declaración.
- Interpretarás el contenido de los distintos modelos de declaración-liquidación del impuesto.
- Realizarás declaraciones-liquidaciones del IVA, utilizando para ello aplicaciones informáticas y telemáticas.
- Descubrirás otras obligaciones formales a las que obliga el impuesto a los sujetos pasivos del mismo.

CASO PRÁCTICO INICIAL

situación de partida

El día 15 de abril todavía no se ha presentado, en una determinada empresa cuya forma jurídica es la de sociedad anónima, la declaración-liquidación del IVA del primer trimestre del año.

Dentro de la empresa se están planteando si, en caso de salir negativo el resultado de la liquidación, podrían optar a solicitar el importe para que se les devuelva de forma inmediata, pues se necesita liquidez.

En el departamento oportuno ya cuentan con los datos para proceder a cumplimentar la declaración, pero no encuentran modelos adecuados para presentarla en soporte papel. Contabilidad ya les ha suministrado toda la información necesaria.

estudio del caso

Antes de pasar a estudiar y analizar el contenido de la unidad, trata de responder a las siguientes cuestiones. Si alguna te resulta especialmente complicada o no sabes qué responder, no te preocupes. Al finalizar la unidad seguro que lo tienes mucho más claro.

1. ¿Todavía está a tiempo la empresa del supuesto a presentar la declaración-liquidación del IVA del primer trimestre?
2. ¿Pueden solicitar la devolución inmediata de la cuantía resultante, en caso de ser esta negativa?
3. ¿Por qué crees que no se encuentran en la oficina modelos en soporte papel adecuados para presentar la declaración del impuesto?
4. ¿Qué es el modelo 345?

1. La gestión del IVA

vocabulario

AEAT: Agencia Estatal de Administración Tributaria.

Agencia Tributaria
www.agenciatributaria.es

Aún te queda por estudiar algo fundamental respecto al IVA: la gestión del impuesto. Será en esta unidad donde verás cómo se lleva a cabo dicha gestión y, con ella, todas las obligaciones formales que, un Técnico en Gestión Administrativa, debe conocer.

1.1. Las declaraciones-liquidaciones del IVA

El impuesto del IVA se declara-liquida periódicamente, en función del tipo de empresa y del régimen del impuesto.

Ha de quedarte muy claro el tipo de modelo a utilizar para ello, así como el plazo y lugar de presentación de la declaración-liquidación.

Dónde y cómo presentar las declaraciones-liquidaciones

Las declaraciones-liquidaciones pueden presentarse ante la administración de la AEAT correspondiente al domicilio fiscal de la empresa (personalmente o bien por correo certificado), o bien ante alguna de las entidades colaboradoras de la misma.

EJEMPLOS

¿Cuándo se puede presentar la declaración-liquidación del IVA ante la propia AEAT y cuándo ante una entidad colaboradora?

Se presentarán ante la AEAT cuando el resultado de la misma sea a compensar. Siempre que el resultado sea positivo (a ingresar) o negativo y se opte por la devolución, se presentarán ante una entidad colaboradora.

¿Qué entidades colaboradoras de la AEAT conoces en materia de recaudación del IVA?

Las cajas de ahorro, las entidades bancarias y las cooperativas de crédito.

Esta entidad bancaria colaboradora debe ser aquella a través de la cual la empresa pretenda recibir la devolución. En caso de optar por la presentación de la autoliquidación en la delegación o administración de la AEAT, esta debe corresponder con la de su domicilio fiscal.

saber más

Nuevas tecnologías

Las nuevas tecnologías y el uso de internet cobran cada vez más fuerza y la AEAT intenta forzar a los sujetos pasivos a un uso cada vez mayor de estos medios.

Esta entidad bancaria colaboradora debe ser aquella a través de la cual la empresa pretenda recibir la devolución. En caso de optar por la presentación de la autoliquidación en la delegación o administración de la AEAT, esta debe corresponder con la de su domicilio fiscal.

caso práctico inicial

La empresa del supuesto, al ser una sociedad anónima, no precisa presentar en soporte papel la declaración del IVA. Debe hacerlo telemáticamente. Por eso no se encuentran modelos en la oficina.

Las declaraciones-liquidaciones pueden presentarse en soporte papel, utilizando los impresos que luego verás, o bien telemáticamente a través de internet. La ley obliga a hacerlo por vía telemática en unos casos muy concretos:

PRESENTACIÓN TELEMÁTICA OBLIGATORIA
• Cuando los sujetos pasivos estén obligados a liquidar el IVA mensualmente.
• Cuando la forma jurídica del sujeto pasivo sea la sociedad anónima o la sociedad de responsabilidad limitada.
• Cuando el sujeto pasivo opte por la devolución mensual de cuotas resultantes a su favor, sea cual sea la forma jurídica de la empresa.

1.2. El modelo 036

Es el primer documento que, con respecto a la gestión del IVA, debes conocer. Se denomina también **modelo de declaración censal.**

Es el documento con el cual se da de alta la empresa ante la Administración Tributaria, al comienzo de la actividad. Este documento también se utiliza para comunicar cualquier modificación de datos fiscales relativos a la empresa, así como el cese de la actividad empresarial.

Se debe presentar antes de dar comienzo las correspondientes actividades. Así las empresas matizan sus obligaciones fiscales.

Ayuda

MINISTERIO DE ECONOMÍA Y HACIENDA

Agencia Tributaria

Teléfono: 901 33 55 33
www.agenciatributaria.es

Declaración Censal
de alta, modificación y baja en el Censo de Empresarios, Profesionales y Retenedores

Pág. 1
Modelo
036

Rellenar Formulario

Datos identificativos

Espacio reservado para la etiqueta identificativa

036265819144 5

101 NIF
102 Apellidos y nombre o razón o denominación social

1. CAUSAS DE PRESENTACIÓN

A) Alta

110 Solicitud de Número de Identificación Fiscal (NIF).
111 Alta en el Censo de Empresarios, Profesionales y Retenedores.

B) Modificación

120 Solicitud de NIF definitivo, disponiendo de NIF provisional.
121 Solicitud de nueva tarjeta acreditativa del NIF.
122 Modificación domicilio fiscal (páginas 2A, 2B y 2C).
123 Modificación domicilio social o de gestión administrativa (páginas 2A y 2B).
124 Modificación domicilio a efectos de notificaciones (páginas 2A, 2B y 2C).
125 Modificación otros datos identificativos (páginas 2A, 2B y 2C).
126 Modificación datos representantes (página 3).
127 Modificación datos relativos a actividades económicas y locales (página 4).
128 Modificación de la condición de Gran Empresa o Admón. Pública de presupuesto superior a 6.000.000 de euros (página 5).
129 Solicitud de inscripción/baja en el registro de devolución mensual (página 5).
130 Solicitud de alta/baja en el registro de operadores intracomunitarios (página 5).
131 Modificación datos relativos al Impuesto sobre el Valor Añadido (página 5).
132 Modificación datos relativos al Impuesto sobre la Renta de las Personas Físicas (página 6).
133 Modificación datos relativos al Impuesto sobre Sociedades (página 6).
134 Modificación datos relativos al Impuesto sobre la Renta de no Residentes correspondiente a establecimientos permanentes o a entidades en atribución de rentas constituidas en el extranjero con presencia en territorio español (página 6).
135 Opción/renuncia por el Régimen fiscal especial del Título II de la Ley 49/2002 (página 6).
136 Modificación datos relativos a retenciones e ingresos a cuenta (página 7).
137 Modificación datos relativos a otros Impuestos (página 7).
138 Modificación datos relativos a regímenes especiales del comercio intracomunitario (página 7).
139 Modificación datos relativos a la relación de socios, miembros o partícipes (página 8).
140 Dejar de ejercer todas las actividades empresariales y/o profesionales (personas jurídicas y entidades, sin disolución. Entidades inactivas).
141 Fecha efectiva del cese

C) Baja

150 Baja en el Censo de Empresarios, Profesionales y Retenedores
151 Causa
152 Fecha efectiva de la baja

Lugar, fecha y firma

Lugar
Fecha
Firma en calidad de
Firma
Firmado: D./D.ª

Rellenar Formulario

Ejemplar para la Administración

Ver. 1.1/2009

saber más

Plazo de presentación del modelo 036

Cuando el modelo 036 tenga como fin el comunicar variación de datos o bien cese de actividad, se deberá presentar en el plazo de un mes a partir del día siguiente al que se produzcan los hechos que lo motiven.

saber más

Lugar de presentación del modelo 036

Se puede presentar ante la AEAT correspondiente al domicilio fiscal de la empresa o bien telemáticamente a través de internet.

↑ Telefónica se considera una gran empresa a efectos de declaración-liquidación del IVA.

saber más

Modelo 340

En este modelo, mensualmente y por vía telemática o en DVD, se presentarán las declaraciones informativas de libros registro de facturas.

Están obligados a presentarlo los sujetos pasivos inscritos en el Registro de Devolución Mensual (REDEME).

Este modelo es obligatorio para todas las empresas desde 2010.

caso práctico inicial

Como verás, la empresa todavía está a tiempo de presentar la declaración del IVA. Puede hacerlo hasta el 20 de abril.

1.3. Modelos de declaración-liquidación

En este apartado vas a estudiar los distintos modelos que los sujetos pasivos utilizan para declarar y liquidar el IVA. No obstante, para una mejor comprensión del modelo a utilizar, debes tener clara la diferencia entre grandes empresas y pymes, a efectos del IVA.

Gran empresa será toda aquella cuyo volumen de operaciones, excluido el IVA, en el año natural anterior **haya sido superior a 6.010.121,04 €**, independientemente de su forma jurídica. El resto será considerada pyme, a los efectos de este impuesto.

Otra cuestión que debes plantearte para saber qué tipo de declaración debe presentar la empresa, es si opta por la devolución mensual de cuotas cuando de la liquidación del impuesto se obtenga una cuantía negativa.

En el siguiente esquema se resumen los principales modelos y plazos de presentación.

MODELO	PLAZOS		RÉGIMEN
	Trimestralmente	Mensualmente (Grandes empresas y devolución mensual)	
Modelo 303	20 días del mes siguiente al trimestre que se liquida. 4.° trimestre: hasta el día 30 de enero del ejercicio siguiente.	20 días del mes siguiente al mes que se liquida. Último mes hasta el día 20 de enero del ejercicio siguiente.	Régimen general
Modelo 310 **Modelo 311 (4.° Trimestre)**	20 días del mes siguiente al trimestre que se liquida. 4.° trimestre: hasta el día 30 de enero del año siguiente.		Régimen simplificado
Modelo 390	Del 1 al 30 de enero del año siguiente.		Resumen anual
Modelo 392	Del 1 al 30 de enero del año siguiente.		Resumen anual grandes empresas

EJEMPLOS

¿Qué modelo deberá presentar una gran empresa para liquidar el IVA del mes de mayo? ¿En qué plazo deberá presentarlo y de qué manera?

Al tratarse de una gran empresa deberá presentar la declaración-liquidación en el modelo impreso 303. Está obligada a liquidar el IVA mensualmente y el plazo que tiene, tratándose de la liquidación del mes de mayo, será del 1 al 20 de junio. Deberá hacerlo telemáticamente.

¿Qué modelo deberá presentar una S.A., que no alcanza la condición de gran empresa, para liquidar el IVA de primer trimestre del año? ¿En qué plazo deberá presentarlo y de qué manera?

Deberá presentar la declaración-liquidación en el modelo impreso 303. Liquidará el IVA trimestralmente y, en este caso (primer trimestre del año), deberá hacerlo del 1 al 20 abril. Como se trata de una S.A. deberá presentar la declaración-liquidación vía internet.

Un sujeto pasivo acogido al régimen especial simplificado del IVA, ¿qué plazo tiene para presentar la declaración-liquidación del tercer trimestre del año? ¿Puede presentar declaraciones-liquidaciones mensuales?

Del 1 al 20 de octubre a través del modelo 310. No puede presentar liquidaciones mensuales. Este régimen liquida el IVA trimestralmente.

El régimen de devolución mensual

Recordarás de la unidad anterior que cuando la liquidación del IVA arroja un importe negativo, las empresas, lo más lógico, es que opten por compensar esa cuantía en el periodo siguiente. También existe la opción de solicitar la devolución de esa cuantía pero, salvo un grupo reducido de empresas (entre las que se encuentran las grandes empresas), si se desea la devolución hay que esperar al último periodo de liquidación del año (solicitando la devolución del saldo pendiente). Esto se modificó en el año 2009. **Se puede optar por la aplicación de un sistema de devolución mensual de cuotas,** previo cumplimiento de una serie de requisitos.

Para acceder a este régimen de gestión del impuesto se deben seguir los siguientes pasos o protocolo:

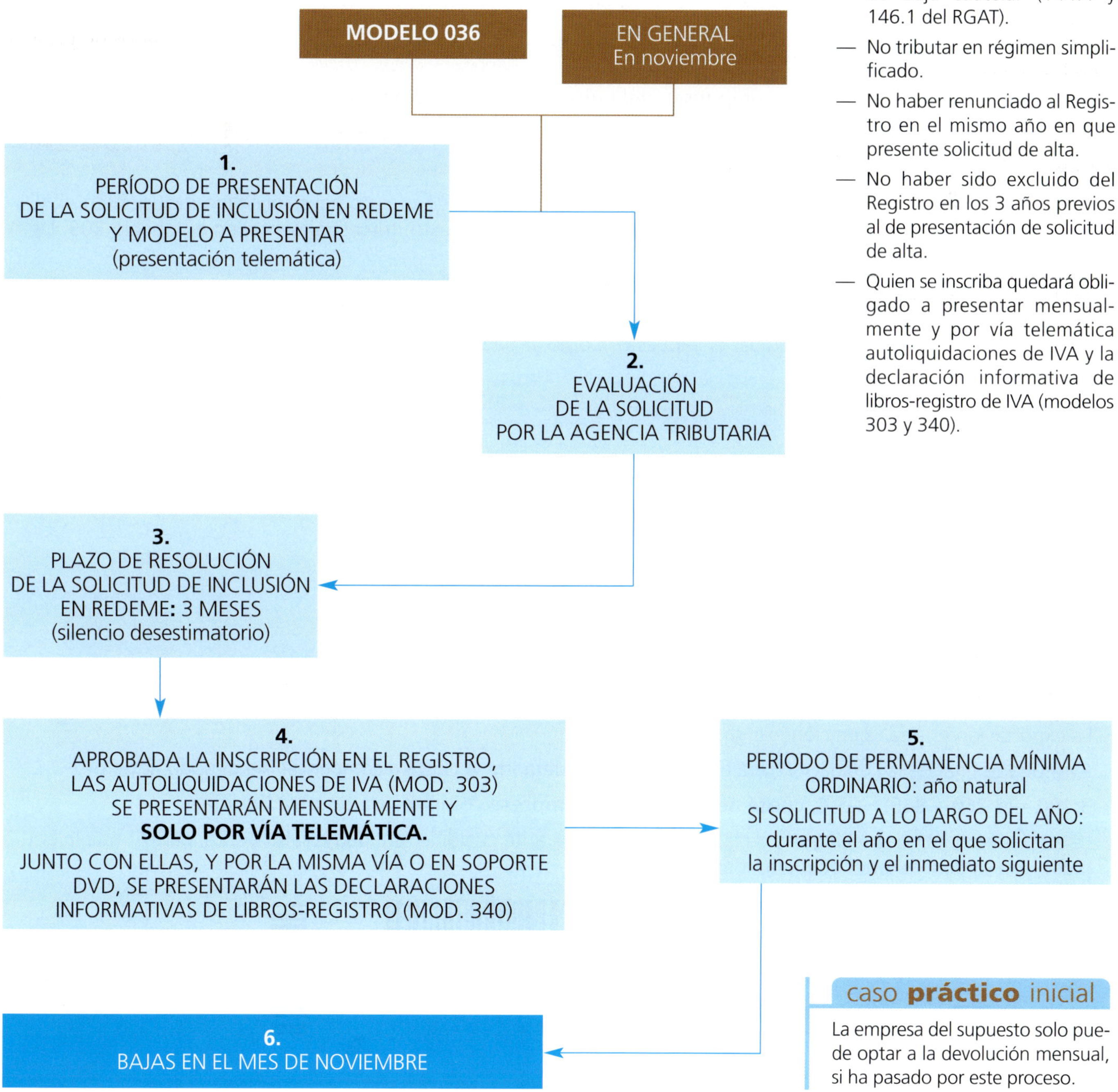

saber más

REDEME

Estos son los requisitos para la entrada y mantenimiento en el Registro de Devoluciones Mensuales:

- Solicitarlo en plazo, en la declaración censal correspondiente (036 ó 039).
- Estar al corriente en las obligaciones tributarias.
- No incurrir en circunstancias de baja cautelar (144.4 y 146.1 del RGAT).
- No tributar en régimen simplificado.
- No haber renunciado al Registro en el mismo año en que presente solicitud de alta.
- No haber sido excluido del Registro en los 3 años previos al de presentación de solicitud de alta.
- Quien se inscriba quedará obligado a presentar mensualmente y por vía telemática autoliquidaciones de IVA y la declaración informativa de libros-registro de IVA (modelos 303 y 340).

caso **práctico** inicial

La empresa del supuesto solo puede optar a la devolución mensual, si ha pasado por este proceso.

EJEMPLO

Realiza la liquidación-declaración del IVA del primer trimestre del año en curso que deberá presentar la empresa Jose Manuel Menéndez Fernández con NIF 28569333-K y domicilio en la c/ La Palma, 33 de Madrid CP 28004, sabiendo que las operaciones que realizó durante dicho periodo del año han sido:

VENTAS (IVA no incl.)	
Al tipo general	15.000
Al tipo superreducido	10.000
VENTAS (IVA no incl.)	
Al tipo general	9.000
Al tipo reducido	7.000
Al tipo superreducido	2.000

La empresa tiene pendiente de compensar, del periodo de liquidación anterior, una cuantía de 845 €.

Adquiere bienes a una empresa francesa por valor de 10.000 € (IVA general no incluido).

Exporta bienes por valor de 9.000 €.

Esta empresa presentará la liquidación-declaración del IVA, suponiendo que no haya solicitado inclusión en el REDEME y no tenga consideración de gran empresa a efectos del impuesto, trimestralmente, en el modelo 303. Deberá hacerlo con anterioridad al 20 de abril.

El modelo lo presentará en soporte papel y, dependiendo del resultado final, lo podrá hacer ante una entidad colaboradora o directamente ante la AEAT correspondiente. Antes de cumplimentar el modelo deberá proceder a realizar los cálculos oportunos para liquidar el impuesto. Como ya sabes, procederá de la siguiente forma:

IVA DEVENGADO

18% 15.000 x 0,18 = 2.700 €

4% 10.000 x 0,04 = 400 €

Total de cuotas devengadas = 3.100 €

IVA SOPORTADO

18% 9.000 x 0,18 = 1.620 €

8% 7.000 x 0,08 = 560 €

4% 2.000 x 0,04 = 80 €

Total de cuotas soportado = 2.260 €

Cuotas satisfechas en la importación (empresa francesa): 10.000 x 0,18 = 1.800 €

La exportación es una operación exenta.

El resultado final de la liquidación será el siguiente, considerando la cuota a compensar del periodo anterior:

3.100 – (2.260 + 845) = –5 €, cuota negativa que la empresa compensará en otra liquidación.

La empresa podrá hacer el ingreso de la cuantía resultante ante cualquier entidad colaboradora, para lo que la empresa, eso sí, deberá tener etiquetas identificativas.

A28862711 **Admon: 28188**

EDITORIAL EDITEX SA
CL VIA DOS CASTILLAS 33 3 B
28224 POZUELO ALAR MADRID

EJEMPLO (Cont.)

MINISTERIO DE ECONOMÍA Y HACIENDA

Agencia Tributaria
Teléfono: 901 33 55 33
www.agenciatributaria.es

Impuesto sobre el Valor Añadido
AUTOLIQUIDACIÓN

Modelo **303**

Identificación (1)

LACC

Devengo (2) — Ejercicio: 20XX — Período: 3T

NIF (a cumplimentar por el contribuyente) — Apellidos y Nombre o Razón social: JOSE MANUEL MENENDEZ FERNANDEZ

¿Está inscrito en el Registro de devolución mensual (Art. 30 RIVA)? .... SI [ ] NO [X]

N. justificante: 3020722872903

Liquidación (3)

IVA Devengado

		Base imponible		Tipo %		Cuota
Régimen general	01	15.000,00	02	18,00	03	2.700,00
	04	10.000,00	05	4,00	06	400,00
	07		08		09	
Recargo equivalencia	10		11		12	
	13		14		15	
	16		17		18	
Adquisiciones intracomunitarias	19	10.000,00			20	1.800,00
Total cuota devengada (03 + 06 + 09 + 12 + 15 + 18 + 20)					21	4.900,00

IVA Deducible

		Base		Cuota
Por cuotas soportadas en operaciones interiores corrientes	22	18.000,00	23	2.260,00
Por cuotas soportadas en operaciones interiores con bienes de inversión	24		25	
Por cuotas satisfechas en las importaciones de bienes corrientes	26		27	
Por cuotas satisfechas en las importaciones de bienes de inversión	28		29	
En adquisiciones intracomunitarias de bienes corrientes	30	10.000,00	31	1.800,00
En adquisiciones intracomunitarias de bienes de inversión	32		33	
Compensaciones Régimen Especial A.G. y P.			34	
Regularización inversiones			35	
Regularización por aplicación del porcentaje definitivo de prorrata (sólo 4T o mes 12)			36	
Total a deducir (23 + 25 + 27 + 29 + 31 + 33 + 34 + 35 + 36)			37	4.060,00

Diferencia (21 - 37)			38	840,00
Atribuible a la Administración del Estado	39	100,00 %	40	840,00
Cuotas a compensar de periodos anteriores			41	845,00
Entregas intracomunitarias	42			
Exportaciones y operaciones asimiladas	43	9.000,00		
Operaciones no sujetas o con inversión del sujeto pasivo que originan el derecho a deducción	44			

Exclusivamente para sujetos pasivos que tributan conjuntamente a la Administración del Estado y a las Diputaciones Forales. Resultado de la regularización anual. [45] ________ euros

Resultado (40 - 41 + 45)	46	-5,00
A deducir (exclusivamente en caso de autoliquidación complementaria): Resultado de la anterior o anteriores declaraciones del mismo concepto, ejercicio y periodo	47	
Resultado de la liquidación (46 - 47)	48	-5,00

Compensación (4)

Si resulta [48] negativa consignar el importe a compensar

[49] C 5,00

Sin actividad (5)

Sin actividad - [ ]

Devolución (6)

Manifiesto a esa Delegación que el importe a devolver reseñado deseo me sea abonado mediante transferencia bancaria a la cuenta indicada de la que soy titular:

Importe: [50] D

Código Cuenta Cliente (CCC): Entidad | Sucursal | DC | Número de cuenta

Ingreso (7)

Ingreso efectuado a favor del Tesoro Público, cuenta restringida de colaboración en la recaudación de la AEAT de autoliquidaciones.

Importe: I

Código Cuenta Cliente (CCC): Entidad | Sucursal | DC | Número de cuenta

Complementaria (8)

Si esta autoliquidación es complementaria de otra autoliquidación anterior correspondiente al mismo concepto, ejercicio y período, indíquelo marcando con una "X" esta casilla.

[ ] Autoliquidación complementaria

En este caso, consigne a continuación el número de justificante identificativo de la declaración anterior.

Nº. de justificante

Firma (9)

Lugar y fecha — Firma

Para confirmar este borrador generado en fecha: 25-09-2009 hora: 00.42.28 lo debe firmar y entregar en la entidad financiera colaboradora si es a ingresar, si es a compensar se presentará en las dependencias de la AEAT.
En el 4T, si el resultado es a devolver, podrá presentarse tanto en la entidad financiera como en las dependencias de la AEAT.

Ejemplar para el sujeto pasivo

2. Los modelos 390 y 340

saber más

ContaPlus

Todos los modelos de declaración-liquidación del IVA vistos hasta ahora se pueden confeccionar a través de aplicaciones informáticas de gestión contable como ContaPlus.

Si registramos adecuadamente, desde un punto de vista contable, las operaciones que la empresa lleva a cabo en la aplicación, esta confecciona automáticamente los documentos vistos.

Ambos modelos son una declaración-resumen de las operaciones realizadas a lo largo de un periodo.

Con el **modelo 390** las empresas proceden a declarar las operaciones realizadas a lo largo del año, de manera resumida, relativas a la liquidación del IVA. Deben presentarlo todos aquellos sujetos pasivos del IVA que hayan realizado declaraciones, tanto mensuales como trimestrales. No supone ningún pago, tan solo una mera declaración informativa de operaciones.

Su elaboración y presentación suele ser laboriosa debido a la naturaleza de su contenido. Para facilitarla, la AEAT, a través de internet, pone a disposición de las empresas la posibilidad de descargar un programa de ayuda para su cumplimentación. Las grandes empresas están obligadas a presentar el modelo 390 telemáticamente.

El **modelo 340** sirve, como ya has visto, para presentar declaración informativa de libros registro de facturas. Deberán presentar dicho modelo, de forma mensual y telemáticamente o en soporte DVD, aquellas empresas incluidas en el REDEME. La AEAT también pone a disposición de las empresas un programa de ayuda para la cumplimentación de este modelo.

ACTIVIDADES

1. Una mediana empresa, durante el primer trimestre del año 20XX, presenta los siguientes datos:

- Ventas:
  Ventas al 18%: 100.000 €
  Ventas al 8%: 200.000 €
  Ventas al 4%: 300.000 €
- Compras en la península:
  Compras al 18%: 100.000 €
  Compras al 4%: 120.000 €

Determinar el resultado de la liquidación y el plazo de presentación de la declaración.

2. Operaciones realizadas por una pequeña empresa durante el año 20XX:

- Compras:
  Primer trimestre: 500.000 €
  Segundo trimestre: 250.000 €
  Tercer trimestre: 75.000 €
  Cuarto trimestre: 150.000 €
  Todas las compras llevan tipo de IVA del 18%, no incluido.
- Ventas:
  Primer trimestre: 600.000 € (todas al tipo reducido).
  Segundo trimestre: 700.000 € (todas al tipo general).
  Tercer trimestre: 500.000 € (la mitad al tipo general y la otra mitad al tipo reducido).
  Cuarto trimestre: 450.000 € (todas al tipo reducido).

Cumplimenta la declaración-liquidación de cada uno de los trimestres. Entra en la página web de la AEAT y confecciona el modelo 390.

3. La declaración en el régimen simplificado

La AEAT, en su intención de facilitar la presentación de liquidaciones-declaraciones del IVA, al igual que pone a disposición de los sujetos pasivos del régimen general plataformas en la red para cubrir los modelos correspondientes, hace lo mismo con los sujetos acogidos al régimen simplificado.

Los modelos 310, de declaración trimestral, y 311 de declaración del último trimestre, se pueden confeccionar a través de un pequeño programa de ayuda que se puede descargar de la página web de la AEAT. En el enlace *Descarga de programas de ayuda*, apartado *Módulos*, puedes encontrarlo. En el apartado de «Práctica Profesional» de esta unidad encontrarás más información sobre el mismo.

Ayuda

MINISTERIO DE ECONOMÍA Y HACIENDA

Agencia Tributaria
Teléfono: 901 33 55 33
www.agenciatributaria.es

IMPUESTO SOBRE EL VALOR AÑADIDO
RÉGIMEN SIMPLIFICADO
Declaración ordinaria

Rellenar Formulario

Modelo 310

Declarante (1)
Espacio reservado para la etiqueta identificativa
Si no dispone de etiquetas, consigne los datos identificativos que se solicitan a continuación.
NIF | Apellidos y Nombre o Razón Social

Devengo (2) Ejercicio ... Período ......

310263170179 3

Liquidación (3)

Actividades en régimen simplificado (excepto agrícolas, ganaderas y forestales) — Epígrafe IAE **(a)** — Ingreso a cuenta **(b)**

Actividades agrícolas, ganaderas y forestales — Descripción de la actividad **(a)** — Ingreso a cuenta **(b)**

Suma de ingresos a cuenta del conjunto de actividades ejercidas 01

Cuotas devengadas
Adquisiciones intracomunitarias de bienes 02
Entregas de activos fijos 03
IVA devengado por inversión del sujeto pasivo 04
Total cuota resultante (01 + 02 + 03 + 04) 05

IVA Deducible
Adquisición o importación de activos fijos 06

Entregas intracomunitarias 10
Diferencia (05 − 06) 07
Cuotas a compensar de períodos anteriores 08
RESULTADO (07 − 08) 09
A deducir (exclusivamente en caso de declaración complementaria) Resultado de la anterior o anteriores declaraciones del mismo concepto, ejercicio y período 11
Resultado de la liquidación (09 − 11) 12

Compensación (4)
Si la casilla 12 resulta negativa, consigne el importe a compensar
C

Sin actividad (5)
Sin actividad

Ingreso (6)
Ingreso efectuado a favor del Tesoro Público. Cuenta restringida de colaboración en la recaudación de la AEAT de declaraciones-liquidaciones o autoliquidaciones
Importe: I
Forma de pago: En efectivo / EC adeudo en cuenta
Código Cuenta Cliente (CCC)
Entidad — Sucursal — DC — Núm. de cuenta

Firma (8)
.... a ...... de .... de ....
Firma

Declaración complementaria (7)
Si esta declaración es complementaria de otra declaración anterior correspondiente al mismo concepto, ejercicio y período, indíquelo marcando con una "X" esta casilla.
Declaración complementaria
En este caso, consigne a continuación el número de justificante identificativo de la declaración anterior.
N.º de justificante

Este documento no será válido sin la certificación mecánica o, en su defecto, firma autorizada.

Ejemplar para el sujeto pasivo

Rellenar Formulario

Ver. 3.0/2008

4. Otras obligaciones formales del impuesto

Los sujetos pasivos del IVA están obligados, en general, a:

- Presentar, como ya has visto, declaración de inicio, modificación o cese de la actividad (**mod. 036**).
- Expedir y conservar facturas o documentos análogos.
- Llevar la contabilidad de acuerdo con la normativa legal vigente.
- Presentar información relativa a las operaciones periódicas con terceras personas (**mod. 347**).
- Llevar los libros y registros que se establezcan reglamentariamente.
- Presentar, como es lógico, las declaraciones-liquidaciones correspondientes e ingresar el importe del impuesto resultante, así como una declaración resumen.

caso práctico inicial

Ahora ya sabrás para qué sirve el modelo 347.

4.1. La declaración anual de operaciones

Toda empresa o profesional debe presentar una declaración anual de las operaciones que, en su conjunto y respecto a otras personas, hayan superado 3.005,06 € durante el año natural al que corresponda la declaración. Esta declaración deberá presentarse durante el mes de marzo en relación con las operaciones realizadas durante el año anterior, a través del modelo 347.

No se declararán, entre otras, las siguientes operaciones:

OPERACIONES QUE NO SE DECLARAN EN EL MOD. 347
• Aquellas por las que no se expidió factura o equivalente.
• Importaciones y exportaciones.
• Las realizadas entre el territorio peninsular o Baleares y Canarias, Ceuta y Melilla (territorios excluidos de la aplicación del IVA).
• Entregas o adquisiciones intracomunitarias de bienes.
• Operaciones que generen rentas sujetas a retención o ingreso a cuenta del IRPF (servicios de profesionales).

saber más

El modelo 347

La cifra del volumen de operaciones a partir de la cual se debe efectuar declaración de la operación (3005,06 €) incluirá el IVA y el recargo de equivalencia, en su caso.

Se declararán tanto las operaciones de entrega de bienes y servicios, como las adquisiciones de las mismas. Igualmente se declararán las operaciones exentas de este impuesto.

El modelo 347 deberá presentarse en la AEAT o delegación correspondiente directamente en impreso o bien en soporte digital, siendo obligatoria esta forma para todas aquellas empresas que incluyan más de 25 declarados.

No te asustes, también la AEAT facilita un programa de ayuda para la cumplimentación de este modelo. Para descargarlo, entra en su página web y sigue la siguiente ruta:

Descarga de programas da ayuda
→ Declaraciones informativas
→ Ejercicio que corresponda

saber más

Las claves del modelo 347

Para identificar los distintos tipos de operaciones se usan las siguientes claves a la hora de cumplimentar el modelo:

Clave A: compras superiores a 3.005,06 €

Clave B: ventas superiores a 3.005,60 €

Clave C: cobros por cuenta de terceros superiores a 300,51 €

Clave E: subvenciones y ayudas de las Administraciones públicas superiores a 3.005,06 €

4.2. Libros de registro

Los empresarios y profesionales sujetos al IVA en el régimen general deberán llevar los siguientes libros:

LIBROS DE REGISTRO

- Libro registro de facturas emitidas
- Libro registro de facturas recibidas
- Libro registro de bienes de inversión

El libro registro de bienes de inversión es obligatorio para todos los sujetos pasivos del IVA que adquieran bienes muebles o inmuebles utilizables durante más de un año por la empresa, y por los que haya que soportar cuotas de IVA en su adquisición.

El resto de libros de registro se estudian en la siguiente unidad, al hablar de la factura.

↑ El edificio propiedad de una empresa es un ejemplo de bien de inversión.

Los libros han de llevarse con claridad y exactitud, por orden de fechas y sin espacios en blanco, interpolaciones, raspaduras ni tachaduras.

Deberán corregirse los errores en ellos habidos o encontrados en cuanto se conozcan.

Las páginas de los libros deben ir numeradas correlativamente.

Los libros deberán conservarse durante un plazo de cuatro años, cuyo cómputo se inicia a partir del día en que finalice el plazo correspondiente para presentar declaración-liquidación del IVA.

ACTIVIDADES FINALES

1. Una sociedad anónima que no llega a alcanzar un volumen de operaciones adecuado para ser considerada gran empresa a efectos de IVA, ¿qué plazo tiene para presentar la última declaración-liquidación del impuesto?
2. ¿Qué modelo utilizará la empresa del ejercicio anterior y cómo deberá presentarlo?
3. Un empresario individual, cuya declaración-liquidación del IVA le haya resultado positiva, ¿dónde deberá presentarla?
4. Realiza la declaración-liquidación del IVA del tercer trimestre de la empresa Sobresaliente, S.L.U., teniendo presentes las siguientes operaciones:

VENTAS		COMPRAS	
Al 4%	9.236,23 €	Al 8%	16.236 €
Al 8%	17.365 €	Al tipo general	42.365,25 €
Al 18%	59.365 €	——	——

5. El pequeño negocio que posees situado en Alicante CP 03008, domiciliado en la c/ Panamá, 2, realizó durante el segundo trimestre de 20XX las siguientes operaciones:
   - Ventas (IVA y RE no incluidos):

     Al tipo superreducido: 46.000 €, de los cuales 12.300 € fueron vendidos en régimen especial del recargo de equivalencia.

     Al tipo general: 700.000 €, de las cuales 200.000 € fueron vendidos en RERE.
   - Soportado en compras y otros gastos:

     Productos al tipo reducido 350.000 €

     Productos al tipo general 380.000 €

     Sueldos y salarios 280.450,50 €

     Seguros 2.600 €

     Electricidad y teléfono 5.325 €

     Intereses bancarios 6.500 €
   - Compensaciones del periodo anterior 9.750 €
   - Adquisiciones intracomunitarias de bienes 175.000 € (IVA 4% incluido)

   Realiza la declaración-liquidación del trimestre y señala qué plazo hay para presentarla, cómo y dónde se puede hacer.
6. ¿Cómo variaría el resultado del ejercicio anterior si tu negocio estuviese incluido en el REDEME?
7. Cumplimenta la declaración del tercer periodo del año de la empresa Oriental, S.L., situada en la c/ Ramón J. Sender, 45, de Huesca CP 22004. Las operaciones del periodo fueron:
   - Ventas:

     Tipo 4%: 165.326 €, de los cuales 52.365 € fueron en régimen de recargo de equivalencia.

     Tipo 18%: 596.000 €, de los cuales 200.000 € fueron en RERE.

- Compras y gastos:

Compras al 8%: 125.362 €
Compras al 18%: 365.000 €
Revistas, periódicos y libros: 5.362 €
Sueldos y salarios: 125.632,25 €
Furgoneta para uso exclusivo de la empresa 36.235 €
Seguros: 1.500 €
Maquinaria: 45.360 €
Importaciones al 18%: 52.300 €
Un ordenador portátil para uso profesional y personal del administrador: 3.650 €

■ 8. D. Leopoldo Buenosdías Mayor, posee un negocio situado en la c/ Camí de la Fita, 8, en Sitges, Barcelona, CP 08870, incluido en el epígrafe IAE 681. Está acogido al régimen especial simplificado del IVA. En dicho negocio, además de D. Leopoldo, trabaja un empleado más.

El negocio tiene 20 plazas y por adquisiciones corrientes, durante el año 2011, se llegaron a pagar un total de 22.362 € (IVA del 18% incluido), así como 9.630 € por la instalación de aparatos de aire acondicionado en todas las habitaciones.

Utilizando la aplicación que se explica en el apartado de «Práctica Profesional», confecciona e interpreta los modelos 310 a presentar por D. Leopoldo cada trimestre y el modelo 311 final, sabiendo que el porcentaje aplicable en los tres primeros trimestres para el cálculo de cuotas devengadas es del 6% sobre el total de las mismas, y que la cuota mínima por operaciones corrientes es del 20% de la cuota devengada por ellas.

■ 9. Una empresa acogida al régimen especial simplificado, incluida en el epígrafe IAE 973.3 tiene a lo largo de 20XX la siguiente información relativa a su actividad:

- Tres personas empleadas.
- Potencia contratada 9 kW.
- Cuota mínima por operaciones corrientes 30% de la cuota devengada por operaciones corrientes.
- Porcentaje trimestral 9%.

Durante el ejercicio, la cuota de IVA soportado en operaciones relacionadas con su actividad es de 24.500 €.

Módulo	Unidad	Cuota anual/unidad
Personal contratado	Persona	10.008,48 €
Potencia eléctrica	kW contratado	182,66 €

Calcula:

a) La cuota de los tres primeros trimestres.
b) La cuota anual.
c) La cuota del cuarto trimestre.
d) Cumplimenta los modelos a presentar en cada periodo o trimestre.

entra en internet

■ 10. Entra en la web de la Agencia Tributaria <www.aeat.es> y localiza información sobre el régimen de devoluciones mensuales de cuotas de IVA a favor del empresario. Con carácter general explicábamos en la unidad que se puede solicitar la inclusión en este régimen en el mes de noviembre. Busca más información al respecto y entérate de si se puede, en algún otro momento, solicitar dicha inclusión.

PRÁCTICA PROFESIONAL

Recursos para la declaración-liquidación del IVA en la red

OBJETIVOS

Liquidar obligaciones fiscales ligadas a las operaciones de compraventa aplicando la normativa fiscal vigente.

El alumno, mediante esta práctica, utilizará los recursos informáticos que la AEAT pone a disposición de los empresarios y profesionales, a través de su web, para poder cumplir mejor con sus obligaciones fiscales relativas al IVA.

SITUACIÓN INICIAL 1

Entra en la web de la AEAT <www.aeat.es> y a través del enlace *Descarga de programas de ayuda* instala en tu ordenador la aplicación para la declaración por módulos del impuesto (régimen especial simplificado). Bájate la aplicación para un ejercicio anterior al año en curso. Solo así podrás ver los documentos que se generan todos los trimestres.

Una vez hecho esto resuelve la liquidación del primer y cuarto trimestre de una tintorería situada en Sevilla, cuya titular es doña Juliana Álvarez Garca con NIF 28956333-T, epígrafe IAE 971.1, y que presenta durante el ejercicio 20XX la siguiente información respecto a su actividad:

- Cuatro personas empleadas, incluida la empresaria. Cada empleado trabaja al año un total de 1.800 horas, según convenio.
- Consumo de energía eléctrica durante el año 18.900 kW/h.
- Cuota mínima por operaciones corrientes 48% de la cuota devengada por operaciones corrientes.
- Porcentaje de cuota trimestral 15%.

Durante el ejercicio la cuota de IVA soportado en operaciones relacionadas con su actividad es de 7.500 €.

Para cumplimentar los modelos 310 y 311 usa la aplicación que has descargado. Lo primero será dar de alta la declaración y, posteriormente, introducir los datos relativos a la empresaria. Ten cuidado si trabajas con conexión a internet, pues la aplicación detectará si el NIF realmente se corresponde con el nombre y apellidos de la empresaria (evidentemente, esto es un supuesto práctico y no coincidirá).

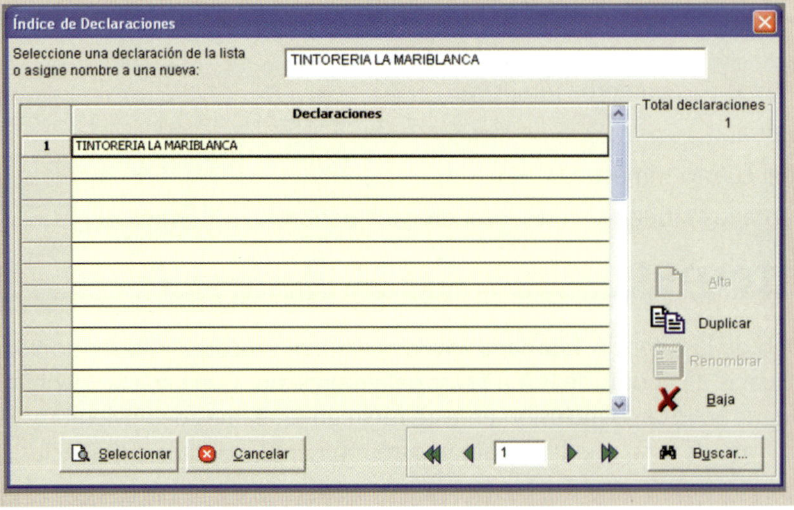

A continuación, en la siguiente ventana, la aplicación te pide que introduzcas datos económicos relativos a la actividad.

Debes indicar el epígrafe y algunos datos complementarios útiles para la liquidación del régimen simplificado. Observa que esta misma aplicación también se utiliza para declarar el IRPF por el sistema de módulos.

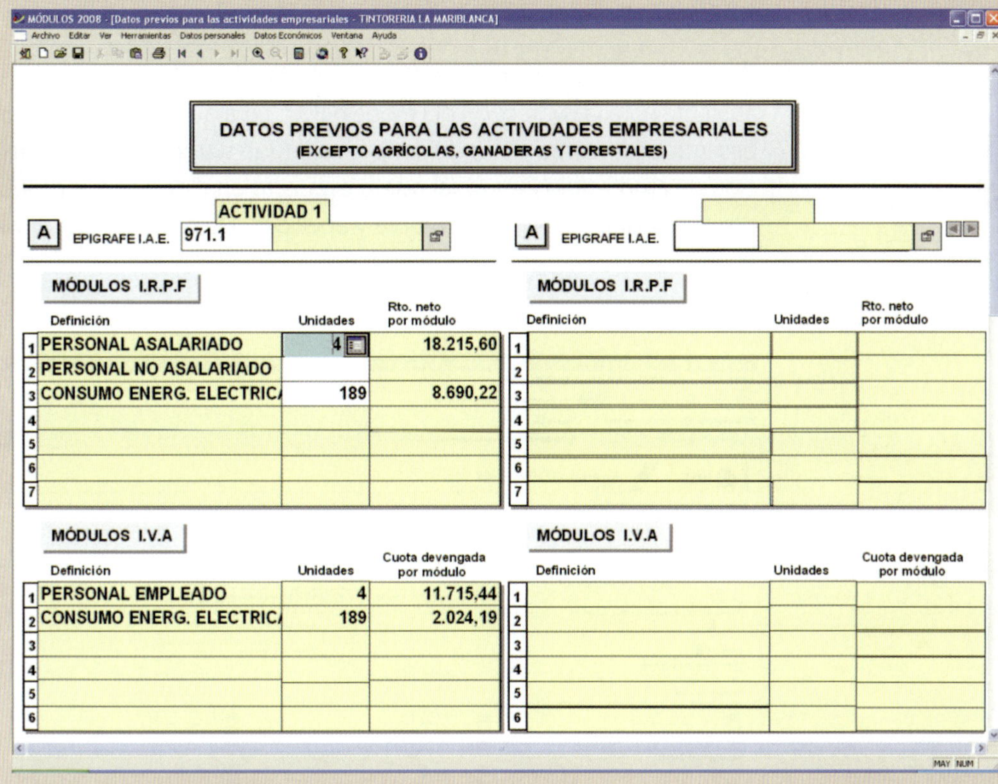

Muchas de las casillas a cubrir cuentan con un asistente, lo que te será de gran ayuda. Es básico que definas los módulos que, afectos a este epígrafe, le son de aplicación a esta tintorería.

Baja al apartado C. Observa que muchos datos, como el porcentaje aplicable por operaciones corrientes, ya te los ha dado el programa.

Ve al menú *Datos económicos* y pide que te ofrezca, en pantalla, el modelo 310 correspondiente al trimestre que te interesa (en este supuesto el primero).

En esta ventana podrías introducir, todavía, determinados datos en caso de ser necesarios. Por ejemplo, cuotas soportadas en adquisición de activos fijos o bien cuantías a compensar de ejercicios anteriores. Termina de introducir los datos relativos a cuentas corrientes, firma indicando la fecha y localidad, y ya tendrás el modelo listo para presentar.

De igual forma podrás tener acceso al modelo 311 en el cuarto trimestre. Ten presente que debes introducir la cuantía de cuotas soportadas por operaciones corrientes de 7.500 €.

SITUACIÓN INICIAL 2

De manera muy parecida vas a confeccionar un modelo 303 haciendo uso de una aplicación que la AEAT tiene alojada en su web. Ten cuidado, pues a diferencia de la situación anterior, esta utilidad funciona *on-line* y requiere de datos precisos y concretos, así como trabajar conectado a internet.

Dentro de la web entra a través del enlace *Modelos y formularios,* y encuentra el asistente para la confección del modelo 303. Para que funcione este asistente, debes introducir como datos del empresario (que siempre deberá tener consideración de empresario individual por lo expuesto en el tema), tus propios datos. Es decir, introduce tu NIF y tu nombre y apellidos. De otra manera, al validar datos, te dirá que esos datos no son reales.

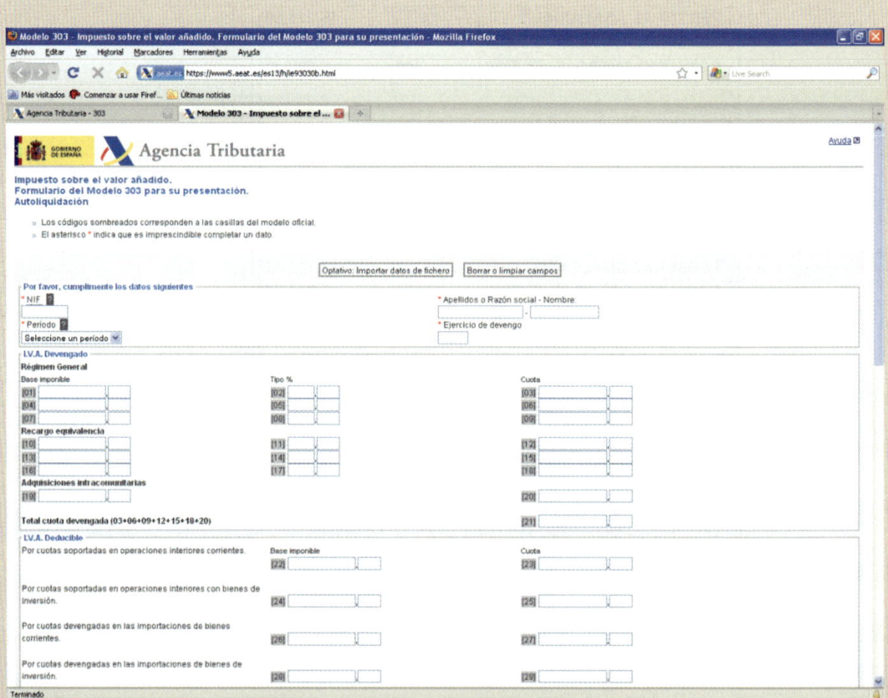

Para ver cómo funciona este asistente, toma el enunciado de la actividad final número 5 de esta unidad, y confecciona la liquidación-declaración.

Al final del mismo, una vez indiques el resultado final en la casilla 48 e indiques el tipo de resultado final obtenido, debes validar y generar el pdf correspondiente.

SOFTWARE ADMINISTRATIVO

FacturaPlus

En esta unidad vas a empezar a darle movimiento a la aplicación. Comenzaremos a emitir y recepcionar pedidos y albaranes, así como presupuestos, cuando sean precisos para la consecución de las ventas.

Abre el panel de gestión de aplicaciones SAGE y lanza la aplicación FacturaPlus como ya sabes. Vamos a trabajar con la empresa Ropas Margarita, así que si no estás en ella actívala a través del primer icono *(Empresas).*

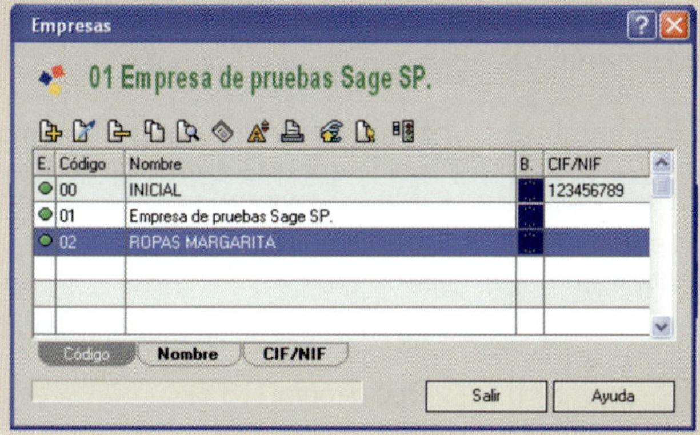

Las cuatro primeras opciones del **menú ALMACÉN** te dan la posibilidad de emitir y registrar pedidos, albaranes y facturas (en compras). Las seis primeras opciones del **menú FACTURACIÓN** nos permiten trabajar sobre ventas.

Vas a registrar las siguientes operaciones realizadas:

a) Con fecha 02-09 se realiza un pedido al proveedor Textiles solicitándole 100 unidades de cada uno de los colores y tallas de jerséis y pantalones.

b) Con fecha 06-09 el proveedor nos remite la mercancía junto con el albarán. Fíjate que al recepcionar el albarán el *Estado* del pedido cambia a recepcionado.

c) Con fecha 07-09 se realiza un pedido al mismo proveedor solicitándole 100 unidades de pantalones vaqueros de la talla 42.

d) El proveedor nos envía la mercancía en dos partes iguales. El primer albarán, con fecha 12-09 y el segundo con fecha 13-09. Hasta que no se termina de recepcionar por completo, el *Estado* del pedido es *Parcial.*

e) Al proveedor Textiles la empresa Ropas Margarita le compra, el día 25-09, 300 unidades de pantalones vaqueros de la talla 40, 150 de la 42 y 100 unidades de la 44. Formalizamos el pedido y generamos automáticamente el albarán.

f) Vendemos a nuestro cliente Habitual, S.A., 290 pantalones vaqueros talla 40 y 25 jerséis de lana en rojo talla M. Realizamos el presupuesto, el pedido y el albarán que acompañará a la mercancía. Fechas: 30-09, 10-10 y 17-10 respectivamente.

g) Controla el stock de artículos que hay en el almacén. Para ello ve al **menú SISTEMAS** entra en *Artículo* y dirígete a la pestaña *Stocks.* En ella podrás acceder a dicha información.

h) Vendemos a nuestro cliente 100 jerséis de lana color rojo talla S. Realiza directamente el registro del pedido, en fecha 22-10, y emite el albarán con fecha 25-10. Observa cómo se ha modificado el stock de dicho artículo en almacén.

Observarás que no hablamos para nada del precio, y es que el precio viene dado automáticamente por la aplicación para cada artículo, pues así hemos, en su momento, configurado la empresa.

Con Ropas Margarita trabajamos, como recordarás, la **captura matricial de datos.** Es decir, la entrada de datos a través de tablas según artículo y propiedades.

MUNDO LABORAL

La subida de los tipos de IVA en julio de 2010

El reducido pasa al 8%, el general, al 18% y el superreducido se queda en el 4%.

Este impuesto grava el valor añadido en toda la cadena de producción de bienes y servicios y, finalmente, lo paga el consumidor. En España existen tres tipos diferentes, el que grava los bienes y servicios de primera necesidad o superreducido, el reducido y el general.

El Gobierno ha decidido no aplicar la subida al tipo superreducido y sí a los otros dos. Así, el primero se mantiene en el 4%, mientras que el reducido pasa del 7% al 8% y el general, del 16% al 18%. Con ello, se quieren recaudar 5.150 millones de euros más entre 2010 y 2011. La mayoría, a obtener dentro de dos años, ya que la medida entrará en vigor el 1 de julio de 2010 y, en la práctica, solo tendrá efectos en la declaración que presenten las empresas en el último trimestre del año que viene.(...)

El IVA es quizá el impuesto más sensible a la evolución de la economía, que a su vez depende en un 60% de lo que ocurra con el consumo. Quizá por ello la ministra Salgado se ha tentado la ropa antes de aplicar una medida tan dura como la anunciada ayer, y cuyo precedente hay que buscarlo en el año 1995.

Entonces fue Pedro Solbes, su antecesor en el cargo, quien se atrevió a dar el paso: eliminó el tipo incrementado (28%) que gravaba los productos de lujo, y subió un punto el tipo medio (hasta el 16%), el reducido (al 7%) y el superreducido (al 4%), situación que se mantendrá hasta julio de 2010.(...)

LOS NUEVOS TIPOS DE IVA

— Tipo superreducido (4%)

Se aplica a los productos de primera necesidad, por lo que el Gobierno ha decidido mantener el tipo en el 4%.

— Tipo reducido (8%)

La subida es de un punto, hasta el 8%.

— Tipo general (18%)

Sube dos puntos, hasta el 18% y afecta a todos los demás productos. En especial, bebidas alcohólicas, tabaco, animales dedicados a festejos taurinos, maquinaria agrícola, forestal o ganadera, CD, aparatos para diagnóstico y seguimiento de embarazos, servicios de radio y televisión...

El otro argumento que esgrimió la vicepresidenta económica es que España tiene margen en relación a sus socios comunitarios para subir el IVA. Con los nuevos tipos, España quedaría aún por debajo de Alemania (19%) en el tipo medio, Francia (19,6%), Italia (20%) o Portugal (20%).

Fuente: El País 27/09/2009

Trabajo a realizar

1. Haz un resumen del texto.
2. ¿Cuáles eran los tipos de IVA con anterioridad a la reforma de la que se habla en el artículo?
3. ¿Cómo crees que afectará esta subida al consumo?
4. ¿Crees que es una medida adecuada? Justifica tu respuesta.
5. Valora el hecho de que España sea uno de los países de la UE con menores tipos impositivos de IVA.

EN RESUMEN

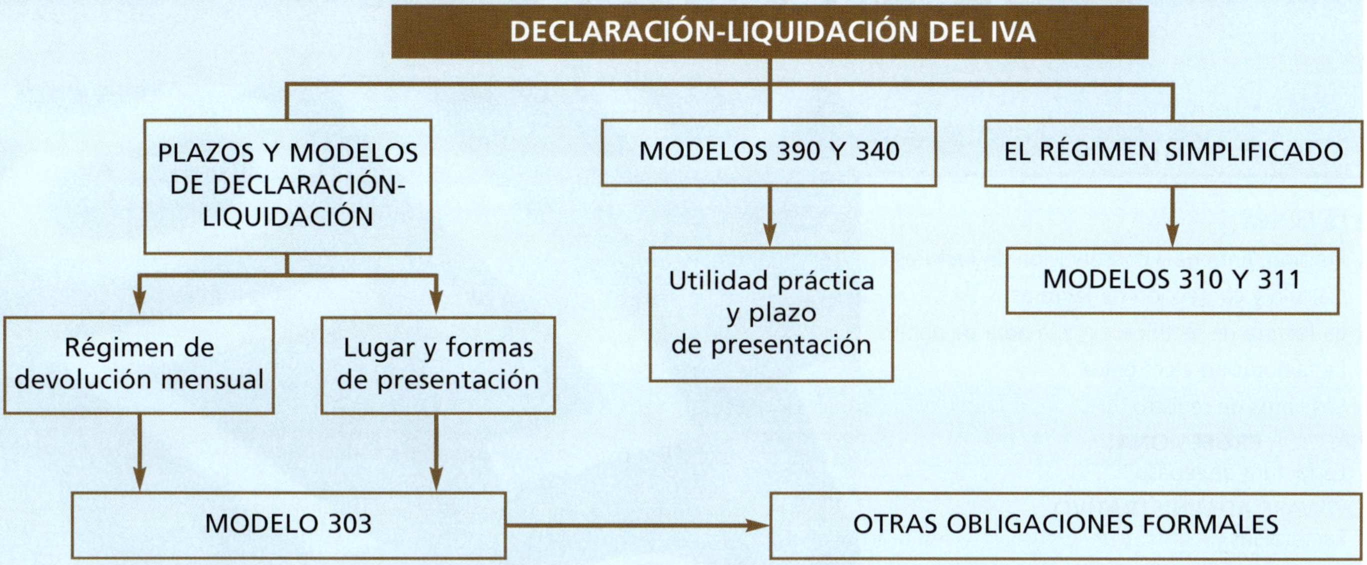

EVALÚA TUS CONOCIMIENTOS

1. ¿Cómo se denomina el modelo mediante el cual declaran el IVA las empresas en el régimen general?
   a) Mod. 347.
   b) Mod. 303.
   c) Mod. 310.
   d) Mod. 036.

2. ¿Con qué modelo se dan de alta las empresas en Hacienda antes de iniciar su actividad para matizar así sus obligaciones fiscales?
   a) Mod. 311.
   b) Mod. 340.
   c) Mod. 036.
   d) Mod. 390.

3. Una sociedad anónima deberá presentar, siempre, sus declaraciones de IVA telemáticamente.
   a) Verdadero.
   b) Falso.

4. Un empresario acogido al régimen simplificado tiene de plazo para presentar la declaración del IVA del primer periodo:
   a) Hasta el 31 de marzo.
   b) Hasta el 15 de abril.
   c) Hasta el 20 de abril.
   d) Hasta el 25 de marzo.

5. Para presentar declaraciones mensuales del IVA los sujetos pasivos:
   a) Deben haber tenido un volumen de operaciones inferior a 6.010.121,04 €.
   b) Deben haber tenido un volumen de operaciones superior a 6.010.121,04 €.
   c) Deben estar incluidos en el REDEME.
   d) Son correctas b) y c).

6. Cuando la declaración es positiva se podrá presentar:
   a) Por correo certificado.
   b) En un banco o caja de ahorros.
   c) En una administración de la AEAT.
   d) Todas son correctas.

7. El modelo que se presenta para realizar la declaración anual de operaciones es el:
   a) Mod. 380.
   b) Mod. 340.
   c) Mod. 390.
   d) Mod. 392.

8. Los sujetos pasivos del IVA solo podrán solicitar la incursión en el REDEME en el mes de noviembre.
   a) Verdadero.
   b) Falso.

Soluciones: 1b, 2c, 3a, 4c, 5d, 6b, 7c, 8b

8 La factura

vamos a conocer...

1. La factura
2. Emisión, entrega y conservación de facturas
3. Cálculo y confección de facturas
4. La factura de rectificación y la nota de abono
5. La facturación electrónica
6. Los libros de registro

PRÁCTICA **PROFESIONAL**
La factura de repaso

SOFTWARE **ADMINISTRATIVO**
FacturaPlus

MUNDO **LABORAL**
España - La factura telemática es ya un hecho

y al finalizar esta unidad...

- Definirás el concepto de factura y el de factura electrónica.
- Comprenderás el contenido de una factura y los distintos elementos que la integran.
- Identificarás los distintos tipos de facturas y documentos sustitutivos que puedes encontrar en tu actividad profesional.
- Interpretarás los requisitos legales que han de cumplir las facturas.
- Cumplimentarás correctamente facturas de operaciones de diferente índole.
- Conocerás las obligaciones legales inherentes a la facturación.
- Utilizarás herramientas informáticas en la confección de facturas.

CASO **PRÁCTICO** INICIAL

situación de partida

Hace un mes que has empezado a trabajar en la empresa CONSTRUCCIONES Y PROMOCIONES CANSINAS, S.A., tiempo suficiente para darte cuenta de que la organización administrativa del departamento de compras, en el que desempeñas funciones de Técnico en Gestión Administrativa, es un desastre. Los diez primeros días de vida de tu contrato laboral te has encargado, además de llevar a cabo las compras de los materiales que los técnicos de obra te han ido requiriendo, de numerar y ordenar todas las facturas de compras recibidas desde enero, así como de archivarlas junto con la copia del albarán oportuno, clasificadas por centro de coste.

De repente recibes una llamada interna desde el despacho del director del departamento financiero. Te pide que le localices dos importantes facturas, de elevado importe, ambas del mismo proveedor. Una de ellas recuerdas haberla visto, pues la archivaste hace dos días y no te costará trabajo encontrarla. La otra parece que es de hace seis o siete años, y en ella se recoge la compra de varios palés de ladrillos. El importe debe rondar el medio millón de euros.

Con todos los datos que te proporcionan intentas encontrar dichas facturas. La factura de hace un mes la has encontrado rápidamente gracias al sistema de archivo de facturas que lleva diez días implantado. Respecto a la otra, te resulta imposible siquiera saber dónde puede estar, aunque puedes constatar que ha sido contabilizada debidamente ya que aparece en el libro de registro de facturas recibidas.

Cuando te diriges al despacho del director financiero con la única factura que has podido encontrar, piensas si plantearle la desorganización administrativa en la que el departamento se encuentra.

estudio del caso

Antes de pasar a estudiar y analizar el contenido de la unidad, trata de responder a las cuestiones que se plantean a continuación. Si alguna te resulta especialmente complicada o no sabes qué responder, no te preocupes. Al finalizar la unidad seguro que lo tienes mucho más claro.

1. ¿Qué es una factura?

2. ¿Cuál es el valor administrativo que tiene una factura para una empresa?

3. ¿Cuál es el contenido mínimo de una factura?

4. ¿Qué es un tique?

5. ¿Debe la empresa guardar copia de todas las facturas emitidas y de todas las facturas recibidas?

6. En el caso inicial se habla del libro registro de facturas recibidas. ¿Qué es este libro?

7. ¿Podría tener algún problema la empresa del caso, por no tener o no poder encontrar la segunda de las facturas?

8. ¿Se podría pedir un duplicado al proveedor de la factura que no aparece?

9. En caso de respuesta afirmativa a la pregunta anterior, ¿te pueden hacer llegar el duplicado por vía telemática?

10. Valora la importancia de contar con un buen sistema de archivo documental en toda empresa.

1. La factura

La factura es el documento que acredita legalmente una operación de compraventa de bienes o servicios. Pero, además, y en base a distintos preceptos normativos, cumple con unos objetivos, a saber:

- Justificar la operación realizada.
- Ser el medio de repercusión del IVA.

caso práctico inicial

Aquí tienes una definición de factura, así como el valor que, desde un punto de vista administrativo, tiene este documento.

Sirve como justificante de la compra y como medio de repercusión del IVA.

La factura es el documento que emite el proveedor al cliente, por el que se justifica legalmente una operación de compraventa y a través del cual se repercute el IVA.

¿Podrías, a tenor de lo expuesto y de lo estudiado en unidades anteriores, decir quién está obligado a confeccionar y emitir las facturas? En efecto, es la empresa proveedora (quien vende) la que confeccionará y emitirá este documento.

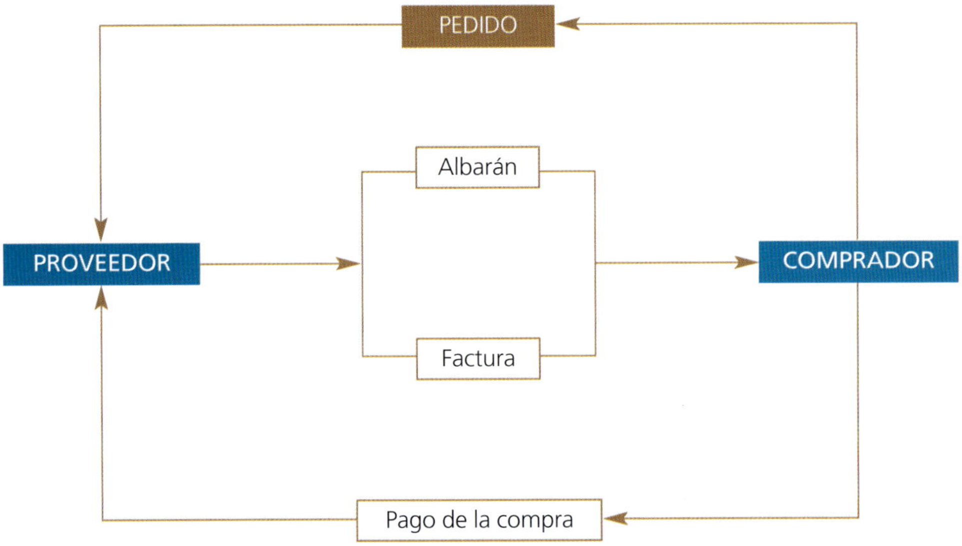

La normativa reguladora de la elaboración y emisión de facturas establece que son los empresarios y profesionales los que están obligados a expedir facturas y copia de estas, por las entregas de bienes y prestaciones de servicios que realicen en el desarrollo de su actividad, así como conservar copia de todas las facturas que emitan.

saber más

Legislación aplicable

La obligación de facturar se recoge en la Ley 58/2003, de 17 de diciembre (Ley General Tributaria), en el Real Decreto 1496/2003, de 28 de noviembre, por el que se regulan las obligaciones de facturación, en el RD 87/2005, de 31 de enero, y en la Orden 962/2007, de 10 de abril, que desarrolla determinadas disposiciones sobre facturación telemática y conservación electrónica de facturas.

La factura pro-forma

Es una factura que se envía al cliente para **informarle** sobre el producto, cantidad, importe y otros datos de una posible operación de compraventa. Si el cliente está conforme, se devuelve firmada indicando que se aceptan los géneros con las condiciones impuestas.

Su formato y requisitos serán los mismos que los de una factura completa, si bien se indicará en la misma que se trata de una factura pro-forma y llevará una serie especial de numeración.

1.1. Requisitos de la factura

La factura es un documento que, regulado por ley, ha de contener una serie de datos mínimos.

Así, por tanto, será la norma reguladora de las facturas la que nos indique cuáles son los requisitos que las mismas deben poseer para ser legales.

TIPOS DE FACTURAS EN FUNCIÓN DE SU CONTENIDO

- Facturas completas.
- Facturas simplificadas.
- Facturas recapitulativas.
- Documentos sustitutivos de las facturas: los tiques.

La factura completa

La factura completa será aquella que contenga los siguientes datos, como mínimo:

CONTENIDO MÍNIMO DE LA FACTURA

- Número y, en su caso, serie.
- La fecha de expedición.
- Nombre y apellidos, razón o denominación social completa del obligado a expedir y del destinatario de las operaciones.
- NIF ó CIF atribuido por la Administración española o por la de otro Estado miembro de la UE, tanto del expedidor, como del destinatario de la factura.
- Domicilio del obligado a expedir y del destinatario de las operaciones.
- Descripción de las operaciones, consignándose todos los datos necesarios para la determinación de la base imponible del impuesto.
- Tipo impositivo.
- Cuota tributaria repercutida.
- Fecha de las operaciones o pago anticipado.

En las **copias de facturas:** junto con los requisitos anteriores, se indicará que son copias.

Todos estos datos forman parte del contenido general de las facturas. Debes prestar mucha atención y que no falte ninguno a la hora de confeccionar facturas, pues supone un contenido mínimo legal sin el cual la misma, no es legal. No será preceptiva la anotación en la factura de otros datos tales como referencia a albaranes y pedidos, formas de pago, formas de envío, etc.

EJEMPLO

Una empresa vende mercancía a otra el día 3 de marzo del presente año. La factura la expide con fecha 30 de marzo. ¿Debe hacer mención o dejar constancia en la factura de la fecha en la que entregó la mercancía?

Sí. En la factura de 30 de marzo dejará constancia de la fecha de la operación, es decir, de la fecha en la que tuvo lugar la entrega de las mercancías vendidas. No hay que confundir la fecha de expedición de la factura con la fecha en la que se produce la operación que se factura o la entrega de un anticipo.

saber más

Contenido de la factura

Las sociedades deberán hacer constar en sus facturas, los datos identificativos de su inscripción en el Registro Mercantil.

caso práctico inicial

Este es el contenido mínimo de las facturas, según la normativa reguladora de las mismas.

En algunos casos (como pérdidas) se pueden pedir copias de facturas al proveedor. En ellas se hará costar que el documento es copia.

vocabulario

Precepto: mandato u orden dada por alguien u algo, en este caso, institución u organismo superior.

Preceptivo: de obligado cumplimiento y observación.

saber más

La numeración de las facturas

La numeración de las facturas será correlativa. Pueden establecerse series diferentes cuando existan razones que lo justifiquen.

EMITIDA POR:

(2)

NIF:

FACTURA N.º (1)

Pedido n.º	
Albarán n.º	
Envío por:	(8)
Forma de pago:	(8)
Observaciones:	

DESTINATARIO:

(3)

NIF:

Fecha: (4)

CÓDIGO	CANTIDAD	DESCRIPCIÓN	PRECIO	IVA %	RE %	IMPORTE
	(5)	(5)	(5)	(6)	(6)	(5)

IVA RE	(6) %	%	%	%	%	%	
Base imponible	(6)						
Importe impuesto	(6)						

Reg. Merc. de (9) T. 879, Sec. 8.ª del Libro de Sociedades, F. 92, H. 7896, Ins. 1.ª

TOTAL FACTURA (7)

Modelo de factura completa

(1) Número de factura correlativo.

(2) Datos del emisor:
- Nombre o razón social.
- Domicilio.
- Número de identificación fiscal.

(3) Datos del destinatario:
- Nombre o razón social.
- Domicilio.
- Número de identificación fiscal.

(4) Lugar y fecha de emisión.

(5) Descripción de la operación de compraventa o prestación de servicios y demás datos para el cálculo de la base imponible:
- Cantidades, precios unitarios, descuentos, gastos e importes.

(6) Tipo tributario de IVA y recargo de equivalencia, bases imponibles y cuotas resultantes.

(7) Importe total de la factura.

(8) Condiciones de venta y referencias:
- Forma de envío.
- Forma de pago.

(9) Número de inscripción en el Registro Mercantil.

La factura simplificada

Lo primero que has de tener en cuenta es que este tipo de facturas solo pueden tener como destinatario a una persona física (particular), nunca a un empresario ni a un profesional. Es por ello que **en ellas no será necesario hacer constar la identificación del destinatario.**

La factura simplificada supone una excepción al contenido general de las facturas.

Otro requisito que se ha de cumplir, y que habrás de observar, es que para poder expedir una factura simplificada, el montante de la operación o, dicho de otro modo, la contraprestación **no puede ser superior a 100 €, IVA excluido.**

EJEMPLO

¿Puede hacerse una factura simplificada o abreviada a la empresa CANCELA, S.L.U.?

No, pues solo se pueden hacer facturas de este tipo a particulares, nunca a otra empresa.

En el ejemplo, la empresa destinataria tiene forma de sociedad limitada unipersonal, por lo que tal posibilidad no existe.

CONTENIDO MÍNIMO DE LA FACTURA SIMPLIFICADA
• Identidad del expedidor.
• Fecha de expedición.
• Número y serie de la factura.
• Identificación de los bienes entregados o de los servicios prestados.
• La cuota tributaria o los datos que permitan calcularla.

EJEMPLOS

¿Cuándo crees que una empresa puede necesitar de distintas series para la numeración y confección de sus facturas?

Puede necesitar de distintas series de numeración cuando posee distintos centros de trabajo desde los que facturar, o bien, cuando necesite emitir facturas rectificativas (que serán estudiadas más adelante), o cuando realice operaciones de muy diversa naturaleza.

En el caso de que sean dos sujetos los que adquieran un determinado bien, ¿cuántas facturas habrán de expedirse por parte del proveedor?

Tan solo una factura, ya que únicamente se puede expedir un original de cada factura o documento sustitutivo. Lo que podrá hacer el proveedor será emitir un duplicado de la misma haciendo constar en él la expresión **duplicado,** así como el motivo de su emisión.

La factura recapitulativa

Este tipo de factura es muy frecuente entre empresas que mantienen relaciones comerciales continuadas. Lo normal suele ser que se haga una factura por cada operación, pero la normativa no impide que, en caso de que una empresa le haga a otra sucesivas compras, la que vende le incluya en una única factura todo lo vendido durante un periodo de tiempo determinado.

Podrán incluirse en una sola factura operaciones de distintas fechas para un mismo destinatario, efectuadas dentro del mismo mes natural. A esta factura se la llama factura recapitulativa.

EJEMPLO

Una empresa le vende a otra mercancías los días 15, 22 y 29 de enero y los días 10 y 19 de febrero. ¿Puede hacerle una única factura recapitulativa de las ventas efectuadas durante los meses de enero y febrero?

No. Las facturas recapitulativas deben referirse a operaciones efectuadas dentro del mismo mes natural. Se podrá hacer una factura recapitulativa por la ventas hechas en el mes de enero y otra que recoja las ventas del mes de febrero.

1.2. Documentos sustitutivos: los tiques

caso práctico inicial

El tique es un documento que, en determinados supuestos, puede sustituir a las facturas.

Seguramente, en multitud de ocasiones, te habrán dado un tique al comprar algún bien o servicio y, posiblemente, nunca te hayas parado lo suficiente a examinarlo ni a valorar su importancia.

En determinadas operaciones las facturas pueden ser sustituidas por tiques numerados correlativamente y emitidos, por lo general, por máquinas registradoras.

saber más

Contenido de los tiques

Al menos contendrán:

- Número y, en su caso, serie.
- Número de identificación fiscal, así como el nombre y apellidos, razón o denominación social del obligado a su expedición.
- Tipo impositivo aplicado o la expresión «IVA incluido».
- Contraprestación total.

↑ En numerosas ocasiones la factura es sustituida por un tique, como en el caso de servicios de restauración.

En tu cabeza seguro que ronda ahora la pregunta de cuándo puede sustituirse una factura por un tique. Pues bien, este hecho se da cuando el importe de las operaciones **no exceda de 3.000 €, IVA incluido** y se trate, entre otras, de alguna de las siguientes actividades:

- Ventas al por menor.
- Ventas o servicios ambulantes, así como a domicilio.
- Servicios de hostelería, restauración y suministros de bebidas y comidas prestados en restaurantes, bares, cafés, etc.
- Transporte de personas.
- Servicios telefónicos.
- Salas de baile, cines y discotecas.
- Servicios de peluquería e institutos de belleza.

↑ Ningún tique puede superar los 3.000 €, IVA incluido.

saber más

Excepciones a la obligación de facturar

No existe obligación de facturar, salvo que el cliente lo exija, entre otros:

- Cuando la operación sea realizada por comerciantes minoristas a los que se les aplique el régimen especial de recargo de equivalencia.
- Cuando la operación sea realizada por un sujeto pasivo que tribute por el régimen especial simplificado del IVA.
- Cuando se trate de operaciones exentas del impuesto sobre el valor añadido.
- Cuando se trate de operaciones que autorice el Departamento de Gestión Tributaria de la AEAT.

saber más

Los vales

A los tiques también se les suele denominar vales.

ACTIVIDADES

1. ¿Es requisito de la factura la firma del destinatario?

2. Elabora, usando una aplicación informática como puede ser la hoja de cálculo Excel, un modelo de factura simple. Para ello puedes basarte en el modelo de factura completa que aparece en la pág. 178.

3. Busca y recoge tiques o vales de compra y estúdialos detenidamente para identificar cada uno de sus elementos, teniendo en cuenta lo que representan.

4. Una empresa vende dos tipos de artículos, camisas y pantalones de pana.

¿Puede emplear series distintas para facturar cada uno de estos artículos?

5. Una empresa se dedica a vender camisas y alquilar trajes esmoquin.

¿Puede emplear series distintas de facturas para cada una de estas actividades?

2. Emisión, entrega y conservación de facturas

Otra cuestión importante que has de saber es cuándo han de proceder a cumplir, los empresarios y profesionales, con la obligación de emitir facturas. Como regla general debes tener presente que **se han de emitir en el momento de realizarse las operaciones que dan lugar al nacimiento de la obligación de facturar, momento en el que han de ser entregadas también.**

Ahora bien, si el destinatario de la factura es otro empresario o profesional, la norma establece un plazo más amplio. En el siguiente cuadro puedes observar los distintos plazos de emisión y entrega:

DESTINATARIO	PLAZO DE EMISIÓN	PLAZO DE ENTREGA
Empresario o profesional.	Un mes desde la operación.	Un mes desde la emisión.
Facturas recapitulativas emitidas a empresarios o profesionales.	Un mes desde el último día del mes natural que se factura.	Un mes desde la emisión.
Particulares. No empresarios ni profesionales.	Al realizar la operación.	En el momento de la emisión.

No obstante, pese a lo indicado, debes tener presente que las facturas han de estar en poder del comprador antes de que finalice el plazo para la declaración-liquidación del IVA.

Los empresarios y profesionales conservarán las facturas, tanto emitidas como recibidas, durante un plazo de **cuatro años.**

Además, has de saber que las facturas correspondientes a compras de bienes de inversión —bienes muebles— deberán de conservarse durante **9 años;** y **14 años** cuando se trate de bienes inmuebles.

caso **práctico** inicial

Efectivamente las empresas tienen la obligación de conservar durante un determinado número de años las facturas emitidas y las facturas recibidas.

La empresa del caso inicial no tendría ningún problema por no haber conservado la factura perdida, pues es de hace más de cuatro años y la norma establece un plazo de custodia de cuatro.

→ Las facturas han de archivarse por periodo de cuatro años, y tenerlas a disposición de la Inspección Tributaria.

EJEMPLO

¿Durante cuánto tiempo debe conservarse la factura de compra de un edificio?

Durante 14 años si comienza a utilizarse el mismo año de la compra. Debe conservarse el año de la compra, los 9 años de la regularización (susceptibles de ello) y los 4 siguientes (periodo «ordinario» de conservación de facturas).

3. Cálculo y confección de facturas

Para llevar a cabo el cálculo y la confección de facturas has de tener muy presente todo lo estudiado hasta ahora en unidades anteriores. Te aconsejamos repases, para una mejor comprensión de este apartado, el cálculo del coste de la compra o precio de adquisición: precio del producto, descuentos y gastos comunes o accesorios. Es preciso también que domines el impuesto del IVA, pues recuerda que la factura es el documento a través del cual se repercute.

caso práctico inicial

Las facturas deberás archivarlas según las vayas recibiendo, numeradas correlativamente. Esta numeración se la irás proporcionando según te vayan llegando.

↑ Es importante observar el plazo de emisión y entrega de facturas.

ACTIVIDADES

6. Un empresario compra el día 15 de enero un determinado género. ¿Cuándo terminará el plazo que tiene el proveedor para emitir esa factura? ¿Qué día será el último para hacer la entrega de la misma? ¿Cómo variaría tu respuesta en caso de que se le facturase por periodos mensuales (facturación recapitulativa)?

7. Una empresa compra a otra los siguientes artículos:

- 150 unidades del producto A.
- 200 unidades del producto B.

Las condiciones de venta pactadas son: un descuento comercial del 5% y un descuento por pronto pago del 2%. Seguros por importe de 53 €. Portes a cargo del vendedor, por importe de 120 €; IVA del 18% y forma de pago al contado.

a) Determina el coste de la compra.

b) ¿Cuál es el precio de adquisición unitario de los productos A y B?

3.1. Facturas con un único tipo impositivo de IVA

Debes partir del importe bruto de la compra y proceder a minorarlo en función de los descuentos a aplicar. Hecho esto, sumarás los gastos accesorios de la operación, con lo que ya tendrás la base imponible del IVA y, en su caso, del recargo de equivalencia.

Calcula la cuota del IVA y, en su caso, del RE, y sumadas a la base imponible obtendrás el total factura.

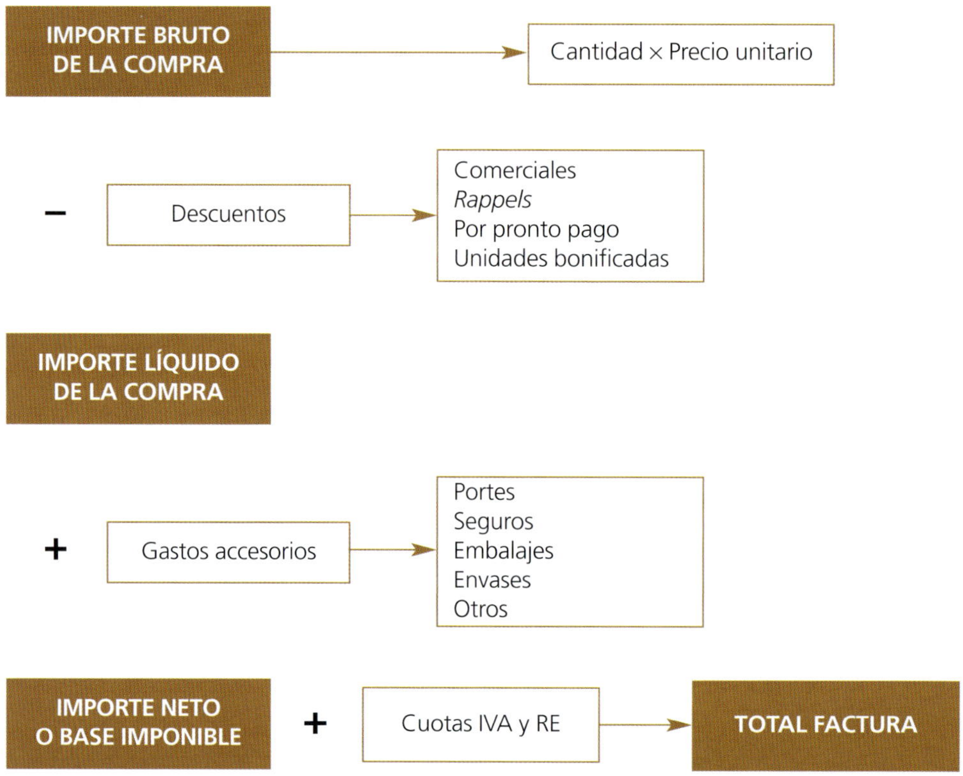

ACTIVIDADES

8. Una empresa factura las siguientes mercancías:

- 10 pantalones mod. Jeans XP a 39 €/ud.
- 5 pantalones mod. Jeans XJJ a 38 €/ud.
- 5 camisetas mod. SSL a 12 €/ud.

Determina el importe bruto de la factura de esta operación.

9. Suponiendo que se aplique un descuento comercial del 3% en la venta de la actividad anterior, y un descuento por pronto pago del 2%, determina el importe líquido de la compra.

10. Si se facturan unos portes por importe de 33 €, determina la base imponible de la operación así como la cuota del IVA correspondiente. Si el comprador estuviese acogido al régimen especial de recargo de equivalencia, ¿cuál será la cuota a pagar por este recargo?

11. ¿Cuál es el importe final o total factura a pagar por el comprador de la operación recogida en las actividades anteriores?

EJEMPLO

La empresa Norte, S.A., domiciliada en la calle Alondra, 58 – 28025 Madrid, con CIF A-28853612, vende a Comercial Ruiz, S.A., domiciliada en la calle Camarena, 64 – 28047 Madrid, con CIF A-28742501, los siguientes artículos:

- 10 camisas, modelo X código 856.236 a 33 €/ud.
- 15 camisas, modelo A código 459.478 a 40 €/ud.
- 40 camisas, modelo Z código 258.369 a 28 €/ud.

El proveedor enviará la mercancía por medios propios al comprador. Las condiciones de venta son:

- Descuento comercial 5%
- *Rappels* 2%
- Portes 72 €
- Seguros 53 €
- IVA 18%
- Forma de pago al contado

Cumplimenta la factura A/456 que el proveedor emitirá a la empresa cliente el día 10 de noviembre de 20XX, fecha en la que se produce la entrega de la mercancía.

EMITIDA POR:
Norte, S.A.
C/ Alondra, 58
28025 Madrid
NIF: A-28853612

FACTURA N.º A/456

Pedido n.º	589
Albarán n.º	256
Envío por:	medios propios
Forma de pago:	al contado
Observaciones:	

DESTINATARIO:
COMERCIAL RUIZ
C/ Camarena, 64
28047 MADRID
NIF: A-28/742501

Fecha: Madrid, 10 de noviembre de 20XX

Este es el encabezado de la factura. Fíjate en la identificación de las partes: empresa emisora del documento (la que vende la mercancía) y empresa destinataria (la que compra). No puede faltar el número de la factura ni su fecha de emisión que, en este caso, coincide con la fecha en la que tiene lugar la entrega de las mercancías. Si no hubiese sido así, se debería hacer constar, por ejemplo, en el apartado de Observaciones.

Los datos relativos al pedido, el albarán y el envío no forman parte del contenido esencial de la factura, pero aportan información muy útil.

CÓDIGO	CANTIDAD	DESCRIPCIÓN	PRECIO	IVA %	RE %	IMPORTE
856.236	10	Camisas modelo X	33 €	18%		330,00
459.478	15	Camisas modelo A	40 €	18%		600,00
258.369	40	Camisas modelo Z	28 €	18%		1.120,00
		Importe bruto				2.050,00
		Dto. comercial: 5%				– 102,50
		Rappel: 2%				– 38,95
		Importe líquido				1.908,55
		Portes				72,00
		Seguro				53,00
		Base imponible				2.033,55

EJEMPLO (Cont.)

A continuación tenemos el cuerpo de la factura. Fíjate en la distribución de los elementos hasta llegar a la determinación de la base imponible. Una vez indicados los artículos que se venden aparecen los descuentos y, posteriormente, los gastos accesorios.

Observarás que hay una columna destinada a indicar el tipo impositivo del IVA y el tipo de RE, en caso de que sea necesario.

IVA RE	18%	%	%	%	%	%	
Base imponible	2.033,55 €						2.033,55
Importe impuesto	366,03 €						366,03
Reg. Merc. de T. 879, Sec. 8.ª del Libro de Sociedades, F. 92, H. 7896, Ins. 1.ª					TOTAL FACTURA		**2.399,58**

Por último, estudia el faldón de la factura. Observa que hay un espacio destinado a indicar las posibles bases imponibles y otro para indicar las cuotas del impuesto. Al final, la suma nos aporta el total de la factura. Fíjate también en la última línea, en la que figuran los datos identificativos de la inscripción en el Registro Mercantil de la empresa que emite el documento (la empresa que vende la mercancía, recuerda).

3.2. Facturas con distintos tipos impositivos de IVA

Son similares a las anteriores, pero en este caso, hay que repartir los gastos accesorios comunes entre las distintas bases imponibles existentes. Para ello, es conveniente que, hasta que te familiarices y adquieras la destreza suficiente en la confección de facturas, analices cuántos tipos impositivos van a aparecer en la factura y «hagas tantas facturas como tipos impositivos distintos aparezcan». Posteriormente todos estos cálculos se unificarán, plasmándose en una única factura.

Recuerda que a la hora de anotar en la factura la descripción de las operaciones, debes consignar todos los datos necesarios para la determinación de **cada base imponible del impuesto, por separado.**

ACTIVIDADES

12. Una empresa compra la siguiente mercancía:

- 48 cajas de vino tinto Don Cidón a 10 €/caja.
- 20 cajas de agua mineral a 2,50 €/caja.
- 84 cajas de atún en conserva a 2,50 €/caja.

Se incluye un descuento del 15%.

Se aplica un descuento por pronto pago del 5%.

Los transportes ascienden a 0,45 € por kg y los envases importan 0,60 € por caja.

Cada caja pesa 6 kilos.

Calcula las bases imponibles resultantes de esta operación y las cuotas de IVA. Observa que esta operación de compraventa está sujeta a dos tipos impositivos.

EJEMPLO

Los grandes almacenes NORTE, S.A. domiciliados en la calle Alondra, 58, 28025 Madrid, con CIF A-28853612, venden a COMERCIAL RUIZ, S.A., con domicilio en la calle Camarena, 64, 28047 Madrid y CIF A-28742501, los siguientes artículos:

- 10 camisas, modelo X código 856.236 a 33 €/ud.
- 20 cajas de rosas blancas código 125 a 35 €/caja.

Condiciones de venta:

- Descuento comercial: 3%.
- Portes: 24 € por caja (las camisas se embalan en dos cajas).
- Envases: 0,25 €/caja.
- Forma de pago: contado.

Cumplimenta la factura A/45 que el proveedor emitirá a la empresa cliente el día 10 de noviembre de 20XX, fecha en la que se produce la entrega de la mercancía.

EMITIDA POR:
NORTE, S.A.
c/ Alondra, 58
28025-MADRID
NIF: A-28853612

FACTURA N.º ______

Pedido n.º
Albarán n.º
Envío por:
Forma de pago:
Observaciones:

DESTINATARIO:
COMERCIAL RUIZ, S.A.
c/ Camarena, 64-MADRID
NIF: A-28742501

Fecha: Madrid, 10 de noviembre de 20XX

CÓDIGO	CANTIDAD	DESCRIPCIÓN	PRECIO	IVA %	RE %	IMPORTE
	10	Camisas mod. X	33	18		330
		Dto. comercial 3%				–9,90
		Portes		18		48
		Envases		18		2,50
		BASE IMPONIBLE 18%				370,60
	20	Cajas rosas blancas		8		700
		Dto. comercial 3%				–21
		Portes		8		480
		Envases		8		5
		BASE IMPONIBLE 8%				1.164

IVA RE	18%	8%	%	%	%	%	
Base imponible	370,6	1.164					1.534,60
Importe impuesto	66,71	93,12					159,83

Reg. Merc. de T. 879, Sec. 8.ª del Libro de Sociedades, F. 92, H. 7896, Ins. 1.ª

TOTAL FACTURA 1.694,43

ACTIVIDADES

13. La empresa COMERCIAL POTTER, S.L., con domicilio en Avda. del Mar, 43 - 33016 Gijón y CIF B-33365250 realiza las siguientes ventas durante el mes de febrero del presente año:

- **11 de febrero:** factura N.° 211/J al cliente Martín Fernández García, c/ Calisto, 34. CP 30600 Archena (Murcia), NIF 34998250-Z, comerciante acogido al RERE.
  - Naranjas: 200 kg a 0,85 €/kg.
  - Manzanas: 600 kg a 0,50 €/kg.
  - Limones: 400 kg a 0,45 €/kg.

  La forma de pago establecida es mediante letra de cambio a 60 d/v.

  Medio de envío a través de TRANSPORTES PRISITAS, S.L. Los portes son por cuenta del comprador.

  N.° pedido 41 de fecha 2 de febrero. Albarán n.° 48 de fecha 5 de febrero. La mercancía es transportada en cajas de 20 kg.

- **20 de febrero:** factura N.° 310/J al cliente ESTRATTER, S.A., c/ Federico García Lorca, 59. 28004 Madrid. CIF A-28665542.
  - 100 unidades de gel de baño a 4 €/ud.
  - 200 unidades de pasta de dientes a 3,20 €/ud.
  - 80 unidades de esponjas a 1,60 €/ud.

  La forma de pago: cheque al portador.

  La mercancía es transportada por TRANSPORTES PRISITAS, S.L. y los gastos de transporte ascienden a 200 €, los envases suman 160 € y el seguro asciende a 45 €.

  Se aplica un descuento comercial del 3%.

  Pedido n.° 13 de fecha 15 de febrero. Albarán n.° 130 de fecha 16 de febrero. La mercancía es transportada en 90 cajas de 10 kg cada una.

Confecciona las facturas de estas ventas, teniendo presente que se emiten a final de mes.

14. Con los datos de la actividad número 12 confecciona el cuerpo de la factura resultante de esa operación de compraventa.

15. El minorista de Navalmoral de la Mata, acogido al recargo de equivalencia, Adolfo Domingo, con NIF 11077889-W, domicilio en c/ Larga, 60 – CP 10300, realizó a MAYORISTAS GATA, S.A.U., ubicada en Adra (Almería) el día 19 de marzo el pedido siguiente:

- 100 unidades del producto A a 6 €/ud.
- 150 unidades del producto B a 7 €/ud.
- 200 unidades del producto C a 5 €/ud.

Las condiciones son:

Descuento comercial del 5%. Portes por cuenta del vendedor por 150 €. Entrega de mercancías máximo en 3 días, en el domicilio del comprador. Pago mediante 2 letras a 30 y 90 días. Embalajes 200 € y envases 200 €. Intereses por aplazamiento de pago 3% anual.

a) Confecciona la nota de pedido n.° 184.

b) Confecciona el albarán n.° 23.

c) Realiza la factura n.° 55-RJ por el importe a pagar. La factura se hace 5 días después del albarán.

Aporta los datos que puedan faltar y creas convenientes para que los documentos queden completa y perfectamente cumplimentados.

4. La factura de rectificación y la nota de abono

4.1. La factura de rectificación

Una factura confeccionada y emitida solo se puede modificar a través de una factura de rectificación.

> Una factura de rectificación se emitirá, sobre todo, en los casos en los que las facturas originales adolezcan de error en el cálculo de las cuotas de IVA repercutido, o se hubiesen producido circunstancias que den lugar a la modificación de la base imponible del mencionado impuesto.

Si te estás preguntando cuál es el plazo para rectificar una factura ya emitida debes tener en cuenta lo estudiado en unidades anteriores, relativas al IVA, y también en la presente. El plazo para emitir facturas de rectificación es de **cuatro años** como máximo, a partir del momento en que se devengó el impuesto, debiendo, en todo caso, confeccionarlas tan pronto como se tenga constancia de las circunstancias que obligan a su confección.

Al realizar una factura de rectificación deben observarse los requisitos generales de facturación ya estudiados, estableciendo **una serie especial de numeración.** Además, debe constar su **condición de factura rectificativa y la descripción de la causa** que motiva la rectificación.

También deben aparecer los datos necesarios para identificar con precisión la factura o documento rectificado así como la rectificación realizada.

No será necesario emitir facturas de rectificación cuando se modifiquen las bases imponibles a consecuencia de devolución de envases y embalajes, ya que se podrá efectuar la rectificación en facturas posteriores, en caso de haberlas.

EJEMPLOS

Cita alguna causa que dé lugar a la emisión de una factura de rectificación.

Entre ellas, por ejemplo, se encuentran las siguientes:

- Un error en la facturación de los géneros.
- La devolución de géneros.
- Un error en la identificación de los sujetos.

Te compras unos pantalones en unos grandes almacenes que pagas al contado. Al llegar a casa te los pruebas y descubres que no son lo esperado, por lo que decides devolverlos. ¿Han de emitir factura de rectificación al proceder a la devolución de la mercancía?

No. Se confeccionará una nota de abono, ya que el cliente eres tú, que actúas en tu propio nombre y no como profesional.

EJEMPLOS

Observa la siguiente factura. Se trata de un modelo distinto al que te proponíamos hasta ahora. Recuerda que el formato de la factura es libre, no así su contenido.

EMPRESA

Viveros Tirigaña, S.L.U.
C/ Albatros, 7
34004 Palencia

FACTURA N.º: PR20110054

CIF ó NIF: B 34000111

Fecha Fra.: 30 de abril de 2011	*Datos del cliente*
Referencias:	Eduardo Martínez Pérez
Albarán n.º:	Flores Edu
Pedido n.º:	C/ Arco Iris, 8
Carta de porte n.º:	34004 Palencia
	CIF ó NIF: B 34122999-J

Cód.	Descripción	Cantidad	Precio	Importe
	Fecha de la operación: 10/04/2011			
	Surfinias color varios (4 cm)	18	3,00	54,00
	Aloe vera (18 cm)	20	4,00	80,00

OBSERVACIONES

Transportes por medios propios

Forma de pago

Transferencia bancaria a 10 días fecha factura

Domiciliación

TOTAL BRUTO		134,00
Dto. %	Base	
1%	134,00	−1,34
BASE IMPONIBLE		132,66
IVA 8%		10,61
RE %		
TOTAL FACTURA		143,27 €

Elabora la factura de rectificación número RE2011003 de fecha 6 de mayo de 2011, que la empresa Viveros Tirigaña, S.L.U. hará llegar a Eduardo Martínez Pérez tras haber detectado un error en el precio de las surfinias de 0,50 € a su favor.

La factura llevará signo negativo, pues es una cantidad a abonar al cliente. Por eso el descuento irá en positivo. También podrías elaborar la factura en positivo indicando que el saldo es a favor del cliente, pero entonces tendrías que jugar con el descuento como elemento reductor del precio, poniéndolo con signo negativo.

En la siguiente página te mostramos el resultado final de la factura rectificativa.

EJEMPLOS (Cont.)

EMPRESA

Viveros Tirigaña, S.L.U.
C/ Albatros, 7
34004 Palencia

FACTURA RECTIFICATIVA N.º: RE2011003

CIF ó NIF: B 34000111

Fecha Fra.: 6 de mayo de 2011	*Datos del cliente*
Referencias:	Eduardo Martínez Pérez Flores Edu C/ Arco Iris, 8 34004 Palencia
Albarán n.º: Pedido n.º: Carta de porte n.º:	CIF ó NIF: B 34122999-J

Cód.	Descripción	Cantidad	Precio	Importe
	Factura rectificativa de la factura de fecha 30/04/2011, **PR20110054** por error en el precio unitario de venta a favor del cliente, del artículo:			
	Surfinias color varios (4 cm)	18	–0,50	–9,00

OBSERVACIONES			
Saldo a favor del cliente a abonar en su cuenta corriente	TOTAL BRUTO		–9,00
	Dto. %	Base	
	1%	9,00	0,09
Forma de pago			
	BASE IMPONIBLE		–8,91
	IVA 8%		–0,71
Domiciliación	RE %		
	TOTAL FACTURA		**–9,62 €**

Observa la siguiente factura rectificativa. Las bonificaciones o descuentos por volumen de compras *(rappels)* concedidos con posterioridad a la operación u operaciones principales, dan lugar a modificaciones de la base imponible del IVA y de las cuotas, como ya has estudiado. Esto obliga a efectuar la correspondiente factura rectificativa en la que se habrá de indicar el periodo a que se refieran los descuentos o bonificaciones.

Cód.	Descripción	Cantidad	Precio	Importe
	Descuento por volumen de compra durante el año 2011			–45,00

OBSERVACIONES			
Saldo a favor del cliente a abonar en su cuenta corriente	TOTAL BRUTO		
	Dto. %	Base	
Forma de pago			
	BASE IMPONIBLE		–45,00
	IVA 8%		–3,60
Domiciliación	RE %		
	TOTAL FACTURA		**–48,60 €**

4.2. La nota de abono

Aunque en muchas ocasiones nota de abono y factura de rectificación se usan como sinónimos, sobre todo cuando la factura de rectificación concluye con importe favorable al cliente como el caso del ejemplo anterior, esto no es correcto.

NOTA DE ABONO ≠ FACTURA RECTIFICATIVA

Una **nota de abono** es un documento que, aun guardando mucha relación con las facturas de rectificación, tiene su propio carácter.

> Es el documento que emiten los empresarios y profesionales a sus clientes cuando estos gozan, con posterioridad a la obligación de emitir factura, de un descuento, devolución u otros beneficios que repercutan sobre la base o cuota imponible y, además, por no ser empresarios o profesionales o por no haberla exigido, no se les expidió factura completa en su momento.

Las notas de abono irán numeradas correlativamente, llevando una serie propia y específica para ello.

EMITIDA POR: TIENDAS SED, S. A.
C/ Amigos, 15
28030 MADRID

NIF: A-28426123

ABONO A: D.ª Carmen Rodríguez García
C/ Goya, 2
50010 ZARAGOZA

NIF: 25639256-B

Fecha: Madrid, 13 de junio de 2012

nota de abono n.º 101

Descripción	Importe
Descuento del 20% sobre 48 ⇔correspondiente a venta de material de escritorio.	9,60
IVA: 18%	1,73
TOTAL ABONADO €	11,33

Reg. Merc. de Madrid. T. 213, Sec. 2.ª del Libro de Sociedades, F. 78, H. 2589, Ins. 8.ª.

↑ Ejemplo de nota de abono.

ACTIVIDADES

16. El empresario Martín Fernández García, de la actividad 13, devuelve 20 kg de manzanas y 100 kg de limones, por encontrarse en mal estado. Confecciona la factura rectificativa R-7 de fecha 20 de febrero.

17. La empresa Mayorista Gata, S.A.U. de la actividad 15, encuentra un error a su favor en la facturación del producto A. El precio unitario de dicho producto debería haber sido de 8 €/ud. Confecciona la factura de rectificación RR/19 de fecha 31 de marzo.

18. La empresa La Esperanza, S.L. con CIF B-28897900 y dirección en la calle Espíritu Santo 22, 28004 Madrid, te vende como particular una repisa mod. Bicky color negro por importe de 120 €. El día de la venta emite tique de compra. Posteriormente, devuelves la repisa. Confecciona la nota de abono correspondiente aportando los datos necesarios.

5. La facturación electrónica

Que internet ha revolucionado las formas de trabajar en las oficinas es un hecho, y en materia de facturación también tiene su repercusión. Especialmente en lo relativo al envío y almacenamiento de dichos documentos.

Tal es así que existe ya una normativa específica para regular todo lo relativo a la facturación electrónica o digital y su almacenamiento. Se trata de la Orden 962/2007, de 10 de abril, que desarrolla determinadas disposiciones sobre facturación telemática y conservación electrónica de facturas.

> La facturación electrónica es un equivalente funcional de la factura en papel y consiste en la transmisión de las facturas o documentos análogos, entre emisor y receptor, por medios electrónicos (ficheros informáticos) y telemáticos (de un ordenador a otro), firmados digitalmente con certificados reconocidos.

La factura electrónica ha de cumplir los mismos requisitos que la factura convencional en soporte papel, pero, además, debe garantizarse la autenticidad de su origen y la integridad de su contenido. De alguna forma se ha de asegurar la atribución de dicha factura a su obligado tributario emisor.

5.1. Características de la facturación electrónica

Además de cumplir con todos los requisitos que se les exigen a las facturas vistos hasta ahora, se han de considerar las siguientes características, en lo que a facturación electrónica se refiere:

FACTURACIÓN ELECTRÓNICA

- Para dar validez legal a una factura digital simplemente es necesario que esté **firmada digitalmente.**
- Cualquier medio de transmisión es aceptado, de forma que podemos enviar las facturas a través de internet o a **través de un mensaje de correo electrónico.**
- Es necesaria la **conformidad expresa por parte del receptor para trabajar con factura digital.** Sin embargo no debe notificarse a la Agencia Tributaria ni debe esperarse autorización por su parte.
- Debe asegurase la **legibilidad de la factura en su formato original** y debe facilitarse al receptor las herramientas o mecanismos para la visualización de la factura y la verificación de la firma.

caso práctico inicial

Solo tienen validez las facturas enviadas por medios telemáticos cuando cumplen estas características. La empresa ha debido dar conformidad expresa para recibirlas, a cada proveedor.

El formato de la e-factura

Se necesita un formato electrónico de factura de mayor o menor complejidad (EDIFACT, XML, UBL, PDF, HTML, DOC, XLS, GIF, JPEG ó TXT, entre otros).

Este formato electrónico y su transmisión telemática, deben garantizar su integridad y autenticidad a través de una firma electrónica reconocida.

UBL/Facturae
Exportar facturas a XML, en formato UBL o Facturae

Enviar Documento
Enviar facturas electronicamente, firmadas o no y por correo electrónico o a una plataforma de facturas electrónicas.

Reenviar Documento
Reenviar facturas electrónicas, previamente enviadas mediante el botón Enviar documento.

5.2. Envío de facturas electrónicas o digitales

Podrás enviar facturas digitales por **medios electrónicos,** siempre que el destinatario de las facturas haya dado su consentimiento y los medios electrónicos utilizados en su transmisión garanticen la autenticidad de su origen y la integridad de su contenido.

Las aplicaciones informáticas de gestión comercial y facturación, como FacturaPlus, permiten el envío y recepción de facturas electrónicas, utilizando el acceso o conexión a la red.

Para exportar la factura, ya generada, al formato adecuado para su envío, esta aplicación usa el icono *UBL/Facturae* de la ventana *Facturas a clientes*.

Los iconos de *Enviar documento electrónico* nos permiten enviar al cliente la factura tras un protocolo de asociación de firma electrónica o certificado digital. Recuerda que el cliente ha debido dar conformidad previa para el envío de la factura por medios telemáticos.

5.3. El certificado digital y la firma electrónica o digital

Un certificado digital es un documento digital mediante el cual una entidad de certificación (tercero confiable), garantiza la identidad de una persona física o jurídica.

El uso de los certificados nos permite **identificar el emisor de un mensaje** a través de la clave pública contenida en su certificado, garantizando así la autentificación de origen y el no repudio.

Existen numerosas entidades de certificación digital en España, entre otras:

- CERES (Fábrica Nacional de Moneda y Timbre).
- CAMERFIRMA.
- Autoridad valenciana de certificación.

Una vez que la empresa obtiene su certificado digital ha de proceder a firmar digitalmente sus facturas. La firma digital es uno de los elementos que contiene todo certificado digital, de la que da fe, como parte integrante de la misma, la entidad de certificación.

La firma digital es una secuencia de datos electrónicos que se adjunta al cuerpo del documento firmado electrónicamente.

Sin entrar en el detalle técnico de cómo se lleva a cabo una firma digital, sí es conveniente que te quedes con la idea de que cuando se firma digitalmente un documento, se incluye parte del certificado digital que incluye la clave pública de la firma digital que permite al receptor validarla.

La firma digital proporciona al receptor la certeza de que el documento recibido no ha sido modificado **(integridad)** e identifica al emisor de la factura **(autenticidad).**

saber más

Utilización del certificado digital

El certificado digital permite a su titular:

- Identificarse ante terceros al establecer comunicaciones a través de internet.
- Asegurar que su identidad no es suplantada.
- Firmar documentos electrónicos con validez legal.
- Proteger la confidencialidad de la información enviada.
- Garantizar la integridad de la información intercambiada entre las dos partes.

saber más

La firma digital

Se compone de una clave privada y una pública. La privada solo es conocida por el propietario. La pública se administra por la autoridad de certificación.

6. Los libros de registro

La normativa que regula el IVA y la obligación de facturar por empresarios o profesionales, sujetos pasivos del impuesto, establece que han de llevar y conservar una serie de libros de registro de información.

LIBROS DE REGISTRO DEL IVA
• Libro de registro de facturas expedidas.
• Libro de registro de facturas recibidas.
• Libro de registro de bienes de inversión.
• Libro de registro de determinadas operaciones intracomunitarias.
• Libros de registro especiales según regímenes especiales del IVA.

saber más

Requisitos formales

Los libros deben llevarse:

- Con claridad, exactitud y por orden de fechas.
- Sin espacios en blanco, interpolaciones, raspaduras ni tachaduras.
- Las páginas deben estar numeradas correlativamente.

Por su importancia en tu quehacer diario como futuro profesional, vamos a dedicarle unos apartados a los dos primeros.

6.1. Libro de registro de facturas expedidas

En este libro se anotan las facturas o documentos sustitutivos que la empresa emita, incluso por operaciones exentas. Se hará mención a los siguientes datos:

- Número, serie y fecha de expedición.
- Fecha de realización de las operaciones, en caso de que sea distinta de la anterior.
- Nombre y apellidos, razón social o denominación completa y número de identificación fiscal del destinatario.
- Bases imponibles.
- Determinación del tipo impositivo y cuota tributaria.

saber más

Anotaciones separadas en los libros de registro de facturas

Tanto en los libros de facturas emitidas, como recibidas, se anotarán de forma separada, al final del periodo de liquidación-declaración del IVA, las facturas rectificativas y notas de abono.

EJEMPLO

N.º factura	Fecha		Destinatario	Base imponible	IVA		RE		Total factura
	Mes	Día			Tipo	Cuota	Tipo	Cuota	
152	2	13	Mario Álvarez	800,00 €	18%	144,00 €	4%	32,00 €	976,00 €
153	3	18	Lencería Berta, S.L.	508,20 €	8%	40,66 €			548,86 €
154	3	19	Menester, S.A.	297,60 €	8%	23,80 €			321,40 €
155 a 159	3	20	Varios	525,00 €	18%	94,50 €			619,50 €
R/1	3	1	Lencería Berta, S.L.	–112,15 €	8%	–8,97 €			–121,12 €
R/2	3	25	Cercer, S.L.	–25,86 €	18%	–4,65 €			–30,51 €
			Total trimestre						**2.314,13 €**

saber más

Momento del registro de facturas emitidas

Las operaciones deben ser anotadas cuando se realice la liquidación y pago del impuesto relativo a las mismas, antes de que finalice el plazo legal para realizar la referida liquidación y pago en periodo voluntario.

Lo normal es que las facturas se anoten una a una. No obstante pueden anotarse varias facturas, en un asiento resumen, siempre que se cumplan simultáneamente los siguientes requisitos:

- Que en los documentos expedidos no sea preceptiva la identificación del destinatario.
- Que las operaciones documentadas se deban entender realizadas dentro de un mes natural.
- Que a las operaciones documentadas en ellos les sea aplicable el mismo tipo impositivo.

También se puede dar el caso de que una sola factura se anote en varios asientos: cando una factura incluya operaciones con distintos tipos impositivos deberá ir anotada en varios asientos.

6.2. Libro de registro de facturas recibidas

caso práctico inicial

Ya sabes lo que es el libro registro de facturas recibidas.

En este libro se anotan, correlativamente, las facturas que la empresa reciba, incluso de profesionales por servicios prestados. Se mencionarán los siguientes datos:

- Número de recepción.
- Fecha de expedición.
- Fecha de realización de las operaciones, en caso de que sea distinta de la anterior y así conste en el citado documento.
- El nombre y apellidos, razón social o denominación completa y número de identificación fiscal del obligado a su expedición.
- La base imponible.
- El tipo impositivo y la cuota tributaria.

saber más

Momento del registro de facturas recibidas

Deben anotarse por el orden en que se reciban y dentro del periodo de liquidación en que proceda efectuar su deducción.

Podrán hacerse asientos resúmenes de facturas recibidas en la misma fecha, siempre que procedan de un único proveedor, que el importe total conjunto de las operaciones, IVA no incluido, **no exceda de 6.000 euros** y que el importe de las operaciones documentadas en cada una de ellas **no supere los 500 €,** IVA no incluido.

EJEMPLO

N.º factura	Fecha		Emisor	Base imponible	IVA		RE		Total factura
	Mes	Día			Tipo	Cuota	Tipo	Cuota	
78 a 80	02	13	Varios	1.048,96 €	18%	188,81 €			1.237,77 €
81	03	18	Cerezales, S.A.	800,30 €	18%	144,04 €			944,34 €
				510,00 €	8%	40,80 €			550,80 €
R-1	02	26	Comercial Cúa, S.A.	50,00 €	18%	9,00 €			59,00 €
			Total trimestre						**2.791,91 €**

6.3. La informática aplicada a los libros de registro

La práctica totalidad de las empresas utilizan, actualmente, alguna aplicación informática para la gestión de su contabilidad y facturación. Esto hace que todos estos trámites y procesos se automaticen, liberándonos de la ardua tarea de tener que confeccionar manualmente los libros de registro de facturas emitidas y recibidas.

ContaPlus, la aplicación para la gestión contable del grupo SAGE, nos ofrece una herramienta muy útil para la elaboración automática de estos documentos. Como la mayoría de estas aplicaciones, ContaPlus no permite la realización de asientos resúmenes, pero recuerda que tampoco son obligatorios. A medida que contabilizamos operaciones y, por tanto, facturas, la aplicación informática se encarga de registrarlas en su correspondiente libro desglosando la información precisa que la normativa exige.

Si, además, tenemos en cuenta que podemos enlazar ContaPlus con FacturaPlus, y viceversa, podemos hacernos una idea de lo útil que resultan estas herramientas de trabajo, u otras de similares características y con las mismas prestaciones.

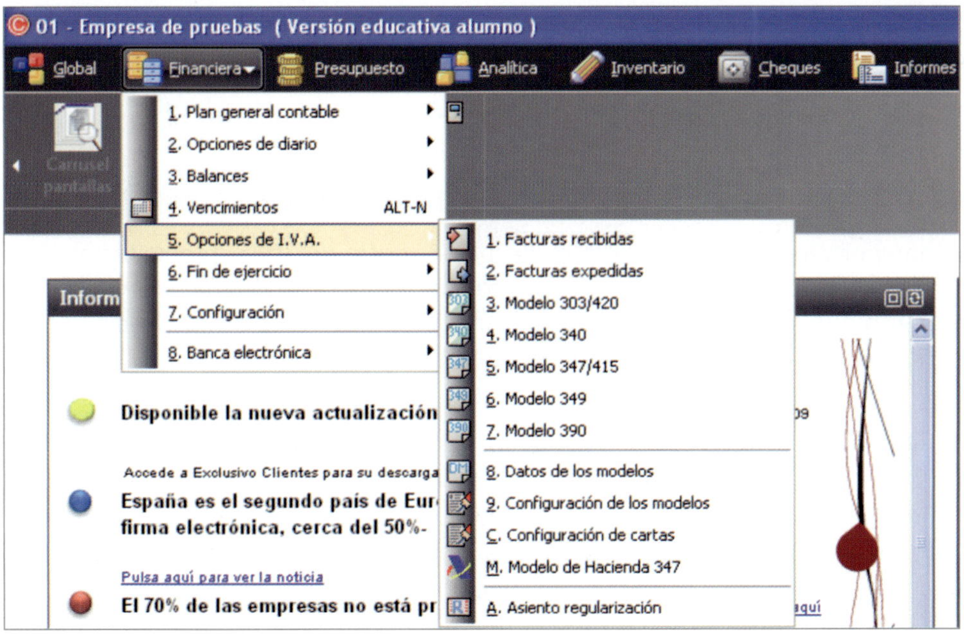

↑ Con ContaPlus, para acceder al libro de facturas emitidas o al de facturas recibidas, solo hay que ir al menú *Financiera/Opciones de IVA*.

Excel o cualquier otra hoja de cálculo también nos permite elaborar un rayado de estos libros, pero evidentemente, nos obliga a no despistarnos en el registro manual de cada una de las facturas que nuestra empresa emita o reciba.

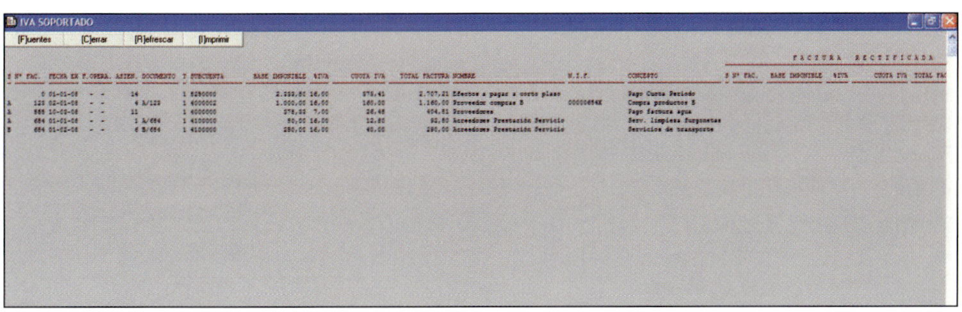

ACTIVIDADES FINALES

1. ¿Por qué crees que es importante exigir facturas en todas las adquisiciones de bienes o servicios que se realicen?

2. Confecciona la factura número 233/AAC, que resulte de la operación propuesta en el ejercicio 2 de las actividades finales de la unidad 5. El cliente tiene negociada una facturación recapitulativa mensual.

3. Redacta la factura de rectificación número 23-RF, que resultaría de la devolución que se expone en el ejercicio 6 de las actividades finales de la unidad 5.

4. La empresa Comercial Trepa, S.L. situada en el Pol. Ind. Vega de Abajo, parc. 14, 24200 Madrid, con CIF B-28563666 te vende la siguiente mercancía a ti que posees un pequeño establecimiento comercial y que estás acogido al régimen especial del recargo de equivalencia.

   - 120 unidades del art. XX a 0,23 €/ud.
   - 12 unidades del art. JJJJ a 1,12 €/ud.
   - 7 unidades del art. LLM a 12 €/ud.

   Los artículos XX y JJJJ tributan al 8% de IVA y el artículo LLM tributa al tipo general.

   Se aplican un 3% de descuento comercial y un 1% de descuento por pronto pago. Además, se cargan en factura portes, lo que supone facturar 0,12 € más por unidad transportada.

   Elabora la factura 523 de fecha 31 de agosto de 20XX que resulte de esta operación.

5. La empresa del ejercicio anterior vende a un particular, el día 14 de agosto de 20XX, productos por importe de 1.525 €, IVA no incluido. Se ha aplicado un descuento, en dicha operación, del 3% y no se ha emitido factura alguna. Cuatro días más tarde el cliente se da cuenta de que en vez de aplicársele un 3% de descuento tan solo se le ha aplicado un 2%. Confecciona la nota de abono que resultaría de la reclamación del cliente.

6. Confecciona el documento oportuno que se habría de realizar, dado el ejercicio anterior, en el supuesto de que el cliente hubiese exigido factura completa y esta hubiese tenido por número A/13.

7. Confecciona la factura número 35-L que enviará la empresa La Diana, S.L., con CIF B-33569369 y domicilio en c/ Eduardo Torner, 6 – CP 33600 Mieres, Asturias, a Construcciones Casares, S.A., con CIF A-33569777 y domicilio en c/ La Vega, 22 de la misma localidad, por los siguientes productos:

   - 100 unidades del producto C a 6 €/ud.
   - 110 unidades del producto G a 7,33 €/ud.
   - 70 unidades del producto L a 5 €/ud.

   Se aplica un descuento comercial del 17% y por volumen de compra sobre las unidades del produto G, un 2% más.

   El IVA aplicable es el tipo general.

   Los gastos incluidos en factura negociados son:

   - Portes 12 €
   - Seguros 15 €
   - Embalajes 8 €

   La factura se emite con fecha 30 abril de 20XX.

■ 8. En el mes de marzo la empresa La Diana, S.L. del ejercicio anterior descubre que ha facturado las unidades del producto C a 6 € cuando se deberían haber facturado a 4 €. Elabora la factura de rectificación con fecha 15 de marzo de 20XX.

■ 9. En grupos de tres o cuatro intentad confeccionar la factura con los datos del ejercicio 8 suponiendo, ahora, que las unidades del producto C tributasen al tipo del 4% y las del G y L al 18%. Suponed también que los gastos se han de repartir en función del precio de los géneros facturados.

■ 10. Vuelve a realizar el ejercicio anterior suponiendo que, de los gastos incluidos en factura, los seguros viniesen dados en función del precio de las mercancías y los conceptos de portes y embalajes en función de las unidades facturadas.

■ 11. La empresa El Jardín del Colibrí, S.L., con domicilio en avda. del Deporte, 43, CP 39012, Santander y CIF B-39365880 se dedica a llevar a cabo actividades de ocio y tiempo libre para niños de 0 a 10 años. Durante el mes de enero del presente año, las adquisiciones y los servicios efectuados fueron los siguientes:

a) 18 de enero: factura N.° 120 al proveedor Ambarflor, S.A. c/ Arbolagane, Nave 12, CP 48015, Bilbao y CIF A-48369998.

- 20 mesas 15x20 color azul a 15 €/mesa (3 mesas bonificadas).
- 30 sillas pequeñas color azul con respaldo a 10,50 €/silla (6 sillas bonificadas).
- 8 juegos de adhesivos de colores mod. GCP 48 a 3 €/juego.

Se incluye un descuento del 15%, descuento por pronto pago del 5%, los transportes ascienden a 250 € y los envases importan 60 € por caja.

Forma de envío: Transportes Pasos Lentos, S.L.U.

La forma de pago establecida es letra de cambio con vencimiento 90 días factura. Plazo de entrega 5 días.

b) 31 de enero: factura N.° A/1 al cliente Asociación de Ocio y Tiempo Libre «Cuélebre», c/ Corta, 2, CP 39012, Santander y CIF G39.563.248.

- 1 jornada de animación infantil al aire libre por importe de 165 € (fecha 6 de enero).
- 27 horas alquiler de instalaciones para disfrute de actividad lucrativa a 15 €/hora (durante el mes de enero).

Se aplica un descuento comercial del 2%.

Forma de pago: transferencia bancaria 0026 0125 56 1234567844.

Confecciona las facturas resultantes de las operaciones descritas.

entra en internet

■ 12. Entra en la página web de la Agencia Estatal de la Administración Tributaria <www.aeat.es> y busca más información sobre la facturación digital o e-factura.

■ 13. Visita la página <www.facturae.es>. En ella podrás encontrar mucho más sobre la e-factura.

■ 14. Entra en la página de la Fábrica Nacional de Moneda y Timbre <www.fnmt.es> y busca más información sobre la obtención del certificado digital.

PRÁCTICA PROFESIONAL

La factura de repaso

OBJETIVOS

Confeccionar documentos administrativos de las operaciones de compraventa relacionándolos con las transacciones comerciales de la empresa.

SITUACIÓN INICIAL 1

La empresa El Jerte, S.A. con CIF A-33563000 y dirección en c/ Abastos, 33 de Soria suministra a la empresa AlÁndalus, S.L., con domicilio en c/ Zárate, 18 de Logroño y CIF B-38952111 la siguiente mercancía el día 9 de abril de 20XX, según albarán de dicha fecha y número BB-2563:

- 80 unidades del art. JJJ a 9,50 €/ud.
- 25 unidades del art. LLL a 8 €/ud.

Ambos artículos tributan al 18% de IVA.

El día 18 de abril le vende las siguientes unidades de los mismos artículos y al mismo precio, según albarán de dicha fecha y número BB-2693:

- 120 del art. JJJ
- 130 del art. LLL

La empresa AlÁndalus, S.L. tiene negociado un descuento comercial del 3% y por volumen de compra alcanzado se practica, sobre la factura del mes de abril, un *rappel* del 2%.

Los portes los realiza, por medios propios, la empresa El Jerte, S.A., cargando en factura 0,05 € por unidad transportada.

Confecciona la factura de repaso del mes de abril del año 20XX.

SOLUCIÓN

Una factura de repaso es muy similar a la factura recapitulativa, pero en ella, en vez de hacer mención a la descripción individualizada de las mercancías que se facturan, objeto de la operación, se hace mención o, mejor dicho, se identifican los albaranes que acompañaron a la entrega de la mercancía en su momento.

Estos albaranes debieron haber sido albaranes valorados y, fíjate cómo, en el cuerpo de la factura de repaso que aparece a continuación, no aparece lugar para indicar descripción ni precio unitario de las mercancías.

Observa que el cuerpo central de la factura de repaso consta de identificación completa de los albaranes que en su momento se entregaron al cliente. La empresa cliente deberá, a la recepción de esta factura, adjuntarle copia de dichos albaranes valorados para una mejor identificación de la operación que se está acreditando.

El faldón o parte superior de la factura está sin cumplimentar. Con los datos que se te indicaron, intenta cumplimentarlo. Ten presente que mediante la correcta confección de estos apartados estás cumpliendo con la obligación legal de repercutir el IVA a través del documento oportuno para ello: la factura.

EL JERTE, S.A.

CIF A-33563000

FACTURA DE REPASO

N.º Factura	**A-152**
Fecha	30 de abril de 20XX
Forma de envío	Medios propios del proveedor
Condiciones de pago	
Cliente	**ALÁNDALUS, S.L.**
	B–38952111

FECHA	NÚMERO DE ALBARÁN	IMPORTE
9 DE ABRIL DE 20XX	BB-2563	960 €
18 DE ABRIL DE 20XX	BB-2693	2.180 €

Total bruto	Dto.	Imp. Dto.	Gtos.	Base imponible	% IVA	Importe IVA	% RE	Importe RE	Total
						Total factura			

Si te ha costado trabajo cumplimentar correctamente el faldón de la factura de repaso, no te preocupes. Aquí tienes la solución. Comprueba tus resultados con los que se indican y fíjate en los fallos que hayas cometido, para aprender de tus errores.

Total bruto	Dto.	Imp. Dto.	Gtos.	Base imponible	% IVA	Importe IVA	% RE	Importe RE	Total
3.140,00 €	3%	94,20 €	17,75 €	3.002,63 €	18%	540,47 €			3.543,10 €
3.045,80 €	2%	60,92 €							
						Total factura			**3.543,10 €**

Vuelve ahora a realizar la facturación correspondiente a las ventas que EL JERTE, S.A. le hace durante el mes de abril a ALÁNDALUS, S.L., pero ahora usa la fórmula de realizar una factura recapitulativa ordinaria.

Puedes hacer uso de la hoja de cálculo Excel u otra similar, para intentar confeccionar un modelo de factura propio, que te sea útil.

SITUACIÓN INICIAL 2

Analiza detenidamente la factura de repaso que se muestra en la página anterior. En ella faltan algunos datos que toda factura debe contener para ser considerada factura legal.

¿Podrías indicar de qué datos se trata?

SITUACIÓN INICIAL 3

La empresa ALÁNDALUS, S.L. verifica la mercancía junto con el albarán de fecha 18 de abril y encuentra 25 piezas del artículo LLL defectuosas. Procede a devolverlas a la empresa EL JERTE, S.A. con fecha de 3 de mayo. Confecciona la factura de rectificación que tendrá lugar como consecuencia de dicha devolución.

La factura de rectificación procede a emitirla la empresa vendedora EL JERTE, S.A. a la empresa cliente ALÁNDALUS, S.L.

Debemos tener presente que las facturas de rectificación habrán de llevar una numeración especial con una serie que las diferencie claramente del resto.

SITUACIÓN INICIAL 4

Supón ahora que el precio que figura junto a la facturación de las unidades LLL correspondientes a la fecha de venta del albarán BB-2563 es de 10,50 €/ud.

a) Confecciona la carta de reclamación que la empresa ALÁNDALUS, S.L. dirigiría a la empresa EL JERTE, S.A. ante esta situación. Usa para ello un procesador de textos y emplea todos los recursos que el mismo pone a tu alcance.

b) Confecciona la factura de rectificación que habría que emitir tras la reclamación que efectuase la empresa ALÁNDALUS, S.L. a la empresa EL JERTE, S.A.

↑ Mediante la facturación electrónica todos los trámites se agilizan y se ayuda a contribuir a la mejora del medioambiente.

SOFTWARE ADMINISTRATIVO

FacturaPlus

En esta unidad vamos a registrar y a confeccionar facturas recibidas y facturas a remitir a nuestros clientes. Para ello vamos a basarnos en las actividades propuestas en la unidad 7. En ella te proporcionábamos una serie de compras y ventas a registrar con la aplicación.

Pues bien, quedaban por facturar dichas operaciones. Aún no habíamos hecho lo que, quizás, es el paso más importante: facturar la compraventa de mercancías. Si además trabajásemos enlazando la aplicación con ContaPlus, lo que ahora vas a hacer, ello te permitiría contabilizar la operación y pasar, dicha información, tanto a los libros de registro de facturas como a los documentos de declaración-liquidación del IVA.

Desde la empresa Ropas Margarita, lo primero que vamos a hacer es registrar las facturas de las operaciones de compra (apartados b), d) y e), unidad 7). Para ello ten en cuenta lo siguiente:

- El día 20/09, el proveedor Textiles nos hace llegar la factura de la compra correspondiente al albarán 06/09.
- El día 30/09, el mismo proveedor nos hace llegar factura recapitulativa de los albaranes 12/09 y 13/09.
- El día 10/10, Textiles nos remite factura de la compra efectuada el día 25/09.

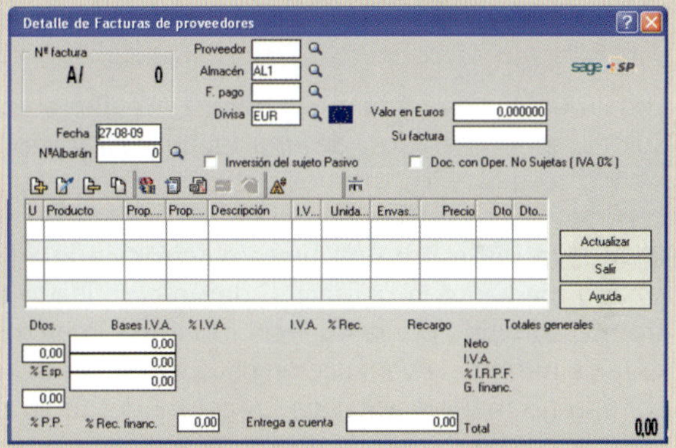

Para registrar las facturas recibidas por compras puedes entrar a través del menú *Almacén/Facturas.* Una vez dentro de la ventana *Facturas de proveedores,* sobre el icono *Añadir,* tienes la opción de buscar el albarán correspondiente (si está registrado, como es el caso) y, automáticamente, todos los datos de esa compra se volcarán.

También puedes registrar la factura desde la ventana *Albaranes de proveedores.* Marca el albarán correspondiente y pincha sobre el icono *Factura.*

Para registrar una factura recapitulativa de varios albaranes debes estar en la ventana *Facturas de proveedores.* Encontrarás un icono con el nombre *Recapitular.* Al pinchar sobre él se te ofrece un cuadro de diálogo donde podrás matizar la recapitulación de albaranes a realizar. Lo más lógico y frecuente es realizarlos por proveedor y, como ya sabes, por fechas.

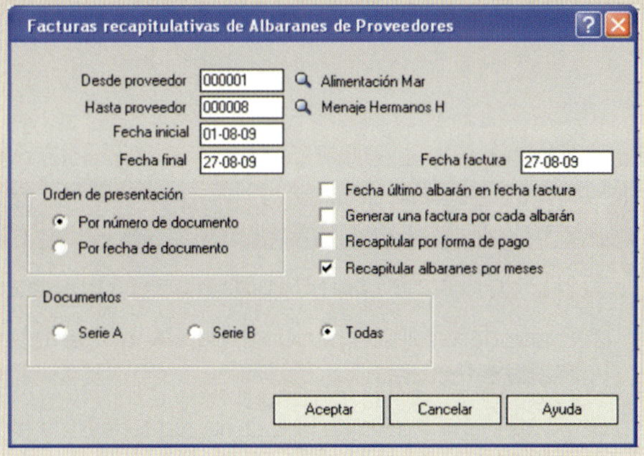

Ahora vas a confeccionar las facturas relativas a las ventas llevadas a cabo (apartados f) y h) unidad 7):

- Con fecha 20/10 emitimos la factura de la venta efectuada a nuestro cliente Habitual, S.A., correspondiente al albarán de ventas de fecha 17/10.
- Con fecha 31/10 emitimos la factura de ventas correspondiente al albarán de ventas de fecha 25/10. La numeración de las facturas se genera automáticamente.

La forma de proceder a la hora de confeccionar *Facturas a clientes* es la misma, pero para llegar a esa ventana iremos a través del menú *Facturación/Facturas.*

MUNDO LABORAL

España - La factura telemática es ya un hecho

El ahorro de costes derivados de la forma de facturar tradicional y una mayor flexibilidad para cliente y emisor de la factura son las bazas que presentan las instituciones para fomentar su uso.

La semana pasada tuve el placer de asistir a un acto organizado por la AENTEG (Associació d'Empreses de Noves Tecnologies de Girona) en la Cámara de Comercio de Gerona en el que se explicó y se debatió el presente y el futuro de la facturación telemática. (...)

El marco legal

La normativa española sobre facturación electrónica, recogida en la Orden HAC/3134/2003 y en la Resolución 2/2003 de la Agencia Estatal de la Administración Tributaria, es el reflejo de la directiva europea sobre el tema, aunque en España este sector empezó a moverse ya en fecha tan temprana como el año 1991.

Legalmente, una factura electrónica no difiere en absoluto, en contenidos, de una factura «tradicional», siendo exigibles los mismos datos que podamos encontrar en una factura en papel. Solamente se añade un nuevo requisito: una firma electrónica avanzada creada mediante la utilización de un certificado electrónico admitido por la Agencia Tributaria, cuya misión es la de permitir la verificación de la identidad del emisor y la no manipulación de la factura desde su creación: la norma exige que quede garantizada la autenticidad de origen de la factura y la integridad de su contenido. (...)

En cualquier caso, y al ser algo muy nuevo, está previsto que el cliente deba dar su aprobación explícita para recibir facturas telemáticas, que es como decir que si este no quiere, el emisor deberá continuar facturando de la manera tradicional. No obstante, el Sr. González Fuentes puntualizó que las principales grandes compañías, cuando actúan como clientes, no solamente están permitiendo la recepción de facturas telemáticas, sino que lo están exigiendo, debido al gran ahorro económico que estas suponen.

Fuente: Diariored.com 3/12/2003

Trabajo a realizar

1. Haz un resumen del artículo de prensa que acabas de leer.
2. Emite una opinión personal, barajando ventajas e inconvenientes, del uso por parte de las empresas de la llamada e-factura.
3. ¿Crees que el uso de la factura digital ayuda al sostenimiento medioambiental del planeta?

EN RESUMEN

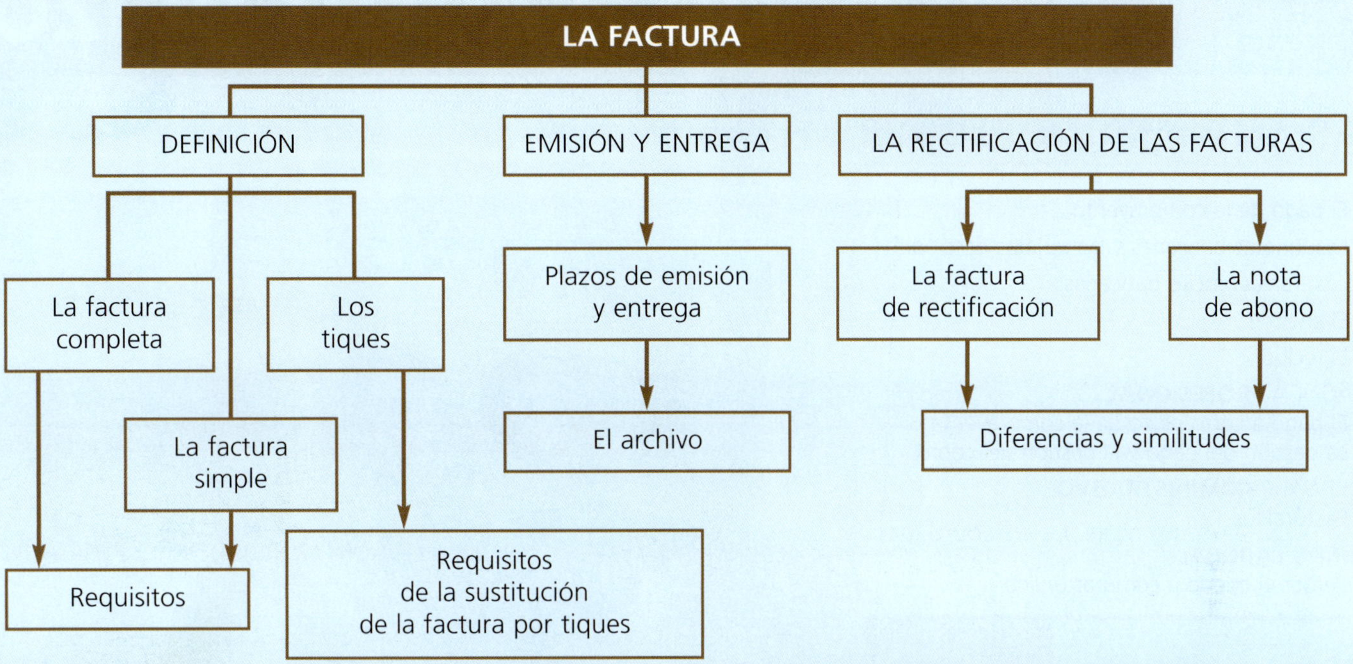

EVALÚA TUS CONOCIMIENTOS

1. La factura es el documento que acredita legalmente la operación de compraventa.

a) Verdadero.

b) Falso.

2. No formará parte del contenido obligatorio de una factura:

a) La fecha de emisión de la factura.

b) La numeración de la factura.

c) La firma del cliente.

d) La identificación completa de los sujetos que intervienen en la operación de la compraventa.

3. ¿Cuándo ha de emitirse una factura por la compra de un equipo de música?

a) Como mucho a los treinta días de la compra.

b) Como mucho a los sesenta días de la compra.

c) Como mucho a los treinta días a contar desde el último día del mes de la compra.

d) En el momento mismo de la compra.

4. La factura de rectificación y la nota de abono son sinónimos para referirse a un mismo documento.

a) Verdadero.

b) Falso.

5. Para poder sustituir una factura por un tique o vale:

a) La contraprestación no ha de superar los 3.000 €.

b) La contraprestación no ha de superar los 100 €.

c) Han de tratarse de actividades recogidas en la normativa vigente.

d) Son correctas a) y c).

6. Los denominados gastos comunes no han de incluirse en factura, sino que se cargarán siempre en factura aparte.

a) Verdadero.

b) Falso.

7. Las facturas deberán:

a) Ser guardadas por un periodo de tiempo de 5 años.

b) Solo debe guardarlas el proveedor por las ventas realizadas.

c) Solo las debe archivar y guardar el cliente por las compras realizadas.

d) Ninguna es correcta.

8. En las facturas simplificadas:

a) No será necesario hacer constar la identificación del cliente.

b) No será necesario hacer constar la contraprestación.

c) No será necesario identificar al proveedor.

d) Solo se podrán realizar en operaciones cuyo importe no supere los 3.000 €.

Soluciones: 1a, 2c, 3d, 4b, 5d, 6b, 7d, 8a

9 El pago a corto plazo

vamos a conocer...

1. El pago de la compraventa
2. Las tarjetas bancarias y las tarjetas de crédito
3. Las transferencias bancarias
4. El cheque
5. El recibo

PRÁCTICA **PROFESIONAL**
El pago a corto plazo de la compraventa. La gestión del pago y la gestión del cobro

SOFTWARE **ADMINISTRATIVO**
FacturaPlus

MUNDO **LABORAL**
Perder el miedo a comprar *online*

y al finalizar esta unidad...

- Conocerás la diferencia entre pago aplazado y pago al contado o corto plazo.
- Diferenciarás las principales modalidades de pago a corto plazo con que te puedes encontrar.
- Entenderás la importancia de negociar una adecuada forma de pago dentro de un contrato de compraventa.
- Sabrás cómo se lleva a cabo un pago mediante cheque y cuáles son las principales obligaciones y derechos que se derivan de la emisión de un cheque.
- Valorarás la importancia de trabajar con procedimientos adecuados en gestión de cobros.
- Identificarás las características básicas y el funcionamiento de los pagos por internet.

CASO **PRÁCTICO** INICIAL

situación de partida

Por la prestación de un determinado servicio a la empresa Alfabeto, S.L. recibes, en pago, un cheque con fecha de hace tres días. En dicho cheque aparecen dos líneas paralelas que lo cruzan transversalmente, así como el texto «al portador» en el lugar adecuado. La empresa Alfabeto, S.L., al hacerte entrega del mismo, te pide que les facilites un recibo por el pago efectuado.

Un día más tarde te encuentras con Elena Menéndez, propietaria de una papelería en la que sueles adquirir habitualmente material de oficina y a la que le debes todavía el importe de la factura del mes pasado. Como todavía no has cobrado el cheque que la empresa Alfabeto, S.L. te ha entregado, decides saldar tu deuda haciéndole entrega de dicho cheque, pues el importe de la misma coincide con el importe que figura en el documento. Elena, un tanto desconfiada, te pregunta si no puedes realizarle mejor una transferencia bancaria pero, finalmente y ante tu insistencia, decide aceptar el endoso del cheque.

estudio del caso

Comenzamos con esta unidad a estudiar el pago de las mercancías adquiridas: las distintas modalidades, así como los principales documentos que se pueden llegar a generar a consecuencia del mismo. Pero primero intenta dar respuesta a estas cuestiones relativas al caso inicial. Una vez que avances en el contenido de la unidad seguro que podrás mejorar las respuestas que has ido dando.

1. ¿Sabrías decirnos qué es un cheque? ¿Qué significa la expresión «al portador» que en el mismo aparece?
2. ¿Conoces el significado de las barras paralelas que lo pueden cruzar?
3. ¿Es importante tener en cuenta la fecha en la que el cheque ha sido confeccionado?
4. ¿Puedes, como protagonista del caso inicial, saldar tu deuda con Elena sin problema entregándole el cheque a ella para que lo cobre? ¿De qué forma?
5. ¿Cómo se realiza una transferencia bancaria?
6. ¿Qué es un recibo y cuál es su valor?
7. ¿Sabes la diferencia entre tarjeta de crédito y de débito? ¿Cómo funcionan?

1. El pago de la compraventa

Ya en unidades anteriores has estudiado en qué consiste un contrato de compraventa y cuáles son las principales obligaciones que, para cada una de las partes, se derivan del mismo. Recordarás que el pago del precio de la mercancía objeto de un contrato de compraventa es la principal obligación del comprador.

Este pago, como es lógico, ha de realizarse en dinero o signo que lo represente. Ahora bien, puede producirse en el mismo momento en el que la mercancía es puesta a disposición del comprador o bien en un momento posterior, estipulado en el contenido del contrato.

Así pues, en base a lo dicho, existen dos formas de pago: al contado y aplazado.

1.1. Pago al contado

Se denomina pago al contado aquel que se produce en el plazo de los 90 días siguientes a la entrega de la mercancía, por lo que también se le denomina pago a corto plazo.

En ocasiones, esta modalidad de pago supone la concesión, por parte del vendedor al comprador, de determinados beneficios, como los descuentos por pronto pago. Además, el comprador se ahorra el pago de intereses que se pueden derivar de la materialización del pago aplazado o a crédito.

1.2. Pago aplazado

La obligación del pago no se produce dentro del plazo antes indicado (90 días), sino en otro más amplio establecido por las partes de común acuerdo en la negociación del contrato de compraventa.

Como apuntábamos, es frecuente que esta modalidad de pago genere el pago de intereses. Su cuantía dependerá del periodo de tiempo por el cual el pago se aplace, pero también de la relación existente entre cliente y proveedor ya que, si las operaciones son abundantes, el proveedor puede, en deferencia, no exigir ningún interés.

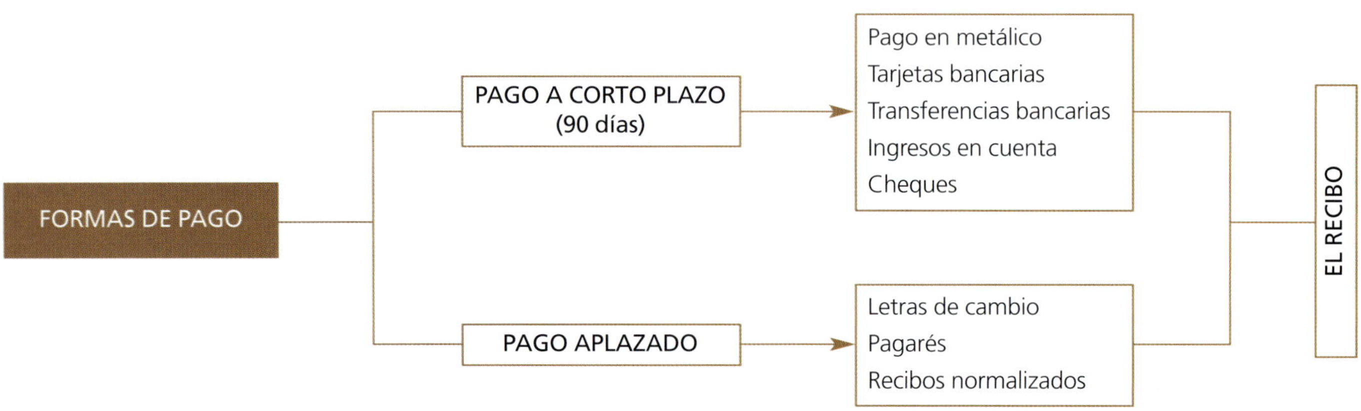

↑ Modalidades de pago y materialización.

2. Las tarjetas bancarias y las tarjetas de crédito

¿Cómo realizas, habitualmente, el pago de todo aquello que adquieres? No nos equivocaremos si aventuramos que en dinero, en metálico. En las operaciones de compraventa realizadas entre empresas sucede justo lo contrario. Es poco habitual que las empresas procedan a pagar la adquisición de sus bienes y servicios mediante la entrega de dinero, de monedas o billetes de curso legal, siendo más frecuente el uso de determinados medios de pago que aseguran comodidad así como seguridad a las partes.

Las tarjetas bancarias y las tarjetas de crédito son, hoy en día, de gran utilidad y comodidad para efectuar pagos de cantidades no muy elevadas. Son emitidas por entidades bancarias y poseen en su reverso una cinta magnética que contiene, encriptados, los datos identificativos del titular de la misma y de la cuenta bancaria a la que está asociada la tarjeta.

Para poseer una tarjeta bancaria basta con que el titular de una cuenta corriente la solicite en su banco y sea mayor de edad.

Su utilización es sencilla. Solo con presentarla junto con el documento identificativo de la persona titular, y firmar el recibo que el proveedor le entregue al comprador, se realiza el pago.

vocabulario

Encriptar: proteger información para que no pueda ser leída sin clave o herramienta adecuada.

↓ A diario utilizamos tarjetas de débito para pagar nuestras compras.

2.1. Las tarjetas bancarias o de débito

Son las más extendidas y para poder hacer frente al pago con ellas, o bien retirar efectivo en cajeros automáticos, es necesario tener fondos suficientes en la cuenta bancaria de la entidad emisora. Generalmente estas entidades no cobran nada a sus clientes por la expedición y uso de dichas tarjetas, si bien retirar fondos de cajeros ajenos a dicha entidad sí suele generar el pago de comisiones.

2.2. Las tarjetas de crédito

La principal característica que has de tener presente es que permiten su utilización sin tener fondos depositados. No obstante, existe un límite máximo de crédito o disponible, aunque las denominadas tarjetas oro carecen de él. Por ellas, el titular, suele pagar una determinada cuota anual a la entidad bancaria que la expide.

Mediante su uso, el vendedor percibe al instante el pago del precio de la mercancía mientras que el comprador consigue diferir el pago, ya que la entidad bancaria liquida la cuantía de la cuenta corriente del titular con periodicidad quincenal o mensual, cargándole, también, los intereses que procedan, en concepto de comisión.

caso práctico inicial

Ahora ya conoces la diferencia entre tarjeta de crédito y débito, así como su utilización.

EJEMPLO

¿Qué puede hacer el titular de una tarjeta de crédito, al cual le ha sido sustraída la misma, si descubre que ha sido utilizada para la realización de pagos?

Las entidades bancarias suelen cubrir al usuario frente a este uso ilícito y fraudulento de las tarjetas de débito y de crédito emitidas, abonando los importes sustraídos previa presentación de la denuncia formulada por robo de las tarjetas.

2.3. El pago en internet mediante tarjetas

Cada vez son más las empresas que ofrecen sus servicios o productos a través de internet. Al principio las empresas utilizaban las páginas web como medio para atraer clientes de cualquier parte del mundo e incrementar sus ventas. Esto dio lugar a que se tuviesen que investigar formas de pago electrónico que posibilitasen las transacciones comerciales en la red. Últimamente han ido surgiendo sistemas de pago electrónico, que ofrecen totales garantías. Las tarjetas de crédito y de débito permiten realizar y aceptar pagos de compras en la red, de manera sencilla y segura. Para ello, la empresa vendedora deberá contar con un portal de pagos, equivalente a los terminales por donde, en cualquier negocio, pasan nuestra tarjeta al entregarla para efectuar un pago (TPV-Terminales). Estos portales transmiten los datos al banco, verificándolos y procesando el pago.

PAGOS EN LA RED	
VENTAJAS	**INCONVENIENTES**
• Aceptabilidad inmediata. • Posibilidad de comprar y vender en cualquier parte del mundo y a cualquier hora.	• Coste de transacción alto. • Ausencia de anonimato para las partes. • Ausencia de seguridad para ambas partes.

Los navegadores actuales permiten que los datos viajen con una gran seguridad entre los distintos ordenadores de clientes, bancos y proveedores, mediante protocolos de encriptación de datos. Los más utilizados son los protocolos SSL y SHTTP. La empresa que pretenda vender y aceptar pagos a través de internet debe contar con un servidor seguro que disponga del software necesario para el uso de los protocolos mencionados.

El punto débil de todo el proceso de pago con tarjeta en la red está en el almacenamiento de datos por parte del vendedor. Además del uso que haga de estos datos, puede ser que no cuente con medidas de protección suficientes frente a terceros.

saber más

¿Qué es una *Merchant Account*?

Es una cuenta bancaria especial que permite a la empresa aceptar pagos con tarjetas de crédito. Cada vez que se hace un cobro utilizando este medio los fondos son depositados en este tipo de cuenta y luego transferidos a una cuenta ordinaria.

Son muy utilizadas cuando se cobran pagos en internet.

Una vez procesada la información por tu portal de pagos, transferirá los fondos a tu *Merchant Account*. La compañía que te presta el servicio, previo a transferirte a tu cuenta ordinaria dichos fondos, te descontará un porcentaje como comisión por el servicio, que suele variar entre un 0% y un 4%.

saber más

Protocolo SSL

Existen empresas que proporcionan el software necesario para instalar el sistema SSL en nuestros servidores. Además, estas empresas, proveen de un certificado de seguridad SSL que el cliente, al acceder a nuestra página y proceder al pago, podrá descargarse en prueba de confianza y garantía.

EJEMPLO

Como inconveniente del pago en la red se ha citado la ausencia de seguridad tanto para vendedor como para comprador. ¿Podrías explicarlo?

El vendedor, si se hace con el número de la tarjeta, podría emitir nuevos cargos y el comprador, al no firmar ningún documento, puede repudiar la transacción y darla por no efectuada o fraudulenta.

ACTIVIDADES

1. Enumera algunas de las tarjetas de crédito que conozcas.
2. ¿Por qué crees que se exige la presentación de un documento identificativo del titular de una tarjeta bancaria para su uso?
3. Busca información sobre diferentes tipos de pago electrónico existente o en estudio para un futuro. Te proponemos como objeto de búsqueda que localices información sobre: cajeros virtuales, tarjetas-monedero, monederos virtuales, pagos mediante telefonía móvil, etc.

3. Las transferencias bancarias

Es una operación que consiste en una orden bancaria dada por el cliente de una entidad para que se transfieran fondos de su cuenta corriente o libreta de ahorro a otra de la misma entidad o distinta, y que se materializa en un documento denominado orden bancaria.

En la operación intervendrán dos sujetos:

- **El ordenante**, que da la orden a su banco para que transfieran fondos de su cuenta a la del beneficiario.
- **El beneficiario**, que es la persona que recibe el dinero, pago de una deuda, mediante abono en su cuenta.

Este tipo de operaciones conlleva el pago de una pequeña comisión por el ordenante, calculada muchas veces en función de un porcentaje sobre la cantidad transferida, y otras, dependiendo de la entidad, como cuantía fija.

El ordenante de la operación quedará en posesión de una copia de la orden bancaria tramitada, que sirve de comprobante de la misma y acredita el pago del precio.

MANDANTE: D. FABIO SEGARRA LÓPEZ	SOLICITUD DE ☒ TRANSFERENCIAS ☐ CHEQUES
Domicilio: C/ QUINTANA, N.° 6	BANCO INTERNACIONAL Sucursal n.° 63
Localidad: 45001 TOLEDO	
Provincia: TOLEDO / Cuenta número: 1006247	14 de octubre de 2010

Muy Señores míos: Cumplimenten las operaciones detalladas, cuyo importe total, más gastos
☒ ADEUDARÁN en mi cuenta
☐ Entregaré en EFECTIVO

Beneficiario: MIRNO, S.A.	IMPORTE: # 675,25 #
Domicilio, localidad y provincia: C/ SAGASTA, 64, 45003 TOLEDO (TOLEDO)	N.° de cuenta del beneficiario: 10009132
Observaciones: PAGO DE COMPRAVENTA	
Entidad Pagadora: 1001 (Banco Olimpia)	Sucursal: 87

Beneficiario	IMPORTE
Domicilio, localidad y provincia	N.° de cuenta del beneficiario
Observaciones	
Entidad Pagadora	Sucursal

TOTAL ÓRDENES (Importe en letra): SEISCIENTOS SETENTA Y CINCO CON VEINTICINCO	TOTAL ÓRDENES (Importe en cifra): # 675,25 #

Atentamente (firma)

↑ Ejemplo de orden de transferencia.

Internet nos permite acceder a nuestras entidades bancarias en cualquier momento y desde cualquier lugar. Esto es lo que se llama banca *on-line*. Para acceder a banca en línea se requiere registrarse con una clave que nos suministrará nuestra entidad, o certificado de firma electrónica. Una vez hemos accedido podremos realizar distintas gestiones, clasificadas según el nivel de seguridad que exijan. Entre ellas (con un alto nivel de dicha seguridad que en ocasiones demanda claves añadidas y códigos especiales) está la posibilidad de efectuar transferencias bancarias.

caso práctico inicial

De esta manera se lleva a cabo una transferencia bancaria, y estos son los sujetos que intervienen en ella.

saber más

Cómo efectuar transferencias bancarias

Las transferencias se pueden realizar:

- En las propias oficinas bancarias.
- A través de cajeros automáticos.
- Utilizando internet y la banca electrónica.

saber más

Comisiones bancarias

Las comisiones que cobran los bancos por realizar transferencias a través de la red son menores que las que cobran por hacerlas en cualquiera de sus oficinas.

4. El cheque

El cheque es el documento que, como medio de pago, sustituye con más frecuencia al dinero en metálico.

> Se puede definir como el documento que contiene un mandato de pago de una suma de dinero dirigida a un banco en el que el emisor tenga hecho un depósito.

4.1. Elementos personales

caso práctico inicial

Ya puedes definir lo que es un cheque y ya conoces a los sujetos que intervienen en su puesta en circulación.

Queremos que entres a analizar, en este apartado, las distintas personas o sujetos que intervienen o pueden intervenir en la puesta en circulación de un cheque.

Así, deberás tener presente que, como mínimo, has de contar con:

SUJETOS	CARACTERÍSTICAS
LIBRADOR	Persona que emite el cheque y ordena el pago.
LIBRADO	Entidad bancaria que recibe la orden de pago. En dicha entidad el librador deberá haber depositado previamente fondos suficientes.
TENEDOR	Es aquel que se encuentra en posesión del cheque y lo presenta al cobro. Al primer tenedor también se le conoce como tomador.

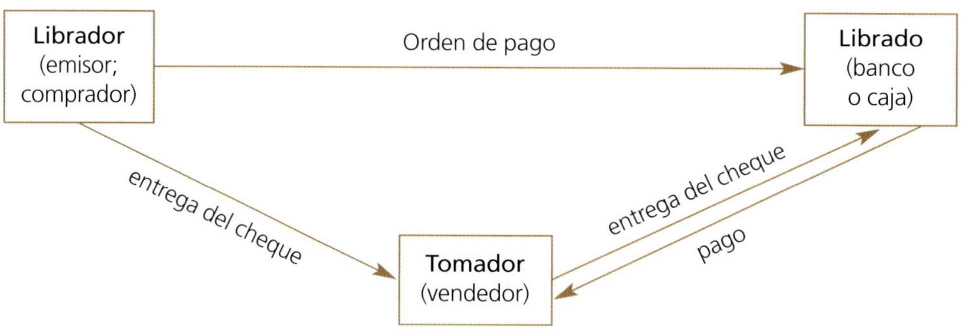

↑ Elementos personales que intervienen en la puesta en circulación de un cheque.

vocabulario

Aval: garantía que presta una persona respecto del pago del importe, en este caso, del cheque.

Además, y con menor frecuencia en el caso del pago mediante cheque, puedes encontrarte ante casos y situaciones en donde aparezcan, también:

- **El endosante:** será la persona que transmita el cheque estando en su posesión. Esta acción se conoce como **endoso**.
- **El endosatario:** será la persona que reciba el cheque por endoso.
- **El avalista:** será la persona que garantice el pago del cheque si no lo hace aquel al que avala, principal sujeto obligado.

4.2. Elementos formales

El cheque es un documento cuyo contenido está determinado por la Ley Cambiaria y del Cheque, es decir, es un **título formal** cuya validez dependerá de que se respete escrupulosamente el contenido esencial del mismo.

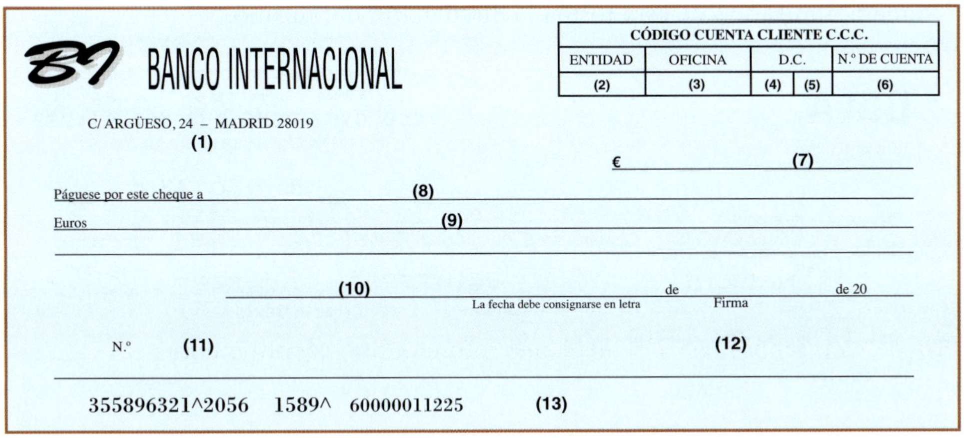

↑ Modelo de cheque.

Debes saber cuáles son los contenidos mínimos y obligatorios de un cheque, a tenor de la Ley Cambiaria y del Cheque.

ELEMENTOS FORMALES
• Denominación de «cheque», insertada en el documento, en el idioma empleado para la redacción del documento.
• El mandato de pagar una suma determinada en euros o moneda extranjera convertible admitida a cotización oficial.
• El nombre del librado, que necesariamente será un banco.
• El lugar de pago.
• El lugar y la fecha de emisión del cheque.
• La firma del que expide el cheque, denominado, como ya sabes, librador.

saber más

Normativa

El cheque es un documento formal que se regula por la Ley Cambiaria y del Cheque (Ley 19/1985, de 16 de julio).

4.3. Formas de emisión de los cheques

A la hora de cumplimentar o emitir un cheque has de tener en cuenta que puedes optar por tres formas distintas de librarlo, en función de cómo designes en el mismo al tomador.

- **Cheque al portador.** A continuación de la expresión «Páguese por este cheque a» aparecerá la expresión **«al portador»**. Implica que puede ser cobrado y se pagará a cualquier persona que lo presente al cobro, sin restricciones.

caso **práctico** inicial

Un cheque al portador es aquel que puede ser cobrado por quien lo tenga en su poder y lo presente al cobro.

ACTIVIDADES

4. Identifica, en el modelo de cheque que se propone en esta misma página, los distintos elementos formales estudiados.

- **Cheque nominativo.** Se pagará a la persona, física o jurídica, que aparezca designada en el documento tras la expresión «Páguese por este cheque a».
- **Cheque no a la orden.** Supone una variación del anterior. Tras la denominación de la persona designada para el cobro se incluirá la expresión «**no a la orden**». Esto implica que dicha persona no podrá endosar el cheque a una tercera, limitando de esta forma la circulación del mismo.

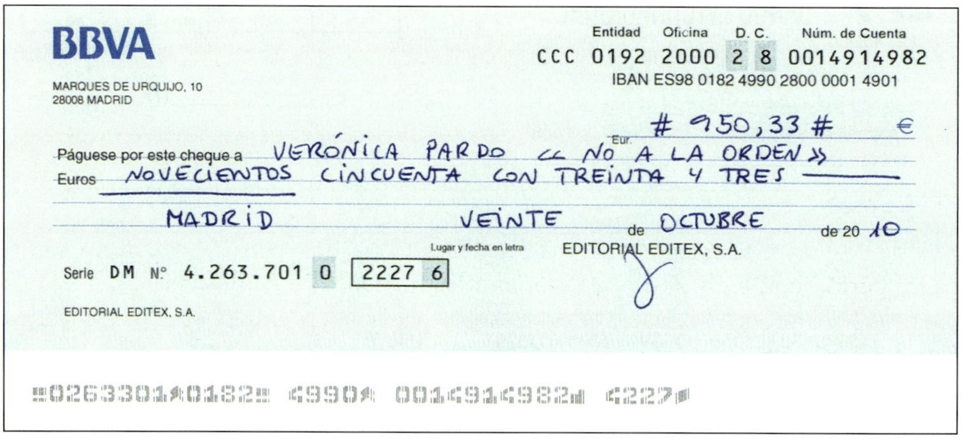
BBVA
MARQUES DE URQUIJO, 10
28008 MADRID
Entidad Oficina D. C. Núm. de Cuenta
CCC 0192 2000 2 8 0014914982
IBAN ES98 0182 4990 2800 0001 4901
Eur. # 950,33 # €
Páguese por este cheque a VERÓNICA PARDO «NO A LA ORDEN»
Euros NOVECIENTOS CINCUENTA CON TREINTA Y TRES
MADRID VEINTE de OCTUBRE de 2010
Lugar y fecha en letra
EDITORIAL EDITEX, S.A.
Serie DM Nº 4.263.701 0 2227 6
EDITORIAL EDITEX, S.A.

4.4. Cheques especiales

El cheque cruzado

> **caso práctico inicial**
>
> Ya conoces el significado de dos barras cruzando un cheque.

A la hora de emitir un cheque puedes optar por cruzarlo mediante dos barras paralelas sobre el anverso del mismo, transformando, así, el cheque en un cheque cruzado. Existen dos tipos de cheques cruzados:

- **El cheque cruzado general.** Es aquel en el que no aparece ninguna expresión entre las barras que lo cruzan, o bien aparecen las palabras «banco y compañía», u otras equivalentes.

  Este tipo de cheques solo los pueden cobrar entidades bancarias o un cliente del librado, es decir, el librado solo lo podrá pagar a un cliente suyo o bien a otra entidad bancaria, proporcionando así mayor seguridad jurídica en el tráfico.

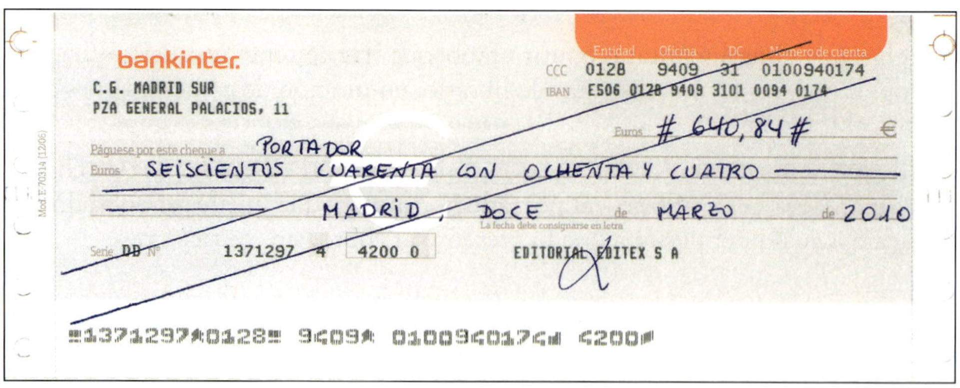
bankinter.
C.G. MADRID SUR
PZA GENERAL PALACIOS, 11
Entidad Oficina DC Número de cuenta
CCC 0128 9409 31 0100940174
IBAN ES06 0128 9409 3101 0094 0174
Euros # 640,84 # €
Páguese por este cheque a PORTADOR
Euros SEISCIENTOS CUARENTA CON OCHENTA Y CUATRO
MADRID, DOCE de MARZO de 2010
La fecha debe consignarse en letra
Serie DB Nº 1371297 4 4200 0
EDITORIAL EDITEX S A

- **El cheque cruzado especial.** Es aquel en el que aparece, entre las barras paralelas que lo cruzan, la denominación de un banco determinado. Solo podrá cobrar este cheque el banco así designado.

El cheque conformado

Será un cheque en cuyo reverso el banco librado dará conformidad, acreditando la existencia de fondos suficientes en la cuenta del librador y durante un tiempo determinado. El librado se obliga, así, a retener esa cantidad de dinero que el cheque supone durante el plazo por el que se conforma el cheque.

Cheque para abonar en cuenta

Con él se prohíbe el pago en efectivo. El pago se efectúa mediante un asiento en la contabilidad a favor del tenedor del cheque, es decir, se ingresa en su cuenta. Para su confección, en el anverso del cheque se insertará la mención «para abonar en cuenta». Cualquier tachadura de la misma se considerará como no hecha.

El cheque bancario

Se emiten por las entidades bancarias a petición de sus clientes, para cumplir con pagos periódicos, agilizando así la labor administrativa del librador. Son muy frecuentes los cheques bancarios destinados a pagar las nóminas de los empleados (cheques nómina).

EJEMPLOS

Redacta una cláusula tipo que una entidad bancaria cualquiera podría escribir en el reverso de un cheque para dar conformidad al mismo, constituyéndolo, así, como cheque conformado.

Es conforme el cheque con respecto a su firma e importe, el cual asciende a la cantidad de................. €, reteniéndose dicha cuantía hasta el ....

En ...., a........ de................................ de...........

Explica la diferencia entre cheque bancario y cheque conformado.

El cheque bancario es bien distinto. Tú no tendrás que emitir el cheque, sino que lo hará el propio banco. Ni tan siquiera tendrás por qué tener cuenta corriente en el banco, pues puede extenderse contra metálico (el banco puede emitir un cheque contra cuentas internas suyas). El obligado al pago resulta ser el propio banco. Además, resulta más eficaz el cheque bancario, pues no pierde sus garantías, mientras que un cheque conformado se atiene al plazo que figura en la cláusula y que, generalmente, será de 15 días.

ACTIVIDADES

5. Como pago por una factura, la empresa MENAS, S.A. con domicilio en c/ Avellano, 3, de Madrid y CIF A-28999888, extiende un cheque nominativo a la empresa RADIO, S.L. con domicilio en c/ Reno, s/n, también de Madrid y CIF B-28777666. El importe de dicha factura ascendía a 6.734,28 € y el cheque se extiende el día 10 de enero de 2010.

Datos bancarios adicionales:

- Entidad: 2987
- Sucursal: 1999
- N.º c/c: 6748499001

Confecciona el cheque.

4.5. La transmisión del cheque

Como ya hemos comentado, el cheque puede ser transmitido por medio del **endoso.** Esta facultad es susceptible de ser anulada por el librador si emite el cheque con la cláusula «no a la orden».

Los efectos del endoso son los de transmitir todos y cada uno de los derechos resultantes del cheque, por parte del tomador, a una tercera persona con la que este tenga contraída una deuda.

Para ello, bastará con que deje constancia, en el reverso del propio cheque, de su decisión de llevar a cabo esta acción mediante la inserción de alguna cláusula tipo **«páguese por este cheque a...»** identificando al **endosatario,** firmando el endoso y fechando esta actuación. El tomador pasará, desde un punto de vista jurídico, a ocupar la posición de **endosante.**

caso práctico inicial

Ya ves que existen fórmulas para saldar la deuda con Elena mediante la entrega del cheque que inicialmente te entregaban a ti.

recuerda

Endoso

Cláusula que, inserta en el cheque, tiene la facultad de transmitir el mismo.

Si un cheque es nominativo y no incorpora la cláusula «no a la orden», será transmisible por endoso.

EJEMPLO

Redacta una cláusula de endoso general para un cheque.

Páguese a ...... (endosatario) ...... con domicilio en C/ .... de ...., a .... de .... de ....

Nombre y domicilio del endosante: ....

(firma del endosante)

4.6. Presentación y pago del cheque

¿Se te ocurre lo que quiere decir que el cheque es pagadero a la vista? Esta expresión se usa para indicar que ha de pagarse en el momento de su presentación al cobro.

Así, el tenedor del cheque debe presentarlo al cobro respetando los siguientes plazos de tiempo:

- Cheque emitido y pagadero en España: 15 días.
- Cheque emitido en Europa y pagadero en España: 20 días.
- Cheque emitido fuera de Europa y pagadero en España: 60 días.

caso práctico inicial

Por la existencia de estos plazos es importante tener en cuenta la fecha en la que el cheque se confeccionó.

↑ Hay que tener en cuenta los plazos establecidos para la presentación de cheques a su cobro.

4.7. El impago de un cheque

Si un cheque no pudiese ser cobrado, el tomador deberá acudir al **protesto** del mismo o bien a declaración equivalente, partiendo, como es lógico, de la premisa de que dicho cheque se haya presentado al cobro en tiempo hábil.

Te preguntarás en qué consiste el protesto de un cheque. Pues bien, no es más que la acreditación de la falta de pago por parte del librado (generalmente mediante notario) para poder así ejercer la reclamación judicial conocida como **acción de regreso,** contra cualquiera de los firmantes.

El protesto deberá hacerse siempre antes de que finalice el plazo para el cobro del cheque. Si se espera al último día para cobrarlo, el protesto puede realizarse en los dos días hábiles siguientes.

El protesto, como indicábamos, también puede sustituirse por una declaración por parte del librado en el reverso del documento, que haga constar la imposibilidad del pago por falta de fondos.

Si te encontrases ante una situación semejante debes saber que tendrás derecho a reclamar, por vía civil:

- La propia cuantía indicada en el cheque.
- El 10% del importe no cubierto por el cheque.
- Los gastos que se produzcan por el protesto y demás comisiones bancarias.
- Los intereses correspondientes calculados conforme al interés legal del dinero incrementado en dos puntos.
- Una indemnización por daños y perjuicios.

Si el impago se produjese por carecer el librador de fondos en su cuenta, además de acudir a la vía civil, se podrá acudir a la vía penal por delito de estafa ante el engaño producido.

saber más

Cobro del cheque

Un tenedor de un cheque podrá cobrarlo de dos formas:

- Acudiendo al banco librado que aparece en el documento. En ventanilla el tenedor se identifica y el banco se lo abonará en metálico (cheque al portador, por caso).
- Depositándolo en la oficina bancaria donde se tiene abierta una cuenta (gestión de cobros). El banco del proveedor se encargará de todo y en un par de días se tendrá efectuado el ingreso.

saber más

Comisiones por cheques

Cuando se ingresa o se cobra en metálico un cheque en una entidad distinta de la que lo emitió, pueden cobrar una comisión. Dicha comisión no existe si se cobra en la misma entidad que emitió el cheque.

ACTIVIDADES

6. Cuando acudes a cobrar un cheque por importe de 10.000 € expedido hace 5 días te encuentras que no puedes cobrarlo por falta de fondos en la cuenta de la persona que lo emitió. ¿Qué puedes hacer? ¿Cuáles serán las cuantías que podrás reclamar por vía civil?

7. Al abrir tu agenda personal te encuentras con un cheque, expedido en Madrid para ser cobrado en España, con fecha de hace mes y medio. ¿Podrías cobrarlo aún? Explica las implicaciones que este descuido puede tener con respecto al cobro del cheque.

8. ¿Cómo variaría la situación del supuesto anterior si el cheque hubiese sido expedido en Chicago?

9. Busca información sobre el interés legal del dinero a día de hoy.

10. Juan Pérez emite un cheque al portador por importe de 1.899 € el 8 de febrero de 2010, en Barcelona. Los datos bancarios de Juan son: Entidad 2029; Sucursal 2222; N.° c/c 3987766531.

Antes de su entrega, decide que lo hará conformado, para lo cual lo presenta en su entidad bancaria el día 12 de febrero.

Cumplimenta el anverso y el reverso de dicho cheque.

5. El recibo

Quédate con la idea de que el recibo es un justificante. Es un documento justificativo de la entrega de una determinada cantidad de dinero.

> Es el documento justificativo que el vendedor, al recibir el importe del precio, le entregará al comprador como justificante de haber realizado dicho pago.

caso práctico inicial

Esto es un recibo y este su contenido.

Contendrá, como mínimo:

- Membrete o datos identificativos del emisor.
- Numeración, que deberá ser correlativa.
- Nombre o razón social de quien hace la entrega de dinero.
- Importe del recibo expresado en número y en letras.
- Breve descripción de la causa del pago.
- Lugar y fecha de expedición.
- Firma y sello de quien recibe el dinero.

(1) Membrete: datos identificativos del emisor.
(2) Número: deberá ser correlativo.
(3) Nombre o razón social de quien hace la entrega del dinero.
(4) Importe, expresado en letras, del recibo.
(5) Breve exposición de la causa del pago.
(6) Lugar y fecha de expedición.
(7) Firma y sello de quien recibe el dinero.
(8) Importe expresado en cifras.

Núm. ____(2)____	**MEMBRETE** (1) **Núm.** ____(2)____
Recibo de ____(3)____	Hemos recibido de ____(3)____
€ ________	la cantidad de € ____(4)____
por ____(5)____	en concepto de ____(5)____
___ de ____(6)____ de 20___	____(6)____, ___ de ________ de 20___
	Firma y sello (7)
€ ____(8)____	Son ____(8)____ €

↑ Modelo de recibo.

En la siguiente unidad de trabajo estudiarás el **recibo normalizado,** una forma de pago muy utilizada, sobre todo para pagos que se repiten (periódicos) tales como suministros de energía eléctrica, servicios telefónicos, agua, etc.

No debes confundir el recibo normalizado con el recibo sin más, pues el primero es una forma más de pago mientras que el estudiado en esta unidad es un documento justificativo de haberlo hecho.

BBVA

Para consultas
Línea BBVA 902 22 44 66
www.bbvanet.com

EXTRACTO DE CUENTA EN EUROS

F.OPER.	CONCEPTO	VALOR	CARGOS	ABONOS
7-05	*SALDO ANTERIOR* --------------------			**20.076,57**
8-05	**TRANSFERENCIAS** *A FAVOR DE VARIOS*	8-05	1.287,00	
12-05	**CHEQUE NUMERO 263455** *CHEQUE CARGADO EN SU CUENTA*	12-05	61,53	
12-05	**TRANSFERENCIAS** *A FAVOR DE VARIOS*	12-05	1.060,28	
12-05	**TRANSFERENCIAS** *A FAVOR DE VARIOS*	12-05	2.995,26	
13-05	**RECIBO DE TELEFONICA** *TEL.912350857.MAY TELEFONICA DE ESPANA, S.A.U. Nr:2350857383*	13-05	73,45	
14-05	**CHEQUE DE COMPENSACIÓN N. 263453** *CHEQUE CARGADO EN SU CUENTA*	14-05	160,54	
14-05	**AMORTIZACIONES** *G.BBVA BCO. FINANC.--15484330*	14-05		70.000,00

SALDO A NUESTRO FAVOR	SALDO A SU FAVOR
	84.438,51

TITULARES
XXXXXXXXX, S. L.

OFICINA	TELÉFONO	FECHA	BIC	IBAN ES18 0182 2000 XXXX XXXX XXXX	HOJA
				ENTIDAD / OFICINA / D.C. / CUENTA	
MARQUES DE URQUIJO-EMPRESAS	915 489 630	14-05-09	BBVAESMM	CCC 0182 2000 20 XXX XXXXXX X	44

005/01 45 00008850 01 20090514 E00500

Banco Bilbao Vizcaya Argentaria, S. A., con domicilio en la Plaza San Nicolás, número 4, 48005, Bilbao, inscrito en el Registro Mercantil de Vizcaya, al tomo 3.858, folio 1, hoja BI-17-A, inscripción 1.035, con C.I.F. A-48265169

↑ Extracto de cuenta bancaria. Documento donde se recogen los ingresos y los pagos efectuados con cargo a la misma.

ACTIVIDADES

11. Por el importe de una factura, la empresa Menas, S.A., con domicilio en c/ Avellano, 3, de Madrid y CIF A-28999888, realiza una transferencia a la empresa Radio, S.L., con domicilio en c/ Reno, s/n, también de Madrid y CIF B-28777666. El importe de dicha factura ascendía a 428 € y la transferencia se realiza el día 10 de enero de 2010.

Confecciona el recibo número 234 que la empresa Menas, S.A. solicita a la empresa Radio, S.L. en justificación del pago realizado, y que se extenderá en fecha 11 de enero de 2010, una vez Radio, S.L. compruebe la transferencia realizada.

12. ¿Se te ocurre de qué otra manera podría la empresa Menas, S.A. acreditar o justificar haber hecho el pago del importe?

13. Suponte ahora que el pago se va a realizar mediante ingreso bancario en la cuenta que Radio, S.L. tiene abierta con Caja Madrid c/c 4533 223455555.

Confecciona el documento que presentarás en la ventanilla del banco para realizar dicho ingreso.

Comenta con tus compañeros la diferencia entre las distintas formas de pago mencionadas: transferencia bancaria e ingreso en cuenta.

ACTIVIDADES FINALES

■ 1. D. Manuel Céspedes Fernández paga mediante cheque al portador 3.400 € que le debe a D. Celedonio Buendía. El cheque se lo extiende el día 5 de marzo de 2012. Cumplimenta dicho cheque.

■ 2. D. Manuel Céspedes Fernández paga a Dña. Manuela Alcañiz Cea una deuda contraída con motivo de la compra de una moto de segunda mano, mediante la entrega de un cheque nominativo por importe de 2.400 €. El cheque se extiende en Sevilla con fecha de 15 de marzo de 2012. Cumplimenta dicho cheque.

■ 3. Cumplimenta de nuevo el cheque de la actividad anterior, suponiendo ahora que se extiende con cláusula «no a la orden». Explica el significado de dicha cláusula.

■ 4. La empresa ROSALES, S.L. domiciliada en el Pol. Ind. Vellavista, nave 12 de Bilbao, debe pagar a GIRASOLES, S.A., domiciliada en el mismo polígono industrial, nave 33, la cuantía de 45.600 €. El pago lo efectuará se la siguiente forma:

- El 40% mediante transferencia bancaria.
- El 60% restante mediante dos cheques nominativos de igual importe. Uno de ellos, expedido en fecha 12 de enero de 2012, nacerá avalado por D. Rodrigo Prieto Prieto, con DNI 09.666.555-T y domicilio en c/ Marquesado, 12 de Bilbao. El otro, datado dos meses después, será expedido de tal forma que solo pueda ser cobrado por el BBVA.

Cumplimenta los cheques que se mencionan y que irán firmados por el administrador único de la empresa D. Teodoro Gutiérrez.

■ 5. Cumplimenta los recibos número 37 y 41 que recibirá la empresa ROSALES, S.L. del ejercicio anterior, por el pago mediante los dos cheques del 60% de la deuda. Aporta, en caso de necesidad, los datos coherentes que precises.

■ 6. Confecciona la orden de transferencia que la empresa ROSALES, S.L. de la actividad 4, el día 9 de enero de 2012 da a su banco CAJA BILBAO, oficina 2233, c/c 2298000765, para saldar el 40% de la deuda mencionada con la empresa GIRASOLES, S.A., 2001 2288 98 0889088, perteneciente a la entidad BANCAIXA, o.p. de Bilbao.

■ 7. Cumplimenta un cheque extendido por Dña. Laura Peña Encía para pagar a Dña. Noemí Suárez Fernández la cantidad de 500 €. El cheque, extendido en Gijón con fecha 2 de abril de 2013, será conformado hasta el 24 de abril por el BANCO SANTANDER CENTRAL HISPANO c/c 0143 0233 42 076899.

■ 8. Extiende el cheque para abonar en cuenta, por importe de 120 €, que expidió D. Antonio Antúnez Antúnez en Barcelona, el día 1 de noviembre de 2012, a favor de D. Fabián Castrense Cerezo.

■ 9. Redacta la carta que, con efecto de recibo, escribirá Fabián Castrense, de la actividad anterior, a D. Antonio para que sirva de justificante del pago.

■ 10. Suponiendo que Fabián Castrense no pudiese llegar a cobrar el cheque, y que el interés legal del dinero está al 4%, han transcurrido 3 meses y los gastos ocasionados a causa del impago ascienden a 150 €, ¿qué cantidad podrá reclamar Fabián?

■ 11. La empresa NORTE, S.A., domiciliada en la c/ Alondra, 28 de Madrid, vende a COMERCIAL LARUE, S.A. con domicilio en la c/ Espíritu Santo, 15 de Madrid, los siguientes artículos:

- 10 unidades del artículo X a 45 €/ud.
- 15 unidades del artículo Y a 22 €/ud.

Se aplica un 3% de descuento comercial y se cobran 150 € en concepto de envases y portes. El IVA aplicable a la operación es del 8%.

La forma de pago negociada es la siguiente:

- El 20% se paga en metálico a la entrega de la mercancía el día 3 de mayo de 20XX.
- El 40% se paga mediante un cheque al portador, extendido en Madrid, el 5 de mayo de 20XX y avalado el mismo día por D. Gregorio Fernández, con domicilio en c/ La Merced, 33 de Ávila, por el 50% del importe.
- El resto se paga mediante ingreso en la cuenta del proveedor, el día 2 de junio de 20XX, CAJASTUR, oficina Marqués de Teverga, Madrid, c/c 511409888889.

a) Confecciona el cheque al portador para realizar el pago del 40% de la deuda.

b) Confecciona el documento para efectuar el ingreso en CAJASTUR.

c) Confecciona los recibos correspondientes a los diferentes pagos.

■ 12. La empresa LARUE, S.A. de la actividad anterior, endosa el cheque a la empresa CETRO, S.L., con domicilio en c/ Las flores, s/n, de Navalmoral de la Mata, en Cáceres, CIF B-03777898, el día 10 de mayo de 200X.

■ 13. Supón que la empresa FALCONETI, S.A. te paga 3.500 € por el diseño de un logotipo para el lanzamiento de un nuevo chicle. Cumplimenta el recibo que por dicho importe le extenderías a dicha empresa el día 1 de julio de 20XX. Aporta los datos que necesites para ello, siempre con coherencia.

■ 14. Dña. Lilián Suárez Sancristóbal se presenta en nuestras oficinas para pagar, en metálico, la factura número 221 de fecha 3 de julio de 20XX, por importe de 760 €. En su momento, había hecho un anticipo de 100 € a cuenta de dicha compra. Confecciona el recibo número 155 de fecha 5 de julio de 20XX por el importe entregado por Dña. Lilián Suárez.

entra en internet

■ 15. Busca en internet una página donde poder hacer una compra y pagar mediante tarjeta de crédito o débito. Si no se te ocurre ninguna o no encuentras nada te proponemos visites la página de ALSA, <www.alsa.es>

Comprueba, mediante la compra ficticia de un billete de autobús, cómo se llevaría a cabo el pago del mismo.

■ 16. Entra en la página web de algún supermercado y comprueba cómo se pueden realizar compras a través de estas páginas. Fíjate también en las distintas formas de pago que ofrecen y cómo poder llevarlas a cabo.

Cuando visites estas páginas fíjate o, mejor dicho, comprueba que estás enviando información de manera segura por internet. Lo puedes hacer mirando cómo cambia el <http://> por <https://>, o bien buscando en la parte inferior derecha del navegador el icono de un candado cerrado.

PRÁCTICA PROFESIONAL

El pago a corto plazo de la compraventa. La gestión del pago y la gestión del cobro

OBJETIVOS

Tramitar pagos y cobros reconociendo y elaborando la documentación asociada y su flujo dentro de la empresa.

El alumno, mediante esta práctica, analizará y llevará a cabo los trámites y confección de documentos de pago a corto plazo más usuales a partir de documentación relativa a una operación de compraventa.

SITUACIÓN INICIAL

Hace ya unos meses que empezaste a trabajar en la empresa SUMINISTROS DE ALIMENTACIÓN, S.L. sita en c/ Zamorana, 22 de Zamora (CP 49310). Hace unos días que solicitasteis a Dña. Obdulia Medina Díez, empresaria individual con domicilio en c/ Estudiantes, 11, también de Zamora, la siguiente mercancía:

- 20 cajas de galletas a 5 €/ud.
- 30 paquetes de pan tostado a 3 €/ud.
- 40 tarrinas de mantequilla a 4 €/ud.

Recibes la factura A/22 y compruebas que, como negociasteis, os aplican un 10% de descuento comercial y os cobran 32 € por portes. IVA 8%.

Como no aparece en la factura mención alguna a la forma de pago compruebas en tu ordenador las condiciones pactadas:

- La mitad del importe se abonará al contado mediante cheque nominativo, para ingresar en el BSCH. La empresa vendedora entregará el recibo correspondiente como justificante de dicho pago.
- La otra mitad se abonará mediante transferencia bancaria en un plazo máximo de 30 días. Tu empresa paga los días 15 y 30 de cada mes.

Corroboras, pues así recuerdas, que se ha recibido un cheque nominativo por idéntico importe al que hay que girar a Dña. Obdulia, de la empresa Javier González Díaz, COMERCIO LA BONITA. Este viene expedido en Zamora, el día 16 de octubre.

La autorización para realizar los pagos y firmar documentos relativos a los mismos la ha de dar D. Mario Ontiveros, director financiero de la empresa, según señala el manual de calidad de la misma, por lo que te diriges a hablar con él para solicitar autorización de pagos.

Mario te pide que elabores el documento de orden de transferencia para firmarlo y que llames a Dña. Obdulia para ver si admite el endoso del cheque que os extendió COMERCIO LA BONITA.

Dña. Obdulia acepta sin problemas el endoso y quedas en hacerle llegar el cheque esa misma tarde. La transferencia, le indicas, será realizada con fecha de 15 de noviembre.

ACTIVIDADES

Primero. Cumplimenta el cheque que le harás llegar a Dña. Obdulia. El endoso lo realizarás ese mismo día (20 de octubre de 20XX).

Segundo. Cumplimenta la transferencia bancaria que D. Mario Ontiveros firmará y se hará efectiva el próximo día 15 de noviembre.

Datos necesarios para cumplimentar la orden de transferencia:

- Datos bancarios de tu empresa: Banesto, oficina 120, cuenta corriente 987778.
- Datos bancarios de Dña. Obdulia Medina: BBVA, oficina 0113, cuenta corriente 6682234420.

Recuerda que la transferencia se abonaría en un plazo máximo de 30 días y que la empresa solo paga los días 15 y 30 de cada mes.

Tercero. Cumplimenta el recibo que resultaría de la operación y que Dña. Obdulia Medina haría llegar a tu empresa.

SOFTWARE ADMINISTRATIVO

FacturaPlus

En esta unidad vas a profundizar en la generación y configuración de distintas formas de pago. Ya en unidades anteriores has dado de alta, sin dedicarle mucho detalle, formas de pago y cobro. Ahora vas a entender un poco mejor lo que en su día hicieras.

Si recuerdas, la forma de dar de alta o crear nuevas formas de pago/cobro, la encontrábamos en el menú *Sistema/ Tablas generales/ Formas de pago.*

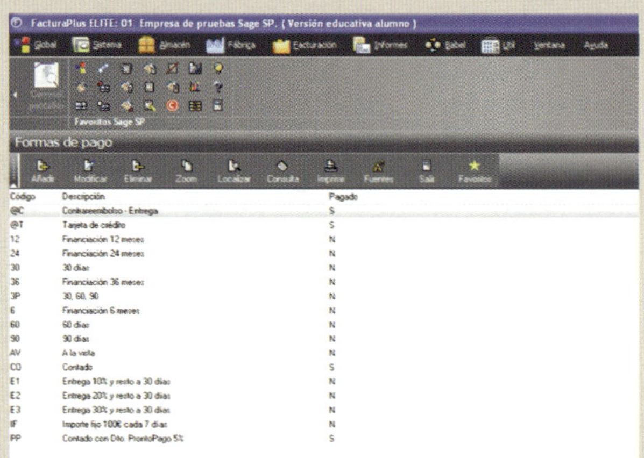

Una vez abierta la aplicación FacturaPlus, entra en la gestión de la empresa Ropas Margarita. Abre la ventana de *Formas de pago* siguiendo el menú que te indicábamos, y pincha sobre la **opción *Añadir*** (primer icono de la barra de menús).

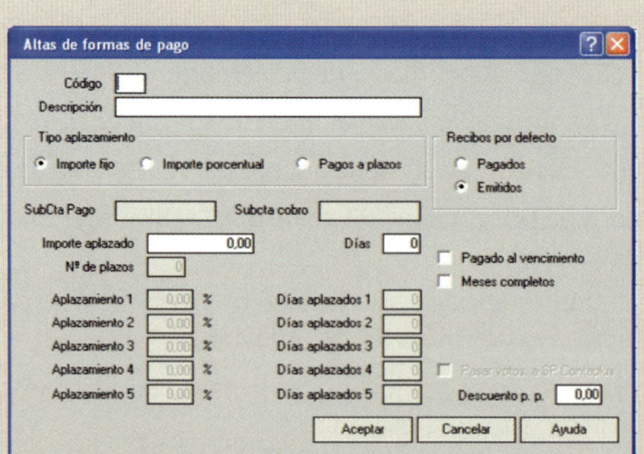

Verás que se ofrece un cuadro de diálogo para crear una nueva forma de pago/cobro, como la que aparece en la imagen. Vamos a analizar sus elementos principales.

Supongamos que queremos generar una nueva forma de pago. Ropas Margarita quiere contar con una forma de pago en tres plazos iguales, esto es, tres recibos (en la siguiente unidad entenderás más sobre este concepto) a 60, 90 y 120 días para compras de elevado importe.

Lo primero será establecer un nuevo código y una descripción a la nueva forma de pago. Démosle el código: R3, y descripción: Efectos 60, 90 y 120 días.

A continuación debemos indicar el tipo de aplazamiento. FacturaPlus nos permite optar entre tres soluciones: importe fijo, importe porcentual y pagos a plazos.

Importe fijo: solo nos sirve si el importe de cada efecto va a ser siempre el mismo, lo cual va a ser bastante difícil, pues en principio no conoceremos ni tan siquiera el importe total de la factura.

Seleccionada esta opción nos pedirá que indiquemos en la casilla *Importe aplazado* cuál va a ser este importe. Debemos indicar cada cuántos días haremos frente a un efecto por el mencionado importe.

Importe porcentual: va a ser el más utilizado. Podemos en esta opción marcar hasta 5 aplazamientos estableciendo el porcentaje que representará cada uno sobre el total y qué días se ha de hacer el cargo (en caso de pago).

Pagos aplazados: esta opción es similar a la primera, aunque más práctica, pues lo que he de indicar al marcarla es el número de plazos que me interesan y cada cuántos días me ha de «caer» un cargo. La aplicación dividirá el importe total de la factura entre los plazos indicados y cada uno de ellos será de igual importe.

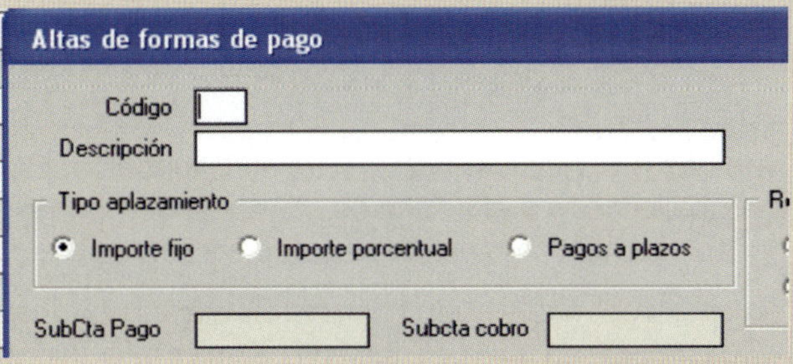

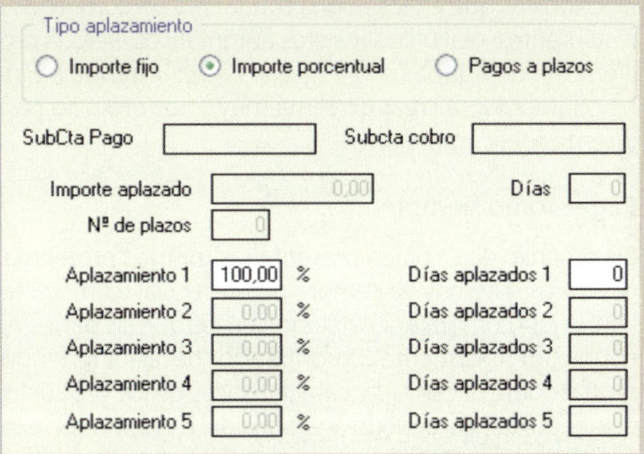

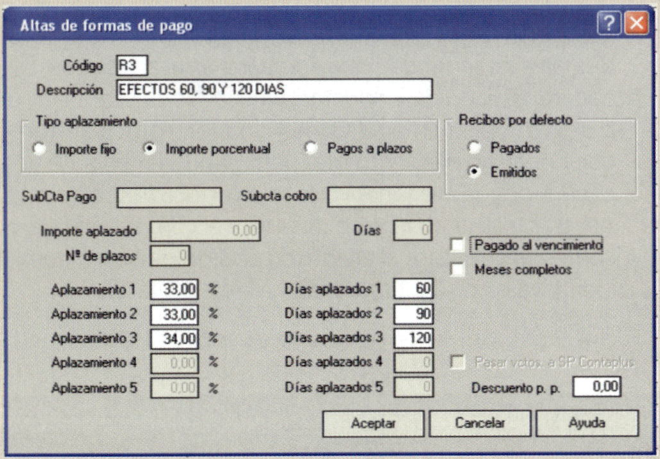

Nos interesará, por tanto y dado que los días de aplazamiento van a variar, optar por el importe porcentual.

Es conveniente que tengas marcada la opción *Recibos por defecto*: *Emitidos* para poder llevar el control manual de los que son pagados y los que no, así como la opción de *Meses completos* (y nunca pagados al vencimiento. Por lo mismo, mantener uno mismo el control).

Pasar vencimientos a ContaPlus, así como las celdas para las subcuentas de pago y cobro solo resulta interesante si se tienen enlazadas las aplicaciones.

Por último aceptamos y ya tendremos creada una nueva forma de pago/cobro en la empresa ROPAS MARGARITA.

ACTIVIDADES

¿Qué tal si creas ahora una nueva forma de pago? Una que te permita pagar en dos plazos idénticos la cuantía de una deuda. Pasarán los recibos cada 60 días.

MUNDO LABORAL

Perder el miedo a comprar *online*

Uno de los principales lastres para el despegue del comercio electrónico es la falta de confianza del consumidor en internet como medio de compra y pago. (...)

Sin embargo, nadie podría demostrar que es más inseguro comprar en internet que en cualquier otro sitio, ni que sea más fácil el robo de datos en las transacciones electrónicas que en los pagos con tarjeta en comercios o restaurantes, o al utilizar cajeros automáticos. Pero la proliferación de noticias sobre *hackers*, virus y fraude *online* ha contribuido a crear un clima muy poco propicio para incentivar la compra *online*.

Pagar como siempre

El comercio electrónico presenta los mismos problemas que otros sistemas de compra no presencial (como el teléfono o la compra por catálogo), en los que las partes no contactan físicamente. El comprador necesita tener garantías sobre la calidad y características de los productos que adquiere, el vendedor, garantía del pago, y debe existir un nivel aceptable de confidencialidad en la comunicación entre ambos.

El número de sistemas de pago varía de una tienda electrónica a otra. La forma más segura (que no la más cómoda) es el **contrareembolso**, único medio de pago *online* que maneja dinero efectivo. Así, el consumidor no tendrá que abonar nada hasta que no tenga lo adquirido entre las manos. También se puede emplear el cargo en cuenta, utilizado sobre todo en suscripciones, aunque, el medio más utilizado con diferencia para pagar *online* son las tarjetas de crédito o débito, empleadas en más del 80% de las transacciones *online* en España, según la Comisión del Mercado de las Telecomunicaciones.

Seguridad en el pago con tarjetas

Al comprar en internet con tarjeta de crédito, tanto la validación como la realización efectiva del pago se realizan mediante el mismo sistema que en un comercio convencional. Una vez que el número de tarjeta llega al vendedor, este lo envía fuera de internet de la misma forma que al pagar en cualquier tienda «física». Por tanto, el punto crítico se produce al remitir el número de tarjeta a través de una red pública y potencialmente insegura como es internet.

Para garantizar la confidencialidad en la transferencia de datos en internet se utiliza un protocolo de seguridad, **SSL** (*Secure Sockets Layer*), que aceptan la inmensa mayoría de navegadores. Este sistema asegura la identidad del vendedor, garantiza la integridad del mensaje y codifica los datos con un cifrado de hasta 128 bits (harían falta miles de años del ordenador más potente del mundo para decodificar el mensaje), lo que garantiza que si alguien intercepta la comunicación no podrá interpretarla.

Pero esto no resuelve todos los problemas, pues cualquier persona con acceso a una tarjeta ajena puede pagar en internet con ella (esto es, en internet no hay forma de que nos soliciten el DNI como en una tienda «normal»). Para acabar con estas limitaciones se han diseñado nuevos estándares de seguridad que además certifican la autenticidad del usuario de la tarjeta. Los bancos ya están empezando a implementar el **Comercio Electrónico Seguro**, que añade un elemento más de seguridad mediante una clave asociada a la tarjeta que solo conoce su propietario. Así, tras teclear el número de tarjeta al comprar online, el comercio solicitará al cliente su código personal que lo identifica como legítimo usuario de la tarjeta. (...)

Fuente: <http://revista.consumer.es/web/es/20040101/internet/>

Trabajo a realizar

1. Haz un resumen del texto.
2. ¿Cuáles crees que son los principales problemas para que no se termine de dar el despegue de compraventas a través de la red?
3. ¿Has comprado alguna vez a través de internet? Relata cómo fue la compra y el pago en caso afirmativo.
4. ¿Qué es el SSL?

EN RESUMEN

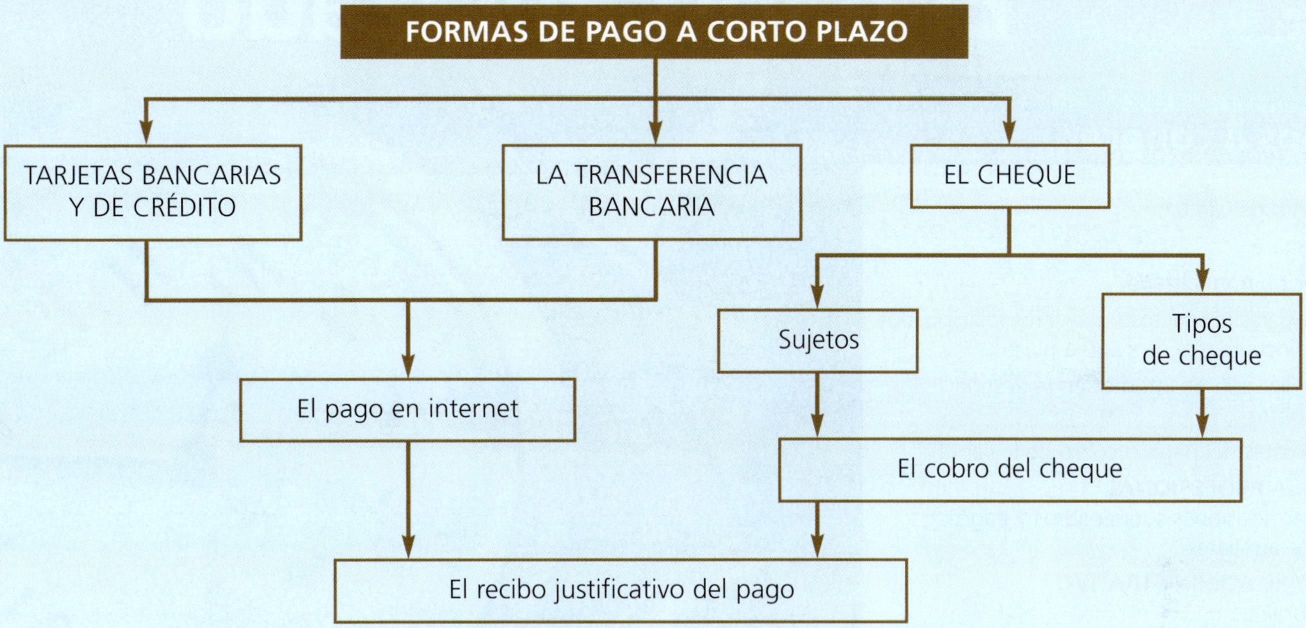

EVALÚA TUS CONOCIMIENTOS

1. Desde el punto de vista comercial se considera pago aplazado:

a) El que se produce en plazo superior a 60 días.

b) El que se produce en plazo superior a 90 días.

c) El que no es inmediato a la compra.

d) Ninguna es correcta.

2. El pago con tarjeta bancaria supone el cargo de comisiones al comprador o persona que paga con ella.

a) Verdadero.

b) Falso.

3. El ordenante en una transferencia bancaria es:

a) La persona que recibe el dinero.

b) El banco que recibe la transferencia.

c) La persona que da la orden para que se transfieran fondos al beneficiario.

d) Ninguna es correcta.

4. El tenedor de un cheque es:

a) Aquel que tiene el cheque y lo presenta al cobro.

b) El primer endosante, solamente.

c) La persona que emite el cheque.

d) La persona que paga el cheque al recibir la orden del pago.

5. Un cheque no se puede endosar nunca.

a) Verdadero.

b) Falso.

6. Un cheque no puede estar nunca avalado.

a) Verdadero.

b) Falso.

7. Un cheque conformado:

a) Es sinónimo de cheque avalado.

b) Es sinónimo de cheque cruzado.

c) Es aquel que solo puede ser abonado en cuenta.

d) Ninguna es correcta.

8. Un cheque emitido y pagadero en España, debe ser presentado al cobro:

a) En un plazo de 60 días.

b) En un plazo de 15 días.

c) En un plazo de 30 días.

d) No existe plazo.

Soluciones: 1b, 2b, 3c, 4a, 5b, 6b, 7d, 8b

10 El pago aplazado

vamos a conocer...

1. La letra de cambio
2. El pagaré
3. El recibo normalizado
4. Principales productos financieros relacionados con documentos de pago a plazo
5. La utilización de internet en la gestión de cobros
6. Los costes del pago o cobro de la venta

PRÁCTICA **PROFESIONAL**
Tomar decisiones sobre cobros y pagos. Libros auxiliares

SOFTWARE **ADMINISTRATIVO**
FacturaPlus

MUNDO **LABORAL**
Medios para aplazar pagos

y al finalizar esta unidad...

- Sabrás qué es una letra de cambio y cómo se confecciona.
- Conocerás los distintos sujetos que intervienen en la puesta en circulación de una letra de cambio.
- Entenderás el porqué de la importancia de negociar una adecuada forma de pago dentro de un contrato de compraventa.
- Confeccionarás y sabrás qué es un pagaré.
- Valorarás la importancia de domiciliar determinados pagos periódicos mediante los llamados recibos domiciliados en una cuenta bancaria.

CASO **PRÁCTICO** INICIAL

situación de partida

Imagina que tienes que comprar un caro televisor de plasma y necesitas pagarlo de forma aplazada, pues no dispones de efectivo suficiente en estos momentos. El vendedor te propone firmar cuatro letras de cambio por valor idéntico cada una de ellas y vencimiento en fecha cierta a principio de los próximos cuatro meses. Como el vendedor no te conoce te pide que las letras vengan avaladas por tu padre, madre o tutor. Tú accedes y pasáis a la confección y firma de dichos documentos.

Como al vendedor no le apetece esperar al vencimiento de cada uno de los efectos comerciales para hacerlos efectivos, procede a entregarlos a su entidad bancaria habitual para proceder al descuento de los mismos.

Al mismo tiempo, dicha entidad, endosa dos de las últimas letras al BANESTO de tu localidad, oficina principal (o.p.) para así saldar una deuda que había contraído hacía un tiempo con dicho banco.

estudio del caso

Una vez clara la diferencia entre el pago aplazado y el pago al contado, es hora de que profundices sobre este último y sobre las distintas modalidades que, en la práctica, más se usan hoy en día. Antes, como de costumbre, intenta dar respuesta a las siguientes cuestiones relativas al caso expuesto. Si no lo tienes claro no te preocupes, pues al ir leyendo el contenido de la unidad adquirirás los conocimientos necesarios para mejorar o ampliar tus respuestas.

1. ¿Qué es una letra de cambio?
2. ¿Qué supone que las letras de cambio venzan el día dos de un determinado mes?
3. El proveedor del caso práctico inicial te propone firmar las letras a su libramiento, ¿qué crees que significa esto?
4. ¿Quién es el endosatario en el caso inicial planteado?
5. ¿Qué supone el hecho de que tu padre haya avalado las letras de cambio? ¿Puede avalar tan solo la mitad del importe de cada letra?
6. ¿Qué es un pagaré?
7. ¿En qué consiste domiciliar el pago de un determinado servicio, como el teléfono?

1. La letra de cambio

Te estará sonando rara la denominación que se le da a este medio de pago: **la letra de cambio.** Debes prestar especial atención a la definición que nos da la Ley Cambiaria y del Cheque, pues de ella derivarás la importancia y el uso que, en la práctica, tienen las letras de cambio.

caso práctico inicial

Aquí tienes la definición de letra de cambio. Ahora ya puedes definir con propiedad este documento.

> Una letra de cambio es un título o documento formal que incorpora un mandato por el cual una persona, librador, ordena a otra, librado, pagar una determinada cantidad de dinero al tomador o poseedor legítimo de la misma, a su vencimiento.

Basándote en esta definición podrás deducir una serie de características.

CARACTERÍSTICAS DE LA LETRA DE CAMBIO

- Se trata de un título o documento que recoge una orden de pago.
- El documento o título es formal, es decir, ha de cumplir con unos requisitos formales.
- Incorpora un mandato de pago al librado (cliente).
- Incorpora la promesa de pagar al tomador o poseedor legítimo de la letra, a su vencimiento, una determinada cantidad de dinero.
- Es un medio de pago que sirve para aplazar el pago en el tiempo (realizar operaciones a crédito).

saber más

Normativa

La letra de cambio es un documento formal que se regula en la Ley Cambiaria y del Cheque (Ley 19/1985, de 16 de julio).

La letra de cambio, como instrumento de pago, puede ser transmitida fácilmente. De hecho, cuando decíamos que el **librado** debía pagar al poseedor legítimo de la letra, estábamos pensando en la posibilidad que este instrumento ofrece de viajar de una mano a otra mediante el **endoso,** que más adelante estudiarás. Así, será el último **tenedor** de la letra de cambio el que la habrá de presentar al cobro y al que el **librado** deberá pagar.

1.1. Personas que intervienen en la puesta en circulación de una letra de cambio

saber más

Descuento o negociación de efectos comerciales

Se trata de una operación en la cual el librado acude a una entidad financiera para que le adelante el importe de una serie de títulos de crédito. La entidad financiera adelantará el importe liquidando por anticipado los intereses de la operación.

No confundas el descuento de efectos comerciales con la entrega en gestión de cobro.

Debes distinguir dos tipos de sujetos. Unos, los que vamos a denominar sujetos o actores principales, y otros los que vamos a conocer como secundarios o circunstanciales.

Dentro de los sujetos principales identificarás:

- **El librador:** persona que emite la letra de cambio, ordena el pago y a quien, en principio, habría que pagar. Será el que vende la mercancía (proveedor).
- **El librado:** persona que recibe la orden de pagar, el que ha de pagar.
- **El tenedor o tomador:** persona que ha de cobrar, es decir, aquella a cuya orden se ha de verificar el pago (generalmente suele ser un banco).

  Aunque en el origen librador y tomador son la misma persona, al librador no suele hacerle mucha gracia esperar al vencimiento fijado en la letra, así que es frecuente que acuda a alguna entidad bancaria y proceda al descuento del efecto comercial, convirtiendo así en tomador a dicha entidad.

Estos tres sujetos aparecerán siempre en la puesta en circulación de una letra de cambio. Dada, por tanto, una compraventa, será el vendedor quien emita las letras de cambio (librador), que serán pagadas por el comprador (librado), **a la propia orden** del librado o de otra persona (tomador).

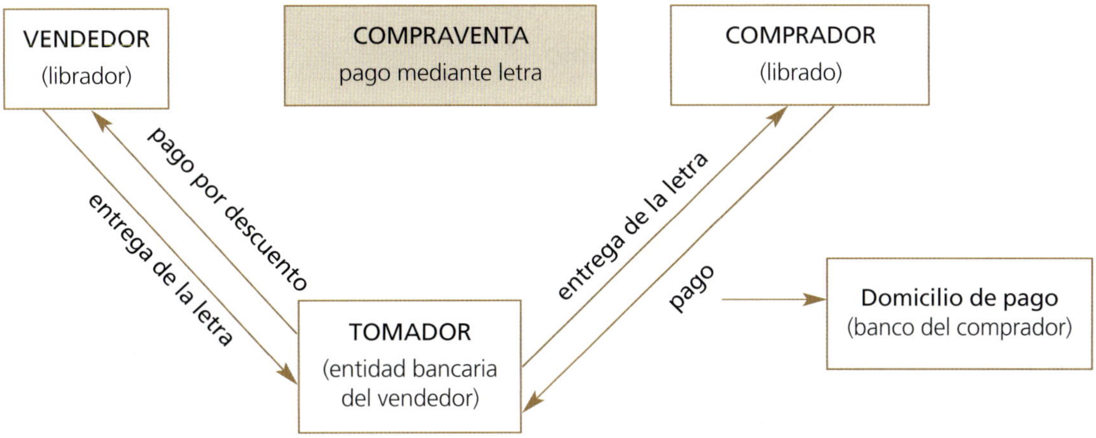

Pero además, como te decíamos, tendrás que tener en cuenta que pueden aparecer otros sujetos. A saber:

- **El avalista:** persona que garantizará el cumplimiento de las personas obligadas por la letra de cambio. Garantizará el pago si no lo hace el principal obligado al que avala.
- **Endosante:** persona que transmite la letra mediante **endoso,** haciendo que esta circule de mano en mano.
- **Endosatario:** persona a la que el endosante transmite la letra de cambio en pago o contraprestación de algo.
- **Domiciliatario:** llamaremos así a la persona que, por encargo del librado, procede al pago de la letra.

caso **práctico** inicial

En el caso inicial BANESTO será el endosatario.

EJEMPLOS

Un empresario, el Sr. García, ha comprado una máquina por importe de 60.000 €. Dado que no posee fondos suficientes, indica a su proveedor, el Sr. Cuesta, que le libre una letra por importe de dicha maquinaria, al plazo de 9 meses. El Sr. Cuesta acepta esta petición y gira la letra, pagadera en CAJASTUR y procediendo, una vez aceptada la letra, al descuento de la misma en el BBVA.

Identifica a los sujetos que intervienen en la puesta en circulación de dicho efecto.

LIBRADOR: Sr. Cuesta.

LIBRADO: Sr. García.

DOMICILIATARIO: CAJASTUR.

TOMADOR: BBVA.

Teniendo el BBVA, sucursal del ejemplo anterior, una deuda con CAJA DUERO por importe de 60.000 €, entrega en pago de dicha deuda la letra librada por el Sr. Cuesta.

¿Quién es el endosante y quién el endosatario?

ENDOSANTE: BBVA.

ENDOSATARIO: CAJA DUERO.

1.2. Elementos formales de la letra de cambio

La letra de cambio es un título formal y ha de extenderse en papel timbrado que se adquiere, generalmente, en un estanco. Su contenido es esencial y si le falta algún elemento no tendrá validez como letra de cambio.

Anverso de la letra de cambio

En el anverso de la letra encontrarás:

(1) **Lugar de libramiento.** Lugar donde se expide la letra de cambio. Si no se indica nada se entenderá el domicilio del librador.

(2) **Moneda.** Moneda en la que se girará la letra.

(3) **Importe.** En cifras, en número.

(4) **Fecha de libramiento.** Día, mes y año.

(5) **Vencimiento.** Indica la fecha en que se ha de pagar la letra, su importe.

(6) **Nombre del tomador.**

(7) **Importe del efecto en letras.**

(8) **Lugar de pago.** Espacio destinado para identificar al domiciliatario. Si falta se entenderá el domicilio del librado.

(9) **Cláusulas.** Se pueden dar, principalmente, dos:

Cláusula «no a la orden»: significa que la letra no se puede endosar.

Cláusula «sin gastos»: cuando una letra no se acepte o no sea pagada, el tenedor no tendrá que realizar el protesto o declaración equivalente. Si no se pone nada se entiende como puesta la cláusula «sin gastos».

(10) **Nombre y domicilio del librado.** Deberá firmar siempre el documento.

(11) **Nombre y domicilio del librador.**

(12) **Aceptación.** Espacio para que el librador firme la letra aceptándola y dándole fuerza vinculante.

saber más

Impreso letra de cambio

El actual impreso oficial de la letra de cambio fue aprobado por Orden ministerial de 30 de junio de 1999.

caso práctico inicial

Que una letra venza el día 2 de un determinado mes indica que esa es la fecha en que se ha de pagar.

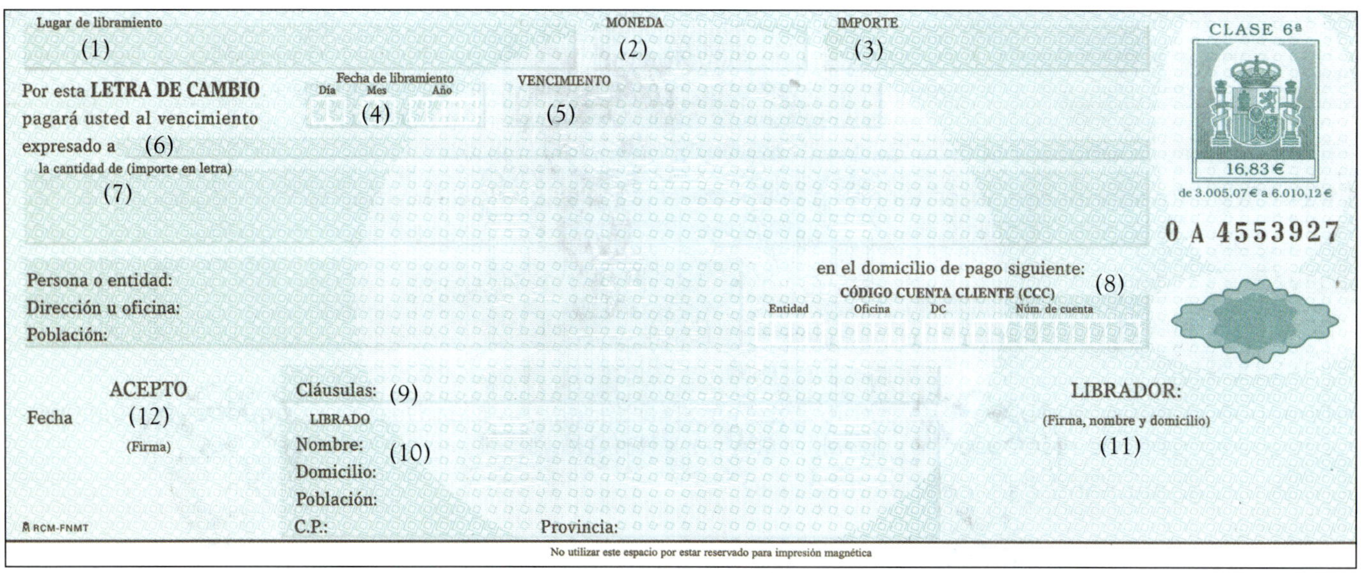
Lugar de libramiento (1) MONEDA (2) IMPORTE (3)
CLASE 6ª
Por esta LETRA DE CAMBIO pagará usted al vencimiento expresado a (6)
Fecha de libramiento Día Mes Año (4)
VENCIMIENTO (5)
la cantidad de (importe en letra) (7)
16,83 €
de 3.005,07 € a 6.010,12 €
0 A 4553927
Persona o entidad:
Dirección u oficina:
Población:
en el domicilio de pago siguiente: (8)
CÓDIGO CUENTA CLIENTE (CCC)
Entidad Oficina DC Núm. de cuenta
ACEPTO
Fecha (12)
(Firma)
Cláusulas: (9)
LIBRADO
Nombre: (10)
Domicilio:
Población:
C.P.: Provincia:
LIBRADOR:
(Firma, nombre y domicilio)
(11)
RCM-FNMT
No utilizar este espacio por estar reservado para impresión magnética

↑ Modelo de letra de cambio. Anverso.

Reverso de la letra de cambio

En el reverso de la letra de cambio encontrarás:

(1) **Aval.** Espacio destinado a la constitución de avales. Se identificarán el avalado, que generalmente será el librado, y el avalista que, además, será el que firme en este espacio. El avalista no tiene por qué avalar el importe total de la letra de cambio. Podrá avalar tan solo una parte de la misma.

(2) **Endoso.** Espacio destinado a consignar el primer endoso. Se identificarán el endosante y el endosatario, debiendo figurar la firma del endosante.

(3) **Espacio en blanco.** Para incluir declaraciones o cláusulas que las partes acuerden o ampliar el número de endosos.

NO UTILICE EL ESPACIO SUPERIOR, POR ESTAR RESERVADO PARA INSCRIPCIÓN MAGNÉTICA

Por aval de .... *A* ...... *de* .... *de* ...... *Nombre y domicilio del avalista* .... (1)	*Páguese a* .... *con domicilio en* ...., ..., *a* ...... *de* .... *de* ...... *Nombre y domicilio del endosante* .... (2)	(3)

↑ Modelo de letra de cambio. Reverso.

TIPOS DE VENCIMIENTO DE LA LETRA DE CAMBIO	
A FECHA FIJA	La letra vence en una fecha determinada. Por ejemplo: 8/10/2011.
A UN PLAZO CONTADO DESDE FECHA	Se calcula computando el plazo desde el libramiento. Dicho plazo se computará en meses o días.
A LA VISTA	Se ha de pagar la letra a su presentación al cobro y, salvo indicación del librador, deberá hacerse dentro del año siguiente a su emisión.
A UN PLAZO CONTADO DESDE LA VISTA	El cómputo del plazo comenzará a correr a partir de la fecha de aceptación o bien de protesto.

saber más

Vencimiento letra de cambio

Si la letra vence un día inhábil se entenderá que vence el primer día hábil siguiente.

EJEMPLOS

En una letra de cambio figura como vencimiento la expresión 15 d/f, habiéndose librado el día 1 de enero. ¿Cuándo vencerá?

El día 16 de enero, pues se empezará a computar el plazo desde el día siguiente al libramiento.

¿Y si la expresión fuese 2 m/f?

En este caso vencerá el día 1 de marzo, pues cuando el plazo se expresa en meses habrá que contar el plazo de fecha a fecha.

1.3. El endoso de la letra

Al igual que estudiaste en la unidad anterior el endoso del cheque, ahora toca afrontar el endoso de la letra de cambio, que guarda un gran parecido.

El endoso vuelve a ser un acto para hacer circular de mano en mano el documento. Solamente si se inserta la expresión «no a la orden» en el apartado destinado a las cláusulas potestativas en la letra de cambio, se veta la posibilidad de endosar el efecto comercial.

Existen dos clases de endoso:

- **Endoso pleno**: se transmiten todos los derechos incorporados al título.
- **Endoso limitado**: en este caso la letra se transmite como garantía o bien para gestionar su cobro.

Las letras podrán endosarse en cualquier momento. No existe un plazo para proceder al endoso de una letra, fuera del cual este ya no tenga valor.

El endosatario pasará a ser el tenedor legítimo del título y a su orden el librado deberá pagarle.

1.4. El aval

Al igual que ocurría con el endoso, la figura del aval y su significado ya te será familiar del estudio del cheque en la unidad anterior.

Consiste en una declaración por la que una persona **garantiza** el pago de la letra si no lo hace el obligado al que avala.

Algunos requisitos formales que deberás tener en cuenta son:

FORMALIDADES DEL AVAL

- El avalista ha de firmar la cláusula relativa al aval.
- Se habrá de identificar al avalado entendiéndose que si no se indica nada será al librado al que se avala.
- No es requisito que aparezca la fecha de constitución.
- No resulta obligatorio avalar la totalidad del importe de la letra de cambio.

caso **práctico** inicial

Ahora ya sabes que si no pagas el importe de las letras de cambio, será tu padre, el avalista, quien deberá pagar por ti. Esto, sin perjuicio de las acciones que él, posteriormente, pueda emprender para reclamarte el dinero.

No resulta obligatorio que se avale la totalidad del importe de cada letra.

1.5. El timbre de la letra de cambio

La letra de cambio ha de extenderse en modelo oficial sobre papel timbrado que adquirirás en el estanco. Así, cumplirás con la liquidación de un impuesto: el impuesto sobre transmisiones patrimoniales y actos jurídicos documentados (ITP y AJD).

Si has observado bien el modelo de letra de cambio en páginas anteriores, te habrás fijado que en la esquina superior derecha de su anverso se encuentra lo que se llama **timbre** de la letra, que no es otra cosa que el importe del mencionado impuesto que se ha de pagar.

Dicho timbre dependerá del importe que la letra de cambio vaya a representar, de tal manera que, cuando vayas a comprar un modelo al estanco, deberás tener dicho importe presente para pagar el timbre adecuado.

IMPORTE DE LA LETRA (€)	CUOTA DEL IMPUESTO (€)
Hasta 20,04	0,06
De 24,05 a 48,08	0,12
De 48,09 a 90,15	0,24
De 90,16 a 180,30	0,48
De 180,31 a 360,61	0,96
De 360,62 a 751,27	1,98
De 751,28 a 1.502,53	4,21
De 1.502,54 a 3.005,06	8,41
De 3.005,07 a 6.010,12	16,83
De 6.010,13 a 12.020,24	33,66
De 12.020,25 a 24.040,48	67,31
De 24.040,49 a 48.080,97	134,63
De 48.080,98 a 96.161,94	269,25
De 96.161,95 a 192.323,87	538,51

Por lo que exceda de 192.232,87 €, la cuota será de 0,18 céntimos de euro por cada 6,01 € o fracción.

DOS PRECISIONES	
Letras con vencimiento superior a seis meses desde su emisión: la cuota del impuesto será la que corresponde al doble del importe de la letra.	Si se giran letras entre las mismas personas cuyos vencimientos no estén separados más de quince días, el impuesto que deberá pagarse será el del total del importe que resulte de sumar el nominal de las diferentes letras.

EJEMPLOS

Determina el importe del timbre de una letra de cambio por importe de 28.067,89 € y con vencimiento a dos meses.

El timbre sería, en función de su importe y vencimiento: 134,63 €.

¿Cómo variaría el timbre de la letra del ejemplo anterior si el vencimiento fuese a 8 meses?

El timbre sería el correspondiente al doble del importe, es decir, sería de 269,25 € ya que el vencimiento supera los seis meses desde la fecha de libramiento.

ACTIVIDADES

1. El día 3/09/2011 la empresa DIRETES, S.A. con domicilio en c/ Ancha, 33 - 06011 de Badajoz y CIF A- 06789666, libra dos letras por importe, cada una de ellas, de 5.000 €, a cargo de DIMES, S.A. con domicilio en c/ Gerte, 11 de Alicante, CP 03012 y CIF A-03918277. Las letras se libran con vencimiento a 60 y 90 días fecha, a la orden de CAJA POSTAL, 17 de Alicante, oficina principal. Los datos bancarios de DIMES, S.A. son: BANKINTER, (urbana, 25) c/ Vidal, 68 de Alicante con n.º c/c 6643900809, siendo dicha entidad domicilio de pago de ambos efectos. La primera de las letras es aceptada el día 22 de septiembre y en la misma fecha será avalada por ti, hasta la mitad del importe de la misma. Confecciona dicho documento.

1.6. El impago de la letra de cambio

saber más

Acción de regreso

La falta de aceptación posibilitará al tenedor ejercitar la acción de regreso antes de que llegue el vencimiento de la letra.

Cuando el librador gira una letra de cambio espera, como es lógico, que le sea pagada a su vencimiento por el obligado a ello. Pero puede ser que el librado no pague su importe. Es más, puede que incluso se niegue a aceptarla. En este caso, el tenedor puede llevar a cabo la denominada «acción cambiaria», **bien directa o bien de regreso.**

Pero antes de emprender dicha acción es necesario poder demostrar que la letra ha sido presentada y no pagada. El tenedor no puede sin más decir que la presentó y no se le pagó. ¿Y si en realidad se le ha olvidado presentarla en plazo al vencimiento? Por ello debe proceder al **protesto notarial** o bien a conseguir una declaración equivalente.

PROTESTO NOTARIAL	DECLARACIÓN EQUIVALENTE
Se llevará a cabo dentro de los cinco días hábiles siguientes al del vencimiento. Un notario dejará constancia del proceder del librado.	Si el domiciliatario es un banco se puede sustituir el protesto notarial por declaración de la entidad al dorso de la letra. Si no, el propio librado puede dejar constancia escrita, firmada y fechada, de su oposición a la aceptación o al pago.

saber más

Impago: reclamación

El impago de la letra da derecho a reclamar:

- El importe de la misma más el tipo de interés legal incrementado en dos puntos.
- Los gastos ocasionados por dicho impago.

La acción directa

El tenedor puede llevar a cabo la reclamación, en caso de impago, contra el librado aceptante o bien contra el avalista.

La acción de regreso

El tenedor puede llevar a cabo la reclamación contra el endosante, el librador y demás obligados, si el aceptante no ha pagado o bien el librado no ha aceptado.

ACTIVIDADES

2. Floridablanca, S.A., con domicilio en pl. La Caseta, Nave 25 de Archena acepta el día 22/02/10 la letra emitida el día 20/02/10 por Némesis, S.A., sita en avda. de la Guerra, 15, Ed. Derrotados 2.° D de Murcia, por un total de 15.000 €. La fecha de vencimiento del efecto comercial es el 20/05/10. El domicilio de pago establecido para satisfacer el importe de la letra es el de la oficina de Banesto en c/ Central, 113 de Murcia y el número de cuenta de cargo es 0251-0235-55-0024567788. El día 20/04/10 la letra es avalada por Guillermo Lacalle, domiciliado en c/ Puente del Cura, 32 de Alicante. El día 25/04/10, la letra es endosada a Belén Estébanez, con domicilio en c/ Maldición, 43 de Gandía. El día 15/05/10, la letra se vuelve a endosar a favor de Almacenes Marinegra, S.L, pl. La Albahaca, Nave 16 de Granada. Cláusula con gastos. Confecciona la letra de cambio que resultaría de lo expuesto.

3. Imagina que, al vencimiento, la letra no es pagada por el obligado. Explica los pasos y acciones que puede llevar a cabo el tenedor de la letra ante tal situación.

4. Con ayuda de una hoja de cálculo como Excel elabora una hoja de control de efectos comerciales pendientes de cobro en la hoja 1 del libro. En la hoja 2 elabora una hoja para tener controladas las letras de cambio pendientes de pago. Usa, si ya los conoces, los formatos condicionales que Excel pone a tu disposición para llamar la atención sobre aquellos efectos que se acercan a su vencimiento, por ejemplo, en un plazo de una semana. Recuerda que es importante estar muy pendiente de los distintos plazos de cobro y pago que en la empresa donde trabajes haya pendientes.

2. El pagaré

El pagaré es un documento que también se regula en la Ley Cambiaria y del Cheque que ya conoces. En dicha ley viene definido el pagaré como una promesa futura de pago, como un compromiso. En realidad guarda mucha similitud con la letra de cambio; de hecho la ley remite en numerosas ocasiones al articulado que regula la letra de cambio.

El pagaré es un compromiso escrito que una persona, llamada firmante, contrae de pagar a un beneficiario o tenedor un importe determinado, en un lugar de pago y a un vencimiento que en el documento se fijan.

caso práctico inicial

Aquí tienes la definición de pagaré. Ahora ya sabes lo que es.

Pese a su similitud con la letra de cambio existen ciertas diferencias entre una y otro. Las principales son:

- El pagaré no ha de ajustarse a modelo oficial alguno, cosa que no pasaba en la letra de cambio.
- La denominación de los sujetos varía. En el pagaré se habla de firmante, beneficiario y tenedor.
- En cuanto a los elementos materiales, las indicaciones que debe de contener el pagaré se parecen a las de la letra de cambio, pero, como veremos más tarde, existen sutiles diferencias.

Por lo demás, el pagaré puede circular mediante endoso, puede ser avalado, puede ser cedido en gestión de cobros e incluso ser descontado. Es **todo un documento cambiario.**

El pagaré también está sujeto al ITP y AJD (timbre), en la misma cuantía que lo está la letra de cambio, siempre que **se extienda a la orden, se ceda al descuento o bien se presente al cobro por un tercero fuera del lugar de su emisión.**

BANCO INTERNACIONAL
C/ ARGÜESO, 24 - MADRID 28019

(4)

CÓDIGO CUENTA CLIENTE C.C.C.			
ENTIDAD	OFICINA	D.C.	N.° DE CUENTA

(3) Vencimiento ______ de ____________ de 20___ (2) € ____________

(1) POR ESTE PAGARÉ ME COMPROMETO A PAGAR EL DÍA DEL VENCIMIENTO ADECUADO

(5) A ____

Euros ____

(6) ______________________ de ____________ de 20 ______

La fecha debe consignarse en letra

Firma (7)

N.° ____

↑ Modelo de pagaré.

(1) Denominación de pagaré y promesa de pagar una cantidad determinada.

(2) Cantidad en cifras.

(3) Vencimiento. Si no se indica nada, se considera pagadero a la vista.

(4) Lugar de pago. Si no se fija, lugar donde se ha emitido el pagaré.

(5) Nombre de la persona a quien haya de hacerse el pago.

(6) Fecha y lugar en que se firma el pagaré (el lugar se considera el domicilio del firmante; si no se indica nada, será el que figure junto a su firma).

(7) Firma de la persona que emite el título.

2.1. Elementos personales

- **El firmante:** persona que promete realizar el pago de una cantidad determinada. Es el principal obligado.
- **El beneficiario o tenedor:** persona a quien el firmante pagará. Como el pagaré también puede circular (al igual que la letra) a veces no coincide con el proveedor o persona al que originariamente el firmante prometió pagar.
- **El endosatario:** persona a la que se endosa el pagaré.
- **El avalista:** persona que garantiza el pago del pagaré.

2.2. Elementos formales

Para que tenga validez plena el pagaré, que disfruta de libertad de forma, deberá cumplir en su redacción ciertos requisitos.

REQUISITOS DEL PAGARÉ

- Denominación inserta de pagaré en el documento.
- Promesa de pagar una cantidad determinada en euros o moneda extranjera convertible admitida a cotización oficial.
- El lugar de pago.
- El nombre de la persona a quien haya de hacerse el pago o a cuya orden se deba pagar.
- La fecha y el lugar en que se firme.
- La firma del que emite el título, del firmante.
- La indicación del vencimiento, que podrá ser:
  - A fecha fija.
  - A un plazo desde la fecha.
  - A un plazo desde la vista, único caso en el que se hace imprescindible la aceptación del pagaré.

EJEMPLO

¿Es necesaria la aceptación del pagaré?

No es necesaria, salvo en el caso de vencimiento a un plazo desde la vista, pues el pagaré nace obligando al firmante, es decir, aceptado.

En la excepción expuesta, el firmante aceptará el pagaré escribiendo la expresión «visto» y la fecha.

2.3. El pago mediante pagaré

Si dominas el contenido de la unidad relativo a la letra de cambio, puedes asegurar que no tienes problema con el pagaré, pues, en general, se le aplican las mismas normas que a las letras.

EJEMPLOS

¿Puede endosarse un pagaré?

Efectivamente, al igual que la letra de cambio el pagaré es endosable, y al igual que esta, mediante la cláusula legalmente oportuna, se podría prohibir su endoso.

¿Se debe protestar un pagaré que no es pagado?

Se aplicarán las mismas normas descritas para las letras de cambio no aceptadas o pagadas. Así que, dado el caso, sí se debe protestar.

↑ El avalista responde del pago igual que lo hace el avalado.

ACTIVIDADES

5. D. Alejandro Menéndez García, por una compra efectuada el día 1 de enero de 2011 a Dña. Eleonor Gutiérrez Pérez, debe proceder al pago de 2.780 €. Como no dispone de ese dinero negocia realizar el pago mediante pagaré que emite el día 15 de enero, a favor de Dña. Eleonor (fecha de vencimiento a dos meses vista).

El pago se domicilia en c/c 2342 3333 12 5473990008, del BANCO EXTRAÑOS DE BARCELONA, o.p.

D. Alejandro realiza el «visto» del pagaré el 22 de enero y posteriormente la vendedora, al necesitar el importe de forma inmediata para saldar unas deudas suyas, descuenta el pagaré el 27 de enero en el BANCO ZARAGOZANO, c/ General, s/n de Madrid.

El firmante, es avalado el mismo día de la vista por D. Lorenzo Arconada con domicilio en c/ Eduardo Martínez Torner, 6-5 F de Gijón.

¿Se necesitará pagar timbre alguno por este pagaré? En caso afirmativo determina la cuantía.

Confecciona el pagaré de la situación propuesta.

3. El recibo normalizado

caso práctico inicial

La domiciliación de pagos era otra de las preguntas que te planteábamos al inicio.

Cuando los pagos han de realizarse de manera periódica, bien porque hayamos negociado varios plazos fijos a una determinada cantidad o bien porque se nos proporcione un determinado servicio de manera continuada, es muy frecuente y cómodo acudir a esta modalidad de pago o cobro.

Consiste en **domiciliar,** en una entidad bancaria, los pagos a realizar. Para ello será necesario que el **pagador autorice** por escrito a su entidad a realizar los pagos con cargo a su cuenta corriente de los recibos en cuestión. Es muy probable que lleves a cabo el pago de algún servicio, como el de telefonía móvil, mediante este procedimiento.

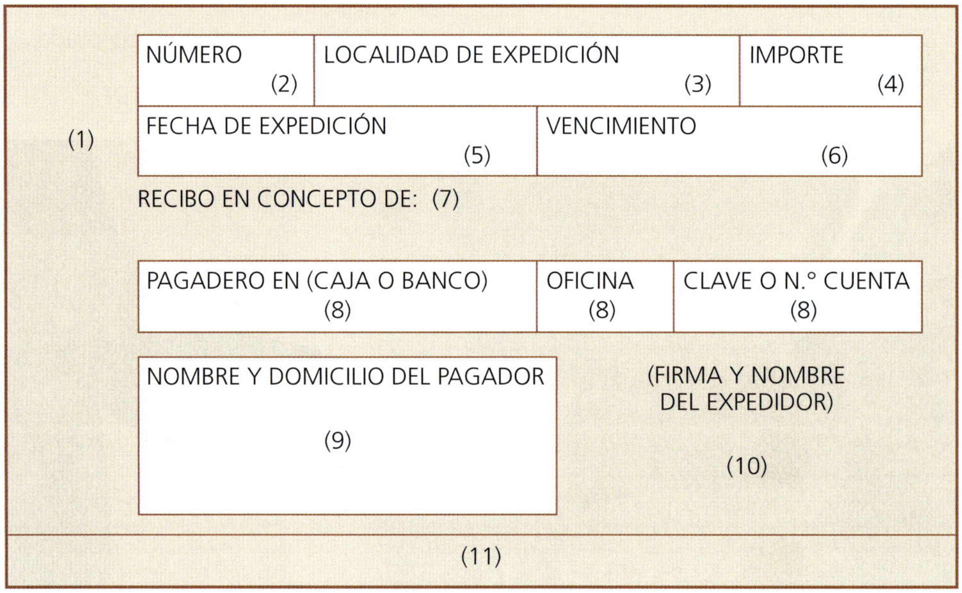

↑ Modelo de recibo normalizado.

El recibo normalizado ha de contener una serie de mínimos para poder ser considerado justificante válido de pago, aunque en realidad, es una forma de tangibilizar la acción de dicho pago futuro.

Estos mínimos son:

(1) Membrete del que expide el recibo.
(2) Número correspondiente.
(3) Localidad donde se emite.
(4) Importe en cifra.
(5) Fecha de emisión.
(6) Vencimiento: fecha en la que se pagará el recibo.
(7) Descripción de la causa del pago.
(8) Datos de la entidad bancaria y cuenta donde se domicilia el pago.
(9) Nombre y domicilio del pagador.
(10) Nombre y firma del emisor del recibo, que será el vendedor y por tanto la persona a la que se ha de pagar.
(11) Zona reservada para inscripción magnética.

La cesión en cobro de los recibos normalizados

Si la empresa que vende no quiere esperar al vencimiento de cada recibo normalizado, pues en ocasiones se pactan pagos en muchos plazos, puede entregarlos a su entidad bancaria para que esta le anticipe el pago de todos ellos o bien para que le gestione los cobros. Se vuelve a hablar así de **descuento,** en este caso de recibos, y de **cesión en gestión de cobros.**

En función de la importancia y estima que la entidad bancaria tenga hacia la empresa a la que se le abonan los distintos recibos normalizados, por estas gestiones cobrará más o menos en concepto de comisión.

Es por ello que cada día cobran más importancia la negociación y el cuidado de las relaciones que la empresa mantiene con los bancos con los que trabaja. A la larga puede suponer un importante ahorro para la empresa. Tener buenos conocimientos en esta materia y cualidades como negociador puede reportarte un buen puesto de trabajo.

↑ Muchas veces la firma del contrato de suministro de un servicio (por ejemplo, de teléfono), lleva aparejada la autorización o domiciliación de recibos.

ACTIVIDADES

6. La empresa Buendía, S.L., con domicilio en c/ Alcarria, 22 - 28015 de Madrid y CIF A-28666666 extiende un recibo, número 615, a nombre de Dña. Teresa Huerga López, con domicilio en c/ Gavia, 2 de Zaragoza, CP 50012 y NIF 11987333-L, por 34.988 €, en concepto de cancelación de factura 345-LL, de fecha 15 de enero de 2011. Dicho recibo está domiciliado en Caja Madrid, oficina 1320, c/c 345888, y tiene como fecha de vencimiento el 20 de enero de 2011.

Confecciona el recibo resultante.

4. Principales productos financieros relacionados con documentos de pago a plazo

4.1. Líneas de descuento

Los documentos que has estudiado hasta ahora llevan asociado un vencimiento. La empresa proveedora no podrá cobrar el importe que los mismos representan hasta llegada esa fecha. Esto, en muchas ocasiones, resulta poco operativo y poco práctico, puesto que obliga a las empresas a esperar mucho tiempo para cobrar sus facturas.

Las líneas de descuento tratan de ofrecer una solución a estos inconvenientes. En realidad no estás ante una forma de pago, sino ante un producto financiero.

La línea de descuento es un producto financiero por el cual el banco adelanta el importe de una deuda o de un conjunto de documentos cambiarios a negociar, cobrando una comisión por ello.

Las líneas de descuento serán firmadas ante notario y en el documento en el que se otorgue la misma, además del reconocimiento de la entidad bancaria que la concede, aparecerán identificados:

- El **beneficiario** de la línea o persona que cobrará.
- El **límite de la línea,** es decir, la cantidad máxima que se puede descontar.
- El **avalista,** pues se puede exigir para casos de impago.

Cuanta mayor garantía de pago haya, menor será, en principio, la comisión que nos cobrará el banco.

EJEMPLOS

¿Qué es preferible, proceder al descuento de efectos comerciales o tener abierta una línea de descuentos o de crédito?

La línea de descuento tiene su origen en el descuento de efectos comerciales, si bien compensa más la primera pues las comisiones son menores que las que se tienen que pagar en caso de acudir al descuento puro y duro.

Pon un ejemplo en el que una empresa utilice una línea de descuento.

Una empresa que vende yates. Un cliente le compra uno por importe de varios miles de euros que paga mediante la aceptación de 20 letras de cambio. La empresa vendedora no quiere esperar al vencimiento de cada una de ellas para ir cobrándolas. Como tiene contratada una línea de descuento no agotada, acude con las letras al banco, que le anticipará el pago íntegro de las 20 letras. Al cliente no le afectará en absoluto esta operación. Verá cargadas en su cuenta cada una de las letras, a su vencimiento.

4.2. El *confirming*

Tampoco **el *confirming* o gestión de pagos a proveedores** es una modalidad, como tal, de pago. Volvemos a estar ante un producto financiero ofrecido, hoy en día, por casi todas las entidades bancarias de este país. Dichas entidades actúan como intermediarios entre proveedores y clientes a la hora de gestionar sus cobros y pagos. Asumen el riesgo de las operaciones y todas las tareas administrativas.

Servicio financiero por el cual una empresa encarga a una entidad financiera todos los aspectos relativos a la gestión de pagos a sus proveedores.

En la práctica el *confirming* funciona de la siguiente manera: cuando una empresa vende a un cliente, y tras negociar una forma de pago (pongamos 120 días) a través del *confirming* con CAJA MADRID, por ejemplo, esta entidad me hará llegar una carta de pago a la recepción de la factura. Dicha carta o documento, similar a un pagaré, me indica que al vencimiento en ella expresado puedo presentarla al cobro, pero puedo también, si no quiero esperar, anticiparlo (descuento) en dicha entidad.

La principal ventaja de esta operación es que, si posteriormente el comprador no asume el pago con la entidad bancaria, la empresa proveedora no tendrá responsabilidad ninguna. CAJA MADRID, siguiendo con el ejemplo, no me reclamará nada.

El proveedor se asegura el cobro sin correr ningún riesgo de impago, aunque asuma un interés superior al que tendría por el descuento de pagarés o letras.

4.3. El *factoring*

El ***factoring*** es una fórmula muy similar al *confirming*, pero a la inversa. En el *factoring* no es el cliente el que le facilita las cosas al proveedor buscando una entidad financiera y pagando una serie de costes por su utilización para la gestión de sus facturas y deudas.

En el *factoring* es el proveedor el que acude a una empresa especializada en gestión de cobros (generalmente una entidad financiera también), para que se ocupe de la gestión y cobro de sus facturas pendientes. Dicha entidad toma a su cargo y asume como propias las deudas de **su cliente**, ocupándose de financiar o garantizar el crédito.

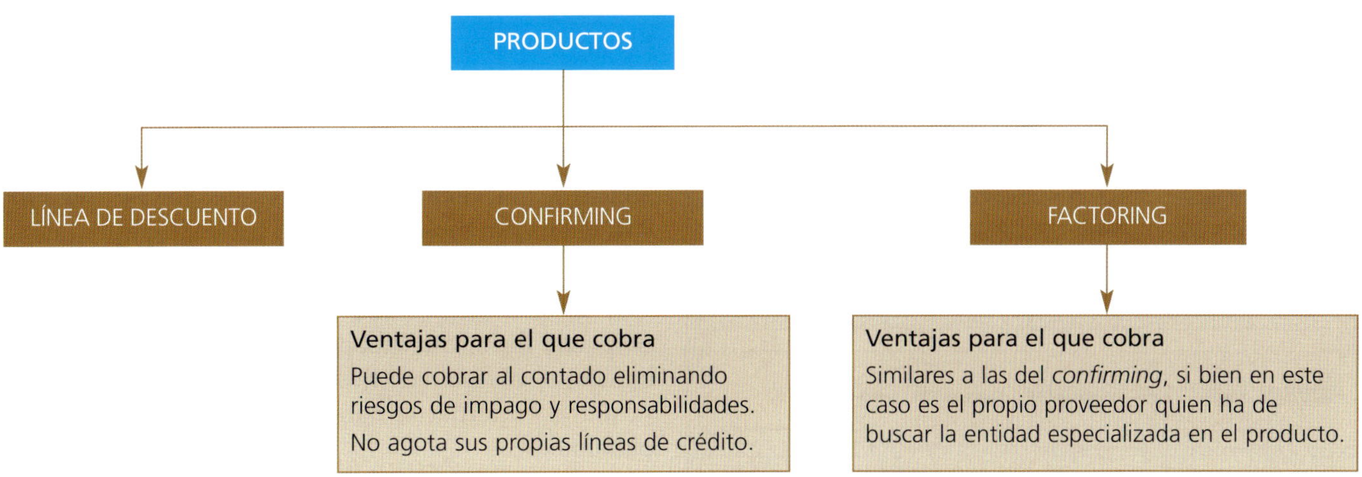

5. La utilización de internet en la gestión de cobros

saber más

Remesar recibos

Esta expresión indica que tomamos un conjunto de efectos u otros documentos con valor de cobro, y los llevamos a nuestra entidad bancaria para que nos los gestione.

El conjunto de estos documentos se conoce como remesa de recibos.

Como ya sabes, será muy frecuente remesar recibos (letras de cambio, pagarés, recibos normalizados…) al banco con el que trabajes habitualmente. Unas veces en gestión de cobros y otras en descuento.

Internet vuelve a facilitarnos nuestro trabajo, y en concreto esta gestión. A través de la red podemos remesar recibos a nuestro banco.

Si nuestra empresa cuenta con firma digital y el adecuado software de gestión de facturas, cobros y pagos, podemos hacer llegar, mediante el uso de protocolos de envío de documentos que garantizan la seguridad, los recibos pendientes de cobro de nuestros clientes. El tratamiento posterior que la entidad haga con los mismos será el que hayamos pactado previamente.

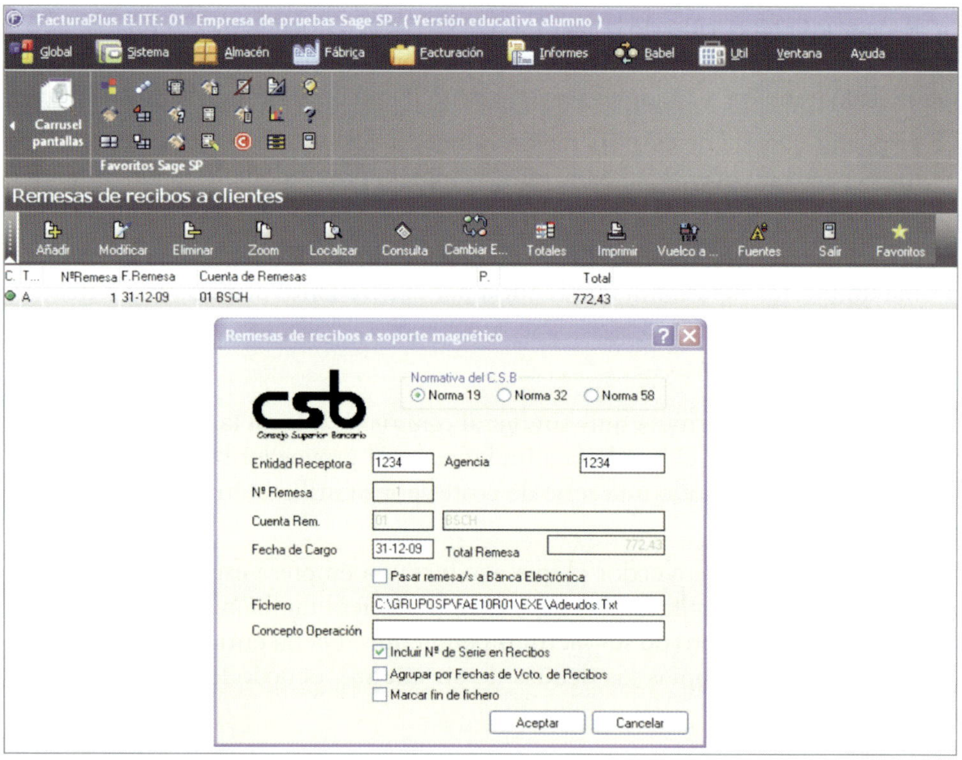

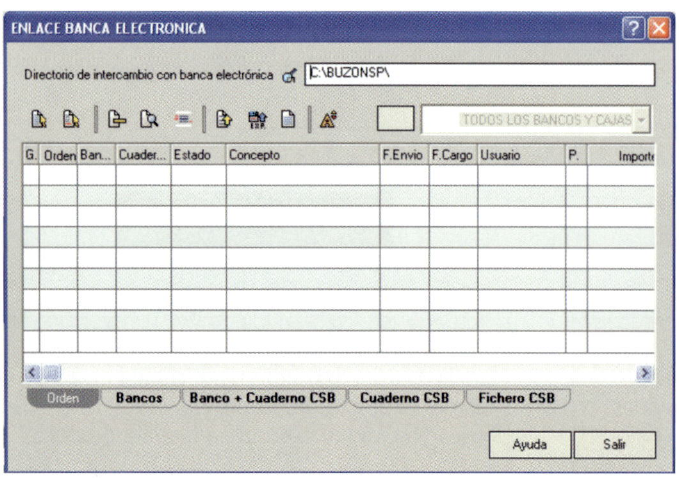

El banco deberá facilitarnos, también, las claves de acceso e incluso algún tipo de software para compatibilizar nuestra aplicación con las suyas.

No obstante, debes también tener presente que si tu empresa, por el motivo que sea, no quiere usar este sistema para remesar recibos al banco, siempre puede hacerlo transfiriendo los archivos a algún tipo de soporte.

Se puede llevar dicho soporte en persona a la oficina bancaria y el resultado final será el mismo, aunque, eso sí, usando internet se habrían ahorrado tiempo y desplazamientos.

6. Los costes del pago o cobro de la venta

Cada forma o medio de pago que las empresas pueden utilizar genera unos costes que deben ser tenidos en cuenta y analizados con serenidad para decidir con qué modalidad se quedan. No será lo mismo pagar al contado una determinada cantidad que hacerlo mediante letra de cambio a 120 días. Ni mucho menos, como ya debes estar pensando, proceder al descuento de dicha letra en el banco.

Dentro de los costes que el cobro puede generarle a una empresa, los más importantes son los denominados **costes explícitos,** que son aquellos que implican un pago.

COSTES EXPLÍCITOS DEL COBRO
• Comisiones bancarias. Sobre todo por gestión de cobros.
• Impuestos. Ya conoces lo que son los timbres de los efectos.
• Gastos de negociación o descuento de efectos.
• Intereses diversos.

La negociación y gestión de efectos y la factura de descuentos

Negociación de efectos

El **descuento o negociación de efectos** requiere que te fijes en los siguientes aspectos:

- El valor nominal o importe que se libra.
- Los gastos por intereses que genera el descuento, calculados sobre el nominal.
- Las comisiones que dependen del tipo de efecto y las tarifas mínimas.
- Gastos varios: gastos de correo, de timbres, etc.
- El efectivo, que es la cantidad a percibir por el cedente del efecto e ingresada en su cuenta por el banco.

Para determinar el efectivo a percibir debes proceder de la siguiente forma:

Efectivo = Nominal – Descuento – Comisiones – Gastos varios

recuerda

Descuento de efectos

El descuento de efectos supone que el cliente entrega al banco un documento de crédito no vencido y el banco adelanta su importe, previa deducción de los intereses y las comisiones que procedan.

Gestión de efectos

En **la gestión de cobros,** sin embargo, no se aplicará descuento alguno, solo se cobrarán:

- Comisiones.
- IVA, recuerda que a esta operación se le aplica el IVA sobre las comisiones.
- Gastos varios.

Efectivo = Nominal – Comisiones – IVA – Gastos

La factura de descuentos

Consiste en un documento que recoge detalladamente tanto las letras que llevamos a negociar o gestionar, como las distintas variables que nos permitirán determinar el efectivo que de las mismas nos ingresarán en nuestra cuenta corriente.

A la hora de confeccionar la factura de descuento, como puedes observar en el ejemplo de la página siguiente, uno de los aspectos más importantes es determinar los días de descuento (días). Para su cálculo hay que tener en cuenta los vencimientos expresados en las letras.

FECHA FIJA	PLAZO DESDE LA FECHA	PLAZO DESDE LA VISTA
Los días de descuento se calculan contando desde la fecha de negociación hasta la fecha del vencimiento.	Primero debes calcular la fecha de vencimiento. Una vez hecho esto, los días de descuento resultarán desde la fecha de negociación hasta la fecha exacta del vencimiento.	Primero debes calcular, también, la fecha de vencimiento, contando el plazo desde la fecha de aceptación. Hecho esto, podrás determinar los días de descuento.

↑ El descuento de efectos supone una forma de conseguir financiación, efectivo, al adelantar el banco el importe del documento de crédito no vencido.

ACTIVIDADES

7. Una letra es girada el día 3 de septiembre, aceptada el día 12 de septiembre, con vencimiento a 60 d/v y negociada el 22 de septiembre.

Indica, con estos datos:

a) El día de vencimiento.

b) Los días a contar para el descuento comercial.

EJEMPLO

Una empresa liquida en el banco con el que trabaja habitualmente la siguiente remesa de efectos el día 15 de enero de 2011. El interés aplicable es del 10%.

LIBRADO	NOMINAL	FECHA DE LIBRAMIENTO	FECHA DE ACEPTACIÓN	VENCIMIENTO
Juan Carlos	2.000	8 de enero	20 de enero	75 d/v
Salesa, S.A.	900	4 de enero	Nace aceptada	8 de marzo
Margarita Fernández	890	5 de enero	Nace aceptada	30 d/f
Margarita Fernández	2.100	8 de enero	Nace aceptada	A 3 meses fecha

Elabora la factura de descuento correspondiente.

Para la confección de la factura de negociación debes tener en cuenta:

Factura de descuento y negociación

BANESTO

[X] Descuento comercial

[ ] Gestión de cobros

Cliente

NIF/CIF

Cuenta

Librado	Plaza	Fecha emisión	Fecha acept.	Vto.	F. Vto.	Nominal	Días	Números	Interés		Claves	Comisión		Correo
									%	Importe		%	Importe	
Juan Carlos	MADRID	8 de enero	20 de enero	75d/v	6 de abril	2.000	81	162000	10	45		3	6	0,18
Salesa, S.A.	MADRID	4 de enero	4 de enero	8 de marzo	8 de marzo	900	52	46800	10	13		3	3,01	0,18
Margarita Fernández	MADRID	5 de enero	5 de enero	30 d/f	4 de febrero	890	20	17800	10	4,94		3	3,01	0,18
Margarita Fernández	MADRID	8 de enero	8 de enero	A 3 meses fecha	8 de abril	2.100	83	174300	10	48,42		3	6,3	0,18

Nominal	Intereses	Comisiones	Correo	Timbres	IVA	Total gastos	TAE	Valor	I. Líquido
5.890,00 €	11,36 €	18,32 €	0,72 €			130,40 €		15-enero	5.759,60 €

- Para la celda días no se cuenta el día del que se parte, se cuenta a partir del día de la entrega al descuento hasta la fecha de vencimiento.
- Números = nominal x días
- Intereses a pagar $= \dfrac{\text{nominal x días x r}}{360}$

Es conveniente que conozcas la siguiente tabla, pues de ella derivan las comisiones y demás gastos a pagar.

COMISIONES Y GASTOS ORIENTATIVOS EN LA NEGOCIACIÓN EFECTOS			
	COMISIONES		Correo
	Tanto por mil	Tarifa mínima	
Domiciliado aceptado	3	3,01	0,18
Domiciliado sin aceptar	5	4,51	0,21
No domiciliado	7	4,51	0,21

ACTIVIDADES FINALES

1. D. David Cadalso emite una letra de cambio para que la pague Dña. Encarnación Cernuda, que la acepta tres días después del libramiento. La letra es presentada a negociación en el BANCO SANTANDER CENTRAL HISPANO que posteriormente la endosa a BANCO IBÉRICO. Representa gráficamente las relaciones que se dan en esta situación. ¿Cómo se podría limitar la posibilidad de endoso de esta letra?

2. El día 18 de marzo de 20XX Francisco Castor Bueno, domiciliado en c/ Argentina, 32 de tu localidad, emite una letra de cambio por importe de 2.400 € a cargo de Dña. Lourdes Iglesias Iglesias, con domicilio en avda. del Mar, 34 Vigo. La letra será pagada en la cuenta que el librado tiene en BANESTO 0251 0021 12 00676555, y vence el día 30 de julio de 20XX.

   Se establece la cláusula: sin gastos. La letra es aceptada el día 20 de marzo, el mismo día en el que es entregada en descuento a CAIXA GALICIA, o.p. de tu localidad. El día 28 es endosada a Miguel Outomour Candel, con domicilio en c/ Echegaray, 43 de Archena.

   Confecciona la letra de cambio que emitirá Francisco Castor.

3. Dña. Luz Iglesias, de Oviedo, compró un mueble por importe de 6.800 €, en MUEBLES VALLEJO, S.L. c/ Mayor, 78 de Mieres. Pagó un tercio al contado el día 23 de abril de 20XX y el resto mediante tres letras aceptadas por importes iguales y giradas a sesenta y noventa días. La empresa vendedora entrega las letras para gestionar su cobro al BBVA, calle Montes, 29 de Mieres. Las letras son avaladas por el hermano de Luz, Alberto, domiciliado en calle Santa Ana, 22 de Madrid, aunque solo asume el 60% de su importe. Cumplimenta la segunda letra que Margarita desea que le sea presentada al cobro en su propio domicilio.

4. Candela López López, representante legal de EL FIESTÓN, S.L. de Ciudad Real, sociedad titular del chiringuito LA SOLEÁ, ante la proximidad de las fiestas patronales, adquiere el 8 de julio de 20XX a BEBEDORES S.L. bebidas por valor de 24.000 €. La compradora paga al contado 12.000 € y se gira por el resto una letra de cambio, en la que figura como tomador Federico Vélez García, domiciliado en c/ Agnes, 21 de Madrid. El vencimiento se fija a 5 meses fecha. Se presenta a la aceptación el día 10 de julio, pidiendo que se la presenten al día siguiente, aceptándola dicho día. La letra se endosa a D. Rodrigo Fernández Fernández çel 16 de agosto, que a su vez, 8 días más tarde, la endosa al BANCO INTERNACIONAL. Asimismo, en la letra figura como avalista María Álvarez Álvarez, solo por la tercera parte del importe. Cuestiones que se plantean:

   a) Rellena una letra de cambio con las menciones de supuesto y las necesarias para que constituya un efecto válido.

   b) Indica el día exacto del vencimiento y los acreedor/res y deudor/res en dicho día, así como las acciones que podrá llevar a cabo el tenedor si, al vencimiento, la letra no es pagada.

5. Se presenta a descuento la siguiente remesa de efectos:

Efecto	Nominal	Días de descuento
A	30.000	20
B	20.000	25
C	15.000	30

   Las condiciones del descuento son:

   Tipo descuento 12%.

   Comisión 5‰ (mínimo 90 euros).

   Correo 6 euros/efecto.

   Descuenta la remesa anterior.

6. Almacenes La Mariblanca S.L. con domicilio en c/ Fuencarral, 56 de Córdoba, realiza una venta el día 01/02/20XX por importe de 23.456 € a la empresa Telas Jacinta, S.A., sita en plaza Joan Pujol, 34 de Toledo. La forma de pago es la siguiente:

   - 15% mediante un pagaré de la CAM ccc 2013 2222 78 9876540001 con vencimiento 01/03/20XX. El pagaré es endosado a Fernando García Pascual, c/ Peral, 55 de Totana.
   - 20% mediante un cheque de CajAstur ccc XXXX 1111 98 1234567800 para ser cobrado mediante ingreso en CajAstur. Fecha de realización: dos días después de la venta. El cheque es avalado por ti, hasta el 50% de su importe.
   - 10% se paga en efectivo, por lo que se extiende recibo.
   - El resto mediante una letra de cambio con fecha de emisión 01/02/20XX y con vencimiento 120 días fecha, domiciliada en el Banco Elegante, c/ Alfonso XIII, 3 de Toledo, número de cuenta 7712 6620 22 9273849165. La letra nace aceptada y con cláusula no a la orden. La letra es avalada diez días después de su aceptación por Lorenzo y Hermanos, SL, domiciliada en Polígono de Silvota, Nave 43 de Cercedilla (Juan Manuel García tiene poder suficiente para la firma de dicho aval).

   Confecciona: el pagaré, el cheque, el recibo y la letra mencionados en la operación de compraventa.

7. Construcciones Mibarca, S.A., domiciliada en c/ Maestro Guerrero, 18 de León, recibe la factura n.° A188 de fecha 1/02/20XX de Materiales de Construcciones Caidalibre S.A., domiciliado en c/ Princesa, 46 también de León, por importe de 20.000 €. Se pagará de la siguiente forma:

   - El día 05/02/20XX el 33% mediante pagaré cruzado de Caja España con vencimiento 10 de marzo, ccc XXXX YYYY 46 0000002586.
   - El mismo día, otro 33% mediante letra girada por Construcciones Mibarca, S.A. al propio cargo, en donde anota, como tomador, a Construcciones Caidalibre, S.A. D. Rubén Rodríguez Bonanza, con domicilio en c/ Central, 33- bajo D de León, avala el importe total de la letra de cambio. El efecto tiene un vencimiento a 120 días desde la vista que se produce con fecha 10/02/20XX.
   - El resto de la deuda se abona mediante ingreso bancario al día siguiente de recibir la factura, en la cuenta que el proveedor tiene en Caja España.

   Redacta los documentos de pago que se deducen de la situación planteada.

8. Una letra de cambio por importe de 12.000 € es descontada aplicándosele un tipo de interés del 10%. Se cobra una comisión del 4‰ y unos gastos de correo de 0,40 €. Realiza la liquidación de la letra y la factura de efectos descontados.

9. D. Julián Ferrer adquiere a la empresa Almacenes La Mariblanca S.L. con domicilio en c/ Fuencarral, 56 de Córdoba mercancías por importe de 2.000 €. Para el pago se emite un pagaré a favor del vendedor con vencimiento a tres meses vista. La empresa deudora tiene una cuenta corriente en la sucursal 3 de Banesto, c/c 6786876333, Palencia, donde domicilia el pago. La empresa firmante realiza el «visto» siete días después de su libramiento.

   Mariblanca, S.L. descuenta el pagaré un mes después de su libramiento en el BBVA, sucursal 2, de Ciudad Real, cerrando toda posibilidad de endoso. Tú mismo vas a avalar este pagaré. Confecciónalo e indica el timbre que procedería pagar.

PRÁCTICA PROFESIONAL

Tomar decisiones sobre cobros y pagos. Libros auxiliares

OBJETIVOS

Afianzar conocimientos en cuanto a tramitación de pagos y cobros, reconociendo la documentación asociada y su flujo dentro de la empresa.

SITUACIÓN INICIAL 1

En esta ocasión vas a estudiar la opción más ventajosa de pago para tomar una decisión final respecto al mismo. En tu empresa debéis proceder a un pago de 100.000 € por la compra de una máquina nueva para el taller. El director financiero te pide que estudies las siguientes formas de pago y que determines con cuál proceder.

- La primera de ellas sería pagar al contado. En este caso el proveedor os concedería un 3% de descuento por pronto pago.
- La segunda opción: aceptar una letra de cambio a 90 días desde la fecha de la factura.

Se te informa de que la empresa, ahora mismo, no pasa por un buen momento en cuanto a liquidez y no dispondrá de ella hasta dentro de 60 días, momento en el que va a proceder al cobro de tres importantes facturas pendientes de cobro. Por ello, al estudiar la primera opción, debes tener presente que vuestra entidad bancaria os cobrará, por descubierto en cuenta, unos intereses del 4% anual.

Te dispones a analizar las opciones con todos estos datos:

Primera opción:

Debes calcular el importe neto de la operación:

100.000 € – 3.000 € (descuento) = 97.000 €.

Con este dato procedes a calcular los intereses:

Intereses = (97.000 x 4 x 60) / 36.000 = 646,67 €

En total por la operación al contado acabaréis pagando:

97.000 + 646,67 = 97.646,67 €

Segunda opción:

Esta segunda opción supone pagar dentro de 90 días. Acabaréis pagando los 100.000 € (ya no os será de aplicación el descuento por pronto pago), pero a cambio, como ya tendréis fondos, no abonaréis intereses al banco por la operación. Además, date cuenta de que el proveedor no os aplica tampoco intereses por aplazar el pago.

Por lo tanto, analizada la situación, convienes en que resulta más ventajosa la opción de pago al contado solicitando financiación al banco (el descuento es muy superior a los intereses).

CÁLCULO DE INTERESES

Intereses: $\frac{C\,\%\,t}{100\,k}$

Donde:

C = capital

% = % interés

t = tiempo

k = año (si t está en días k= 360; si t está en meses k = 12)

PRACTICA UN POCO MÁS

Estudia ahora cuál de las siguientes opciones resulta más ventajosa para efectuar un pago de 3.000 €.

- Al contado se practica un descuento del 2%.
- 50% en el momento de la compra y el resto en 12 cuotas iguales, a un interés anual del 3,5%
- Una letra con vencimiento a 50 d/f.
- Una letra con vencimiento a 120 días con un interés por pago aplazado del 4% anual.

SITUACIÓN INICIAL 2

Para el control de las actividades de la empresa es preciso que cuente con libros de registro y auxiliares donde anotar –y así poder controlar mejor– los cobros y pagos pendientes. Como verás más adelante, casi todas las aplicaciones informáticas de gestión de facturas (compraventa) y contabilidad tienen incorporados registros y funciones de bases de datos que permiten llevar este control. De todas formas, es importante que seas capaz de crear libros auxiliares.

Para ello vas a hacer uso de aplicaciones informáticas de propósito general. Te proponemos utilices una hoja de cálculo, como Excel, aunque si quieres usar un procesador de textos o una base de datos, también puedes hacerlo.

En Excel, por tanto, deberás crear en un solo libro pero en distintas hojas que nombrarás adecuadamente: una hoja auxiliar de caja y bancos, una hoja auxiliar de efectos comerciales pendientes de cobro y otra de efectos pendientes de pago.

Libro u hoja auxiliar de caja y de bancos:

En ella registrarás todas las operaciones que supongan movimiento de efectivo.

En un libro de caja debe aparecer un apartado para las entradas de dinero, otro para las salidas y uno en el que se vaya anotando el saldo resultante.

En el libro de bancos aparecerá un apartado denominado «Debe», otro denominado «Haber» y otro que arrojará un saldo deudor o bien acreedor.

Cada cierto tiempo deberás comprobar el dinero que hay en las cuentas y en la caja para ver que coincide con lo anotado. Es lo que se denomina **arqueo de caja**.

MANEJO DE EXCEL

Utiliza la **función SI (condicional)** de Excel para automatizar todas las tareas y anotaciones que te sea posible.

Haz un uso adecuado de los formatos de celda y no dejes de utilizar y poner en práctica tus conocimientos sobre **funciones de fecha y hora**.

PRACTICA UN POCO MÁS

Anota en el libro que corresponda:

2/03 – Saldo caja: 1.256,33 €

2/03 – Saldo en banco a su favor: 23 €

2/03 – Ingreso c/c: 5.000 €

3/03 – Pago asesoría efectivo: 450 €

10/03 – Cobramos CH/52 FC236A: 490,23 €

10/03 – Pago con cheque FC12R: 200 €

11/03 – Ingreso por caja venta: 75,65 €

12/03 – Ingreso c/c pago FC13R: 125 €

14/03 – Pago nóminas por transferencia: 8.250 €

LIBRO AUXILIAR DE BANCOS

BANCO
SUCURSAL
DIRECCIÓN

N.º CUENTA
TIPO CUENTA

Fecha	Concepto	Debe	Haber	Saldo	
				Deudor	Acreedor

LIBRO DE CAJA

Fecha	Concepto	Comprobante de caja n.º	Aprobado por	Entradas	Salidas	Saldo

Libro u hoja auxiliar de efectos comerciales a cobrar o pagar:

En estos libros debe aparecer toda la información sobre efectos girados por la empresa y a la empresa. Es crucial la fecha de vencimiento, tanto que quizás sería conveniente jugar con la opción **Formato condicional de Excel** para llamar la atención sobre aquellas letras a punto de vencer.

REGISTROS DE EFECTOS COMERCIALES A COBRAR/A PAGAR

N.º	Librado	Plaza	Importe	Fecha emisión	Fecha aceptac.	Vto.	Fecha vto.	A la orden	Domiciliatario	Fecha descuen.	Obs.

SOFTWARE ADMINISTRATIVO

FacturaPlus

FacturaPlus también nos permite gestionar los pagos y cobros de recibos. Vas a trabajar estas opciones por separado, utilizando la empresa INICIAL, S.A. Desde ella, empezarás **gestionando los pagos**. Para ello ve al menú *Almacén/Gestión de pagos/Recibos.*

Si seleccionas cualquier recibo que aparece, y haces clic sobre *Generar Pago o Devol.*, se te abrirá un cuadro de diálogo. Cumpliméntalo introduciendo la fecha en la que realizas efectivamente el pago. Al hacer clic en aceptar, su estado se convertirá en PAGADO.

Recuerda que cuando creábamos formas de pago/cobro no marcábamos la opción de recibos pagados al vencimiento. Por ello debemos ir pagándolos manualmente.

Ahora **gestionaremos los cobros**. Para ello debes ir al menú *Facturación/Gestión de cobros/Recibos.*

La forma de proceder es similar a la llevada a cabo en gestión de pagos. Pero en esta opción vas a hacer dos acciones adicionales. Una de ellas será la de compensar recibos; la otra la de remesar recibos al banco.

La **compensación de recibos** se lleva a cabo para agrupar en un único recibo varios de un mismo cliente. Así, una vez negociado con el cliente, iremos al menú contextual y elegiremos la opción de *Compensar recibos.*

Hecho esto añadirás al recibo matriz (el primero seleccionado) tantos como desees compensar, quedando vinculados.

Remesar recibos será una acción que llevarás a cabo cuando los entregues a negociación o descuento al banco con el que trabajes. Para ello entrarás por el menú *Facturación*, y dentro de esta opción *Gestión de cobros/Remesas de recibos.*

Añade una nueva remesa de recibos haciendo clic en la opción *Añadir* y defínela. Para ello cubre la información de la cuenta de remesas (indicación del banco con el que trabajarás para llevar a cabo la negociación de efectos, por ejemplo) y añade los recibos que van a componer la remesa.

Una vez que tengas la remesa confeccionada, selecciónala y mediante el menú contextual entra por *Vuelco a disco.* Existen dos formas de enviar la remesa al banco:

- En disco físico o cualquier otro medio de almacenamiento externo. Fíjate en el directorio y la ubicación en la que se va a grabar el fichero que posteriormente harás llegar al banco.
- Mediante banca electrónica, para lo que necesitaremos el software que proporciona cada entidad bancaria. Para esta opción basta con seleccionar la opción: *Pasar remesa a banca electrónica.*

Debes tener mucho cuidado de no pasar a ContaPlus información hasta que el banco te confirme que se han cobrado, así evitarás problemas.

MUNDO LABORAL

Medios para aplazar pagos

La crisis propicia la vuelta de sistemas de pago aplazado como el «fiado», los pagarés y las letras de cambio.

Las compras a plazos se han convertido en un mecanismo habitual para la compraventa. (...) hoy en día, mediante el pago a plazos se puede comprar casi cualquier cosa. Por eso, cada vez son más frecuentes casos como el del ayuntamiento de Baracaldo (Vizcaya), que facilita a los vecinos el pago a plazos de los impuestos municipales u otros como el de Murcia, donde cerca de un centenar de autoescuelas permiten que sus alumnos paguen la matrícula, las clases teóricas y prácticas a razón de 85 céntimos al día.

HACER BUEN USO DEL CRÉDITO

- Nunca pierda de vista la relación entre sus ingresos y sus deudas: compre lo que puede costear.
- Pague puntualmente, para evitar reclamaciones judiciales (en caso de letras y pagarés), o un incremento de su deuda debido a los intereses (en las tarjetas de crédito).
- Compre solo lo que necesita: adquirir productos innecesarios puede dejarle sin margen de crédito para gastos imprevistos.
- No utilice tarjeta para pequeños desembolsos. La acumulación de comisiones puede generar deudas inesperadas.

«Se fía»

En épocas de penuria económica la necesidad de pagar a plazos se hace aún más necesaria, y son muchos los que recurren a modelos de pago si no desaparecidos, sí en desuso. Uno de ellos, un procedimiento informal de otorgamiento de crédito sin ningún tipo de garantía ni reconocimiento por parte de la ley, es el tradicional «fiado», que sigue vigente en comercios pequeños de barrio. La supervivencia de su uso (intensificado en épocas de crisis) se debe a que es tanto una transacción comercial como la expresión de un vínculo entre vecinos, basado íntegramente en la confianza mutua entre vendedor (que se arriesga a no cobrar) y comprador (que puede dejar la cuenta de la deuda en manos del comerciante).

Letras de cambio y pagarés

Otra modalidad para comprar en plazos es la letra de cambio (...). Durante cientos de años (comenzó a utilizarse en la Edad Media) fue el principal instrumento financiero, y continúa utilizándose para transacciones entre empresas ya que una de sus características es que opera sin intervención bancaria. Actualmente existen comercios que permiten a sus clientes pagar los productos en varias letras, una por cuota. (...)

El pagaré es un documento que consiste (...). Las diferencias con la letra de cambio radican en que no es emitido por el Estado sino por empresas y particulares, y quien lo emite es el deudor y no el acreedor. (...)

Fuente: <www.consumer.es> Por Camilo Zaforra

Trabajo a realizar

1. Haz un resumen del texto.
2. ¿Qué opinión te merece el proceder del Ayuntamiento de Baracaldo y el de las autoescuelas de Murcia?

EN RESUMEN

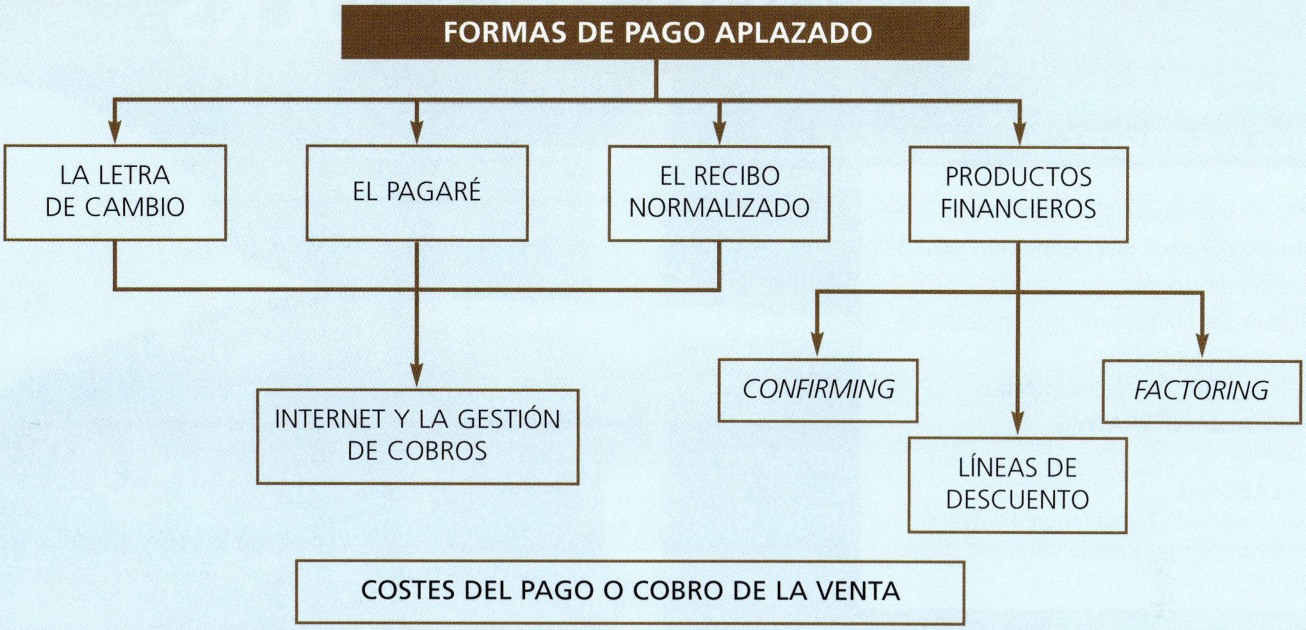

EVALÚA TUS CONOCIMIENTOS

1. El librador de una letra de cambio:

a) Es la persona que la ha de pagar.
b) Es la persona que avalará el pago.
c) Coincide con el proveedor en una operación de compraventa.
d) Ninguna es correcta.

2. Una letra con cláusula «no a la orden» no se podrá endosar.

a) Verdadero.
b) Falso.

3. Una letra con vencimiento a un plazo contado desde la vista:

a) Vencerá cuando pase dicho plazo de tiempo computado a partir de la fecha de aceptación.
b) Vencerá cuando pase dicho plazo de tiempo computado a partir de la fecha de libramiento.
c) Vencerá el mismo día que se acepte.
d) No se puede decir nada de su vencimiento por computarse desde la vista.

4. Solo pagaremos timbre en el pagaré:

a) Cuando se extienda a la orden.
b) Cuando se ceda al descuento.
c) Siempre.
d) Son correctas a) y b).

5. Un pagaré necesita siempre aceptación por parte del firmante.

a) Verdadero.
b) Falso.

6. Un pagaré no se pude endosar nunca.

a) Verdadero.
b) Falso.

7. El *factoring* es:

a) Un producto financiero relacionado con la gestión de pagos.
b) Un documento de cobro similar a una factura y que, de hecho, puede sustituirla.
c) Un protocolo de envío de facturas por internet.
d) Ninguna es correcta.

8. Entre los costes explícitos del cobro se encuentran:

a) El salario del trabajador que gestione el cobro.
b) Las comisiones bancarias por gestión de cobros.
c) Los timbres de los efectos comerciales.
d) Son correctas b) y c).

Soluciones: 1c, 2a, 3a, 4d, 5b, 6b, 7a, 8d

11 Gestión de stocks

vamos a conocer...

1. Los stocks o existencias
2. El tamaño del stock. Representación gráfica
3. La gestión de stocks
4. Análisis de las políticas de gestión de stocks

PRÁCTICA **PROFESIONAL**
El método ABC. Un análisis práctico

SOFTWARE **ADMINISTRATIVO**
FacturaPlus

MUNDO **LABORAL**
Los consumidores buscan ingredientes frescos y beneficios para la salud y el medio ambiente

y al finalizar esta unidad...

- Conocerás los tipos de stocks o existencias que puedes encontrar en una empresa.
- Calcularás la cantidad idónea de stock en función de la empresa, el almacén y las políticas de gestión.
- Sabrás representar niveles de stock, su evolución en el tiempo y conocerás las variables que influyen en su gestión.
- Aprenderás a calcular la rotación de stocks y su significado.
- Utilizarás con destreza ratios para el análisis y evaluación de las políticas de gestión de stocks de una empresa.
- Conocerás los principales métodos para identificar y controlar adecuadamente las existencias o stocks más relevantes dentro del almacén de una empresa.

CASO **PRÁCTICO** INICIAL

situación de partida

La empresa en la que trabajas se dedica a la comercialización de colchones y estructuras de cama. Una mañana del mes de enero, elaborando un informe que te ha pedido el responsable de compras, observas que se precisa disponer de un total de 350 colchones de 1,80 de alto y 1,35 de ancho, para hacer frente a la demanda del presente año. Consultas el stock habido en almacén y tan solo quedan 5 unidades, por lo que debes agilizar los trámites para llevar a cabo la compra de dicha mercadería, pues el stock de seguridad está en 3 unidades y el mínimo en 4 unidades. Afortunadamente, el punto de pedido para ese artículo, según consta en la base datos que manejas, está en 5 unidades.

Como la demanda anual prevista ha variado, pues son necesarios 50 colchones más que el pasado año, realizas los cálculos oportunos y determinas que el volumen óptimo de pedido, ahora, es de 45 unidades. Esta cantidad se ajusta al stock máximo que puede soportar la empresa para dichos colchones.

Una vez emitido el pedido a vuestro proveedor te preguntas cuál será el periodo medio de maduración que, para dicho artículo, presenta la empresa. Como puede ser interesante conocerlo, para tomar futuras decisiones respecto a los plazos de cobro otorgados a clientes, solicitas a Contabilidad los datos precisos para su determinación.

estudio del caso

Antes de pasar a estudiar y analizar el contenido de la unidad, trata de responder a las cuestiones que se plantean a continuación. Si alguna te resulta especialmente complicada o no sabes qué responder, no te preocupes. Al finalizar la unidad seguro que lo tienes mucho más claro.

1. ¿Cómo definirías el stock de una empresa?
2. ¿Qué es el stock máximo? ¿Y el mínimo? ¿Y el de seguridad?
3. ¿Qué crees que es el volumen óptimo de pedido?
4. ¿Por qué debes, según el caso expuesto, volver a determinar el volumen óptimo de pedido al haber habido una variación en la demanda anual de colchones?
5. ¿Qué son o cómo definirías las mercaderías?
6. ¿Qué es el periodo medio de maduración?
7. ¿Cuántos pedidos de colchones de 1,80 x 1,35 emitirá al año la empresa?

1. Los stocks o existencias

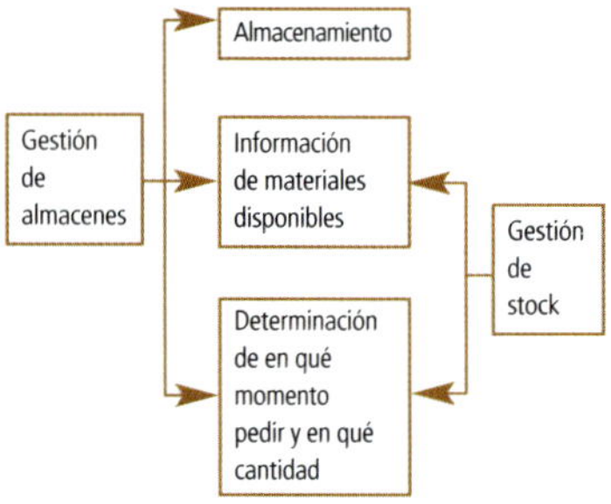

vocabulario

Stock: es sinónimo de existencias o de mercancías almacenadas.

En esta unidad vas a empezar a ver el último bloque de tareas que componen la gestión de aprovisionamiento en la empresa. Te recomendamos vuelvas a ver el esquema de la unidad 1 que reproducimos al lado.

Sin entrar en mucho detalle en la tarea de almacenamiento, pues es un objeto de estudio más propio de otros ciclos formativos, sí que debes prestar especial atención a la **gestión de stocks.** La gestión de stocks es una tarea muy importante dentro de la empresa, pues básicamente permite:

- Reducir **costes de almacenamiento.**
- Reducir el riesgo de **ruptura de stocks,** es decir, el riesgo de no poder atender una demanda por falta de mercancía.

No creas que es sencillo compaginar estas dos cuestiones, pues son dos factores que presentan una relación inversa:

1.1. Definición de stock

caso **práctico** inicial

Aquí tienes el concepto de stock. Ahora ya puedes definirlo con propiedad.

Lo primero que debes de conocer es el significado de la palabra stock, un anglicismo que escucharás frecuentemente. Stock no es, ni más ni menos, que lo que hay en el almacén, todo lo que te puedes encontrar en el almacén y con lo que la empresa lleva a cabo su actividad.

> Llamamos stock, existencias o mercancías al conjunto de productos acumulados en el almacén, que poseen valor económico y permanecen en él hasta su utilización o posterior venta.

De una lectura sosegada puedes intuir que la composición de los mismos no será igual en las empresas industriales que en las comerciales. También te será fácil comprender la importancia que, desde un punto de vista económico y funcional, el stock tiene para la empresa.

saber más

Costes

Los costes asociados a los stocks son dos:

Los costes de aprovisionamiento:

a) Coste de la compra. Resultado de multiplicar el número de unidades por su valor.

b) Coste de pedido o emisión de pedido. Costes asociados al hecho de pedir.

Los costes de almacenamiento: estos costes son los derivados del mantenimiento del stock en el almacén: alquiler de naves, personal, riesgos de deterioro y obsolescencia del stock, energía…

EJEMPLO

¿Cuál es la importancia que para una empresa tienen las existencias, desde un punto de vista económico?

Para una empresa las existencias suponen material inmovilizado en el almacén. Este material ha supuesto un gasto, que no un coste, para la empresa. La empresa ha tenido que desembolsar dinero para su adquisición.

1.2. Clasificación de las existencias para el PGC

La clasificación de existencias puede hacerse atendiendo a diversos criterios. El Plan General Contable (PGC) clasifica las existencias por la naturaleza del material y su finalidad en el proceso productivo. Distingue, así, entre:

- **Materias primas.** Son elementos a transformar en el proceso productivo para la obtención del producto final.
- **Elementos y conjuntos incorporables.** Son elementos que se añaden al proceso productivo a partir de la fase primaria. No constituyen la base del producto, aunque son esenciales para la formación del producto final.
- **Materiales para el consumo y la reposición.** Materiales para el consumo, que no tienen por qué incorporarse al producto final, o bien destinados al mantenimiento, reparaciones de bienes o conservación (repuestos).
- **Productos en curso.** Los que se encuentran en fase de transformación o formación en un centro de actividad al cierre del ejercicio.
- **Productos semiterminados.** Los fabricados por la empresa y no destinados normalmente a su venta hasta que sean objeto de elaboración, incorporación o transformación posterior. Por ejemplo, zumos a los que les falta envasarlos.
- **Productos terminados.** Son los elementos ya fabricados y dispuestos en el almacén para la comercialización.
- **Subproductos.** Son los residuos y desechos que pueden ser vendidos para su aprovechamiento o reciclaje.
- **Materiales de acondicionamiento.** Son los elementos de envase, embalaje y protección de la mercancía. Incluyen, también, las tarjetas o adhesivos identificativos y las paletas o palés de transporte. Este material es de elevado coste y puede ser recuperable.
- **Mercaderías.** Son las existencias de las empresas comerciales. Productos que se compran para luego venderlos, sin proceso de transformación.

saber más

Las existencias en el PGC

Bienes tangibles, con la posibilidad de ser almacenados, que las empresas adquieren en el exterior con la finalidad de ser utilizados en el proceso productivo para la obtención de productos finales, o bien para el mantenimiento de los equipos productivos.

saber más

Clasificación de existencias

Según la imputación a la determinación del coste del producto, las existencias se clasifican en:

- **Materiales directos.** Son aquellos que pasan directamente a formar parte del producto final, es decir, que pueden identificarse de forma fácil con un producto terminado.
- **Materiales indirectos.** Son aquellos que se utilizan para la fabricación de diferentes productos, pero no pueden ser identificados directamente con ellos. Su imputación al coste de los productos se realiza a través de diversos criterios de reparto.

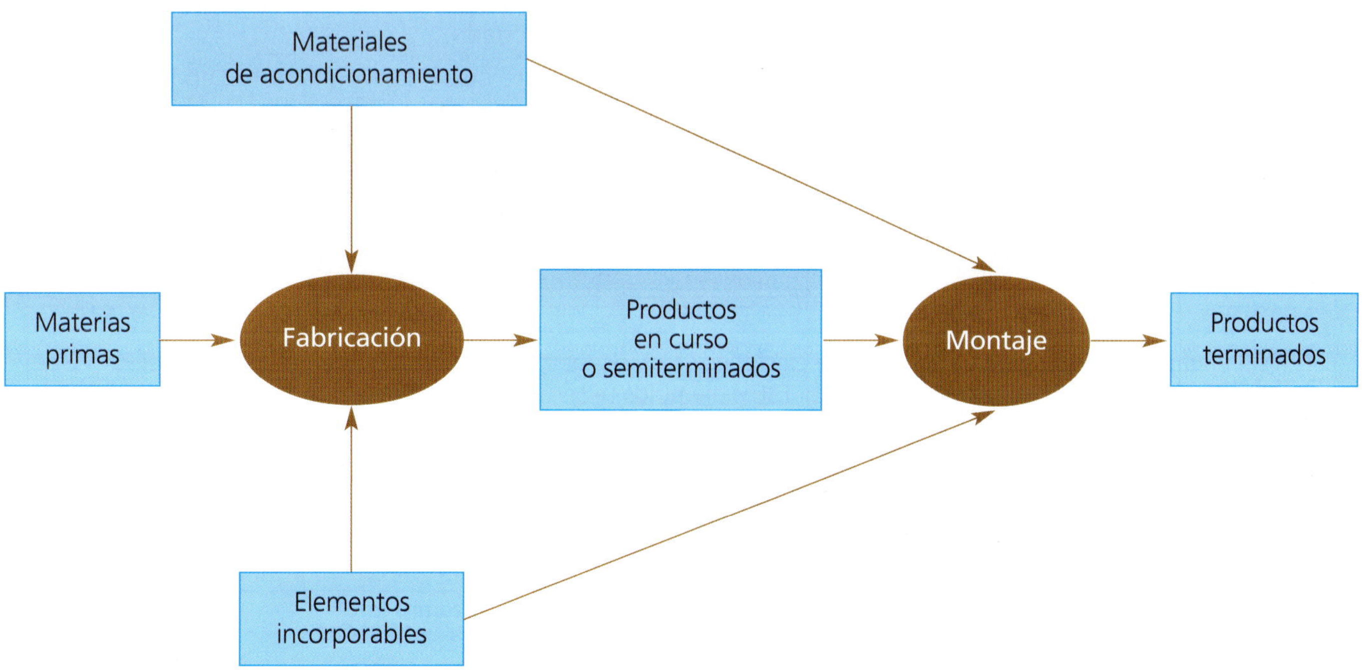

1.3. Clasificación del stock según su finalidad

caso práctico inicial

En la tabla encontrarás definidos los principales tipos de stock según su finalidad. Observa que entre ellos se encuentran el stock máximo, mínimo y de seguridad.

Para encontrar más información acerca de los dos primeros no dejes de leer el SABER MÁS de esta misma página.

Otra clasificación interesante que debes conocer es la que se hace del stock en base a la función que cumple dentro del ciclo de producción o de ventas. En base a este criterio debes de diferenciar entre:

TIPOS DE STOCK SEGÚN SU FINALIDAD	
STOCK ACTIVO	Es el necesario para hacer frente a la demanda prevista en un periodo determinado. Evoluciona entre un nivel máximo y un nivel mínimo.
STOCK DE SEGURIDAD	Es aquel que se añade al activo para hacer frente al riesgo de desabastecimiento debido a un retraso en el suministro de la mercancía, a una modificación en el plazo de aprovisionamiento o a una variación en la demanda prevista.
STOCK ÓPTIMO	Es aquel que permite cubrir las previsiones óptimas de ventas al mismo tiempo que consigue una mejor rentabilidad (reducción de costes de almacén).
STOCK MEDIO	Es el promedio de stock que tiene la empresa en almacén.
STOCK DE TEMPORADA	Se crea para hacer frente a un aumento esperado de las ventas, por cambio de temporada o estación.
STOCK DE ESPECULACIÓN	Es el que se planifica antes de que surjan las necesidades y sirve para hacer frente a una variación esperada de la demanda, del suministro o del precio.
STOCK *JUST IN TIME*	Consiste en adquirir solo la cantidad necesaria en el momento que se precisa. Desde el punto de vista logístico resulta ser el stock óptimo.

saber más

El stock activo

Este stock evoluciona entre un máximo y un mínimo.

El stock máximo lo marca la capacidad del almacén, el capital invertido en existencias y los costes derivados de la gestión de almacén.

El stock mínimo es la cantidad menor inventariable a partir de la cual hay que reabastecerse, pues se produce rotura de stock: no hay existencias con las que producir.

EJEMPLOS

Pon un ejemplo de stock de temporada y otro de stock de especulación.

Stock de temporada: todas aquellas mercaderías que no constituyen ventas continuas durante todo el año, como por ejemplo, prendas de invierno, bañadores, aparatos de aire acondicionado…

Stock de especulación: es frecuente que los talleres acumulen piezas de repuesto cuando el fabricante de las mismas o su proveedor les hace una buena promoción o les anuncia su retirada.

ACTIVIDADES

1. Pon ejemplos de cada una de los tipos de existencias vistas según la clasificación que de ellas hace el Plan General Contable. Trata de ser claro y preciso. Estos ejemplos te servirán a la hora de estudiar la clasificación, haciéndola más comprensible.
2. Clasifica estos productos o existencias encontrados en los almacenes de una empresa dedicada a la fabricación de mesas de madera, según la clasificación estudiada (PGC):
   - Tablones de madera.
   - Tuercas y tornillos.
   - Barnices de colores.
   - Sacos de serrín para venta.
   - Cartón para embalajes.
   - Mesas de madera de nogal barnizadas.

2. El tamaño del stock. Representación gráfica

La representación gráfica del stock consiste en mostrar su evolución, en unidades físicas, a lo largo del tiempo. En un mundo perfecto, donde **el consumo y el plazo de entrega de existencias fuese constante y conocido,** la gráfica que mostraría la evolución del stock a lo largo del tiempo sería la que puedes observar en la figura 2.1. El nivel de stock variaría entre un stock máximo y un stock mínimo, siendo este último cero.

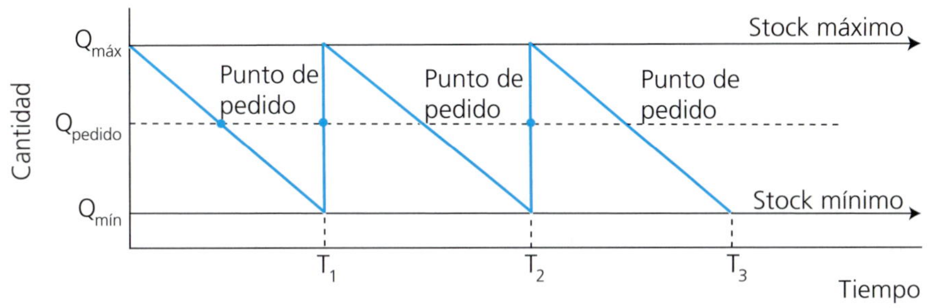

Fig. 2.1. Modelo de previsión perfecta

El stock está en su punto máximo y se va consumiendo siempre a la misma velocidad. La entrega es conocida y, no habiendo retrasos, se puede hacer coincidir la entrega con la llegada al stock mínimo. En ese momento se recupera el nivel máximo.

Pero en el mundo real, como puedes estar pensando, suele haber **retrasos en las entregas o incrementos imprevistos en la demanda o consumos.** Las consecuencias las puedes observar en la figura 2.2.

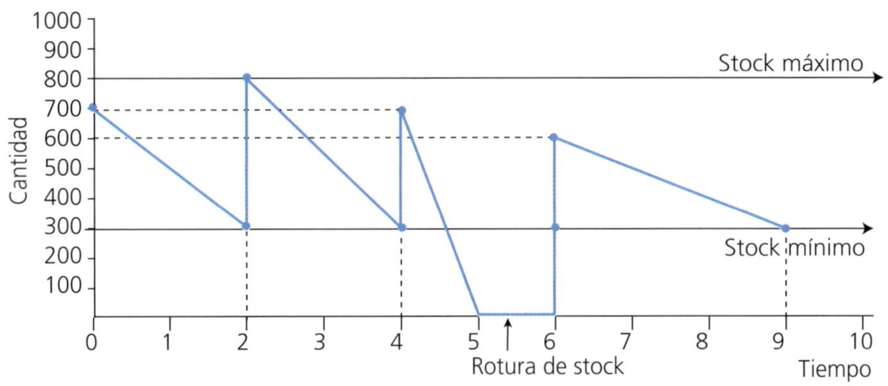

Fig. 2.2. Modelo de ruptura de stock

Existe o ha habido demanda insatisfecha por ruptura de stock. Para la empresa, esto tiene un coste importante.

Es por ello que las empresas suelen contar con lo que se denomina **stock de seguridad.** Así, no existen pérdidas de ventas o paradas en la producción (ver figura 2.3).

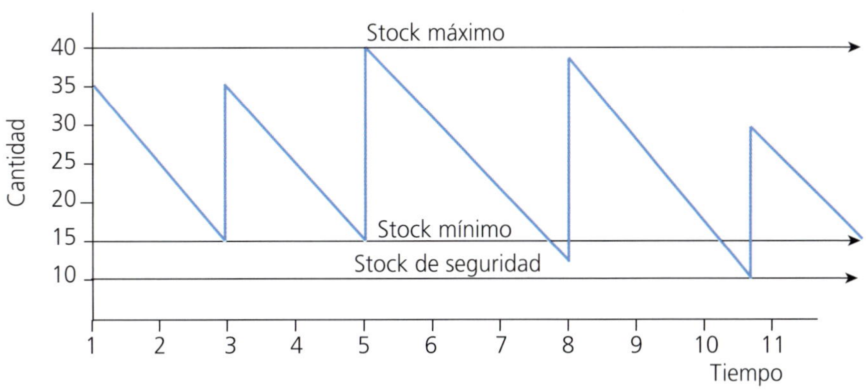

Fig. 2.3. Modelo con stock de seguridad y ruptura

Se observan dos periodos atendidos por el stock de seguridad ante un aumento imprevisto de la demanda, por ejemplo.

Es importante, para toda empresa, guardar un equilibrio entre el ritmo de ventas (o producción, según el tipo de empresa) y el nivel o tamaño del stock. Tanto un stock excesivo como un stock insuficiente le podría costar muy caro a la empresa.

2.1. Determinación del stock de seguridad y del stock medio

Existen muchas formas para determinar **el stock de seguridad** en una empresa. Las más exactas son a través de complicadas fórmulas basadas en observaciones históricas y empleo de la estadística. Vamos a proponerte, a partir de unos datos conocidos, una forma de determinar el stock de seguridad de una empresa, de forma sencilla. Para ello aplica la siguiente fórmula:

Stock de seguridad = (CM – Cmd) x Plazo de entrega

En donde:

CM = Consumo máximo
Cmd = Consumo medio

Como ves, se necesita tener ciertos datos relativos a consumos y plazos de entrega y, como es lógico, estos datos en el futuro pueden verse alterados, pero de esta forma conseguirás determinar un stock de seguridad bastante preciso en condiciones generales.

saber más

Consumo medio de existencias

$(Q_1 + Q_2 + \ldots + Qn) / n$

Siendo Qn la cantidad consumida en cada periodo de tiempo considerado.

Existen muchas formas de calcular una media. Para saber cuál es el consumo medio de un determinado artículo durante un periodo de tiempo, la forma más sencilla es la que consiste en dividir la suma de la cantidad inicial más la cantidad final entre dos (igual que calcularías la nota media de dos exámenes). Otro modo de hacer el cálculo, mucho más aproximado, sería sumar todas las cantidades consumidas y dividir dicho resultado entre el número de cantidades sumadas, pero para ello debes conocer el número exacto de consumos habidos.

Para determinar el **stock medio** basta que partas de la definición del mismo que se daba anteriormente. Observarás que la forma más sencilla de determinar el stock medio es realizar el siguiente cálculo (existen tres posibilidades):

Stock medio = (Stock mínimo + Stock máximo) / 2

Stock medio = (Stock de seguridad + Stock máximo) / 2

Stock medio = (Existencias iniciales + Existencias finales) / 2

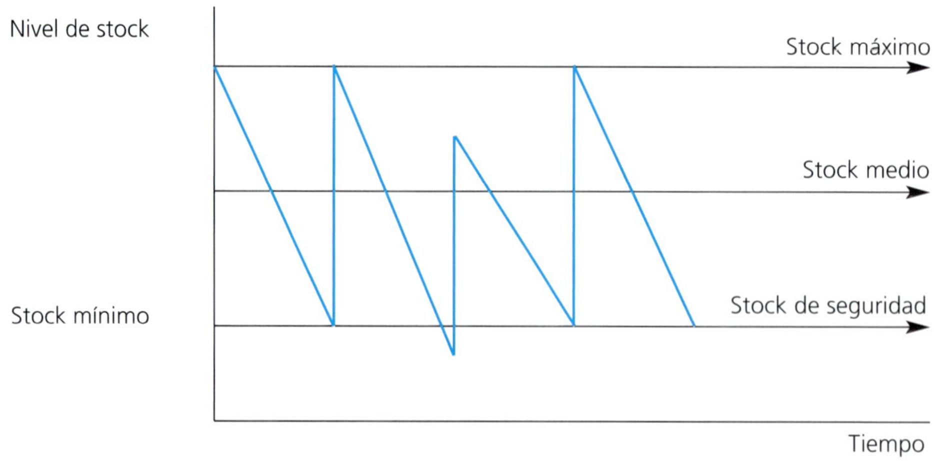

Fig. 2.4.

Al contar con un stock de seguridad, el stock medio aumenta.

EJEMPLOS

Una empresa determina, inconscientemente, un stock mínimo de producción en cero unidades y un stock máximo, en función de su capacidad de almacenamiento, en 100 unidades. ¿Cuál es el stock medio de dicha empresa?

Stock medio = 0 + 100 / 2 = 50 unidades.

La misma empresa del caso anterior, tras haber sufrido pérdidas por rotura de existencias, marca como stock de seguridad un total de 50 unidades. ¿Cuál será ahora el stock medio de dicha empresa?

Stock medio = 50 + 100 / 2 = 75 unidades.

2.2. El stock total de la empresa

El stock total de la empresa viene dado por la suma de todas las existencias que la misma posee y, generalmente, se identifica como el máximo de existencias que hay en un momento determinado en la empresa.

Para su cálculo debes tener en cuenta los siguientes componentes:

El stock de seguridad
+
El stock activo en el momento del cálculo
+
El stock de presentación o de exposición

Ya debes conocer todos los componentes del stock total excepto uno: el stock de presentación o de exposición. Este tipo de stocks es exclusivo de empresas comerciales de venta directa al público, como por ejemplo supermercados, y está formado por los artículos que aparecen en las estanterías o lineales, a los que como clientes tenemos acceso directo al hacer la compra.

vocabulario

Lineales: estanterías en las que aparecen los productos a disposición del cliente.

EJEMPLO

Una empresa presenta la siguiente información respecto a un determinado artículo que comercializa:

- **Stock en exposición: 10 unidades.**
- **Stock activo: 1.000 unidades.**
- **Stock de seguridad: 100 unidades.**

Determinar el stock total y representar gráficamente los distintos niveles, sabiendo que el stock máximo coincide con el total.

La suma de esos tres tipos de stocks nos da el stock total = 1.110 unidades

ACTIVIDADES

3. Una empresa comercial presenta, respecto a un determinado artículo, la siguiente información:

- Existencias iniciales de 300 unidades.
- El primer cuatrimestre compra 600 unidades.
- La demanda del primer cuatrimestre es de 500 unidades.
- El segundo cuatrimestre compra 600 unidades.
- La demanda del segundo cuatrimestre es de 750 unidades.
- El último cuatrimestre se compran y se venden 500 y 900 unidades, respectivamente.

Con estos datos, representa gráficamente la evolución del stock. Comenta brevemente dicho gráfico. ¿Se produce alguna ruptura de stock?

4. Un taller presenta la siguiente información respecto a unas tuercas determinadas:

- Stock en talleres 800 unidades.
- Stock activo 120.000 unidades.
- Stock de seguridad 500 unidades.

Determinar el stock total y representar gráficamente los distintos niveles, sabiendo que el stock máximo coincide con el total.

5. Supermercados La Esquina presenta, respecto al producto leche semidesnatada de marca blanca, que vende en cajas de 6 envases, la siguiente información:

- Cantidad en expositores 500 cajas.
- Venta diaria 175 cajas (abre sus puertas 6 días a la semana).
- Plazo de reaprovisionamiento 5 días, pudiendo haber hasta 3 días de retraso en la entrega.

Determina el stock total (stock máximo) que podría llegar a tener a la recepción de un pedido.

6. Una fábrica de coches presenta la siguiente información respecto a un determinado tipo de rodamientos para ruedas:

- Cantidad permanente en taller 800 unidades.
- Consumo 100 unidades de media al día (el mes tiene 26 días laborables).
- Plazo de entrega del proveedor 15 días, pudiendo haber retrasos de hasta 6 días.
- El pedido se realiza mensualmente.

Determina el stock total o máximo que podría llegar a tener a la recepción del pedido.
Determina el stock total que habría al cabo de 10 días desde la recepción del pedido.
Determina el stock medio de la empresa.

7. La empresa Confecciones Esmara aporta los siguientes datos respecto a una determinada blusa: las existencias al inicio del trimestre son de 75 unidades; al final del trimestre las existencias son de 89 unidades. ¿Cuál ha sido el stock medio?

8. La empresa del ejercicio anterior, respecto al mismo artículo, sabe que la demanda media es de 22 unidades y el consumo máximo, en el mismo periodo, ha sido de 43 unidades. Sabiendo que el proveedor tarda en servirle un pedido de mercancía 4 días, calcula el stock de seguridad que ha de tener en sus almacenes para dicho artículo.

9. Representa gráficamente los niveles de stock del mes de agosto para un determinado artículo sabiendo que: el primer lunes las existencias ascendían a 1.000 unidades (después del aprovisionamiento); se compran 500 y se venden 300 unidades; la segunda semana se compran 100 unidades y se venden 800 unidades; la tercera semana se compran 1.000 unidades y se venden 100; y la última semana se compran 500 unidades y se venden 75 unidades. Comenta razonadamente si la empresa ha podido atender adecuadamente la demanda.

10. Calcula el stock medio que tendrá la empresa de la actividad anterior durante ese mes de agosto, para ese artículo en cuestión.

11. La empresa del ejercicio anterior analiza los datos relativos a ese artículo durante el primer semestre del año encontrando que el consumo o demanda media ha sido de 850 unidades y el consumo o demanda máxima dentro de dicho periodo ha ascendido a 975 unidades. Sabe que el plazo de entrega por parte de su proveedor es de 7 días. ¿Cuál crees que deberá ser el stock de seguridad de dicha empresa para ese artículo?

3. La gestión de stocks

Llamamos gestión del stock al conjunto de actividades que, dentro de la empresa, permiten conocer con exactitud el volumen de ventas o salidas de existencias para así determinar la cantidad precisa a solicitar a los proveedores.

Del esquema que se presentaba en la unidad 1 y al inicio de esta, ya sabes que la gestión de stocks conlleva dos tipos de actividades:

- Determinar en qué momento pedir y en qué cantidad hacerlo.
- Mantener actualizada la información de materiales disponibles.

Mediante una adecuada gestión de stocks la empresa podrá dar el máximo servicio al cliente asumiendo costes mínimos.

Piensa en una empresa comercial de las muchas que puede haber en tu barrio. Considera la cantidad y, sobre todo, variedad de stocks, mercaderías, en palabras del PGC, que esa empresa puede tener almacenadas. La dificultad de llevar una gestión de stocks adecuada y detallada, artículo por artículo, resulta ser enorme. Será mayor cuanto más grande sea la empresa, más complicada su actividad y, por tanto, mayor la variedad y cantidad de stocks con que cuente en sus almacenes.

Las empresas, para poder cumplir con una adecuada gestión de stocks, suelen acudir a la utilización de distintos métodos, como **el método ABC**, para intensificar su atención sobre aquellos artículos que mayor importancia tienen desde el punto de vista de la inversión, o bien aquellos que mayor actividad generan. Así, las organizaciones centran sus esfuerzos en la gestión de estos stocks y no desperdician tiempo ni demasiados recursos en los stocks de menor importancia.

Al final de la unidad, en el apartado «Práctica profesional», podrás llevar a la práctica el método ABC y comprenderás su utilidad y significado.

saber más

Variables que afectan a la gestión de stocks

- Los costes asociados a los stocks. También conocidos como costes de gestión de existencias.
- La previsión de ventas o de producción, en función del tipo de empresa.
- Los plazos de entrega del proveedor.

saber más

El método ABC

Este método clasifica las existencias en tres grupos.

- **Clase A.** Esta clase la configura un 20% de los artículos almacenados que representan un 80% de la inversión.
- **Clase B.** Esta clase la configura un 30% de los artículos almacenados que representan un 15% de la inversión.
- **Clase C.** Esta clase la configura un 50% de los productos que representan un 5% de la inversión.

3.1. La determinación del lote económico de pedido o volumen óptimo de pedido (VOP)

Una de las tareas más importantes en gestión de stocks es determinar el volumen óptimo de pedido (VOP).

caso práctico inicial

En este epígrafe encontrarás el significado del VOP.

Comprobarás que para su cálculo, la demanda anual de colchones resulta determinante.

El VOP es la cantidad que hay que comprar o solicitar al proveedor en cada pedido para que los costes totales de gestión de stocks sean mínimos y no se produzcan rupturas de stock.

A través de este cálculo podrás determinar cuántas unidades de un producto pedirás cada vez y, por tanto, cuántos pedidos deberás hacer para satisfacer la demanda total de dicho producto en el plazo de tiempo considerado.

Imagina que la empresa en la que vas a trabajar necesita anualmente, de un determinado producto, 1.000 unidades. Mediante el cálculo del VOP podrás determinar cuántos pedidos hacer al año y cuántas unidades pedir en cada uno de ellos para minimizar costes.

Para calcular el VOP se debe partir del análisis de los denominados costes de gestión de stocks o existencias. Estos costes son el resultado de sumar cuatro elementos:

- El coste de adquisición.
- El coste de almacenaje.
- El coste de aprovisionamiento.
- El coste de ruptura de stock.

A partir de estos costes, y siguiendo el denominado **modelo de Wilson** que ofrece una serie de premisas o hipótesis de partida se llega, mediante una serie de cálculos matemáticos más o menos complejos, a la siguiente fórmula para determinar el VOP:

$$VOP = \sqrt{\frac{2ED}{Cp}}$$

En donde:

E = Coste de emisión de un pedido
D = Demanda anual del producto
Cp = Coste de almacenamiento unitario anual (o del periodo de tiempo considerado)

saber más

Algunas hipótesis del modelo de Wilson

- La demanda del producto es constante y conocida.
- El precio no varía en función de las unidades solicitadas.
- El plazo de entrega es constante y conocido.
- No se admiten rupturas de stocks.

saber más

El coste de almacenamiento unitario anual (Cp)

Este valor es el resultado de efectuar la siguiente operación:

$$Cp = A + P \times i$$

En donde:

A es el verdadero coste de almacenamiento de una unidad al año.

P es el precio unitario.

i es el tipo de interés que la empresa aplica a sus operaciones.

EJEMPLO

Una empresa necesita anualmente 64.000 unidades. El coste de emitir un pedido, coste de gestión, asciende a 150 € y el coste anual por almacenar una unidad de producto asciende a 60 €. Determina la cantidad de unidades que la empresa solicitará a su proveedor en cada pedido.

$$VOP = \sqrt{(2 \times 64.000 \times 150) / 60} = 566 \text{ unidades}$$

En cada pedido se solicitarán 566 unidades.

3.2. El punto de pedido

Una vez que has aprendido a calcular el volumen óptimo de pedido, otro aspecto importante a considerar, en cuanto a gestión de stocks se refiere, es la determinación del **punto de pedido.**

> El punto de pedido nos indica el momento o el nivel de existencias que obliga a emitir un pedido al proveedor.

Como puedes deducir de la definición de punto de pedido, este podrá venir dado a través del número de unidades que queden en el almacén (en función del nivel de existencias), o expresado en forma de días. Mediante esta última anotación se consigue saber cada cuánto tiempo hay que emitir un pedido, hablándose entonces de **periodo de reposición.**

El punto de pedido se calcula de la siguiente forma:

$$Pp = (Cmd \times Pe) + Ss$$

En donde:

Cmd = Consumo medio
Pe = Plazo de entrega
Ss = Stock de seguridad

La orden de pedido debe emitirse cuando se alcance el nivel de existencias así determinado.

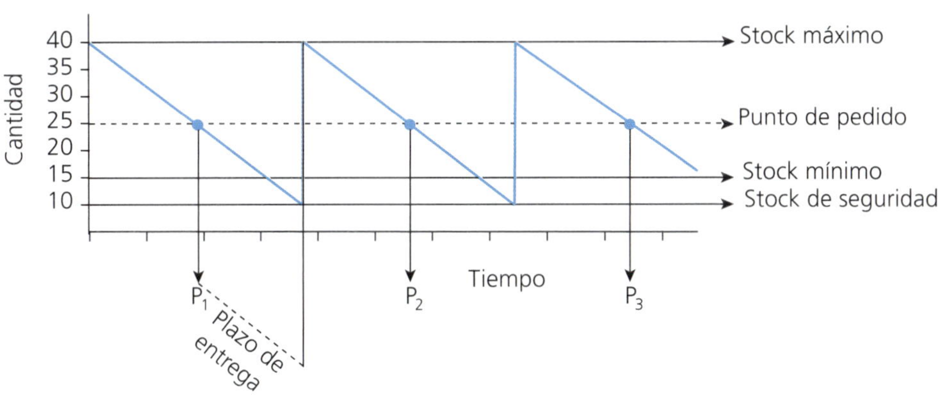

Fig. 3.1. Representación de la evolución del stock y del punto de pedido.

P_1, P_2 y P_3 representan puntos de pedido.

EJEMPLO

Suponiendo que el VOP es 8.400 unidades por pedido, que la demanda anual es de 250.000, que todos los días del año existe actividad comercial, que el plazo de aprovisionamiento es de 5 días y que el stock de seguridad es de 1.000 unidades, para hallar el punto de pedido procedemos de la siguiente manera:

Demanda o consumo diario = 250.000 / 365 = 685 u.f. diarias

685 x 5 = 3.425 u.f. en el plazo de entrega

Punto de pedido = 3.425 + 1.000 = 4.425 u.f.

La orden de pedido debe producirse cuando el nivel de existencias alcance las 4.425 unidades, para que el pedido de 8.400 unidades no produzca desabastecimiento de la demanda.

El periodo de reposición nos indica los días que transcurren entre cada pedido, conocido el consumo o la demanda total del stock. Viene dado en función del VOP, que es un dato que ya has aprendido a calcular.

$$T = \frac{365}{D/VOP}$$

En donde:

T = Periodo de reposición
D = Demanda o consumo anual

Este indicador se puede utilizar cuando se conoce la demanda y el VOP, pero, generalmente, la necesidad de control hace que se recurra más al anterior.

caso **práctico** inicial

Si la empresa precisa 350 colchones al año y el VOP es de 45, hará 350 / 45 = 8 pedidos, aproximadamente, al año.

ACTIVIDADES

12. Calcula el volumen óptimo de pedido de un producto cuyas ventas anuales son de 45.000 unidades, siendo el coste de emisión de pedido igual a 5,75 € y los costes de almacenamiento unitarios de 0,50 € al año.

13. Determina ahora el VOP de la empresa anterior para el mismo artículo, suponiendo ahora una reducción del coste de emisión de pedido a 1,75 €.

14. Determina el periodo de reposición con los datos de la actividad anterior.

15. Una empresa sabe que el VOP para un determinado artículo es de 62 unidades. Sabiendo que necesita 558 unidades al año, ¿cuántos pedidos deberá cursar al año?

16. Una empresa comercial precisa, al año, 950 unidades de un artículo. El plazo de reposición del mismo es de 5 días y el consumo medio de 16 unidades. Mantiene un stock de seguridad de 35 unidades. ¿Cuál será el punto de pedido? ¿Cómo cambiaría este si la empresa no contase con stock de seguridad?

4. Análisis de las políticas de gestión de stocks

La gestión de almacenes y, en concreto, la gestión de stocks debe ser analizada y correctamente organizada para poder cumplir, así, con sus fines y objetivos.

La eficiencia de estas funciones y de las políticas desarrolladas por estos departamentos y servicios se pueden medir y analizar, entre otros, a través de tres indicadores: el nivel de servicio ofertado, la rotación de stocks o existencias y el periodo medio de maduración.

saber más

Ventajas de la gestión de stocks

Una organización correcta de la gestión de stocks permitirá:

- Conocer en todo momento las compras a efectuar según el plan de fabricación o el de ventas.
- Llevar un adecuado control de materiales recibidos y de existencias habidas.
- Efectuar comprobaciones cuantitativas y cualitativas de existencias, de manera sencilla y clara.

4.1. El nivel de servicio ofertado

Este ratio representa la capacidad que tiene la empresa de poder ofrecer los productos que demanda el cliente en el momento de la compra.

Para su cálculo debes llevar a cabo la siguiente relación:

Nivel de servicio = (Ventas / Demanda) x 100

Observa que el resultado es un porcentaje, es decir, arrojará el % de la demanda (bien en unidades físicas, bien en unidades monetarias) que se puede satisfacer o que se ha satisfecho con los stocks disponibles.

← Un nivel de servicio alto significa que los clientes encontrarán satisfecha la mayor parte de la demanda de productos que desean.

EJEMPLO

Una empresa establece su nivel de servicio en el 98%. ¿Qué implicaciones tendrá dicho dato?

Significará que se compromete a tener disponibles el 98% de los productos que busca el cliente, lo cual implicará tener un elevado nivel de stock y afrontar grandes costes de almacenamiento.

Para las empresas resulta complicado cumplir con los niveles de servicio marcados, pues la demanda es, en cierta forma, imprevisible (pudiendo sufrir variaciones constantes) y las entregas de sus proveedores pueden sufrir retrasos. Esto implica que cuanto mayor sea el nivel de servicio mayor ha de ser el stock de seguridad, ya que se han de evitar roturas del stock que puedan dar lugar a insatisfacciones de la demanda con pérdidas de clientes.

4.2. El índice de rotación del stock

saber más

Tipos de IRS

- En unidades físicas. Calcula el movimiento en unidades del producto.
- En unidades monetarias o índice económico. Calcula el movimiento en unidades monetarias.

Representa el número de veces que en una unidad de tiempo (meses, trimestres, años) se renueva el stock en el almacén, recuperando la inversión del capital invertido.

Se determina de la siguiente forma:

IRS = Salidas de existencias / Existencias medias

Este ratio podrá venir dado en forma de unidades monetarias o unidades físicas, según los datos con los que hagamos el cálculo.

La información que proporciona este ratio resulta muy útil para una gestión eficaz del stock ya que, al darnos una idea de la periodicidad con la que se mueven los productos en el almacén, nos ayuda a no tener inmovilizaciones excesivas.

ANÁLISIS DEL RESULTADO DEL ÍNDICE DE ROTACIÓN DE STOCK
• Debes tener presente que un IRS adecuado debe ser siempre superior a uno.
• Si es muy alto nos indica que se mueve, se renueva, con bastante frecuencia. Se deberá prestar atención al stock de seguridad para evitar rupturas.
• Si es muy bajo (por debajo de uno) nos indica que la inversión realizada no es productiva y los artículos se mueven poco.

EJEMPLO

Calcular el índice de rotación del artículo «Reloj mod. 58W», durante el año 2009. Disponemos de la siguiente información:

SALIDAS DURANTE EL AÑO		EXISTENCIAS EN LOS 12 MESES	
Enero	2.000	Enero	4.000
Abril	4.000	Febrero	5.000
Junio	6.000	Marzo	6.000
Octubre	3.000	Abril	4.000
Diciembre	5.000	Mayo	6.000
		Junio	4.000
		Julio	5.000
		Agosto	5.000
		Septiembre	4.000
		Octubre	3.000
		Noviembre	8.000
		Diciembre	6.000

$$\text{Índice de rotación} = \frac{20.000}{60.000/12} = \frac{20.000}{5.000} = 4$$

Si dividimos 365 días entre el resultado obtenido al calcular el IRS obtendremos el número de días que tardan en renovarse las existencias en el almacén.

4.3. El periodo medio de maduración

Es el tiempo que media entre la inversión monetaria en materias primas y otros productos, hasta el cobro de los productos que, elaborados con ellas, en su caso, se venden al cliente.

El resultado final del cálculo o determinación de un periodo medio de maduración siempre vendrá expresado en días.

El periodo medio de maduración (PMM) nos proporciona información sobre la duración del ciclo de explotación de la empresa. Debes tener en cuenta que no se calculará de igual forma en las empresas industriales que en las empresas comerciales. Seguro que no te resulta difícil entender el por qué.

Plantéate la actividad que una empresa industrial lleva a cabo. Efectivamente, compra para, tras llevar a cabo un proceso de transformación, vender lo que fabrica con lo comprado. Puedes verlo en el esquema.

caso práctico inicial

El periodo medio de maduración será el tiempo que transcurra desde que la empresa compra el colchón hasta que lo cobra, una vez que lo vende.

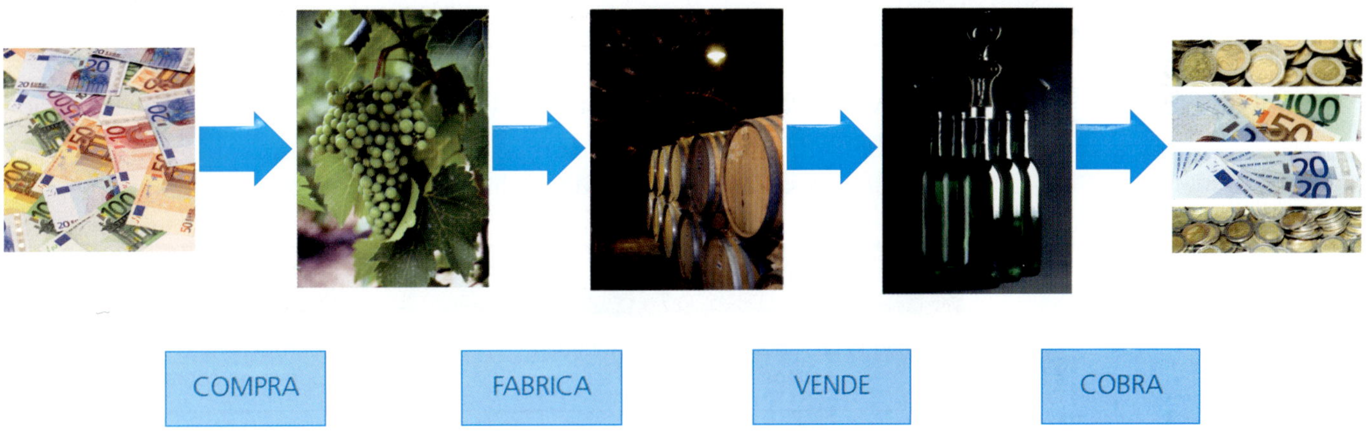

↑ Ciclo de explotación de una empresa industrial: conjunto de actividades por las que la organización logra recuperar los recursos financieros invertidos en su actividad principal o de explotación.

Sin embargo, una empresa comercial tendrá, por lo general, PMM más cortos, pues no precisa emplear tiempo alguno en fabricar o producir.

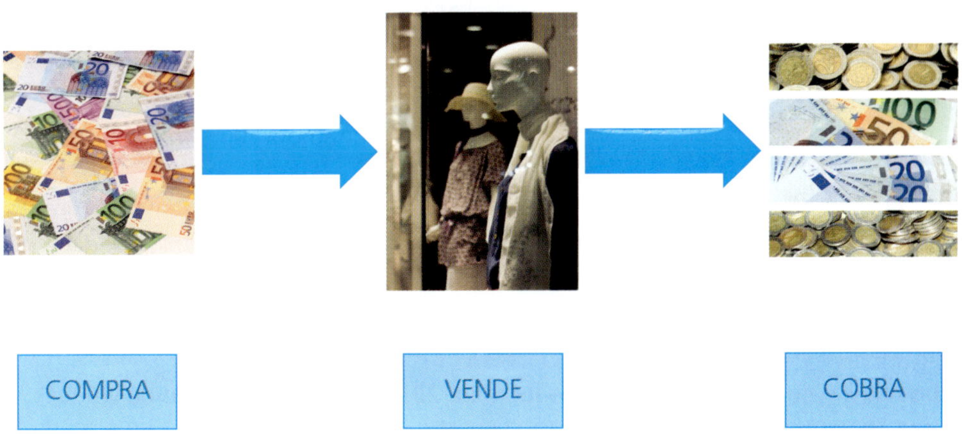

↑ Ciclo de explotación de una empresa comercial.

Determinación del periodo medio de maduración

Todavía no hemos explicado cómo se determina el PMM. No es una cuestión sencilla, pues requiere emplear distintos tipos de ratios y considerar un número elevado de variables: existencias, productos en curso, productos terminados, información de la cuenta saldo de clientes, etc.

A pesar de lo dicho no te preocupes pues, como técnico, te bastará saber que el PMM se determina sumando cuatro plazos de tiempo:

PERIODO MEDIO DE MADURACIÓN EN EMPRESAS INDUSTRIALES			
Periodo de almacenamiento de materias primas y otros productos	Periodo de fabricación	Periodo de ventas o tiempo que tarda en venderse la fabricación	Periodo de cobro o tiempo que tarda la empresa en cobrar
Plazo 1 = 10 días	Plazo 2 = 15 días	Plazo 3 = 8 días	Plazo 4 = 20 días
PMM = 53 DÍAS			

Como ves el PMM en una empresa industrial resulta de sumar los cuatro periodos de tiempo reflejados.

En una empresa comercial el PMM reduce los plazos a tres:

PERIODO MEDIO DE MADURACIÓN EN EMPRESAS COMERCIALES	
Periodo de ventas o tiempo que tardan en venderse el género	Periodo de cobro o tiempo que tarda la empresa en cobrar
Plazo 3 = 18 días	Plazo 4 = 20 días
PMM = 38 DÍAS	

vocabulario

Ratio: relación entre dos magnitudes.

saber más

El análisis del PMM

Resulta fundamental para la empresa, pues proporciona información crucial para tomar decisiones importantes, como, por ejemplo, si aumentar o no el plazo de cobro a clientes.

Esto podría incrementar las ventas pero no siempre resultaría aconsejable pues podría hacer aumentar demasiado el PMM.

ACTIVIDADES

17. Una empresa presenta la siguiente información respecto a un tipo de producto que fabrica y vende.

- Plazo de almacenamiento de materias primas 3 días.
- Plazo medio de fabricación del producto 12 días.
- Plazo medio de venta 10 días.
- Plazo medio de cobro 22 días.

Determina el periodo medio de maduración de la empresa con respecto a ese producto.

18. Una empresa de la competencia presenta los siguientes datos respecto a los mismos plazos: 3, 9, 11 y 14 días, respectivamente. Calcula el PMM de dicha empresa y compara los resultados con los de la empresa de la actividad anterior.

¿Quién presenta una situación más ventajosa y por qué?

19. Una empresa comercial tiene un PMM para un determinado producto de 222 días. El plazo medio de ventas es de 85 días. ¿Cuánto tarda, por término medio, en cobrar a sus clientes?

El periodo medio de maduración financiero

El PMM estudiado hasta ahora constituye lo que se denomina periodo medio de maduración económico. Si has estudiado con detenimiento su significado habrás observado que este periodo abarca el tiempo transcurrido desde la compra hasta el cobro al cliente.

Pero existe, además, lo que se conoce como **periodo medio de maduración financiero.** Una parte del PMM económico es financiado por los proveedores, permitiendo el aplazamiento de los pagos a la empresa. Deduciendo de este PMM económico la parte financiada por ellos (mediante dicho aplazamiento), se obtiene el PMM financiero.

El PMM financiero nos ofrecerá información del plazo de tiempo que transcurre desde que se paga la compra de materias primas u otros productos, hasta que se efectúa el cobro al cliente de la producción vendida.

Para calcular el PMM financiero solo tendremos que restar al PMM económico un plazo más, el periodo de tiempo que, por término medio, tarda la empresa en pagar a sus proveedores (periodo medio de pago).

PMM financiero = PMM económico – Periodo medio de pago

EJEMPLO

La empresa MAYOR, S.A. presentó el pasado año, a tenor de datos extraídos de su contabilidad, un PMM económico de 109,5 días.

A partir de la información extraída de las cuentas contables relativas a proveedores de materias primas se sabe que tardó, por término medio, 73 días en pagar a dichos proveedores.

¿Cuál habrá sido su PMM financiero?

PMM financiero = PMM económico – Periodo medio de pago

PMM financiero = 109,5 – 73 = 36,5 días.

ACTIVIDADES FINALES

1. Una empresa dedicada a la elaboración de mosto, encuentra las siguientes existencias en su almacén. Clasifícalas según el PGC:
    - Toneles de madera.
    - Botellas de mosto embotellado.
    - Uvas.
    - Azúcar.
    - Palés.
    - Etiquetas con firma comercial.
    - Botellas de vidrio de 33 cl.
    - Tapones de corcho.

2. Una empresa presenta un stock máximo en almacén de 6.000 unidades de un determinado producto. Tarda, aproximadamente, 20 días en agotarse. Sabiendo que la reposición es inmediata, representa gráficamente la evolución de dicho stock.

3. Una empresa comercial presenta, respecto a un determinado artículo, la siguiente información:
    - Existencias iniciales de 1.500 unidades.
    - El primer cuatrimestre compra 2.100 unidades.
    - La demanda del primer cuatrimestre es de 2.400 unidades.
    - El segundo cuatrimestre compra 1.785 unidades.
    - La demanda del segundo cuatrimestre es de 800 unidades.
    - El último cuatrimestre compran y se le demandan 1.400 y 900 unidades, respectivamente.

    Con estos datos representa gráficamente la evolución del stock. Comenta brevemente dicho gráfico. ¿Se produce alguna ruptura de stock?

4. Calcula el punto de pedido de un artículo del que se consumen 75.000 unidades mensuales. En la empresa trabajan 20 días al mes y tienen establecido un stock de seguridad de 20.000 unidades. Se sabe que el plazo medio de entrega de los proveedores suele ser, por término medio, de 5 días.

5. Calcula el índice de rotación de un artículo cuyas ventas han supuesto, durante todo el pasado año, un total de 40.000 €, sabiendo también que al inicio de dicho año había en almacén existencias por valor de 30.000 € y al final por valor de 1.000 €.

6. Con los datos del ejercicio anterior determina cada cuántos días se renueva el stock de dicho artículo.

7. Calcular el índice de rotación de un determinado artículo durante un año, teniendo en cuenta que el valor de las salidas durante el año asciende a 180.000 € y las existencias en los 12 meses del año, suman un total de 480.000 €. Una vez calculado interpreta su resultado.

    Sabiendo que el año anterior el índice de rotación era de 3, ¿crees que la empresa ha mejorado de un ejercicio a otro?

8. Calcular la cantidad óptima de pedido que debe utilizar una empresa, teniendo en cuenta los siguientes datos:
    - Coste de emisión de pedido 12,02 €/pedido.
    - Coste de almacenamiento 1,08 €/unidad.
    - Consumo medio anual 4.800 unidades.

    Una vez calculado el pedido óptimo, indica cuál será el plazo de reposición.

■ 9. Una empresa de la construcción precisa al año un total de 50.000 brocas. Habiendo calculado que el coste de emitir un pedido es de 2,50 €, y que el coste de almacenamiento asciende a 8 €/unidad, calcula:

- El lote económico de pedido de la compra.
- Cuántos pedidos realiza al año.
- Cada cuántos días se realizará un pedido (plazo de reposición).
- ¿Cuál es el punto de pedido si tardan 3 días en servirlo, suponiendo que la empresa desea contar con un stock de seguridad de 120 tornillos?

■ 10. Una empresa establece para el presente año un nivel de servicio del 99%. Terminado el año observa que las ventas han alcanzado las 10.000 unidades y la demanda las 11.000 unidades. ¿Cómo ha variado el nivel de servicio de la empresa? ¿A qué crees que puede haberse debido dicha variación?

■ 11. Una empresa presenta la siguiente información respecto a un tipo de producto que fabrica y vende.

- Plazo de almacenamiento de materias primas 7 días.
- Plazo medio de fabricación del producto 75 días.
- Plazo medio de venta 20 días.
- Plazo medio de cobro 22 días.

Determina el periodo medio de maduración económico de la empresa con respecto a ese producto.

■ 12. La empresa del ejercicio anterior quiere reducir su periodo medio de maduración a 100 días. ¿Cuál debería ser el plazo medio de cobro a sus clientes?

■ 13. Determina el periodo medio de maduración financiero de la empresa de la actividad 11 sabiendo que el plazo medio de pago a sus proveedores es de 25 días.

■ 14. Una empresa comercial compra ordenadores a un precio unitario de 60,10 € y vende una cantidad de 40.000 unidades al año. Los costes de emitir un pedido ascienden a 1.200 €/unidad y los costes de almacenamiento a 10,80 €/ordenador. El periodo de suministro del proveedor es de 16 días. No cuenta con stock de seguridad.

Calcula el volumen óptimo de pedido, el número de pedidos a realizar al año y el punto de pedido. Representa gráficamente la evolución del stock.

■ 15. Una editorial espera una demanda anual de un determinado libro de 850.000 unidades. Las existencias medias anuales son de 150.000 ejemplares y los costes anuales de almacenamiento son de 901.518 €. El coste por emitir un pedido asciende a 0,60 €. Calcula el volumen óptimo de pedido y cuál sería el número anual de pedidos. Sabiendo que el año presenta, para la editorial, 250 días laborables, calcula cada cuánto tiempo efectuaría un pedido.

■ 16. Una empresa vende 1.500 unidades de velas. El plazo medio de aprovisionamiento es de 10 días, por lo que mantiene un stock de protección de 6.000 velas. El día 28 de febrero se solicita un nuevo pedido que llega el 20 de marzo. ¿Cuál es el punto de pedido? ¿Se produce ruptura de stock? Realiza el gráfico correspondiente.

■ 17. La empresa del ejercicio anterior presenta un periodo medio de ventas del artículo velas negras mod. XX452 de 18 días y tarda 18 días en cobrar a sus clientes. ¿Cuál es el periodo medio de maduración económico de esa empresa? Explica su significado.

■ 18. En un determinado sector se considera que el número óptimo de veces que se debe vaciar el almacén en un año es de tres veces. Calcula el stock medio trimestral que debería tener una empresa, sabiendo que las salidas trimestrales son de 1.803,04 €.

PRÁCTICA PROFESIONAL

El método ABC. Un análisis práctico

OBJETIVOS

Controlar las existencias reconociendo y aplicando sistemas de gestión de almacén.

El alumno, mediante esta práctica, analizará el denominado método ABC descrito brevemente en el desarrollo de la unidad, como método de control de existencias. Interpretará el método y descubrirá su utilidad para mejorar el control y la gestión de las existencias habidas en el almacén.

SITUACIÓN INICIAL 1

La empresa Tuya, S.L.U., una distribuidora de productos de alimentación, tiene agrupados sus productos por familias y a todos les dedica el mismo espacio en almacén y tratamiento (igual participación a todos los artículos).

Pretende llevar a cabo una redistribución de áreas en el almacén y clasificar las existencias según el **método ABC,** tomando como variable representativa el volumen de inversión que cada artículo representa.

EL MÉTODO ABC

Es un sistema de gestión de almacén basado en controlar minuciosamente los productos más importantes. Para los que tengan menor relevancia bastará una vigilancia y control menos exhaustivo.

Para ponerlo en práctica se han de tener en cuenta la inversión realizada en cada tipo de producto y la importancia que, respecto al total, tiene cada uno de ellos (% que representa sobre el total de las existencias).

Cuenta con la siguiente información relativa al stock almacenado, como punto de partida:

ARTÍCULO	VALOR DE LAS EXISTENCIAS	PORCENTAJE DE PARTICIPACIÓN
A001	3.000	10
B002	2.550	10
C003	5.800	10
D004	218.800	10
E005	196.500	10
F006	26.600	10
G007	32.500	10
H008	22.260	10
I009	3.860	10
J010	1.230	10

Para proceder debe **identificar los artículos que corresponden a las categorías A, B y C,** para lo cual:

a) Calculará el porcentaje de inversión que cada producto representa sobre el total del stock.
b) Representará gráficamente la relación entre el volumen de inversión y el stock almacenado.
c) Analizará los productos que se almacenarán en cada área.

Para solucionar este supuesto práctico es conveniente confeccionar una tabla similar a la que se muestra a continuación. En ella, se sitúan los artículos ordenador de mayor a menor valor. La columna «% Inversión de cada artículo» representa el tanto por ciento que ese artículo representa con respecto al total. Por lo tanto, se calcula de la siguiente forma:

% = Valor de las existencias x 100 / Total
D004 = 218.800 x 100 / 513.100 = 42,64%
E005 = 196.500 x 100 / 513.100 = 38,3%

En las siguientes columnas se irán acumulando el valor de las existencias y el % de la inversión ya calculado.

Artículo	Valor existencias	% Participación sobre total arts.	% Inversión de cada art.	Acumulado en u.m.	% Acumulado sobre el total	
D004	218.800	10	42,64	218.800	42,64	Clase A
E005	196.500	20	38,30	415.300	80,94	
G007	32.500	30	6,33	447.800	87,27	Clase B
F006	26.600	40	5,18	474.400	92,46	
H008	22.260	50	4,34	496.660	96,80	
C003	5.800	60	1,13	502.460	97,93	Clase C
I009	3.860	70	0,75	506.320	98,68	
A001	3.000	80	0,58	509.320	99,26	
B002	2.550	90	0,50	511.870	99,76	
J010	1.230	100	0,24	513.100	100	
TOTAL	**513.100**					

Para llevar a cabo la **representación gráfica,** denominada **curva de Pareto,** se hace uso del análisis de los resultados basándonos en la ley 80/20, también conocida como Ley de Pareto, según la cual:

«El 80% del volumen de inversión representa el 20% de los productos en almacén».

Estableceremos una relación entre el volumen de la inversión y los productos almacenados.

En el eje de abscisas colocamos los valores de la columna «% Participación sobre total arts.» y en el de las ordenadas los valores de la columna «% Acumulado sobre el total», estableciendo las tres categorías A, B y C.

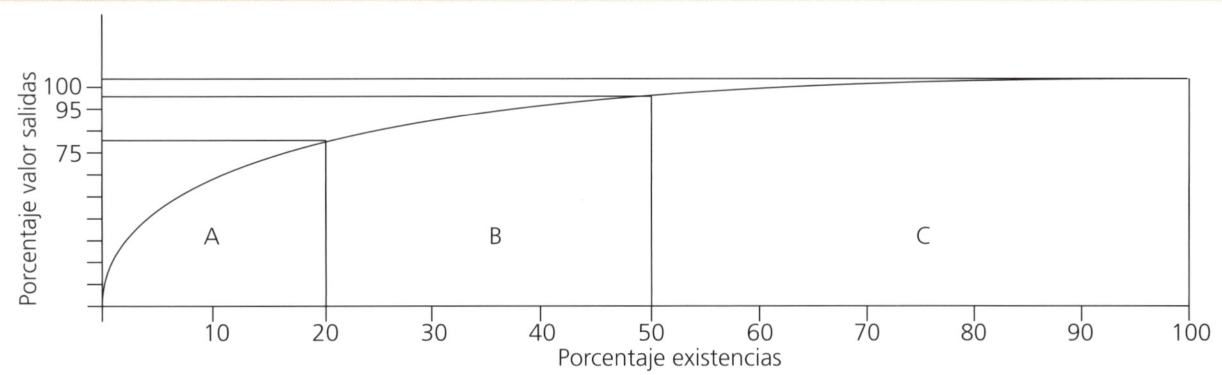

Los productos de **categoría A** no superan el 20% del total de artículos, pero suponen el 80% de la inversión total del stock. Su control debe ser prioritario. Supervisando esta pequeña parte del stock se controla casi la totalidad de la inversión del almacén.

Los productos de **categoría B** suman el 30% del stock almacenado y representan el 15% de la inversión. No necesitan un control tan exhaustivo.

Los productos de **categoría C** superan en cantidad el 50% del total del stock, pero su inversión representa el 5%, por lo que son los que menos interesa controlar.

Podemos concluir que los productos que necesitan un tratamiento especial, mayor control y gestión individualizada serán D004 y E005. Se almacenarán en un área prioritaria de mayor control. Con una importancia relativa tenemos los artículos G007, F006 y H008. La gestión del resto puede realizarse por inventarios periódicos o cualquier otro procedimiento simple y de bajo coste.

SITUACIÓN INICIAL 2

Disponemos en almacén de los siguientes artículos: folios, plumas y calculadoras.

El valor de cada uno de estos productos, así como el porcentaje de existencias en relación con el total, es el siguiente:

ARTÍCULO	PORCENTAJE VALOR	PORCENTAJE EXISTENCIAS
FOLIOS	8	60
PLUMAS	70	4
CALCULADORAS	22	36
TOTAL	**100**	**100**

Clasificar los productos por el método ABC y representar los datos mediante una gráfica.

Folios

- Clasificamos este artículo dentro del grupo C, artículos de bajo coste (8% del valor total).
- El control sobre este producto será poco riguroso.

Plumas

- Este artículo lo clasificamos dentro del grupo A, producto de elevado coste (70% del valor total).
- El control será estricto.

Calculadoras

- Este artículo se clasifica dentro del grupo B, coste medio.
- El control sobre este artículo será periódico.

Ciertas empresas controlan sus stocks mediante inventarios periódicos y otras de manera permanente. Lo normal es hacer controles periódicos de los artículos de categoría C y dedicarle un control más exhaustivo a aquellos de categoría A. La categoría B supone un punto intermedio en el control, si bien no alcanza la importancia de la A.

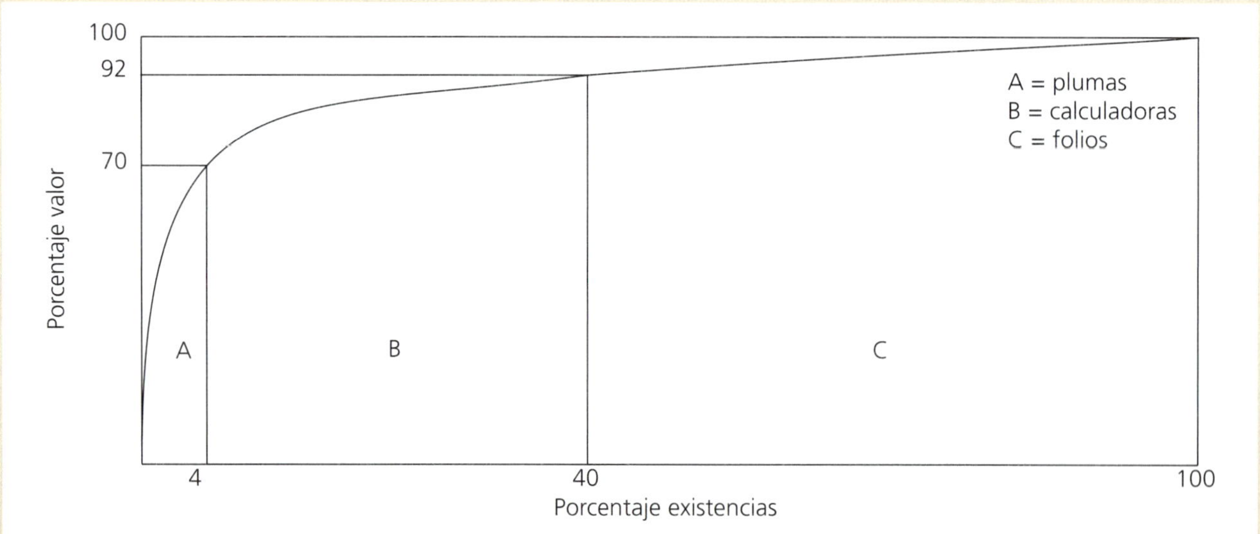

SOFTWARE ADMINISTRATIVO

FacturaPlus

La aplicación FacturaPlus permite llevar a cabo un control muy básico de los almacenes y de las existencias habidas en los mismos.

Entra en la empresa Ropas Margarita y accede, a través del menú *Sistemas/Artículos* a cualquiera de los artículos que tienes dados de alta en dicha empresa. En el cuadro de diálogo que aparece, a través de la pestaña stocks, puedes observar información acerca de dónde se encuentra ubicado el artículo, cuál es el stock mínimo y máximo, las unidades pendientes de servir y las unidades pendientes de recibir.

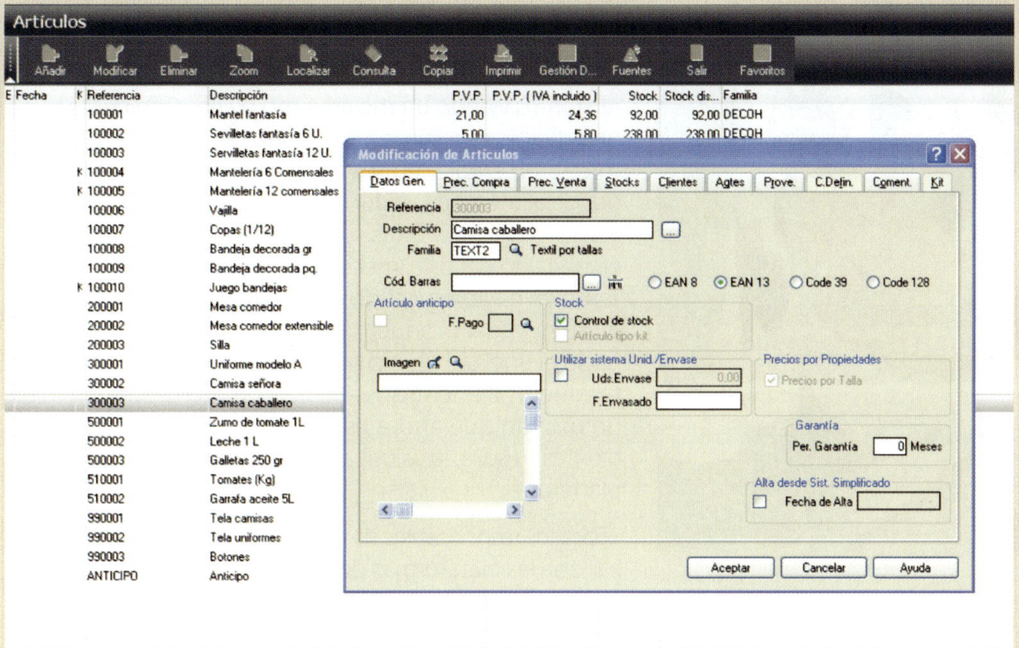

Hasta el momento no le hemos prestado mucha atención al destino de la mercancía que nuestra empresa compraba. Esta iba al almacén que, con carácter general, la aplicación genera por defecto: Almacén General.

Dentro del menú *Sistemas* encontramos la opción *Almacenes*. Pues bien, será desde esta opción desde donde podrás crear distintos almacenes, así como cambiar todos los datos que precises del Almacén General.

Otra opción que nos brinda FacturaPlus es la de realizar y registrar movimientos entre almacenes.

Crea un almacén al que llamarás Almacén Grandes Ventas. Proporciona tú los datos identificativos que creas convenientes. Una vez hecho esto comprueba cómo llevar a cabo el traspaso de mercancías de un almacén, por ejemplo el Almacén General, al almacén creado en el que, evidentemente, no habrá ningún artículo.

Para ello debes ir al menú *Almacén* y a la opción *Movimientos de almacén*.

Verás que se abre un cuadro muy intuitivo para proceder al mencionado movimiento.

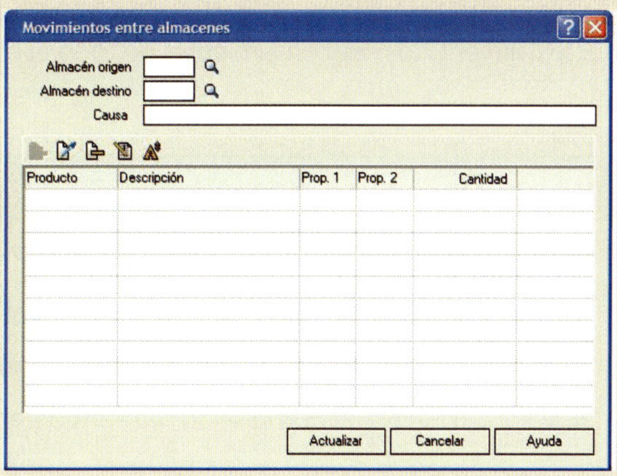

MUNDO LABORAL

Los consumidores buscan ingredientes frescos y beneficios para la salud y el medio ambiente

Los consumidores han reajustado sus prioridades en relación a los productos alimenticios: ingredientes más frescos, aumento de los beneficios para la salud y envases más respetuosos con el medio ambiente. Estas son las principales prioridades mundiales que los consumidores están pidiendo a los fabricantes del sector alimentación, según un nuevo estudio realizado por IPSOS MARKETING.

Cuando pedimos escoger un área en la que las empresas deberían concentrarse más en el desarrollo de nuevos productos alimenticios, los consumidores de todo el mundo sugirieron que ingredientes más frescos, beneficios adicionales de salud y envases más respetuosos con el medio ambiente deberían ser objetivos prioritarios. Teniendo esto en cuenta, factores como la mejora del sabor, desarrollo de un envase más práctico, desarrollo de alimentos que son totalmente diferentes, y realizar productos alimenticios que sean más rápidos y más fáciles de preparar, parecen tener una menor prioridad.

«Estamos viendo un movimiento de consumidores hacia una mayor conciencia de la salud, el bienestar y los factores ambientales en sus decisiones en cuanto a la compra de alimentos», según Antonio Hernando Director de IPSOS MARKETING. «Estas son las principales novedades en el mercado de los alimentos, y no solo en Europa y USA. También estamos viendo que el sabor, la comodidad y la diferencia del producto —que probablemente fueron hacia el final del último milenio los *drivers* de compra de productos alimenticios— están siendo desplazados en un mundo que ahora está más centrado en los ingredientes frescos, la salud, así como en la sostenibilidad del planeta».

«Para los responsables de marketing, el desafío es garantizar que las plataformas de innovación claramente se centren en las necesidades de los consumidores, no solo en los mercados desarrollados, sino también en los emergentes que sin duda destacarán más en un futuro próximo.»

«Al mismo tiempo, los fabricantes deberían tener cuidado en no comprometer el sabor, aunque esto debe ir de la mano del uso de ingredientes frescos», concluye Hernando. Los resultados en España (en comparación con el resto del mundo) ponen de manifiesto que pierde importancia el respeto por el medioambiente y sigue teniendo vigencia la *convenience*.

Fuente: <www.marketingnews.es> 26 de agosto de 2009

Trabajo a realizar

1. Haz un resumen del texto y emite una opinión personal del contenido de este artículo.
2. ¿A qué tipos de stocks, según el Plan General Contable, hace relación el artículo?
3. ¿Crees que un envase puede ser determinante a la hora de forzar la compra de un producto?
4. Valora el hecho de que la salud sea considerada una estrategia de marketing por algunas empresas.

EN RESUMEN

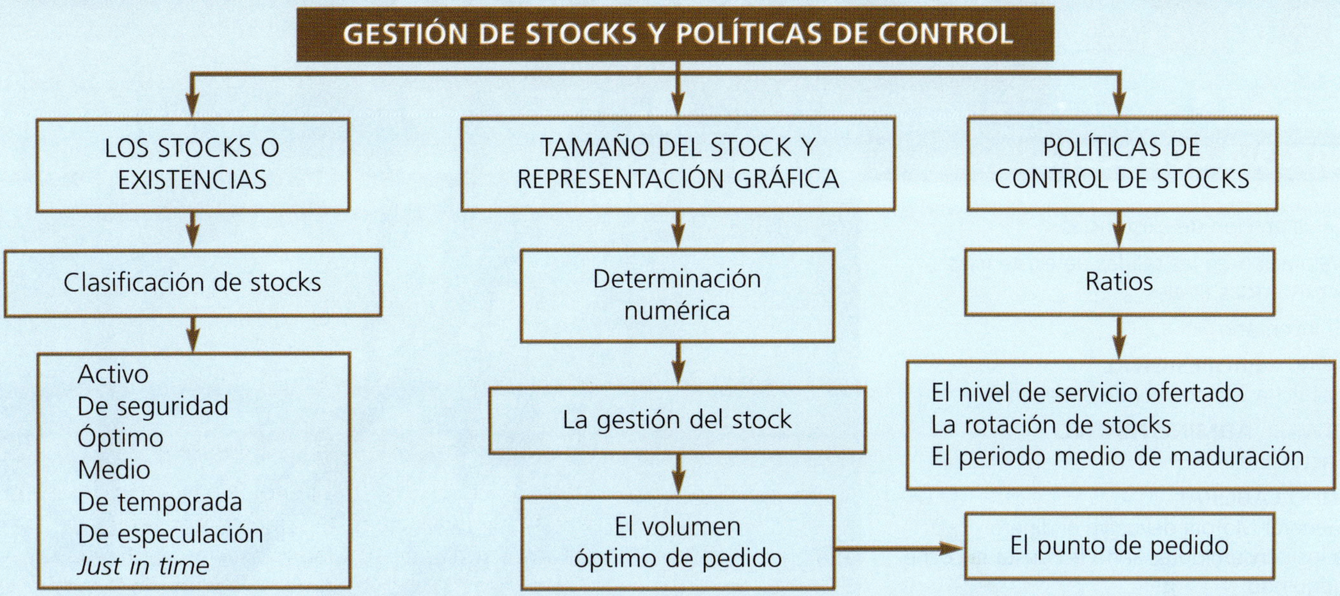

EVALÚA TUS CONOCIMIENTOS

1. Una empresa que desee tener un nivel de servicio muy alto:

a) Deberá intentar reducirlo.

b) Deberá intentar alcanzar un índice de rotación de stocks inferior a uno.

c) Deberá prestar especial atención al stock de seguridad.

d) Ninguna es correcta.

2. El stock activo:

a) Evoluciona entre un mínimo y un máximo.

b) Es sinónimo de stock de temporada.

c) Es el necesario para evitar rupturas de stock.

d) Todas son correctas.

3. Un índice de rotación de stock elevado nos obligará a prestar especial atención al stock de seguridad para evitar rupturas.

a) Verdadero.

b) Falso.

4. Gestión de stocks y gestión de almacenes son sinónimos para referirse a una misma actividad dentro de la gestión de aprovisionamiento en la empresa.

a) Verdadero.

b) Falso.

5. La gestión de stocks en la empresa permite:

a) Reducir costes de almacenamiento.

b) Controlar la ubicación de la mercancía dentro del almacén.

c) Reducir el riesgo de ruptura de stocks.

d) Son correctas a) y c).

6. Según el PGC las mercaderías son las existencias de las empresas comerciales.

a) Verdadero.

b) Falso.

7. El periodo de reposición indica:

a) Los días que tardamos por término medio en enviar a producción las materias primas.

b) Los días que se tarda en consumir el stock de seguridad.

c) Los días que median entre que enviamos un pedido y lo consumimos.

d) Los días que transcurren entre dos pedidos.

8. Indica qué no se considera a la hora de determinar el PMM en una empresa comercial:

a) El periodo financiero medio de pago.

b) El periodo medio de fabricación.

c) El periodo medio de ventas.

d) El periodo medio de cobro a clientes.

Soluciones: 1c, 2a, 3a, 4b, 5d, 6a, 7c, 8b

12 Control y valoración de existencias

vamos a conocer...

1. La valoración de existencias
2. Valoración de las salidas de existencias y existencias finales
3. El inventario

PRÁCTICA **PROFESIONAL**
Las fichas de control de almacenes

SOFTWARE **ADMINISTRATIVO**
FacturaPlus

MUNDO **LABORAL**
General Motors devuelve el dinero a los consumidores si no les gusta el coche adquirido

y al finalizar esta unidad...

- Valorarás la importancia del almacén en el conjunto de la empresa.
- Conocerás las normas de valoración de existencias.
- Efectuarás cálculos para determinar precios de adquisición o costes de producción.
- Cumplimentarás fichas de almacén y otras fichas de control de existencias en almacenes.
- Entenderás el concepto y la utilidad de los inventarios y diferenciarás los principales tipos de inventarios que se pueden hacer en la empresa.
- Comprenderás el procedimiento de realización de inventarios.

CASO **PRÁCTICO** INICIAL

situación de partida

Adolfo Arranz trabaja en Suministros Generales Cedro, S.A.U., y desde hace dos años está destinado, como Técnico en Gestión Administrativa, en el área de almacén de la empresa.

Observando las fichas de entrada de las cajas de 8 unidades de brocas de 15 mm comprueba que, de las 200 cajas que hay en existencias actualmente, 100 entraron a un precio unitario de 5,36 €, otras 50 a un precio de 5 € y las 50 cajas restantes a 6 €/ud. Debe dar salida a 125 cajas para ser enviadas a un cliente con el que trabajan frecuentemente. La empresa quiere cobrarle por caja un total de 7,50 €, pero desean conocer cuál es el margen de beneficio comercial que les queda.

Como las cajas de brocas están mezcladas es imposible saber a qué precio se compró cada una de las que sale, de manera individualizada. Para llevar a cabo la valoración Adolfo sabe que la empresa procede a valorar cada caja de brocas atendiendo al criterio del precio medio ponderado.

Al final de la jornada, Adolfo abre el correo interno de la empresa y comprueba que en la bandeja de entrada tiene un aviso de su superior. Dentro de dos semanas comenzará el inventario general de todo el almacén, que está previsto se realice en un plazo de dos días. Debe ir preparando todo para ello.

estudio del caso

Antes de pasar a estudiar y analizar el contenido de la unidad, trata de responder a las siguiente cuestiones. Si alguna te resulta especialmente complicada o no sabes qué responder, no te preocupes. Al finalizar la unidad seguro que lo tienes mucho más claro.

1. ¿En qué consiste la valoración de existencias o stocks?
2. ¿Cómo llevarías a cabo una valoración de existencias?
3. ¿Sabes a qué se llama precio medio ponderado?
4. ¿Qué es una ficha de almacén y para qué se usa?
5. ¿Qué valor le dará Adolfo Arranz, del caso expuesto, a cada una de las cajas de brocas a las que va a dar salida?
6. ¿Qué es un inventario?
7. ¿Cómo crees que se lleva a cabo un inventario?

1. La valoración de existencias

saber más

Clasificación de existencias

Según su capacidad de almacenamiento, las existencias se clasifican en:

Materiales almacenables. Gozan de la característica de poder ser almacenados en un lugar físico.

Materiales no almacenables. No pueden almacenarse en un lugar físico.

En esta última unidad vas a estudiar los métodos de valoración de existencias que las empresas usan actualmente. En la unidad anterior ya has visto la definición de stocks o existencias atendiendo a distintos criterios y cómo llevar a cabo su gestión de una manera adecuada. Ahora aprenderás a hacer una valoración de dichas existencias y a poner en práctica métodos de control físico de las mismas.

1.1. El almacén

Las empresas necesitan lugares físicos donde poder almacenar mercancías, debido al desfase temporal que suele darse entre el momento de la adquisición de las mismas y su incorporación al proceso productivo o venta al cliente.

Estos lugares físicos se denominan **almacenes** y, como ya sabes de unidades anteriores, la gestión de los mismos supone una importante tarea dentro de la gestión de aprovisionamiento en la empresa.

PRINCIPALES TAREAS DENTRO DEL ALMACÉN
• Dar entrada a los stocks. • Custodiar las existencias. • Clasificar y depositar, atendiendo a criterios previamente establecidos, las existencias. • Incorporar el stock al proceso productivo o a la venta.

1.2. La valoración de las existencias en el Plan General Contable

Toda empresa debe tener un control absoluto de la mercancía que tiene almacenada, pues supone un capital invertido de gran importancia. Debe poder conocer en todo momento su composición, su cuantía y su valor.

caso práctico inicial

Ahora ya debes tener más claro en qué consiste la valoración de existencias, y de qué manera podrías llevarla a cabo.

Para llevar a cabo una valoración de las existencias debemos acudir al PGC, que señala que **deben valorarse al precio de adquisición o a su coste de producción.**

Serán valoradas al **precio de adquisición** si fueron compradas por la empresa. Si estamos valorando existencias no fabricadas por la empresa sino adquiridas en el exterior, emplearemos este criterio.

Serán valoradas al **coste de producción** cuando hayan sido fabricadas por la empresa.

El precio de adquisición

Respecto al precio de adquisición, al cual hace referencia el PGC, no debe suponerte a estas alturas ningún problema. Si recuerdas el concepto de precio de compra o coste de adquisición de la unidad 3, este es sinónimo de precio de adquisición.

PRECIO DE ADQUISICIÓN = PRECIO DE COMPRA

Por lo tanto, para su cálculo, operarás de igual forma:

Importe de la factura
\+ Gastos (hasta almacén)
\+ Impuestos indiretos (no recuperables)

Precio de adquisición

El coste de producción

Para calcular el coste de producción debes partir del precio de compra (adquisición) de las materias primas y otras materias consumibles, y añadirle los costes directamente imputables al producto.

A continuación sumarás la parte que, razonablemente, corresponda a los costes indirectamente imputables al producto como, por ejemplo, la parte proporcional del recibo de la luz imputable a la fabricación del producto.

Precio de adquisición de materias primas (y otras materias)
\+ Costes directamente imputables al producto
\+ Costes indirectamente imputables al producto (parte correspondiente)

Coste de producción

En función de su asignación al producto, los costes se clasifican en:

- Coste directo. Coste que es directamente identificable con el producto final. Se asigna directamente al producto.
  Ej.: Materias primas.
- Coste indirecto. Coste de factores que no se pueden imputar de manera directa a la fabricación del producto, sino que necesitan de claves de distribución o reparto.
  Ej.: Luz, agua, teléfono.

ACTIVIDADES

1. Una empresa adquiere 225 televisores por un precio de 1.200 €/unidad, aunque se concede un descuento, incluido en la factura, de 100 €/unidad. Además, la compra conlleva unos gastos de 2.000 € en concepto de seguros y 900 € como gastos de transporte, también en factura. Calcula el precio de adquisición (adquisiciones y gastos de transporte conllevan un IVA deducible del 18%).

2. Valoración de las salidas de existencias y existencias finales

Hay ocasiones en las que el precio de adquisición o el coste de producción no es fácil de identificar de forma individualizada. En situaciones como la que se plantea en el caso inicial de la unidad, es imposible hacer una valoración individual del producto que se vende al cliente.

Por otro lado, resulta imprescindible poder hacerlo o, al menos, darle un valor a la mercancía que la empresa tiene en sus almacenes en un momento determinado. Para ello el PGC proporciona una serie de métodos de valoración.

Con carácter general se aplicará el precio medio o coste medio ponderado (en adelante PMP). Si las empresas lo consideran oportuno pueden optar por usar el método FIFO, aunque no sea lo más frecuente.

saber más

Valoración de existencias finales

Es necesario calcular el valor de las existencias al final del ejercicio económico para establecer su variación con respecto al inicio y hacer el correspondiente apunte contable en el libro diario.

2.1. El precio o coste medio ponderado

Consiste en valorar las existencias al precio que resulte de la media aritmética de los diferentes precios o costes de las existencias, relacionados con el número de unidades adquiridas o producidas.

Su obtención viene dada a través de la siguiente expresión:

$$\frac{\text{(Existencias iniciales x valor)} + \Sigma \text{ (unidades compradas o producidas x valor)}}{\text{Existencias iniciales} + \Sigma \text{ unidades compradas o producidas}}$$

Valor
- Precio de adquisición.
- Coste de producción.

caso práctico inicial

Ya puedes responder a la pregunta de qué es el precio medio ponderado.

Debes tener en cuenta que dicho precio solo se modificará cuando entre una nueva unidad en el almacén a un nuevo precio o coste. Entre tanto, valorarás cada unidad al precio así obtenido.

saber más

Fichas de costes

El dato del precio o coste de las mercancías adquiridas se obtiene de las fichas de costes de las distintas mercancías.

EJEMPLO

Una empresa adquiere 100 unidades de un producto a 12 €/unidad. Tres días más tarde compra otras 50 a 20 €/unidad. ¿Cuántas unidades tendrá en almacén? ¿Cuál será el valor de cada una de ellas, utilizando el método del PMP?

La empresa contará con un total de 150 unidades del producto en cuestión en el almacén.

Como están todos mezclados y no puede diferenciar qué unidad compró a qué precio, procede a realizar una valoración de cada uno de ellos por el método del PMP. Según dicho método:

PMP = (100 ud x 12 €/ud) + (50 ud x 20 €/ud) / 100 ud + 50 ud = 14,66 €

Ese será el valor que tendrá cada una de las unidades de ese producto almacenado. Por lo tanto, el valor conjunto de las existencias asciende a:

150 unidades x 14,66 €/ud = 2.199 €

2.2. FIFO (primera entrada, primera salida)

Para aplicar este método es preciso conocer el orden en el que las existencias han ido entrando en el almacén. Supone partir de la base de que se da salida a las existencias en el mismo orden en el que se compraron o entraron de fábrica en el almacén.

2.3. La ficha de almacén

La ficha de almacén es el instrumento a través del cual tendrás información del movimiento de las existencias en la empresa (de su entrada y salida) así como de su valoración. Su estructura o contenido mínimo es el siguiente:

ALMACÉN

Artículo: Clase: Código:	Modo de variación:			observaciones:				Existencias: Stock máximo: Stock mínimo: Stock de seguridad:		
Fecha	Procedencia o destino	Entradas			Salidas			Existencias		
		Cantidad	Precio	Valor	Cantidad	Precio	Valor	Cantidad	Precio	Valor

↑ Modelo de ficha de almacén.

Deberás llevar una ficha de almacén por cada una de las clases de existencias que se encuentren en el almacén, anotando todos los movimientos que se produzcan con indicación de su fecha.

Las existencias **irán valoradas conforme al criterio adoptado por la empresa** que no podrá modificarse de un ejercicio a otro salvo casos excepcionales, lo que se indicará y justificará en la memoria contable. En caso de que se llegase a cambiar de criterio, dicho cambio operará desde el inicio del ejercicio.

caso **práctico** inicial

La ficha de almacén se usa, por tanto, para tener información sobre el movimiento de existencias habido en la empresa.

ACTIVIDADES

2. Una empresa fabrica un producto utilizando los siguientes elementos:

- Materias primas 2.000 €.
- Otros consumibles 800 €.

Los costes directos ascienden, por mano de obra y combustible utilizado, a 800 y 300 €, respectivamente.

Los costes indirectos, consecuencia del consumo de energía eléctrica, ascienden a 500 €, de los que un 15% son inimputables al producto en cuestión.

¿Cuál es el coste de producción de dicho producto?

3. La empresa de la actividad anterior fabrica 200 unidades del producto en el mes de marzo. En el mes de abril fabrica 300 unidades, si bien los costes de producción han aumentado un 5% respecto al mes anterior. ¿Cuál es el valor de las 500 unidades, al finalizar abril, si adopta el método del precio medio ponderado para su determinación?

4. Estudia el modelo de ficha de almacén que se propone en esta página e identifica la información que deberá aparecer en cada apartado.

5. Confecciona, utilizando una hoja de cálculo como Excel, un modelo de ficha de almacén.

EJEMPLO

La empresa KINGTECNOLOGY S.A., que comercializa equipos de audio y vídeo para abastecer a diversas cadenas hoteleras posee, a 1 de diciembre de 2010, 72 unidades de televisores interactivos de 25 pulgadas mod. KG-25 por un valor de 42.840 €. Los movimientos del mes de diciembre son los siguientes:

- **El 3 de diciembre adquiere 140 unidades a 600 €/ud.**
- **El 5 de diciembre vende a HOTELES SANZ 80 unidades.**
- **El 7 de diciembre compra 175 unidades a 610 €/ud.**
- **El 12 de diciembre vende a HOTELES BAHÍA 185 unidades.**
- **El 13 de diciembre compra 60 unidades a 590 €/ud.**
- **El 16 de diciembre vende a HISPAHOTEL 115 unidades.**
- **El 18 de diciembre vende a HOTELES BAHÍA 40 unidades.**
- **El 19 de diciembre se produce una devolución de 4 televisores de la venta anterior por existir un error en el pedido.**
- **El 22 de diciembre compra 50 unidades a 605 €/ud.**

Confeccionar las fichas de almacén utilizando los métodos del precio medio ponderado y FIFO *(first in first out)*.

PRECIO MEDIO PONDERADO

Nota: los precios medios ponderados son aproximados, pues han sido obtenidos apreciando en los resultados, exclusivamente, dos de sus decimales. Ofrecemos algunos cálculos a modo de ejemplo y el resultado final.

- Anotaremos en la ficha de almacén las siguientes existencias de mercaderías del 1 de diciembre en la columna de EXISTENCIAS.

Cantidad	Precio	Valor
72	$\frac{42.840}{72} = 595$	42.840

- El día 3 de diciembre se compran 140 unidades al precio de adquisición de 600 €. El valor total será de 84.000 €, que anotaremos en ENTRADAS. En la columna de EXISTENCIAS, hallamos el nuevo PMP.

Cantidad	Precio	Valor
72		42.840
+ 140		+ 84.000
212	$\frac{126.840}{212} = 598{,}30$	126.840

Al finalizar el mes de diciembre tendremos como existencias finales en el almacén 81 unidades por un valor total de 48.852,02 € y un valor por unidad de 603,11 €.

ALMACÉN

Artículo: TV. KG-25 Clase: Código: 301 Modo de variación: PRECIO MEDIO PONDERADO					Observaciones:			Existencias: Stock máximo: Stock mínimo: Stock de seguridad:		
Fecha	Procedencia o destino	Entradas			Salidas			Existencias		
		Cantidad	Precio	Valor	Cantidad	Precio	Valor	Cantidad	Precio	Valor
1-12-10	EXISTENCIAS INICIALES							72	595	42.840
3-12-10	COMPRAS	140	600	84.000				212	598,30	126.840
5-12-10	VENTAS (HOTELES SANZ, S.L.)				80	598,30	47.864	132	598,30	78.976
7-12-10	COMPRAS	175	610	106.750				307	604,97	185.726
12-12-10	VENTAS (HOTELES BAHÍA, S.A.)				185	604,97	111.919,45	122	604,97	73.806,55
13-12-10	COMPRAS	60	590	35.400				182	600,03	109.206,55
16-12-10	VENTAS (HISPAHOTEL, S.A.)				115	600,03	69.003,45	67	600,03	40.203,10
18-12-10	VENTAS (HOTELES BAHÍA, S.A.)				40	600,03	24.001,20	27	600,03	16.201,90
19-12-10	DEVOLUCIÓN (HOTELES BAHÍA, S.A.)	4	600,03	2.400,12				31	600,03	18.602,02
22-12-10	COMPRAS	50	605	30.250				81	603,11	48.852,02
	TOTALES							81	603,11	48.852,02

EJEMPLO (Cont.)

FIFO

- Anotaremos en la ficha de almacén las existencias de mercaderías del 1 de diciembre en la columna de EXISTENCIAS.

Cantidad	Precio	Valor
72	$\frac{42.840}{72} = 595$	42.840

- El día 3 de diciembre se compran 140 unidades al precio de adquisición de 600 €/ud. El valor total será de 84.000 €, que anotaremos en la columna de ENTRADAS.

  En la columna de EXISTENCIAS quedarán reflejadas las que en este momento se encuentran en el almacén valoradas a sus respectivos precios de adquisición.

Cantidad	Precio	Valor
72	595	42.840
140	600	84.000

- El día 5 de diciembre se venden 80 unidades. Por este método, las primeras en venderse son las primeras que entraron en el almacén, en este caso, las existencias iniciales. Agotadas estas, hemos vendido también 8 unidades de la compra del día 3 hasta sumar las 80 unidades vendidas. Lo anotaremos en la columna de SALIDAS.

Cantidad	Precio	Valor
72	595	42.840
+ 8	600	+ 4.800
80		47.640

  En la columna de EXISTENCIAS se reflejan las que aún tenemos en el almacén.

Cantidad	Precio	Valor
	(ninguna de 595 €/ud)	
140		84.000
− 8		+ 4.800
132		79.200

  Al final del mes, la cantidad de existencias es de 81 unidades, por un valor total de 48.620 €.

ALMACÉN

Artículo: TV. KG-25
Clase:
Código: 301 — Modo de variación: FIFO
Observaciones:
Existencias:
Stock máximo: — Stock mínimo:
Stock de seguridad:

Fecha	Procedencia o destino	Entradas			Salidas			Existencias		
		Cantidad	Precio	Valor	Cantidad	Precio	Valor	Cantidad	Precio	Valor
1-12-10	EXISTENCIAS INICIALES							72	595	42.840
3-12-10	COMPRAS	140	600	84.000				72 140	595 600	42.840 84.000
5-12-10	VENTAS (HOTELES SANZ, S.L.)				72 8	595 600	42.840 4.800	132	600	79.200
7-12-10	COMPRAS	175	610	106.750				132 175	600 610	79.200 106.750
12-12-10	VENTAS (HOTELES BAHÍA, S.A.)				132 53	600 610	79.200 32.330	122	610	74.420
13-12-10	COMPRAS	60	590	35.400				122 60	610 590	74.420 35.400
16-12-10	VENTAS (HISPAHOTEL, S.A.)				115	610	70.150	7 60	610 590	4.270 35.400
18-12-10	VENTAS (HOTELES BAHÍA, S.A.)				7 33	610 590	4.270 19.470	27	590	15.930
19-12-10	DEVOLUCIÓN (HOTELES BAHÍA, S.A.)	4	610	2.440				27 4	590 610	15.930 2.440
22-12-10	COMPRAS	50	605	30.250				27 4 50	590 610 605	15.930 2.440 30.250
								27 4 50	590 610 605	15.930 2.440 30.250
	TOTALES							81		48.620

3. El inventario

El control de las existencias supone tener que confeccionar una buena cantidad de documentos donde dejar reflejado tanto el stock habido como sus movimientos. El inventario es uno de ellos, importante desde un punto de vista práctico pero también legal, ya que el Código de Comercio obliga a su confección.

caso práctico inicial

Ya puedes definir el concepto de inventario y la acción de inventariar.

El inventario es el conjunto de operaciones que se llevan a cabo para comprobar el valor y el número de existencias de productos almacenados en un momento determinado. Dichas actuaciones suelen culminar con la confección de un documento que recibe el nombre, también, de inventario.

El inventario, como documento, es un informe que recoge la relación detallada y valorada del stock que posee la empresa, debidamente clasificado.

EJEMPLO

A tenor de la definición expuesta, ¿cuál crees que es la finalidad de realizar inventarios en la empresa?

Su finalidad principal es, dentro de la gestión de stocks, verificar la situación de los stocks y realizar comprobaciones respecto de los datos con los que trabajan los distintos departamentos.

3.1. Tipos de inventarios

saber más

Normativa legal

Art. 28 Código de Comercio:

«El Libro de Inventarios y Cuentas anuales se abrirá con el balance inicial detallado de la empresa. Al menos trimestralmente, se transcribirán, con sumas y saldos, los balances de comprobación. Se transcribirán también el inventario de cierre de ejercicio y las cuentas anuales».

El personal que trabaja en gestión de almacenes, suele ser el encargado de realizar los inventarios. Generalmente utiliza los siguientes tipos:

TIPOS DE INVENTARIOS	
INVENTARIO PERIÓDICO	Es un inventario que se hace una vez, al final de un período (semestre, año, etc.), y solo de los artículos existentes en ese momento.
INVENTARIO PERMANENTE	También llamado contable. Es el que se hace para llevar a cabo un control constante de entradas y salidas. Se materializa en la ficha de almacén.
INVENTARIO CÍCLICO	Se realiza en períodos cortos de tiempo con el fin de asegurar la eficacia de la gestión, aunque presenta el problema de que es un sistema costoso si no está bien informatizado.

3.2. Realización de inventarios

vocabulario

Merma: pérdida o deterioro de algo (en nuestro módulo, mercancía o stock).

Existen muchas formas de llevar a cabo el inventario. Cuando la empresa se enfrenta a la obligación de confeccionarlo supone, en la mayor parte de los casos, paralizar la actividad para inmovilizar sus existencias y así proceder a un mejor recuento y análisis de las mismas. Estamos, en este caso, ante el denominado inventario periódico. Sea cual sea el procedimiento, las existencias han de revisarse atendiendo a su colocación física dentro del almacén, llevando a cabo un recuento de las mismas y tomando nota de sus características principales y definitorias.

El procedimiento técnico más utilizado por las empresas a la hora de realizar inventarios es el denominado **control por sectores** que permite, además, conocer las variaciones habidas entre lo esperado y lo encontrado, de forma fácil e intuitiva.

Es muy recomendable emplear este método cuando la mercancía a inventariar mantiene un orden de colocación en almacén fijo (pasillos, estanterías, sectores, etc.). Parte de utilizar un modelo documental similar al que aparece a continuación, por área de almacén. Se registrará en él la mercancía inspeccionada y se enviará el original al departamento de administración, quedando una copia en posesión de los responsables de almacén de la empresa.

Antes de proceder a valorar las existencias así inventariadas se llevará a cabo la anotación en el área correspondiente del documento, de las variaciones que haya podido haber. Dichas variaciones pueden deberse a pequeños desfases temporales o bien ser consecuencia de la verificación de los datos con los habidos en la ficha de control del artículo. Lo más idóneo sería que no existiesen variaciones.

HOJA DE CONTROL DE INVENTARIO

Inventario del ______ de ________________ de 20XX
Departamento: ______________________________
Sección: ______________________________
Contado por ____________ Precio por ____________ Revisado por ____________
Anotado por ____________ Calculado por ______________________

					Importes	
Descripción	Cantidad	Unidad	Precio	Unidad	Parcial	Total

Terminado el recuento físico y anotadas las posibles variaciones habidas, se ha de proceder a confeccionar el **Libro de inventarios.** En él se transcribirán las anotaciones efectuadas en los impresos para la realización de inventarios, utilizados durante el control e inspección ocular.

Los stocks suelen agruparse, en dicho libro de inventarios, por categorías, secciones, familias, ubicaciones, etc. Su valoración se llevará a cabo utilizando el mismo criterio utilizado para la valoración de existencias en la empresa (el mismo que se utilizó para la confección de la ficha de almacén).

N.º de hoja		Fecha		
Realizado por		Departamento		
N.º de inventario	Descripción del artículo	Precio de compra	Cantidad	Ubicación
Firma				

caso práctico inicial

A lo largo de este epígrafe se explica cómo llevar a cabo un inventario en una empresa.

ACTIVIDADES FINALES

1. Una empresa compra 450 unidades de un producto determinado a un precio unitario de 35 €. Se le aplica un descuento comercial del 3% y un descuento por pronto pago del 2%. Además, se conocen los siguientes gastos accesorios:
   - Portes 150 €.
   - Embalajes 75 €.
   - Seguros 125 €.

   Determina el precio unitario de adquisición al que se ha de valorar cada unidad de dicho producto, sabiendo que el IVA que grava la operación es del tipo reducido.

2. ¿Cómo variaría el resultado de la actividad anterior si la empresa no tuviese derecho a deducir el IVA soportado en sus adquisiciones?

3. En una empresa fabrican al mes 1.000 unidades de un determinado artículo. Para ello incurren en los siguientes costes:
   - Materia prima 20.000 €.
   - Mano de obra directa 10.000 €.
   - Mano de obra indirecta 15.000 €, de los que son imputables un 10% solamente.
   - Electricidad 2.000 €, imputable un 5%.
   - Agua y teléfono 3.000 €, imputable un 3%.

   Calcula el coste total y el coste unitario de producción.

4. La empresa de la actividad 1, con el producto que compra, fabrica un determinado artículo en igual cantidad (450 unidades), añadiéndole productos semielaborados por valor de 7.000 €. Además, se le suponen unos 2.000 € en concepto de mano de obra indirecta imputables a la fabricación de las 450 unidades del producto final. Determina el coste de producción unitario.

5. Una empresa compra, en diferentes momentos, las siguientes mercancías al precio de adquisición que se indica:
   - 5.000 unidades a 2 €/ud.
   - 7.000 unidades a 1,50 €/ud.
   - 1.000 unidades a 3,50 €/ud.

   Determina el valor de las existencias utilizando el criterio del precio medio ponderado.

6. Una empresa adquiere 5.000 unidades de un determinado producto a 3,50 €/ud. En la factura se detallan los siguientes gastos:
   - Portes 200 €.
   - Embalajes 150 €.
   - Impuestos especiales indirectos no recuperables 75 €.

   Se aplica un descuento comercial del 5%.

   Determina el precio unitario de adquisición.

7. Una empresa se dedica a la fabricación del producto Z. Los costes totales de fabricación son los siguientes (en €):

   - Materias primas 125.000.
   - Mano de obra 75.800.
   - Combustible 20.500.
   - Electricidad 9.500.
   - Mano de obra indirecta 9.000.

   El número de unidades fabricadas es de 2.000. El porcentaje de utilización de costes indirectos en el departamento de fabricación es del 65%. ¿Cuál será el coste de cada unidad?

8. Se compran a una misma empresa dos productos (1.000 unidades del producto A y 700 unidades del producto B).

   - Precio A 215 €/ud.
   - Precio B 300 €/ud.
   - Descuento por volumen de compras de A 20 €/ud (incluido en factura).
   - Gastos de transporte de las 1.700 unidades 3.000 €.
   - Impuestos indirectos no recuperables:
     - Producto A 6.000 €.
     - Producto B 9.000 €.
   - IVA deducible 18% (productos A y B y gastos de transporte).

   Los gastos de transporte se distribuirán en función del valor total de cada uno de los productos, excluidos los impuestos y este gasto. Calcula el coste de cada unidad de producto A y de producto B.

9. La empresa familiar GALAR, S.L., que comercializa artículos de piel, cuenta a 1 de diciembre de 2011 con 220 unidades de maletines portadocumentos de diseño mod. Florencia, por un valor de 33.000 €. Los movimientos del almacén en el mes de diciembre fueron los siguientes:

   - El 2 de diciembre se adquieren 1.000 unidades a 152 €/ud.
   - El 4 de diciembre se venden a TIENDAS OCA, S.A., 450 unidades a 220 €/ud.
   - El 5 de diciembre nos devuelven 35 unidades (20 unidades por roturas y los 15 restantes, por error en el pedido).
   - El 8 de diciembre se venden a ALIMENTACIÓN SANZ, S.L., 300 unidades a 225 €/ud.
   - El 11 de diciembre se adquieren 1.000 unidades a 160 €/ud.
   - El 13 de diciembre se venden a LUCON, S.A., 600 unidades a 200 €/ud.
   - El 21 de diciembre se compran 400 unidades a 162 €/ud.
   - El 23 de diciembre se venden a TIENDAS OCA, S.A., 300 unidades a 220 €/ud.
   - El 24 de diciembre se venden a ALIMENTACIÓN SANZ, S.L., 700 unidades a 180 €/ud.

   Confecciona las fichas de almacén utilizando los dos métodos de valoración de existencias contemplados por el PGC.

PRÁCTICA PROFESIONAL

Las fichas de control de almacenes

OBJETIVOS

Controlar las existencias reconociendo y aplicando sistemas de gestión de almacén.

El alumno, mediante esta práctica, realizará y confeccionará, usando aplicaciones informáticas de propósito general, fichas con las que llevar a cabo el control de stocks en los almacenes.

SITUACIÓN INICIAL

Te proponemos que confecciones, haciendo uso de la hoja de cálculo Excel u otra similar, fichas en las que recoger la información que se describe en la práctica. A continuación puedes intentar elaborarlas de nuevo, utilizando un programa de bases de datos (por ejemplo, Access) lo que, además, te permitirá hacer consultas con los datos que recojas en ellas.

1. **Vale de entrada.** En esta ficha debes anotar la entrada en el almacén de todas las mercancías procedentes del exterior de la empresa. En ella dejarás constancia de, al menos, la siguiente información:
   - Denominación y clasificación del material recibido.
   - Referencia a la orden de compra o al pedido que se devuelve.
   - Cantidad de mercancía recibida.
   - Colocación del material en el almacén.
   - Otras indicaciones.

   Para ello te proponemos un modelo, aunque, por supuesto, puedes idear tú uno mejor.

VALE DE ENTRADA									
Fecha	Recepción		Devolución		Transporte	Código	Cantidad	Descripción	Precio
	Empresa	Pedido	Empresa	Pedido					
OBSERVACIONES:							Firma encargado:		

2. **Vale de entrega.** Similar al anterior. Este vale servirá para anotar toda entrada de material procedente del interior de la empresa.

VALE DE ENTREGA					
Fecha	Entrega realizada por	Código	Cantidad	Descripción	Causa
OBSERVACIONES:		Firma encargado:			

3. **Nota de expedición y devolución.** Servirá para anotar una salida de mercancía del almacén, como consecuencia de una venta o de una devolución de géneros. Se deberá dejar constancia, como mínimo, de:
    - La fecha de la expedición o devolución.
    - El nombre del cliente o del proveedor.
    - La orden de pedido.
    - El código de la mercancía, la cantidad y la descripción.

NOTA DE EXPEDICIÓN Y DEVOLUCIÓN									
Fecha	Recepción		Devolución		Transporte	Código	Cantidad	Descripción	Precio
	Empresa	Pedido	Empresa	Pedido					
OBSERVACIONES:							Firma encargado:		

4. **Vale de salida.** La diferencia, con respecto a la anterior, es que el destino de la mercancía está dentro de la propia empresa. La mercancía, en este caso, no abandona la empresa, pudiendo incorporarse al proceso productivo, ser destinada a otros servicios o bien a otros almacenes. Aparecerán, como mínimo:
    - El departamento al que se destina la mercancía.
    - La razón por la que se produce la salida de la mercancía.
    - La descripción del material y la cantidad del mismo que sale del almacén.

VALE DE SALIDA					
Fecha	Destino	Código	Cantidad	Descripción	Causa
OBSERVACIONES:		Firma encargado:			

SOFTWARE ADMINISTRATIVO

FacturaPlus

En esta última unidad vamos a aprender a elaborar **informes e inventarios.** Para ello vamos a utilizar la empresa Ropas Margarita que es con la que, hasta el momento, más hemos trabajado.

En el menú *Informes/Estadísticas e informes,* podemos acceder a una útil herramienta para elaborar informes relacionados con el almacén. No obstante, puedes observar que existe la posibilidad de elaborar muchos otros informes que nos pueden ser muy útiles para la gestión del conocimiento comercial en la empresa.

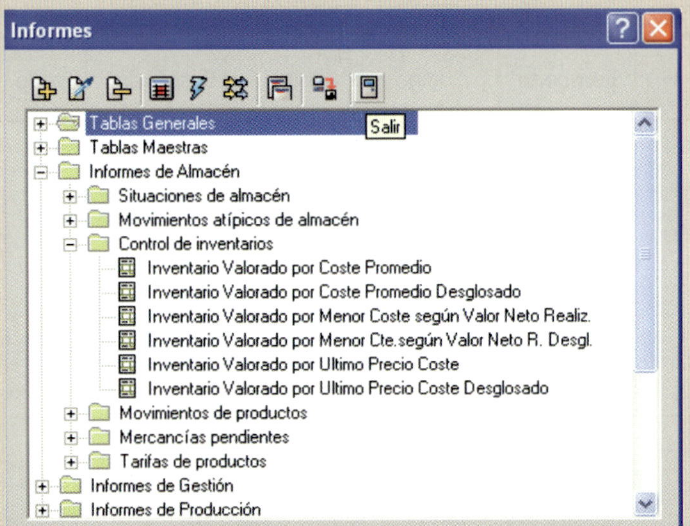

Pincha sobre la carpeta *Informes de Almacén* y dentro de esta vuelve a hacer un clic sobre la carpeta *Control de inventarios.* FacturaPlus guarda los distintos tipos de informes clasificados dentro de carpetas, según el objeto de los mismos. Estudia los distintos tipos de informes que se te ofrecen.

Uno de los informes más interesantes es el de *Inventario Valorado por Coste Promedio.* Este informe nos ofrece información, a través de un listado, de los artículos que tenemos en los almacenes valorados según su precio o coste medio ponderado. La opción que aparece debajo, *Inventario Valorado por Coste Promedio Desglosado,* nos da el mismo informe pero desglosado por propiedades.

Una vez seleccionado el tipo de informe que deseamos, debemos parametrizar los valores con los que realizar el inventario.

Hecho esto, tan solo debes indicar por dónde quieres obtener el informe, si por impresora o por pantalla, y lo tendrás actualizado con los datos precisos que hayas introducido a lo largo de las unidades anteriores.

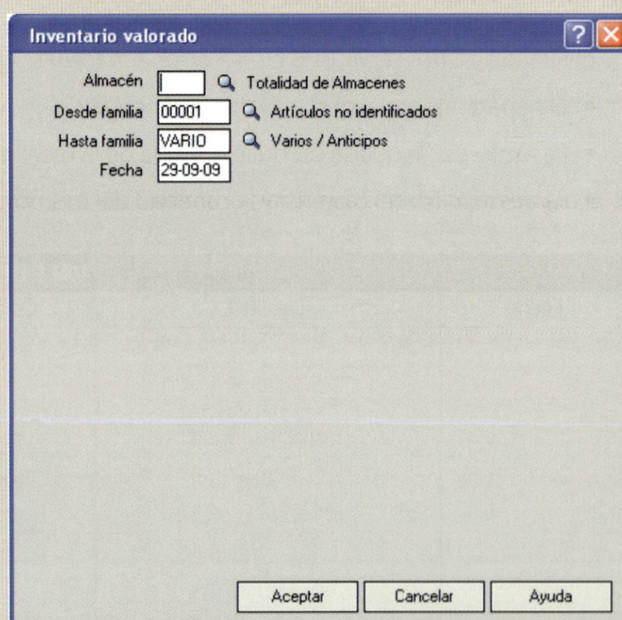

Resumen con la empresa INICIAL, S.A.

Vas a cambiar de empresa y abrir la empresa INICIAL, S.A. que habíamos dejado aparcada unas unidades atrás.

En ella, procede a registrar las siguientes operaciones. Para ello quizás debas introducir algún dato nuevo. Aporta cuanto consideres oportuno.

Movimientos a registrar en la empresa:

- El día 1 de abril compramos 150 sillas por 15 € cada una de ellas a nuestro proveedor. Esta compra la pagaremos mediante recibo domiciliado a 90 días. Realiza el pedido, el albarán y la factura correspondiente a esta compra.
- El día 10 de abril compramos 75 sillas a 13 €/ud a nuestro proveedor. El proveedor nos concede un descuento comercial en factura del 2% y otro por pronto pago, también en factura, del 3%. Esta compra la abonaremos en 60 y 90 días. Realiza el pedido, el albarán y la factura.
- El día 20 de abril compramos 82 sillas a nuestro proveedor por un precio unitario de 17 €. ALONSO Y ALONSO nos carga en factura 80 € en concepto de portes. Esta compra la abonaremos en 30 días. Realiza el pedido, el albarán y la factura.
- El día 3 de mayo pedimos a nuestro proveedor 100 sillas por 15 € cada una de ellas. El día 4 de mayo recibimos la mitad del pedido y el día 7 de mayo la otra mitad. Por esta compra tan solo recibiremos una factura de fecha 15 de mayo. La compra se abonará en un plazo de 30 días.
- Da de alta un nuevo almacén y envía a este almacén un total de 100 sillas. En la causa especifica «movimiento interno» y la fecha de dicho movimiento será el 20 de mayo.
- El día 25 de mayo elaboramos un presupuesto de 75 sillas para un cliente, que nos pagará a 30 y 60 días, con un descuento comercial del 2%.
- El día 30 de mayo nos aprueban el presupuesto enviado. Registra el pedido y emite el albarán y la factura.
- El día 1 de junio hacemos un inventario en el almacén principal de la empresa y observamos que 2 unidades están deterioradas, por lo que debemos proceder a darlas de baja. Lo haremos desde el menú *Almacén/Regularización de almacenes.*
- Solicita por pantalla un inventario valorado por coste promedio.
- Solicita un informe por pantalla de facturas de proveedores totalizadas por proveedores. Puedes encontrar este informe dentro de la capeta *Informes de gestión/Documentos de proveedores.*

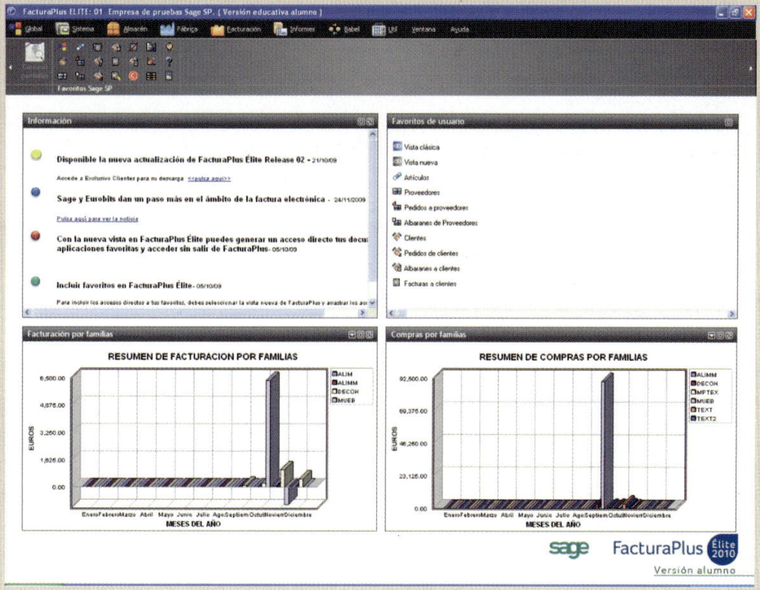

MUNDO LABORAL

General Motors devuelve el dinero a los consumidores si no les gusta el coche adquirido

Como si fuera un producto de gran consumo comprado en El Corte Inglés, GENERAL MOTORS (GM) ha lanzado una agresiva estrategia para motivar las ventas en Estados Unidos: si en 60 días el comprador no ha quedado satisfecho con su nuevo vehículo, el fabricante le devolverá el dinero.

Para dar a conocer esta inédita propuesta en el sector, la compañía estrenará la mayor campaña de marketing desde que saliera de la bancarrota, aunque no se ha desvelado el presupuesto, según informa *The New York Times*.

Bajo el nombre «May the Best Car Win», la campaña está protagonizada por el nuevo presidente de la compañía, Edward E. Whitacre Jr, reclutado por el Gobierno estadounidense para liderar la reconstruida GENERAL MOTORS, tras el préstamo de 50.000 millones de dólares para reflotar la compañía.

«Antes de que comenzara en este trabajo, tenía muchas dudas, probablemente como tú. Pero me gustó lo que encontré. Creo que a ti también», dice Whitacre a cámara en el *spot* de televisión.

Otros fabricantes de automóviles, como HYUNDAI, han ofrecido condiciones similares de venta pero en casos de pérdida de empleo. Este plan de GM estará en activo presumiblemente hasta noviembre aunque no se descarta que se alargue.

Las ventas de GM en Estados Unidos han caído un 35% este año y su cuota de mercado ha caído por debajo del 19%, un récord mínimo.

Fuente: <www.marketingnews.com> 14 de septiembre de 2009

Trabajo a realizar

1. Haz un resumen del texto.
2. ¿Sobre qué variable o variables del marketing está actuando GENERAL MOTORS con la política referida?
3. ¿Crees que influirá positivamente en las ventas la estrategia adoptada? ¿A ti te influiría en tu decisión a la hora de comprar un coche?
4. En el texto se habla de cuotas de mercado. ¿Qué son las cuotas de mercado de una empresa? Busca información al respecto.

EN RESUMEN

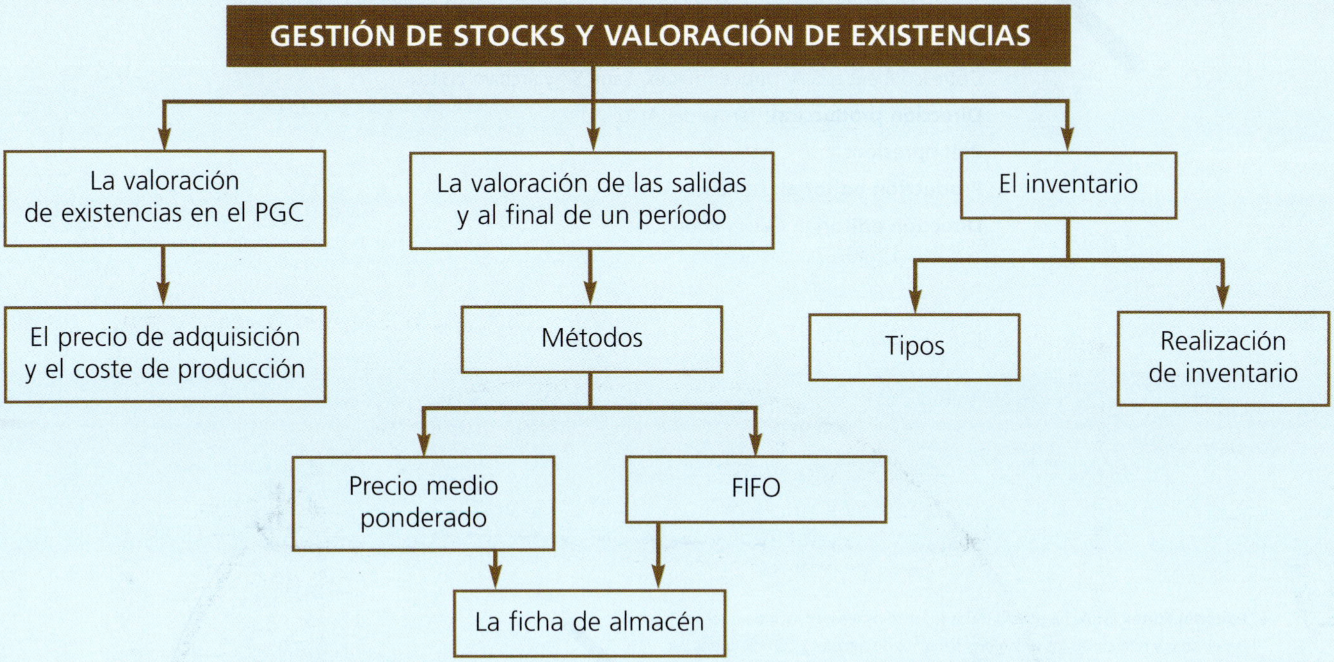

EVALÚA TUS CONOCIMIENTOS

1. **No es una función de la gestión de almacenes:**
   a) Custodiar las existencias.
   b) Incorporar el stock al proceso productivo o a la venta.
   c) Seleccionar proveedores.
   d) Dar entrada a los stocks.
2. **Según el Plan General Contable las existencias:**
   a) Deben valorarse al precio de adquisición.
   b) Deben valorarse al coste de producción.
   c) Deben valorarse al precio medio del mercado.
   d) Son correctas a) y b).
3. **En cualquier momento la empresa puede variar el criterio de valoración de existencias, siempre que se den circunstancias económicas, técnicas u organizativas que lo justifiquen.**
   a) Verdadero.
   b) Falso.
4. **No existe una obligación legal de confeccionar inventarios en la empresa.**
   a) Verdadero.
   b) Falso.
5. **Una empresa que fabrica mercancías las tendrá valoradas en su almacén:**
   a) Al coste de producción.
   b) Al valor de mercado.
   c) Al precio de adquisición.
   d) Dependerá del momento de la venta.
6. **Para determinar el precio de adquisición de un artículo no se tendrán en cuenta:**
   a) Los gastos accesorios.
   b) Los descuentos.
   c) Los impuestos no recuperables de la Hacienda Pública.
   d) Los impuestos recuperables de la Hacienda Pública.
7. **Dentro de la tipología de inventarios encontramos:**
   a) El inventario periódico.
   b) El inventario cíclico.
   c) El inventario permanente.
   d) Todos ellos.
8. **El IVA forma siempre parte del precio de adquisición.**
   a) Verdadero.
   b) Falso.

Soluciones: 1c, 2d, 3b, 4b, 5a, 6d, 7d, 8b

Edición: Elsa Tébar

Diseño de cubierta: Paso de Zebra

Fotocomposición, maquetación y realización de gráficos: Opción K

Fotografías: Agencia Estatal de Administración Tributaria, Cofresco Ibérica, S.A., Jupiterimages, Sage SP y archivo Editex

Dirección producción: Teresa del Arco

Preimpresión: José Ciria

Producción editorial: Francisco Antón

Dirección editorial: Carlos Rodríguez

El presente material didáctico ha sido creado por iniciativa y bajo la coordinación de **Editorial Editex, S. A.**, conforme a su propio proyecto editorial.

Vía Dos Castillas, 33. C.E. Ática 7, edificio 3, planta 3ª, oficina B
28224 Pozuelo de Alarcón (Madrid)
ISBN: 978-84-9771-646-8
Depósito Legal: M-3092-2010
Imprime: Varoprinter
Artesanía, 17
28820 Coslada (Madrid)
Impreso en España - Printed in Spain